W0023827

rowohlt

MAX GOLDT

Für Nächte am offenen Fenster

Die prachtvollsten Texte 1987–2002

ROWOHLT

2. Auflage dieser Neuausgabe
mit durchgesehenen, teils überarbeiteten Texten
Januar 2004
Copyright © 2003 by Rowohlt Verlag GmbH,
Reinbek bei Hamburg
Alle Rechte vorbehalten
Umschlaggestaltung: Plastische Planung /
(e.) Twin Gabriel, Berlin
Satz aus der Stempel Garamond PostScript,
von hanseatenSatz-bremen, Bremen
Druck und Bindung Clausen & Bosse, Leck
Printed in Germany – ISBN 3 498 02496 5

INHALT

COCOONING

Die Mitgeschleppten im Badezimmer 11

Bartschattenneid 19

Ist es zynisch, im Wohnzimmer zu frühstücken? . . . 23

Die Erfindung des Briefbeschwerers 24

Ich zog ein elektronisches Goldfischglas hinter mir her,
in dem ein Wetter herrschte wie auf der Venus 27

Rille ralle ritze ratze (Harte Haare) 35

KLÄRENDES UND TRIFTIGES

Pünktlichkeit plus 41

Es soll keiner dabei sein, den man nicht kennt 48

Bomben gegen Bananen im Mund? Niemals! 55

Der schlimme Schal oder: Der Unterschied zwischen
Wäwäwäwäwä und Wäwäwäwäwäwäwä 63

Warum Dagmar Berghoff so stinkt 71

In der Duz-Falle 78

Mein Nachbar und der Zynismus 85

Tagebuchpassage 11.9. – 15.9.2001 93

Der Lachmythos und der Mann,
der 32 Sachen gesagt hat 108

Schulen nicht unbedingt ans Netz 115

POLYTHEMATISCHER TREIBSAND

Affige Pizzen 125

Quitten für die Menschen zwischen Emden
und Zittau 133

Zwickender Wirrwarr 141
Ich lasse meine Ohren nicht von einem Kunstdirektor
abfackeln 148
Mademoiselle 25 Watt 156
Anette von Aretin, Hans Sachs, Guido Baumann sowie
alternierend Marianne Koch und
Anneliese Fleyenschmidt (Erinnerungssport) 164
Kennen Sie das Wort «Mevulve»? 173
Das Diskretionsteufelchen und der Motivationsfisch . . 180
Besser als Halme: Blutmagen, grob 188

TEILWEISE NATÜRLICH SCHON. AUCH.

ABER NICHT NUR.

(MONOLOGE, SZENEN UND DIALOGE)

Mini-Talk am Nachmittag 199
Schweres tragend 206
Die Aschenbechergymnastik 208
Das Gründungskonzert des
Weltjugendnichtraucherorchesters 210
Brillenputztücher 213
Aus Herrn Eibuhms Badezimmerradio 218
Babypflegestäbchen 225
Zischelnde Mädchen im deutschsprachigen Teil
Belgiens 228
Ein Leben auf der Flucht vor der ‹Koralle› 234
Das Sandwich mit der Dietrich 251
Die legendäre letzte Zigarette 254

DIE ERDERWÄRMUNG

Der Sommerverächter 265
Gemeine Gentechniker wollen Ute Lemper wegen der

Hitze in eine Euterpflegecreme-Fabrik auf Helgoland
verwandeln 270
Die rot-blaue Luftmatratze 277
Ich will wissen, ob die Schwester von Claudia Schiffer
schwitzte (In Unterhose geschrieben) 287
Tagebuchpassage 4.1. – 7.1.2002 296

SMART, FÜRSTLICH, GALAKTISCH UND NOBEL
Waffen für El Salvador 307
Dank Bügelhilfe fühlt man sich wie ein
geisteskranker König 314
Milch und Ohrfeigen 324
Also kochte Cook der Crew 329
Intaktes Abdomen dank coolem Verhalten 333
Veränderungen des Neigungswinkels von Hutablagen
sind keine Hausmädchenarbeit 338
Die Dolmetscherin und das Double 345
Die Mittwochsmemmen oder: Warum tragen
Ausländer immer weiße Socken? 351

NOT COCOONING
Hyppytyyny huomiseksi (Ich bin begeistert und verbitte
mir blöde Begründungen) 359
Ein Flugzeug voller Nashi-Birnen, ein Jesus
voller Amseln 364
Auch Tote dürfen meine Füße filmen 373
Elegante Konversation im Philharmonic
Dining Room 382
Österreich und die Schweiz 391
Kölner und Düsseldorfer 395
Kiesinger weiß kein Mensch was drüber 397

Tagebuchpassage 15.11. – 16.11.2001 406

Las Vegas, «Kitsch» und «Satire» 409

Knallfluchttourismus ins Magnifik-Montanös-
Privatknallfaule 418

GESTRANDET AN LEBEN UND KUNST

Der heile Krug 429

Wie gut, daß ich ein Künstler bin! 437

Junger Mann, der sich eine Schallplatte gekauft hat . . 441

Ich beeindruckte durch ein seltenes KZ 449

Berliner Befremdlichkeiten 453

Eine Wolke, auf der man keinen Husten bekommt . . 459

Der Sonderoskar für prima Synchronisation geht in
diesem Jahr an den Film ‹Fünf stattliche Herren und
ein Flockenquetschen-Selbstbau-Set› 467

Tagebuchpassage 20.9. – 26.9.1999 476

Okay, Mutter, ich nehme die Mittagsmaschine 485

EINIGE SONGTEXTE

Anderthalb Magnesium für jeden 495

Flugstunden und Autostunden 496

Schleichwege zum Christentum 498

Zimt auf Samt 500

Gefährdet 501

An die Wand gelehnt 502

Dies ist deine Jugend 503

Die schönste Art, halbtot zu sein
(Gekitzelt werden) 504

Könnten Bienen fliegen 506

Quellenverzeichnis 508

COCOONING

Die Mitgeschleppten im Badezimmer

Gäste haben! Gäste zu haben ist ein Jumbo-Plaisir, doch will beachtet werden, wie die Gastlichkeit zu bewerkstelligen sei. Ich weiß nicht mehr genau, ob es Immanuel Kant oder Uwe Seeler war, der einmal bemerkte, wenn man Gäste zu sich bitte, solle deren Anzahl diejenige der Grazien, also drei, nicht unter-, und diejenige der Musen, neun, nicht überschreiten. Ich halte mich an diese Regel, denn wenn man nur zwei Personen einlädt, ist man ja insgesamt bloß zu dritt, und zu dritt ist man ja schon, wenn man zu zweit ist und der Heizkörperableser klingelt. Bittet man aber zu viele Gäste zu sich, weiß man gar nicht, wie die alle heißen. Auf jeden Fall muß man den Gästen beizeiten einbleuen, daß sie auf keinen Fall jemanden mitbringen dürfen! Sonst hat man ein oder zwei Stunden lang die Wohnung voll mit Gestalten, die man überhaupt nicht kennt und auch nicht kennenlernen wird, die dafür aber um so ungehemmter in die byzantinischen Bodenvasen aschen, und wenn dann um zwölf die Getränke alle sind, setzt ein großes Woandershin-Walking ein, und schließlich sitzt man da mit ein paar trüben Tassen, für die man später Luftmatratzen aufpusten darf. Nein, die Gäste müssen sorgsam aufeinander abgestimmt werden wie die Aromen in einem Parfum; ein einziger Mitgeschleppter kann wie ein einzelner Gallenröhrling in einem Steinpilzgericht wirken und alles verderben.

Nun ist es 20 Uhr, und die Gäste tun das, was nur Gäste können, nämlich *eintrudeln.* Hat man je davon gehört, daß Arbeiter in der Fabrik eintrudeln oder Fußballspieler auf

dem Spielfeld? Sind die Deutschen anno '39 in Polen einge-
trudelt? Nein, eintrudeln ist gästespezifisches Ankunftsver-
halten. Zuerst nötigt man die Besucher, in rascher Abfolge
zwei oder drei Manhattans oder Old Fashioneds zu trinken,
damit sie nicht wie dösige Ölgötzen bräsig in der Sitz-
schnecke abhängen. Gästezungen wollen wachgekitzelt
werden. Jetzt mag es sein, daß die Menschen von des Tages
Knechtungen mattgepaukt sind und trotz der munterlauni-
gen Drinks nicht in Schwätzchenstimmung kommen. Für
diesen Fall sollte man stets einige Gegenstände zum Zeigen
haben, denn Gäste, denen man etwas zeigt, müssen wohl
oder übel das Maul aufkriegen zwecks Kommentar. Da trifft
es sich gut, wenn man gerade eine wertvolle Gesamtausgabe
der Werke Rainer Barzels oder ein Prunkschwert aus dem
Hindukusch gekauft hat. Es muß aber gar nicht unbedingt
so etwas Großartiges sein, oft reicht schon eine repräsentati-
ve Blumenkohlhaube, ein Mardergerippe oder ein vom Mit-
telmeer mitgebrachter Badeschwamm, um die Konversation
zum Moussieren zu bringen.

Nun darf man sich aber nicht pathetisch vor den Gästen
aufbauen und den Schwamm angeberisch hochhalten wie
Hamlet seinen Totenschädel, sondern man muß allen Anwesenden mit viel Einfühlungsvermögen das Gefühl vermitteln, daß das jetzt nicht irgendein wildfremder, anonymer Schwamm ist, der ihnen da wortgewandt präsentiert
wird, sondern daß es auch, zumindest vorübergehend, «ihr»
Schwamm ist. Man muß die Gäste teilhaben lassen an den
durch den Schwamm ausgelösten emotionalen Updrifts.
Dies erreicht man, indem man Nähe ermöglicht, Betat-
schungen zuläßt, den Gästen also erlaubt, den Schwamm zu
betatschen. Man muß sie bitten, die Augen zu schließen und
sich vorzukommen wie ein blindes, blondes Mädchen in

einem Blindentastgarten, wodurch bedauerlicherweise die Frage aufgeworfen wird, ob auch Blinde Blondinenwitze machen, und wenn ja, dann gäbe es in solchen Witzen vielleicht Blondentastgärten, in denen lauter dornige Sträucher stehen, und die blinden Blondinen schrieen immer «Aua, Aua».

Doch zurück zum Schwamm. Man kann ihn kreisen lassen im Gästerund, von rechts nach links, jeder darf «ihn» zwei Minuten halten, gleichzeitig kann man von links nach rechts das Mardergerippe herumgehen lassen. Da kann es passieren, daß der in der Mitte sitzende Besucher beides hat, Schwamm *und* Gerippe, und man glaube mir, es wäre ein lausiger Gastgeber, wer dies nicht zum Anlaß nähme, bleichesten Gesichtes zu verkünden, daß man in der Ukraine glaube, einer, der in der einen Hand einen Schwamm halte und in der anderen ein Mardergerippe, dessen Namenszug im Buch des Lebens werde bald verdorren. Nach einiger Zeit ist es allerdings geboten, zu erwähnen, daß nichts Ernstes zu befürchten sei, daß man nur gerade ein wenig geistreich habe erscheinen wollen. Man sieht hieran, wie kinderleicht es ist, seinen Gästen Kaiserstunden der Geselligkeit zu bieten.

Nach den ersten Cocktails wird bald eine erste Stimme erdröhnen, die ankündigt, der Toilette einen Besuch abzustatten. Da ist zu hoffen, daß man das Bad gut gewichst, gewienert und poliert hat, wie überhaupt die ganze Wohnung, denn wenn man das nicht tut, ist ja kein Platz für den neuen Schmutz, den einem die Gäste in die Bude schleppen mit ihren verdammten Drecklatschen. Gerade jüngere Menschen, die darauf erpicht sind, sich eine gut besonnte gesellschaftliche Position zu erstreiten, sollten wissen, daß die Reputation im Badezimmer mitgebacken wird. Man mache sich doch nichts vor: Fast jeder, der in einer fremden Wohnung aufs Klo geht, macht das Badezimmerschränkchen auf und guckt, was da drin ist. Und wenn da zig Medikamente gegen Depressionen, Inkontinenz, Pilzbefall und Impotenz drin sind, dann nimmt der Gast seine Menschenbewertungsskala und schiebt den Gastgeber nach unten. Deswegen: Solche Sachen immer schön verstecken. Die Menschen sind dünkelhaft und gieren danach, Schulnoten zu verteilen. Zeitschriften und Talkshows haben die halbe Menschheit in dumpfe kleine Hobbypsychologen verwandelt. Legt einer seinen Zeigefinger zwischen die Lippen, dann wird allen Ernstes geglaubt, das bedeute irgendwas. Und wenn jemand im Bad eine sogenannte Badezimmergarnitur hat, lautet das Urteil der Jury «proll». Eine hundertprozentige Fehldeutung liegt hier indes nicht vor: Eine Klodeckelbespannung aus altrosa oder türkisem Frottee mit passender Badezimmermatte und Klofußumpuschelung läßt weder humanistische Bildung noch Adel erahnen. Doch muß man differenzieren: Die vor der Wanne liegende Matte mindert das Risiko feuchtfüßigen Ausgleitens, des leidigen «Pardauz, Tatü-Tata, Friedhof». Aber warum müssen Toiletten umpuschelt werden?

Ich muß jetzt leider etwas Hartes äußern. Ich habe in meinem Leben so manche resttröpfchengetränkte Toilettenumpuschelung sehen müssen, und immer hieß mich der Takt zu schweigen. Doch nun muß das Harte aus mir raus, und ich sage: Resttröpfchengetränkte Klofußumpuschelungen sind nicht sehr hübsch. Obendrein sind, wenn man sie spitzen Fingers umdreht, immer Haare darunter und erinnern an der Maden Vielzahl, die einem ins Auge springt, wenn man auf einem Spaziergang mit einem Stock einen toten Vogel umdreht. Ich habe nichts gegen Haare an sich. Wenn sie gut sitzen, bilden sie nützliche natürliche Mützen, die uns vor vorwitzigen Blicken und Blitzen schützen. Man kann auch gut in ihnen wuscheln, falls einem das erlaubt wird von dem, wo die Haare drauf wachsen. Aber jene Sorte Haare, wie man sie unter Umpuschelungen antrifft, wird sich kaum einer gern in den Frühlingsquark rühren. Nicht auszuschließen ist, daß es Lesefröschchen gibt, die eine syphige Umpuschelung ihr eigen nennen und jetzt aufgrund meiner rauhbeinigen Worte bittere Tränen vergießen, Tränen, die bitterer sind als die bitteren Tränen der Petra von Kant in dem Faßbinder-Film ‹Die bitteren Tränen der Petra von Kant›. Diese Perspektive knickt mich. Zum Trost sag ich den Fröschchen: Stellen Sie sich doch mal vor, jetzt kommt der Mensch, den Sie am meisten liebhaben, in Ihr Zimmer und sieht Sie weinen. Natürlich möchte er Ihnen die Tränen fortwischen, aber er findet kein Taschentuch und nähert sich Ihren blaugeweinten Wangen mit Ihrer Kloumpuschelung. Da würden Sie doch auch zurückweichen, gell?

Die Gäste sind nun abgezischt. Das ganze Wohnzimmer voll mit benutzten Einwegspritzen, Kondomen, geplatzten Gummipuppen, blutigen Peitschen, kotbeschmierten Dildos und zertretenen Mardergerippen! Ich übertreibe natürlich ein wenig. In Wirklichkeit ist der Salon nur leicht krümelübersät. Doch Grund genug zu sagen: «Nie wieder Gäste! Das nächste Mal treffe ich mich lieber wieder wie dereinst mit meinen alten Existenzkomplizen, nennen wir sie mal spaßeshalber Bruno, Ewald und Hugo, am schrammigen Holztisch im Wirtshaus zum knallgrünen Huhn.»

«Hallo Hugo, hallo Ewald, hallo Bruno!» tönt es daher bald durch die Gasse. Doch da ist ja noch wer. Ächz, ein Persönchen. «Das ist Claudia», sagt Ewald im Ton verkrampfter Lockerheit, und ein kurzer Blick von ihm erzählt die ganze fade Story. Daß sie den ganzen Tag rumgenölt habe wegen heute abend, daß er dann gesagt habe: «Komm doch einfach mit!», worauf sie erwiderte: «Ihr wollt ja nur wieder Bier saufen!», daß sie dann mit ihrer Schwester telephoniert, daraufhin geweint, dann Bauchweh bekommen und sich in letzter Minute doch entschieden habe, mitzukommen.

«Vier Hefeweizen und eine kleine Sprite!»

«Wieviel trinkt ihr denn davon, wenn ihr euch trefft?» fragt die Mitgebrachte. «Och, so vier oder fünf können das schon werden», wird geantwortet. «Fünfmal 5 Mark 50, das sind ja 27 Mark 50 für jeden. Also, ich muß von elfhundert Mark im Monat leben bei 680 Mark kalt, ihr ja offenbar nicht», bemerkt die Stimmungskanone, worauf sie ihren von einem widerwärtigen roten Samtding zusammengehaltenen Pferdeschwanz öffnet und das widerwärtige rote Samtding mitten auf den Tisch legt. Ihre weiteren Gesprächsbeiträge lauten: «Kannst du deinen Rauch nicht mal in eine andere Richtung blasen?» und «Was bist du eigentlich für ein Sternzeichen?» Irgendwann fängt sie an zu heulen, weil der Hund ihrer Schwester vorige Woche gestorben ist, und um halb elf stellt sie fest, daß es schon halb elf sei und Ewald ganz furchtbar müde aussehe, worauf sie sich denselben krallt und zum Abschied in scherzhaft ironischem Ton meint, sie hoffe, uns nicht den Abend verdorben zu haben. «Aber nein», sagen wir und meinen das auch sehr ironisch.

Bruno sagt: «Die tollsten Frauen laufen auf der Straße herum, aber die besten Freunde, die man hat, geraten immer an solche mißgünstigen Ranzteile.» Hugo weiß noch mehr: «Unseren Ewald sehen wir so bald nicht wieder. Der wird für Jahre in der Ranzschnecke verschwinden. Besuchen ist auch nicht drin. Sie würde es ihm selbstverständlich erlauben, aber wenn wir dann mal kämen, würde sie mit einer Wolldecke auf dem Sofa liegen und die Bürde unserer Anwesenheit als qualvoll lächelnde Märtyrerin geduldig ertragen. Sollte unser Gespräch trotz allem mal ein bißchen in Fahrt kommen, dann würde es bald unter der Wolldecke hervortönen: ‹Ewald, ich hab so kalte Hände. Kannst du sie mir nicht ein bißchen warmrubbeln?› oder ‹Ich will euch nicht hetzen, aber kannst du mir sagen, wie lange ihr ungefähr noch braucht? Nur ganz ungefähr.› Und dann dieser übertriebene Fruchtgestank überall von diesen Produkten aus dem Body Shop.» Ich weiß zu ergänzen: «Sie wird ihn zuschleimen mit Elton-John-Songs und Astrologie, wird ihn einspinnen in einen Kokon aus esoterischem Wirrwarr und hausfraulichem Quatsch, wird die ganze Bude vollstellen mit Schälchen, in denen kleine Perlen sind und verstaubte Blumenblätter und die widerwärtigen Samtdinger für den Pferdeschwanz, und bald wird er auch einen Pferdeschwanz haben, zusammengehalten von der männlichen Variante, einem widerwärtigen Frotteeding.»

Aus Sorge um den armen Ewald trinken Hugo, Bruno und ich noch ganz viel, machen sogar noch ein Woandershin-Walking. Bruno meint dann in dem Absturzladen, die Menschen werden von ihrem Vornamen geprägt, es gebe z. B. regelrechte Manfred- oder Christoph-Typen. In Frankreich sei sogar ein Buch zu diesem Thema auf dem Markt. Tatsache sei, das mindestens 50 Prozent aller blöden Freundinnen von netten Freunden Claudia heißen, das sei ein richtiger Migränetantenname. Bei blöden Lebenspartnern von netten Freundinnen sei die Bandbreite viel größer, die heißen Jens, Clemens, Oliver, Torsten und Tobias. Nur Ewald, Hugo und so weiter heißen die nie, denn die sind nett, und es folgt ein endloses Gebrabbel, welches meine Meinung bestätigt, daß dem Phänomen des trunkenen Wo-andershin-Walking prinzipiell kritisch gegenüberzustehen ist und daß das meiste, was nach zwei Uhr am Morgen passiert und gesprochen wird, ohne Reu vergessen werden kann.

Bartschattenneid

Zweierlei Erscheinungen bezeichnet man als Bartschatten. Ein Mann läßt einen Daumentief warmes Wasser ins Waschbecken laufen, stöpselt zu und macht mit dem Wasser den Rasierpinsel naß und befreit in dem Wasser die Klinge von Stoppeln. Nach der Rasur läßt er das Wasser ablaufen, und im Becken bleibt ein Film aus Seife und Bartstoppeln zurück. Das ist der Waschbecken-Bartschatten. Er ist unpopulär. Was gibt's dazu noch zu sagen?

Vielleicht, daß manche Männer «nadeln». Frauen, die einen behaarten Mann haben, seufzen manchmal, in die Dusche oder aufs Bettzeug blickend: «Nett ist er ja, aber er nadelt so. Ein Weihnachtsbaum ist nichts dagegen.»

Auch Rasierpinsel verlieren Haare. Es sind Dachshaare, die da kreuz und quer im Bartschatten liegen. Dies kann man nur glauben, wenn man weiß, daß Mitarbeiter von Blindenwerkstätten gegen geringen Lohn die Haare von Dachsen zu Rasierpinseln bündeln. Es gibt auch welche mit synthetischen Haaren, doch mit denen hilft man den Blinden nicht, und es gibt auch welche aus Gemsenhaar, aber die sind teuer und zu schade zum Naßmachen. Acht Stunden lag der Mann im Gänsekleid, knapp zwei Minuten später pflegt er sich mit Dachskleid. Horst Tappert schläft sogar neun Stunden, wie man aus einer Zeitschrift weiß.

Einem Veganer, dem bewußt wird, daß er mit der Verlautbarung, er trage keine Lederschuhe und verzichte sogar auf Honig, das Haus nicht mehr rocken kann, weil mittlerweile jeder diese Beispiele kennt, dem leg ich nahe, zu verkünden: «Ich benutze noch nicht mal einen Rasierpinsel aus Dachshaaren.» Das hat noch nie einer in einer Talkshow gesagt. Der, der's zum ersten Mal sagt, der rockt das Haus wie früher, als noch alle riefen: «Waas? Auch keine Eier?»

Noch keine Religion wurde aus der Frage gemacht, ob man sich besser vor dem Duschen rasiert oder hinterher. Ich würde sagen: Nach dem Duschen ist besser, denn dann wird man ohne hautirritierende Rubbelei trocken. Wenn jemand erwidert, es sei aber besser, es vor dem Duschen zu tun, weil harter Wasserstrahl auf frisch geschorener Haut den Poren Gutes tue, würde ich versuchen, interessiert zu schauen. Ich würde mich jedenfalls zusammenreißen und höchstens mit dem Fuß wippen, also keinesfalls losschreien.

Schon etwas eher identitätsstiftend ist es, ob man der Naß- oder der Trockenrasur den Vorzug gibt. Männer über 60, insbesondere welche aus weniger einkommensstarken Schichten, sind diejenigen, die heute am häufigsten zum Elektrorasierer greifen, denn diese Männer sparten in der Jugend auf ein Auto oder wenigstens ein Moped, sie sparten und sparten, aber es langte nie, da kauften sie sich halt einen Rasierapparat, der galt auch als modern damals und hatte den Status einer «Anschaffung». Sich bleibende Werte «anzuschaffen» war in den Nachkriegsjahrzehnten von höchster Priorität, später ging man dazu über, sich Vergängliches ins vollmöblierte Haus zu holen. Die neue Scheibe von Slade – die hat man sich in den siebziger Jahren nicht *angeschafft,* die hat man sich *zugelegt.*

Als die heute über Sechzigjährigen dann doch ein Auto kaufen konnten, hatten sie sich an den Rasierapparat gewöhnt, so daß keiner von ihnen sagte: «Jetzt, wo ich ein Auto habe, kann ich mich ja eigentlich wieder naß rasieren.»

Sie haben ihren Werdegang nicht genau genug beobachtet und den Zusammenhang übersehen.

Am Modernen orientierte Männer bevorzugen heute im allgemeinen die Naßrasur. Sich mit einem schwächlich brummenden Maschinchen im Gesicht herumzufuhrwerken gilt nicht mehr als im klassischen Sinne männlich. Außerdem genießt der Naßrasierer den Vorteil, daß er sich wenigstens einmal am Tag, ohne extra dran zu denken, das Gesicht wäscht. Für komplexere Bartschuren hat man freilich zusätzlich noch einen elektrischen Kotelettentrimmer und allerlei dem Millimeter verpflichtete Spezialgeräte. Politiker, Manager und andere Männer, die auch abends noch Termine wahrnehmen müssen, halten es lange schon mit der Kompromißlösung der Vielfotografierten: Morgens ausführliche Naßrasur und abends in der Limousine noch mal schnell elektrisch drüberwandern.

Dieses Verfahren ist aber nur bei dunkelhaarigen Männern mit dunklem Bartschatten notwendig. Als Bartschatten bezeichnet man ja nur in zweiter Linie den Schmutz im Waschbecken nach der Naßrasur, häufiger versteht man darunter die dunklen Pünktchen, die nach der Entfernung des Bartnachwuchses manches Mannes Antlitz auszeichnen, also jenen Mohnbrötcheneffekt, mit denen Witz- und Comic-Künstler früher gern Verbrechertypen, z. B. die Panzerknacker, kennzeichneten, woran man erkennen kann, daß ein starker Bartwuchs oft mit einer gewissen Zwielichtigkeit in Verbindung gebracht wurde. Darin widerrum muß man eine Angst des Angelsächsischen vor allem Mediterranen, womöglich sogar Arabischen sehen.

Heute begegnet man dunkelhaarigen Männern überall. Man ist auch schon verreist gewesen. Und es erwuchs aus dem Verreist-gewesen-Sein und dem Erblicken der gleichmäßigen schwarzen Pünktchen beim Einkauf von Gemüse der bislang nicht so genannte Bartschattenneid.

Männer beneiden einander um Autos, Frauen, Positionen und Geld. Dies geben sie zu, indem sie es entweder ironisieren oder aggressiv werden. Der Neid auf den mediterranen Bartschatten ist ein heimlicher Neid, von dem niemand spricht. Hellhaarige, die oft nur insularen Bartwuchs haben, blicken oft mit sehr viel «Will-ich-auch-haben» auf die «perfekt gemähte männliche Blumenwiese» im Gesicht eines Südländers. Es ist völlig okay, ja sogar angenehm, daß niemand davon spricht. Aber wenn man im Zug sitzt, und die Tür geht auf, worauf ein Mann, der laut Namensschild «Herr Yildiz» heißt, die Fahrkarte zu sichten verlangt, dann ist es auch nicht völlig falsch zu denken, daß all die Pünktchen, die Herr Yildiz im Gesicht trägt, doch eigentlich recht schick sind.

Ist es zynisch, im Wohnzimmer zu frühstücken?

Eine Person sagt zu einer zweiten Person:
«Normalerweise frühstücken wir nicht im Wohnzimmer, aber sonntags frühstücken wir durchaus im Wohnzimmer. Auch feiertags, also beispielsweise am 26. 12. und am Ostermontag. Wir wissen aber noch nicht, wie wir uns verhalten werden, wenn der Pfingstmontag als gesetzlicher Feiertag abgeschafft wird, um die Pflege alter und behinderter Menschen in den östlichen Bundesländern zu gewährleisten. Möglicherweise würden wir dann zwar weiterhin im Wohnzimmer frühstücken, das aber als zynisch empfinden. Andererseits: Vielleicht frühstücken die alten und behinderten Menschen ja selber im Wohnzimmer und denken nicht im Traum daran, sich zu überlegen, ob es zynisch sein könnte, im Wohnzimmer zu frühstücken, während jene, die es durch den Verzicht auf den Pfingstmontag erst ermöglichen, daß die Älteren und Behinderten, die unter Umständen gar kein Wohnzimmer haben oder nur ein ganz kleines, überhaupt was zum Frühstücken haben, aus Solidarität mit Alten und Behinderten an abgeschafften Feiertagen in der Küche sitzen und mit Stielaugen in Richtung Wohnzimmertür schielen.»

Die zweite Person erwidert:
«Könnten Sie Ihren Gedanken vielleicht ein zweites Mal vortragen?»

Die Erfindung des Briefbeschwerers

Während eines Streifzuges durch das Kaufhaus des Westens sprang mir neulich ein Set von sechs vergoldeten Sektquirlen für 98 Mark ins Auge.

Einen Moment lang liebäugelte ich mit der Idee, mir vom Verkaufspersonal eine Obstkiste bringen zu lassen, mich auf sie zu stellen und eine gesellschaftliche Rede zu halten, in welcher ich Begriffe wie «Somalia» und «Pelzmantelschlampe» aufs gekonnteste miteinander kontrastiert hätte. Ich bevorzugte jedoch ein heiteres Stillbleiben, währenddessen ich mich vergeblich an den Sinn nicht nur von Sektquirlen, sondern auch von Nußspendern und Grapefruitlöffeln heranzutasten versuchte. Warum soll man Sekt verquirlen? Damit die Damen nicht rülpsen? Ich meine, auch der Kehle einer nicht quirlenden Dame entfahren keine gesellschaftsunfähigen Geräusche, und Herren trinken ohnehin kaum klebrige Getränke. Und warum soll man Nüsse spenden? In meiner Kindheit gab es ein Onkel-Tante-Gefüge, in dessen Haushalt sich ein Nußspender befand. Das war ein brauner Kasten mit zwei Öffnungen und einem Knopf. Oben tat man die Nüsse herein, dann drückte man auf den Knopf, und unten kam eine Nuss heraus. Nicht etwa geknackt oder gewürzt, sondern im gleichen Zustand, in dem sie oben hineingegeben wurde. Des weiteren mag ich nicht vertuschen, daß ich im Besitz eines Grapefruitlöffels bin. Ein solcher Löffel hat vorn kleine Zähne, die vermeiden helfen sollen, daß einem Saft in die Augen spritzt beim Ausbaggern der Frucht. Natürlich spritzt es trotzdem. Es weiß doch aber eh jeder, daß man, wenn man sich mit einer

Grapefruit befassen will, vorher seine Tapezierhosen anzieht und eine Sonnenbrille aufsetzt. Ich möchte jetzt nicht sämtliche Narreteien aufzählen, welche von Spezialversandhäusern angeboten werden, also keinesfalls jenen Papierkorb erwähnen, der, sobald man etwas hineinwirft, gesampelte Beifallsgeräusche von sich gibt, auch nicht den beinahe legendären Göffel, eine Kreuzung aus Löffel und Gabel, den eine Münchner Designerin mit dem Gleichgewichtsstörungen verursachenden Namen Bib Hoisak-Robb entwarf. Lieber möchte ich die Aufmerksamkeit auf die klassischste Überflüssigkeit richten, nämlich den Briefbeschwerer. Warum in aller Welt soll man einen Brief beschweren? Wohnte sein Erfinder in einer windigen Wohnung? Ich will mir kurz was denken.

Ich denke mir einen Erfinder, und *der* hatte eine rülpsende Gemahlin. «Das liegt an dem Sekt, den die den ganzen Tag säuft», dachte er und erfand den Sektquirl. Er ließ ihn patentieren, und bald gab es ihn überall zu kaufen. Der Bund kritischer Verbraucher fühlte sich wie vor den Kopf gestoßen.

«Wir benötigen keine Anti-Rülps-Quirle, während in der Dritten Welt ... etc. ... Gerade wir als eines der reichsten Länder der Welt sollten endlich mal ... etc.» riefen seine Mitglieder, schmissen des Erfinders Fensterscheiben ein und schrieben Drohbriefe. Nun herrschten in der Wohnung des Ingenieurs zugige Zustände, und die Drohbriefe flatterten in seiner Stube umher wie das herbstliche Laubwerk, wenn dem Jahr die Puste knapp wird.

«Wie soll ich denn die Briefe lesen, wenn sie durchs Zimmer schunkeln wie herbstliches Laubwerk?» brüllte da der Erfinder. Seiner betrunkenen Frau mißfiel das Gebrüll so sehr, daß sie sich einen der Pflastersteine griff, mit denen die

Fensterscheiben zerschmettert worden waren, um ihn gegen ihren cholerischen Mann anzuwenden. Wegen ihrer Angeschickertheit verfehlte sie aber seinen Kopf und knallte den Stein auf den Rauf-und-runter-kurbel-Wohnzimmertisch, über welchem gerade besonders viele Drohbriefe wirbelten, und *so* kam es, daß zwischen Tischplatte und Pflasterstein ein Brief eingeklemmt wurde. Plötzlich ganz schweigsam, verharrte das Ehepaar vor dem Tisch. Die Geburt einer großen Idee hatte Suff und Zorn die Tür gewiesen.

«Dieser Augenblick ist so erhaben, daß wir den Rauf-und-runter-kurbel-Wohnzimmertisch so weit hinaufkurbeln sollten, wie es nur irgend geht», sprach der Ingenieur. Und sie kurbelten die ganze Nacht, sie kurbelten den Tisch höher als je zuvor und vermutlich auch höher, als irgendwo auf der Welt je ein Wohnzimmertisch gekurbelt wurde. Dann stellten sie sich unter den Tisch und küssten sich dermaßen französisch, daß man das Geschmatze und Geschlabber bis zu den Mülltonnen hören konnte, also bis zu diesen garstigen Mülltonnen, bei denen sich allabendlich die dümmere Jugend der Siedlung traf. Bislang wußten nur Insider, in was für einer engen Beziehung die Entstehungsgeschichte der Redewendung «Sie küssen sich so laut, daß man es bis zu den Mülltonnen hört» zu der Erfindung des Briefbeschwerers steht. Jetzt wissen es alle.

Ich zog ein elektronisches Goldfischglas hinter mir her, in dem ein Wetter herrschte wie auf der Venus

Wenn ich mit der Bahn fahre, versuche ich schon auf dem Weg zum Bahnhof, mir die Sitzplatznummer einzuprägen, damit ich nicht im Getümmel auf dem Bahnsteig meine Fahrkarte aus der sicheren Jackentasche holen muß. Viel Segen ruht auf Waggon- und Platznummernkombinationen, die geschichtliche Ereignisse wachrufen, Wagen 19, Sitz 19 z. B., da fühlt man sich von der Leiche der Rosa Luxemburg an die Hand genommen und sicher zu seinem Sitz geleitet. Dumm ist aber, wenn man in Wagen 4 sitzt, denn im 5. Jahrhundert war anscheinend nicht viel los, jedenfalls nichts, was sich als Jahreszahl dem historischen Laien einprägte. Wahrscheinlich gab es in diesem Jahrhundert nur Seuchen und Sümpfe, und die Menschen waren vom krank-durch-die-Sümpfe-Waten zu genervt, um am Mühlrad der Geschichte zu drehen. Manchmal merke ich mir den Sitzplatz auch anders: Ich saß einmal Wagen 17 Platz 48, da dachte ich: 1748 Zimmer hat der Palast des Sultans von Brunei.

Wohl aus dem gleichen halbseidenen Grund, aus dem der Sultan von Brunei einst mit einem Abakus durch seinen Palast schritt und dessen Zimmer zählte, durchmaß ich vor einiger Zeit meine Wohnung und zählte meine Elektrogeräte. Lampen nicht mit eingerechnet, kam ich auf 43. Die Bekanntgabe dieser Zahl sorgte in meiner Umgebung für offenstehende Münder und Basedowsche Augen. Die meisten Menschen haben nur 13 oder 14 Elektrogeräte. Noch größer wird das Glotzen und Maulaffenfeilhalten, wenn ich hinzufüge, daß zu meiner Bilanz weder ein Fön noch ein Bügeleisen und erst recht kein elektrisches Tranchiermesser beiträgt, weil ich grundsätzlich nicht föne, bügele und tranchiere. Angeblich soll ein Fön dazu gut sein, die Preisschilder von CDs zu entfernen, sie lösen sich unter der Heißluftdusche, aber ich käme mir dumm vor beim Fönen von Tonträgerbehältern. Einige Elektrogeräte schätze ich aber sehr, z. B. meine elektrische Zahnbürste. Zum Reinigen einer elektrischen Zahnbürste ist übrigens eine mechanische Zahnbürste sehr geeignet, wogegen man noch nie davon gehört hat, daß Rockmusiker ihre elektrischen Gitarren mit akustischen Gitarren putzen. Man hört überhaupt nur sehr selten, daß Rockmusiker ihre Instrumente reinigen, obwohl die Gitarren nach einem matschigen Rockfestival bestimmt nicht schöner aussehen als die Gummistiefel der Queen nach einem nächtlichen Ritt durch ihr aufgeweichtes Reich.

Viel Freude bereitet mir meine Geschirrspülmaschine. Sie ist sowohl Sportgerät als auch Beruhigungspulver. Der Sport besteht darin, daß ich versuche, so viel wie möglich in sie hineinzustopfen. Wenn andere Leute sagen würden: Die ist jetzt aber wirklich voll, dann räume ich noch einmal um, positioniere die Töpfe anders, stelle die Teller enger, und wenn dadurch Platz gewonnen wurde, trinke ich extra noch ein Glas Saft, nur damit ich auch dieses Glas noch hineinstellen kann. Nun endlich erlaube ich der Maschine, ihre beruhigenden Geräusche zu entfalten. Früher dachte ich immer, Geschirrspülmaschinen würden klappern. Doch nein, sie erzeugen ein sanftes Rauschen und Strullen, man fühlt sich beruhigt wie ein Kind, das in seinem Bettchen liegt und denkt: «Es rauscht, es strullt. Mutti ist also zu Hause, es ist alles in Ordnung.» Man könnte das Geräusch auch mit Meeresbrandung vergleichen, die man durch ein geschlossenes Hotelfenster hört, aber das ist kein guter Vergleich wegen der Möwen, die zum Brandungsrauschen mit dazugehören. Besser vergleiche man das Geschirrspülmaschinengeräusch mit Meeresrauschen im Mutterleib, aber nicht aus der Perspektive des Fötus, sondern aus der Perspektive des die werdende Mutter umarmenden Kindsvaters. Der Mann denkt lieb: «Pazifik tost in meiner Frau, da werden wir wohl Zukunft haben.»

Am schönsten ist es, wenn der Geschirrspüler läuft, Regentropfen «klopfen» an die Fensterscheiben, im Nebenzimmer brabbelt ein Nachrichtensprecher leise Weltpolitisches vor sich hin, und man sitzt in der Küche und schält Äpfel für den Apfelkuchen, der im Sitznachbarn der Geschirrspülmaschine, dem wunderbaren Backofen, bald gebacken werden wird. Man ist beheimatet, die Welt ist nebenan bis draußen, die Zukunft sitzt als Weltgeschichte vitaminverwöhnt und froh im Mutterleib.

Wenn man Gästen selbstgebackenen Kuchen vorsetzt, können manche gar nicht fassen, daß man den wirklich selbst gebacken hat. Die meisten backen nie und halten das infolgedessen für eine geheimnisvolle Kunst. Daher die Backmischungen in den Supermärkten, die nur aus Zucker, Mehl und Backpulver bestehen, allerdings fünfmal so teuer sind wie einzeln gekauft. Butter, Eier und alles andere muß man hinzufügen. Verglichen mit dem Kochen ist Backen aber kinderleicht. An den Türen vieler Friseure klebt ein Aufkleber mit dem Wortlaut: «Was Friseure können, können nur Friseure». In Analogie dazu müßte, wenn es mit rechten Dingen zuginge, an den Türen der Bäcker (zumindest der meisten Berliner Bäcker) stehen: «Was Bäcker können, können die meisten Menschen besser als Bäcker». Jeder, der neu nach Berlin zuzieht, wird nach nicht langer Zeit in die heimliche Nationalhymne der Stadt einstimmen, ein seit Jahrzehnten oft vernommenes Klagelied namens «In Berlin kriegt man nirgendwo ein anständiges Stück Kuchen». So oft man diese Hymne hört, so unbeeindruckt von ihr bleiben die Berliner Bäcker, denn böse Bäcker kennen keine Lieder bzw. sie kennen schon Lieder, aber die Lieder, die sie sich endlich mal hinter die Löffel schreiben sollten, die kennen sie nicht. Nach der Wende sind etliche West-Berliner zu Bäckern in den Ostteil gefahren, was sich wegen der Brötchen einige Jahre lang auch tatsächlich lohnte, aber der Kuchen war dort auch nie gut. Man muß halt selber backen, jedoch sollte man dies weniger zwecks Übertrumpfung der Bäcker als wegen des guten Geruchs in der Wohnung tun. Ist die Bude verqualmt und verbläht: Rasch einen Kuchen backen!

Ich stehe also in freundschaftlichem Einvernehmen mit meinen Elektrogeräten, denn sie verbreiten gute Geräusche und Gerüche.

Doch schwarze Schafe gibt es überall.

Die ärgerliche Angelegenheit begann vor gut zwei Jahren. Ich sauge gerne Staub. Ich liebe das knisternde Geräusch, wenn Krümel und kleine Steinchen das metallene Rohr hinauffliegen. Mein alter Staubsauger lahmte aber schon seit langem. Das Wort Saugkraft war für ihn nur noch eine aschfahle Reminiszenz an Tage stets vor dem Überkochen stehender Mannbarkeit, an Hosen voll immer mehr und immer wieder wollendem Natterngezücht, an Bergwiesen voll singender Mädchen auf der Suche nach den berühmten wilden Berg- und Talaprikosen von Aquilatxarantxa gewissermaßen. Eines Tages hörte ich im Hörfunk von einem Wunderding aus England, einem Staubsauger, der gar nicht in der Lage sei, seine Saugkraft einzubüßen, weil er nämlich ohne Staubbeutel funktioniere. Ich hörte immer wieder von dem

Gerät, ich hörte davon auf Promenaden, Flaniermeilen und Boulevards, in Kurmuscheln, Arkaden und Künstlerlokalen.

Zum Thema Künstlerlokal darf ich eine Bemerkung einfügen. Wenn zwei Künstler miteinander einen heben gehen, sagt man, die beiden verbinde eine Künstlerfreundschaft. Man scheint eine solche Beziehung für etwas so Intensives und Außergewöhnliches zu halten, daß man meint, sie verdiene einen besonderen Namen. Wenn zwei Elektriker miteinander ausgehen, sagt man nicht, die beiden hätten eine Elektrikerfreundschaft. Künstler führen freilich auch keine normale Ehe, sondern eine Künstlerehe, und wenn sie ausgehen, dann zieht es sie in Künstlerlokale. Davon gibt es zwei Sorten. Einmal die traditionellen. Darin sitzen alte Zauseln, sogenannte Originale, und diese zeichnen sich durch eine Vorliebe für Urtümliches und Deftiges aus, weshalb es in diesen Gaststätten immer Bratkartoffeln gibt, von denen es heißt, Curd Jürgens habe schon von ihnen geschwärmt, und bevor er nach Amerika geflogen sei, habe er sich von Lilo oder Hertha – so heißen Künstlerlokalwirtinnen – eine Portion einpacken lassen und sie in New York im Waldorf Astoria vom Empfangschef aufwärmen lassen. Hinter ihm habe Yul Brynner gestanden und auch einchecken wollen, aber der habe hübsch warten müssen, bis der Rezeptionist die Künstlerbratkartoffeln für Curd Jürgens warm gemacht habe. So etwas erzählt man sich gern im Künstlerlokal, unter der Galerie aus signierten Fotos von Gert Fröbe, Lilli Palmer, Curd Jürgens natürlich und dem ganz jungen Mario Adorf. Heutigere Künstler hängen dort selten, denn die sind, so denkt Lilo, Lackaffen und wollen keine Bratkartoffeln mehr, die wollen Wildreis, aber den macht Hertha nicht. Wildreis, wo käme sie denn da hin, sie sei doch nicht vom wilden Affen gebissen, wie laut Lilo Hänschen Rosenthal zu sagen pflegte, der natürlich auch an der Wand hängt, mit Ilse Pagé oder Alice Treff einer Kamera zuprostend. Es gibt auch moderne Lokale, die um den Ruf bemüht sind, Treffpunkt von Künstlern zu sein, und dort gibt es freilich Wildreis säckeweise, aber kaum Künstler, sondern Werber, Seriendarsteller und Medienmenschen, und die erzählen sich keine Künstleranekdoten, sondern sprechen über ihre neuesten Elektrogeräte.

Von dem vielumwisperten englischen Wunderstaubsauger gab es bald auch Bilder. Das Gerät sah herrlich aus. Einerseits erinnerte es ganz schwach an jene *Triops* genannten Urkrebse, deren Eier man als amerikanische Wundertüte in naturwissenschaftlichen Museen kaufen und im heimischen Gurkenglas schlüpfen lassen kann; die so von Kinderhand gezüchteten jurassischen Nachzügler werden vermutlich in der Toilette ihr Nesthäkchendasein beenden. Noch schwächer erinnerte der Staubsauger an *Aibo,* den interaktiven Roboterhund aus Japan, obgleich es den noch gar nicht gab, als ich die Staubsaugerbilder in den Zeitschriften bestaunte. Ich rief alle Media-Märkte und ähnliche Superstores an, ob sie den DYSON DC 02 mit *dual cyclone technology* vorrätig hätten, und überall hieß es, man zögere sehr, das Gerät ins Sortiment zu nehmen. Nach einem halben Jahr gab es die grau-gelbe Designpreziose aber doch irgendwo. Leicht waren die Einzelteile zusammengesteckt, enorm war die Saugkraft. Bilder von urzeitlichen Staubstürmen kamen mir in den Sinn, als ich beobachtete, wie sich der durchsichtige Behälter mit Zusammenwehungen grauer Gewölle füllte. Ich zog ein elektronisches Goldfischglas hinter mir her, in dem ein Wetter herrschte wie auf der Venus. Das ist mehr als Staubsaugen, das ist *Staubernte,* das ist nicht einfach

Schmutz, das ist *kosmischer Prachtschmutz,* jubilierte ich. Hinterher würde ich meine Ernte begutachten wie eine gelungene Wertschöpfung – alles selbst erzeugter Schmutz! –, und ich würde den Staubtopf vom Gerät lösen und meinen Gästen sagen: «Guckt mal, vor einer halben Stunde lag all der Schmutz, den ihr hier sehen könnt, noch auf diesem Teppich!» Doch leider – au! Ein elektrischer Schlag. Und, au, noch einer. Immer wieder bekam ich kleine elektrische Schläge versetzt, dabei habe ich nirgends synthetischen Teppichboden liegen, sondern überall persisches Handwerk. Ich griff zur Gebrauchsanweisung. Dort steht: «Es kann passieren, daß sie kleine elektrische Schläge bekommen, aber das ist kein Anlaß zur Beunruhigung.» Netter wäre es gewesen, allerdings auch geschäftlicher Selbstmord, wenn die Herrschaften diese Information groß auf den Karton und in ihre Anzeigen geschrieben hätten.

Ganz schlimm wird's, wenn der Staubtopf voll ist. Nach dem ersten Versuch dürfte jedem klar sein, daß man ihn unmöglich in der Wohnung ausleeren kann. Man braucht zumindest einen Balkon, aber es muß absolut windstill sein, und es geht nur zu zweit. Einer muß einen Plastiksack aufhalten, und der andere schüttet. Hinter ihrem Mundschutz schimpfen beide, was das denn für Irre seien, die einen Staubsauger ohne den seit Jahrzehnten bestens bewährten Staubbeutel lancieren oder gar kaufen, da könnte man ja ebensogut Uhren ohne Zeiger, Frauen ohne Schatten, Bier ohne Alkohol auf den Markt werfen oder sogar Globusse ohne Island und dies ohne jenes und jenes ohne dies –

Man könnte hier natürlich noch ewig herumsitzen und die x-ohne-y-Liste verlängern, aber irgendwann möchte man ja auch mal nach Hause, und deswegen werden die Pferde jetzt entsattelt und kriegen einen Gute-Nacht-Kuß, oder was genau macht man abends mit Pferden? Ich glaube schon, daß man ihnen den Sattel abnimmt und sie einer Gute-Nacht-Striegelung teilhaftig werden läßt, aber die Hufe läßt man dran, die werden ihnen nicht jede Nacht abgekloppt. Insofern ist jetzt Feierabend, aber weil ich den Globus ohne Island bereits kurz erwähnte, meine ich, es käme einem Auspinkeln von geweckter Neugierde gleich, wenn ich hier nicht noch drauf einginge. Wolfgang Müller, der Künstler und Islandexperte, entdeckte in einem Schreibwarengeschäft einen Bleistiftanspitzer in Form eines Globus und stellte fest, daß Island darauf vergessen worden war. Er rief bei der Herstellerfirma an und wies auf den Mangel hin. «Das interessiert doch keinen Menschen!» ranzte der Globusbleistiftanspitzerboss in die Muschel. Ich würde sagen, eine Art ist das nicht.

Rille ralle ritze ratze
(Harte Haare)

In der Münchner Innenstadt kann man eine Sorte Damen herummarschieren sehen, über welche ich bis vor kurzem mutmaßte, daß es sie in Berlin nicht gebe. Diese Damen tragen Lodenmäntel, und um die Schultern haben sie sich fransige Dreieckstücher drapiert, die erschossene Enten, Halali-Hörner und sonstige Jagdmotive zeigen. Wäre es schicklich, auf ihre Haare zu fassen, könnte man sich an einer leicht knisternden, nachgiebigen Härte ergötzen. Mit einer Mischung aus 90 Prozent Desinteresse und 10 Prozent Entzücken habe ich einmal ein Exemplar, dessen Wimpern mit Tuschebatzen knefig schwarz bepelzt waren wie ein Klatschmohnstengel mit Läusen, dabei beobachten können, wie es ein winziges Schälchen chilenischer Himbeeren für 16 DM erstand und in einem arttypischen Weidenkorb mit Klappdeckel versenkte. Ich dachte: Das sind denn wohl auch die Leute, die die Steinchen kaufen, die das Toilettenspülwasser blau machen.

Seit mich neulich ein Preisgepurzel ins KaDeWe lockte, weiß ich, daß man Ententuchmatronen, komplett mit Haaren hart wie Hardrock, auch in Berlin beobachten kann, aber nur am Vormittag von Montagen. Wie von geheimen Kommandos gesteuert, entströmen sie ihren südwestlichen Villen, wo Kieswege Doppelgaragen anknirschen, und schreiten entschlossen durch bessere Geschäfte, einander nicht kennend, doch verabredet wirkend. Ich nehme an, daß sie u. a. an Sammeltellereditionen, Gedenkfingerhüten und *Teewagen* Interesse haben. Teewagen sind ein ziemliches Desaster.

Wenn meine Mutter Femme-fatale-Ambitionen überfielen, stellte sie in der Küche das Kaffeegeschirr auf den Teewagen, um diesen zum ca. sechs Meter entfernten Wohnzimmertisch zu rollen. Auf dem Wege waren aber zwei Türschwellen und drei Teppichkanten zu überwinden, was mit einem ganz erbärmlichen Angehebe, Geruckel, Gezerre und Übergeschwappe einherging. Es ist, nebenbei erwähnt, für die Entwicklung von Jugendlichen schädlich, wenn sie ihre Mütter bei derart ungraziösen Zurschaustellungen beobachten müssen. Manch einer soff später oder stand auf bedenklich dünnen Beinen an übelbeleumundeten Straßenkreuzungen.

Zurück ins KaDeWe. Es hat wenig gefehlt, und ich hätte mir einen auf 250 DM herabgesetzten *Hausmantel* gekauft. Zwar bin ich zu 99 Prozent erbitterter Gegner jedweden Gockel- und Geckentums, und ich hab schon mehr als einmal Herren, die allzu bunte Hemden trugen, mit finsteren Blicken überzogen, von denen ich auch Frauen nicht verschont lassen kann, die Lockenungetüme spazierentragen. Der wichtigste Damenkopfmerksatz lautet: *Helm statt Mähne.* Leitbild ist hier die Königin der Niederlande; der kann man einen Teewagen an den Knopf knallen, und sie merkt's nicht. So ist sie immer fit fürs Amt, während die Löwenmähnen blutend im Bett liegen.

Zu einem einzigen, wenngleich auffallend hübschen Prozent bin ich jedoch Propagandist verschwollenster Dandyismen. Ich strich verträumt über Hausmantelseide und sah mich meine Klause durchmessen, eine Schlafbrille auf die Stirne geschoben, hinter welcher sich belanglose Reizwörter zu unverständlichen Gedichten zusammenballten, für die ich schon einen ausreichend dummen Verleger gefunden hätte. Auf dem Teewagen glitzerte die Morphiumspritze; unter dem heruntergesetzten Hausmantel flüsterte und schrie der

Körper den Wunsch, sie zu benutzen. Gamaschen hatte ich auch an, obwohl ich gar nicht genau weiß, was Gamaschen sind. Und ein Spitzel war ich, egal für wen. Nichts aromatisiert die Biographie eines Halbseidenen mehr als politische Irrfahrten. Bald hatte ich aber genug von den albernen Hausmänteln und den durch sie geborenen Visionen, kaufte daher keinen, sondern schnöde Strümpfe, schmelzte mir daheim einen Spinatklotz, und bald war es Abend und Fernsehzeit.

Ein kleiner Fernsehstar ist zur Zeit *Nicole Okaj*. Das ist die junge Dame, die am Ende der Reklame für «always ultra» sagt: «Die Leute, die diese Binde entwickelt haben, die haben sich wirklich etwas gedacht dabei.» Ich verehre diesen Satz, spielt er doch auf die Möglichkeit an, daß es auch Bindenentwickler gibt, die ihrer Profession gedankenlos und nebenbei nachgehen. Man denkt sich schusselige Wissenschaftler mit Dotterresten im Bart, die abwesend in Kübeln rühren, plötzlich hineinschauen und rufen: «Huch, Damenbinden!» Um die sturzbachgerechte Saugfähigkeit dieser Binden zu demonstrieren, wird auch eine blaue Flüssigkeit auf sie herabgekippt. Hinreißend ist es, daß man es für notwendig hält einzublenden, daß es sich um eine *Ersatzflüssigkeit* handelt. Hier erfreut betuliche Dezenz. Lautete die Einblendung statt Ersatzflüssigkeit *Wick Medi-Nait, Curaçao* oder *Toilettenspülwasser aus hygienehysterischem Ententuchfrauenklo,* würden die Fernsehzuschauer unruhig auf ihren Polstergarnituren herumrutschen.

Interessieren würde mich, wie Nicole Okaj rumpfunterhalb beschaffen ist. Trüge sie eine grüne Damencordhose mit Bügelfalte, wäre ich ganz außerirdisch vor Glück, es würden quasi SAT-1-Bälle auf mich niederrieseln, so froh wäre ich. Ich setzte mich zu ihr aufs Sofa und führe mit den Fingernägeln in den Rillen ihrer Cordhose hin und her.

Rille ralle ritze ratze würd ich selig singen. Mit der anderen Hand würde ich auf ihren hoffentlich recht hart besprühten Haaren herumklopfen. Die Psychologen unter den Lesern sollten hier der Analyse entraten und lieber ihre dreckige Wohnung aufräumen. Da liegen Krümel auf dem Teppich! Neben der Stereoanlage liegt ein Knäuel miteinander verknoteter, kaputter Kopfhörer! Machen Sie das weg! Die Libido streunt gern auch mal abseits der Hauptverkehrsachsen, da gibt's gar nichts zu deuten.

Nun ist Nicole gegangen. Auf dem Sofa, wo sie saß, ist ein kleines, blaues Pfützchen. «Rille ralle ritze ratze» hat sie arg in Wallungen gebracht. Meine Kolumne ist aus, dort läuft eine Maus, wer sie fängt, darf sich eine große, große Pelzkappe daraus machen.

KLÄRENDES UND TRIFTIGES

Pünktlichkeit plus

Verspätungen sind unbeliebt und werden so ungünstig wie möglich interpretiert. Erscheint z. B. ein Künstler nicht zur angekündigten Zeit auf der Bühne, stellen sich die Zuschauer vergnügt vor, wie der Manager in der Garderobe an dem in seinem Erbrochenen liegenden Star-Wrack herumrüttelt und wie ein Arzt mit zweifelhafter Vergangenheit diesem eine Droge injiziert, die die Wirkung jener Droge aufheben soll, die sich der Künstler selbst zugeführt hat. Die Möglichkeit, daß der Veranstalter um Verschiebung des Auftrittsbeginns gebeten hat, weil es am Einlaß Probleme gibt, wird als zu unglamourös nicht in Betracht gezogen. Und selbst wenn der Veranstalter die Bühne betritt und verkündet, die Verzögerung habe technische Gründe, er danke für das Verständnis, denkt das Publikum: «Jaja, Verständnis. Technische Gründe. Kennen wir. Die kriegen wahrscheinlich die Drogendose nicht auf.»

Kein Wunder, daß manche Leute panische Angst davor haben, sich zu verspäten. Wenn mein Großvater zu seinem Stammtisch fuhr, hat er immer einen Bus früher als nötig genommen. Er lief lieber jeden Mittwoch zwanzig Minuten vorm Musikhaus Hack auf und ab und guckte sich die Orffschen Raschelinstrumente an, als seinen Skatfreunden Gelegenheit zu höhnischen Vermutungen zu geben. Andere Menschen beunruhigt der Gedanke, ungewöhnlich früh aufstehen zu müssen, z. B. wegen einer Flugreise. Schon eine Woche vorher beginnen sie, täglich jeweils eine halbe Stunde früher aufzustehen, damit sie am Vorabend der Reise müde genug sind, drei Stunden früher als normal ins Bett zu gehen.

Zu Unrecht im Schatten der Kritik an Verspätungen stehen die Einwände gegen die Verfrühung. Was ich schon immer ahnte, ist mir Gewißheit, seit ich im Besitz einer von der Atomuhr CS 1 in der Braunschweiger Technischen Bundesanstalt gesteuerten Funkarmbanduhr bin. Die einzigen beiden Fernsehserien, die ich mir absichtlich und mit voller Geistesanwesenheit anschaue, beginnen oftmals zu früh. Die ‹Lindenstraße› fängt oft bis zu 40 Sekunden zu früh an, aber noch viel unpünktlicher erscheinen die ‹Simpsons›. Mal bis zu vier Minuten zu spät, mal aber auch viel zu früh. Um wegen der schwankenden Anfangszeit nichts zu verpassen, habe ich mir angewöhnt, den Fernsehapparat schon zeitig anzustellen, wodurch ich öfters noch die letzten Minuten einer durch und durch mysteriösen amerikanischen Krankenhausserie namens ‹Chicago Hope› mitbekomme. Stets erklingt eine einfache, «melodramatische» Musik, die mitteilt, daß hier gerade intensiv in zähflüssigen Schicksalsfluten gebadet wird. Gern und oft wird geweint. Die Menschen sind immer damit beschäftigt, Ungeheuerliches zu verkraften. Leis und langsam sind die Dialoge zwischen denen, die verkraften, und den anderen, die das Verkraften unterstützend begleiten. Gelegentlich setzt sich auch einer ans Klavier und singt mit tränenerstickter Stimme ein Lied. Was genau sie verkraften, weiß ich nicht. Eine zu frühe Geburt vielleicht, einen zu frühen Tod, ein zu frühes Verkraften-müssen. Was zu Frühes jedenfalls. Ich habe noch nie eine ganze Folge gesehen. Vier Uhr nachmittags ist mir einfach zu früh.

Auch nicht gut ist ein zu frühes Kommen. Ich meine das nicht im sexuellen Sinne. Sicher, wenn der Mann zu früh «kommt», dann schlägt die Frau mit den Fäusten auf das Nachttischschränkchen, ruft «So geht das nicht!» und schleppt den Partner anderntags zu einer raffgierigen geschiedenen Hausfrau, deren Adresse sie vom Fax-Abrufservice der Sendung ‹Wa(h)re Liebe› hat. Die Dame ist Orgasmusberaterin, wohnt in einem Hochhaus mit nach Urin riechendem Fahrstuhl und sagt an der Tür «Ich bin die Gaby. Kommt rein», und das Ehepaar denkt: «Mein Gott, hat das Weib häßliche Möbel.»

Meine Kritik bezieht sich vielmehr auf unsexuelles Kommen, auf das Besuchen. Es ist sehr wichtig, Besuch zu empfangen. Immer wieder hört man von Personen, die nie Besuch bekommen. Inmitten von tausenden von Bierbüchsen und verdorbenen Lebensmitteln wird die Leiche entdeckt. Im Bett einundzwanzig mumifizierte Katzen. Hier ihre Namen: Muschi, Mutzi, Batzi, Tosca, Sherry-Lou, Funky, Minki, Volker, Lulu, Meike, Mandy, Patty, Pablo, Karlsquell, Lissi, Hanni, Nanni, Aznavour, Sokrates, Felix – aber damit soll's gut sein. Katzennamen halt. Alle 21 will ich hier nicht aufzählen. Entrümpelungsfachleute mit Gasmasken müssen die Wohnung ausräumen, begleitet vom Ruckedigu der im Badezimmer nistenden Tauben.

Soziale Kontrolle ist das ideale Mittel gegen die Verwahrlosung. Da aber bei Leuten, die nie im Gefängnis waren, keine Bewährungshelfer und bei Kinderlosen niemand vom Jugendamt aufzukreuzen pflegt, muß man rechtzeitig sogenannte Treffpunkte aufsuchen, Arbeitsplätze, schummrige Bars oder Joga-Kurse, sich dort durch unverzagte Fingerzeige seine persönlichen sozialen Kontrolleure, in der Umgangssprache auch Freunde genannt, aussuchen und diese durch das Inaussichtstellen von Gratisgetränken und Knabberwerk bewegen, einen in sinnvollen Abständen zu besuchen und ein bißchen, nicht allzu auffällig freilich, nach dem Rechten zu schauen, in ernsten Fällen vielleicht auch mal zu fragen: «Du, sag mal, diese Katzen auf deinem Bett – direkt

schnurren tun die doch nicht mehr, oder?» In der Stunde
vor dem Eintreffen des Gastes hat man vieles zu erledigen:
wischen, Teppiche klopfen, die Unterseite der Klobrille reinigen, Getränke kalt stellen, Gardinen waschen, Fingernägel
schneiden, sich Gesprächsthemen auf die Handinnenfläche
schreiben – es ist eine rechte Hektik. Für jede Minute ist
man dankbar. Nun geschieht aber das Scheußliche, und statt
um 20 Uhr klingelt der Gast eine Viertelstunde *früher*! Was
für eine Roheit!

Natürlich sitzt man ungekämmt auf der Toilette und
putzt sich mit einer Hand die Zähne und mit der anderen
Hand die Schuhe. Mit Zahnpastaschaum im Mund geht man
zur Tür, und der Gast plappert fröhlich: «Ich hatte die Entfernung überschätzt. Hätte ich etwa noch eine Viertelstunde
um den Block gehen sollen?» Falsch verstandene Höflichkeit gebietet es nun, den Schaum herunterzuschlucken und
«Aber nein» zu sagen, obwohl die einzige richtige Antwort
hätte lauten müssen: «Ja, selbstverständlich hättest du bis
acht Uhr um den Block gehen müssen.» Kleine Verspätungen sind, zumindest bei Hausbesuchen, nicht schlimm und
entschuldbar. Verfrühungen aber sind eine leicht vermeidba-
re Unfreundlichkeit und unverzeihlich.

Einmal erwartete ich einen Tisch. Seine Lieferung war
mir für die Zeit zwischen 8 und 13 Uhr versprochen worden. Um halb acht verließ ich das Haus, um mir Früh-
stückslektüre zu holen. Als ich um zehn vor acht zurückkam, fand ich einen Zettel an der Tür, auf dem es hieß, ich
sei während der vereinbarten Lieferzeit nicht daheim gewesen. Mein Telephon sieht noch jetzt ganz mitgenommen aus
von den berechtigten Schmähworten, welche ich dem Mö-
belhaus übermittelte. In solchen Fällen sollte man streitbar
sein, notfalls bis vors Bundessonstwasgericht gehen, so wie

der eine Gymnasiast, der dadurch berühmt wurde, daß er nicht zum Chemieunterricht gehen wollte, oder die hartnäckige Bürgerin, die seit zwanzig Jahren dafür kämpft, daß sie nicht mit Frau Rechenberg, sondern mit Dame Rechenberg angeredet wird, weil man ja auch nicht Mann, sondern Herr Rechenberg sage.

Ist nun aber Pünktlichkeit die Lösung? Nein, nein, gar nicht. Vor einigen Jahren traf ich mich am Bremer Hauptbahnhof mit einigen Herren, um mit ihnen den in einem niedersächsischen Dorf lebenden Schriftsteller Walter Kempowski zu besuchen. Während der Autofahrt beratschlagten wir uns, wie wir den Besuch gestalten könnten, ohne den von uns verehrten, als eigenwillig bekannten Autor zu nerven. Zweierlei war uns bekannt: daß Herr Kempowski die Pünktlichkeit schätzt und daß er Ludwig den Frommen für die verachtenswerteste geschichtliche Gestalt hält. Dies wußten wir aus dem Fragebogen des Magazins der ‹Frankfurter Allgemeinen Zeitung›, und somit war uns klar, daß wir auf keinen Fall das Gespräch auf diese historische Figur lenken sollten, was uns aber nicht in Schwierigkeiten brachte, da Ludwig der Fromme uns allen recht fremd war – wir gehörten einfach nicht zu dem erlauchten kleinen Zirkel, in dem Ludwig der Fromme noch für Schweißausbrüche sorgt. Das mit der Pünktlichkeit aber nahmen wir ernst. Wir standen vor der Haustür, ich blickte auf meine Braunschweiger Atomarmbanduhr, und wir begannen einen richtigen kleinen Mondraketen-Countdown: zehn Sekunden vor 15 Uhr, neun Sekunden, acht Sekunden, usw. usf., eine Sekunde vor 15 Uhr – KLINGELN. Herr Kempowski öffnete die Tür und sagte:

«Das ist ja schon fast peinlich, wie penetrant pünktlich Sie sind.»

Inzwischen weiß ich, daß es am freundlichsten ist, bei einer solchen Einladung zehn bis fünfzehn Minuten nach dem vereinbarten Termin zu erscheinen. Der Gastgeber wird dann entspannter angetroffen. Man lasse ihn noch einmal schauen, ob wirklich keine Krümel oder private Sexfotos auf dem Tisch liegen. Sonst kriegt man zwar recht wunderbar die Arbeitsweise des Künstlers erläutert, bekommt die delikatesten biographischen Splitter geliefert, aber hinterher, auf dem Weg vom Autor zum Auto, sagt man nur: «Der hatte ja lauter Krümel und private Sexfotos auf dem Kaffeetisch liegen.»

Diese menschenfreundliche leichte Verspätung ist nichts Neues. Früher sprach man vom «akademischen Viertel». Aber das ist ein obsoleter Ausdruck. Ich schlage vor, von *Pünktlichkeit plus* zu sprechen, denn dieses nachgestellte *plus* ist z. Zt. ein großer sprachlicher Hit. Es gibt ein Erfrischungsgetränk namens *Apple plus*. Es handelt sich um mit Mineralwasser gemischten Apfelsaft. «Früher hieß so etwas Apfelschorle», mögen nun Scharfzüngige einwenden. Gewiß. Aber auf andere Beispiele läßt sich das nicht übertragen, z. B. das neue Konto *Postbank Giro Plus* hieß früher nie und nimmer *Postbank Giro Schorle*. Im allgemeinen will das *plus* wohl sagen, daß man uns mit allerlei Bonusleistungen und Serviceergänzungen zu ergötzen trachtet. Beim Nahrungsergänzungsmittel *Calcium plus* z. B. wird das nahrungsergänzende Calcium noch zusätzlich durch die Bonusergötzung Magnesium ergänzt. Fordert man die *Generation Sixty plus* zu einem schwungvollen Dasein auf, kriegt man zusätzlich zu den Sechzigjährigen auch rastlose Siebzig- bis Hundertjährige vor die Kamera. Die Telekom-Tarifsbereichbezeichnung *City plus* will meinen, daß man zum gleichen Preis wie innerhalb Berlins auch noch mit irgendwelchen ätzenden Kleinstädten in Brandenburg telephonieren kann.

Sollte Deutschland mal den Wunsch haben, seine europäischen Nachbarn, insbesondere das euroskeptische Britannien, mit einem unsensiblen Späßchen zu reizen, dann rate ich dazu, in Brüssel zu beantragen, die Europäische Union in *Germany plus* umzubenennen.

PS: Neulich war ich in einer der «ätzenden brandenburgischen Kleinstädte», und dort sah ich einen Kuchenstand, der mir ausgezeichnet gefiel. Über ihm hing ein Transparent mit der Aufschrift: 8 Jahre PDS, 6 Jahre Kuchenstand der PDS.

Es soll keiner dabei sein, den man nicht kennt

Für den Fall, daß das Gespräch stockt, gibt es ein Repertoire harmloser Fragen, auf die jeder etwas sagen kann. So fragte man mich neulich, was ich täte, wenn ich unvorstellbar viel Geld hätte. Ich wußte nicht so recht.

An Autos habe ich gar kein Interesse, an teurer Kleidung nur ein theoretisches, also kein tatsächlich in Boutiquen führendes. Neulich sah ich ein extrem nobles Bett aus der Kollektion «Gentleman's Home», ich dachte, hey, das ist ein richtig cooles Sterbebett, da können sie dann alle drumherumsitzen mit ihren Stirnabtupfschwämmchen – aber ich habe mir schon vor drei Jahren ein neues Bett gekauft, und einer, der sich alle drei Jahre ein neues Sterbebett zulegt, über den werden die Menschen tuscheln und sagen, der wechsele seine Sterbebetten, wie diejenigen Leute ihre Liebhaber wechseln, über die wir Liebhaber abgewetzter Redensarten immer tuscheln, daß sie die Liebhaber wie ihre Socken wechseln würden. Außerdem kostete das Bett nur 20 000 Mark. Das ist etwas dürftig für großen Reichtum. Für eine Villa mit Garten wiederum braucht man Personal – Personal, dessen Arbeitseifer ständig zu überwachen wäre. Immer würde man mit dem Zeigefinger über Kommoden streichen und rufen: «Ha! Staub! Gehaltsabzug!»

Man würde ein mißtrauischer Mensch werden, würde bemerken, daß die Housekeeperin heiser in ein Telephon flüstert, würde gerade noch verstehen: «Du – ich muß Schluß machen, der Alte kommt», und wie man den Salon betritt, sieht man die Hausdame einen Blumenstrauß rearrangieren und hört sie scheinheilig ein Lied pfeifen, worauf man fragt: «Mit wem haben Sie denn telephoniert, Frau Harrison?» Die Antwort lautet: «Telephoniert? Ich? Sie sollten mehr unter Menschen gehen, wenn Sie Stimmen hören.» Bald schon ist man nervenleidend, da kriegt man heiße Milch ans Bett gebracht, die aber seltsam schmeckt, und so wird die Frage gestellt: «Die heiße Milch, die schmeckte so nach Bittermandel, wie kann das bitteschön möglich sein?»

«Menschen, die einsam, reich und nervös sind», kommt es zur Antwort, «haben oft einen bitteren Geschmack im Mund – auch die letzte Herrschaft, der ich diente, Reichsmusikrat Häberle, hatte in den Wochen vor seinem Tode, den die Herren vom Feuilleton – und natürlich auch ich! – als arg verfrüht empfanden, oft über eine bittere Note im Munde geklagt – das ist also ganz normal», sagt Frau Harrison nun. Daher: Bloß keine Villa im Falle großen Geldes.

Lieber würde ich mir schon ein kleines Sanatorium in einem Luftkurort kaufen. Nicht um darin zu wohnen – sondern nur, um dort zwei- oder dreimal im Jahr mit offenen Armen und vor absolut echter Freude strahlenden Zähnen empfangen zu werden. Ein halbes Dutzend guter Menschen in weißen Kitteln, die wie Kinder ungeduldig auf einer Freitreppe auf- und niederhüpfen und «Da ist er! Da ist er!» rufen, sobald sie mein Taxi dem Sanatorium sich nähern sehen, das sollte mir schon noch vergönnt sein im Leben. Nach den üblichen Vorsorgeuntersuchungen und Anwendungen gäbe es ein Diner in einem auserlesenen Kreis aus Politik, Kultur und Wissenschaft, von dem ich mich früh zurückzöge, um mir nebenan in einer Bibliothek, schön ausgestattet mit der Liege «Duke», dem Tisch «Churchill» und dem Hocker

«Edward» aus der Collection «Gentleman's Home», unter ärztlicher Aufsicht Heroin spritzen zu lassen.

Seit langem wünsche ich mir, einmal Heroin auszuprobieren. Es ist kein besonders dringlicher Wunsch, eher ein vager Plan wie: Ich möchte gern mal eine Rundreise auf den Azoren machen. Es ist mir egal, ob es nächstes Jahr passiert oder in fünfzehn Jahren, und ich würde mein Leben auch nicht als ein verpfuschtes ansehen, wenn es gar niemals geschähe. Wohl gab es schon Gelegenheit, die Droge auszuprobieren, aber es waren unbehagliche schmuddelige Gelegenheiten, es war zuvor Alkohol geflossen, es waren Leute dabei, die ich nicht kannte, ich mochte die Musik nicht, und die Küche war schmutzig. Ich dachte: Nee, das isses jetzt nicht. Ich will lieber auf den richtigen warten – den richtigen Moment. Ich möchte hier nicht bis sonstwann herumliegen und dann mittags mit einem schrecklich trockenen Mund voll ungeputzter Zähne in einem Doppeldeckerbus voll lärmender Schüler nach Hause fahren und mich nicht wirklich interessanter fühlen als auf herkömmliche Art durchgemacht.

Es soll vielmehr so sein: Ich liege in der bereits erwähnten Bibliothek auf einer Récamiere, einer der zu meinem Sanatorium dazugehörigen Ärzte, der mehr als lediglich «Ahnung» vom Verlauf meiner Venen haben sollte, injiziert mir das Rauschgift, und ein mir befreundeter Pianist beginnt mit großem Mitempfinden Schubert zu spielen. Er kann statt mit mir auch mit dem Arzt befreundet sein – es ist mir eigentlich egal, mit wem er befreundet ist, Hauptsache, seine Freunde rufen nicht an, während er spielt.

Allmählich stellt sich dann dieses mit gar nichts vergleichbare Glück ein, diese allumfassende Wärme, von der Rockstars in ihren Post-Entzugs-Interviews immer auf so überaus unpädagogische Weise schwärmen. Sollten das Glück und die Wärme von irgendwelchen physischen Unerfreulichkeiten begleitet werden, drücke ich auf einen Knopf, und sofort kommen die mich natürlich sowieso durch unauffällige Löcher in einem sich im Nebenzimmer befindlichen Gemälde betrachtenden Ärzte herbei und regulieren mich. Ich hoffe aber, das wird nicht nötig sein: Die Ärzte werden das Heroin in einem blitzsauberen Laboratorium selbst hergestellt und mit einem speziell entwickelten Computerprogramm die für mich ideale Dosis genau berechnet haben.

Nach einer vitaminreichen Erholungsphase kommt es zu einer anrührenden Abschiedsszene auf der Freitreppe. Alles hat sich eingefunden, und wir schauen einander dankbar in die Augen. Ich ergreife des Chefarztes beide Hände, wie man es tut, wenn man sich einander wirklich verbunden fühlt, und wie ich schon fast beim Taxi bin, lasse ich meinen Koffer fallen und renne noch einmal zurück, um alle zu umarmen. Im Auto sitze ich dann in frischer Kleidung, mit gut geputzten Zähnen, und sehe mich zufällig im Innenrückspiegel. Ich bemerke, daß auch der Sanatoriumsfriseur beste Arbeit geleistet hat, so gute Haare hatte ich noch nie. Soll ich den Fahrer veranlassen, noch einmal umzukehren, damit ich auch den Friseur umarmen kann? Ich denke: Nächstes Mal, er läuft mir ja nicht weg, ich bin ja sein Brotherr.

Daheim sitz ich auf nacktem Stuhl in zierdelosem Zimmer und verrichte ruhig und trocken eine harte Arbeit nach der andern, ganz so, wie's sein soll in einer Welt von Pflicht, Verstand und Sitte. Zwischendrin frag ich mich aus: War das Glücksgefühl wirklich mit nichts anderem vergleichbar? Wenn ich dann sag, woll woll – es war schon mighty special, und wenn ich dies nach langem Inmichgehen noch immer ohne Selbstbelügung sag, dann fahre ich nach einem halben Jahr noch mal in mein Sanatorium zu meinen wunderbaren

Ärzten, zum Pianisten und Friseur. Wenn nicht, dann verkaufe ich die Klinik wieder. Wenn aber doch, dann würde ich mir nach einigen Testjahren den Bundespräsidenten schnappen, ihm eine MiniDisc in den Mund schieben und ihn im Fernsehen sagen lassen: «Wäre es nicht klug, wenn wir das ganze dumme alltägliche Gesaufe und Gekiffe sein ließen und uns zweimal im Jahr auf feierliche Weise und unter Bedingungen, die unserer Kultur entsprechen, den *wirklich interessanten* Stoff zuführen?»

Dies also ist meine Auskunft auf die Frage, was ich täte, wenn ich ganz furchtbar reich wär. Mag sein, daß nun derjenige, der mich gefragt hat, unzufrieden ist und meckert: «Ja, soll man denn daraus lernen, daß nur Reiche ein Recht auf einen Glücksrausch haben? Das ist ja ganz schön undemokratisch!»

Da sage ich: Ich habe nur eine Frage beantwortet, ich habe nicht gesagt, daß man aus der Antwort Lehren ziehen soll. Aber ganz nüchtern, d. h. ohne politische Richtung betrachtet: Wenn tatsächlich nur ganz Reiche Heroin nähmen, hätten wir ein gesellschaftliches Problem weniger. Ebenso wären die Umweltprobleme weit weniger dramatisch, wenn nur die Reichen Auto fahren würden.

«Wer so spricht, wird einsam sterben!»

«Das werden wir ja sehen, wer hier einsam stirbt!»

Und sollte man nicht auch, der gedanklichen Sorgfalt zuliebe, wenigstens versuchsweise bezweifeln, daß es schlimm ist, allein zu sterben? Ich pflege, wie bereits vor Jahr und Tag erwähnt, eine lockere Freundschaft mit dem Gedanken, daß das unangenehmste Ereignis im Leben eines Menschen die Geburt ist und das angenehmste der Tod. Ich will mich hier keineswegs der Vorstellungswelt von Gruftrockern und ihren abgelebten Tabubrüchen annähern. Sex im Sarg kann mich nicht locken, und auf Friedhöfe gehe ich nur wegen des Baumbestandes. Ich muß es noch deutlicher sagen: In meiner Brust zwitschert kampfstark und breitbeinig der keimgrüne Vogel der Zukunft. Ich bin so lebenssüchtig, daß man es fast schon augenzwinkernd als lebenstüchtig bezeichnen könnte.

Trotzdem erlaube ich mir zu denken, daß es vielleicht, entgegen aller heute üblichen Ansichten, egal sein könnte, ob man beim Sterben jemanden dabeihat oder nicht. Diejenigen, die Grenzerfahrungen gemacht haben, also schon mal kurz «drüben» waren, berichten erstaunlich übereinstimmend von einem schönen Erlebnis. Ob in den Stunden vor dem Übertritt Menschen an ihrem Bett saßen oder nicht, fand niemand erwähnenswert. Ich achte alle Menschen hoch, die sich in der Sterbehospiz-Bewegung um Schwerkranke bemühen, so auch die Schauspielerin Uschi Glas. Was aber, wenn man nicht möchte, daß bei einem so intimen Vorgang wie dem Sterben ein Fremder am Bett sitzt und einem die Stirn abwischt, und was, wenn man als Sterbender seinen Sterbebegleiter nicht mag? Vielleicht wird man aus Gewohnheit höflich sein oder aber körperlich zu schwach, um wie gewohnt unhöflich zu sein? Sterbende sind auch nur Menschen, und manch einer hat sein Leben vor dem Fernseher verbracht, und dann hat er Uschi Glas am Sterbebett sitzen – man stelle sich das einmal vor.

Mit letzter Kraft möchte der Sterbende etwas sagen. Uschi Glas nimmt den Schwamm, und tupf, tupf, tupf. Sie beugt sich zu ihm hin, um ihn besser zu verstehen, und hört den Sterbenden hauchen: «Autogramm! Ein Autogramm bitte!»

Das ist nicht, was wir vom Leben erwarten: von einem Sterbenden um ein Autogramm gebeten zu werden. Wie soll Uschi Glas reagieren? Um zu sagen: «Das letzte Hemd hat keine Taschen», wird sie nicht kaltschnäuzig genug sein. Sie erfüllt ihrem Fan seinen letzten Wunsch. Und während die Tinte trocknet, verlischt ein Licht.

Ausdenken kann man sich so etwas ja. Aber wenn es wirklich schon mal vorgekommen sein sollte, erwarte ich von Uschi Glas, daß sie das für sich behält.

Bomben gegen Bananen im Mund?
Niemals!

Heute mußte ich zweimal schmunzeln. Das erste Mal, als ich im Reiseprospekt eines Billiganbieters «Ferien *fast* wie im Märchenbuch» angepriesen sah. Wie muß man sich das denn vorstellen? *Fast* den ganzen Tag Holz im Wald suchen und *fast* nichts zu essen kriegen außer Hirse und vergifteten Apfelhälften? Auch verhält es sich so, daß die Menschen in jenen Epochen, aus denen unsere Märchen stammen, das Ferienmachen gar nicht kannten. Daher ist in den Märchen ein jeder, ob Königstochter, Lindwurm oder armer Müller, stets auf Posten.

Urlaub machen die nie. Hänsel und Gretel haben keine Chance, das Knusperhaus aufzufuttern, denn dessen Bewohnerin weilt mitnichten an der Costa Brava.

Das zweite Mal schmunzelte ich beim Lesen eines Interviews mit Peter Maffay in der AOK-Zeitschrift ‹Bleib gesund›. Der Rockstar wird mit der Bemerkung zitiert, daß in seinem Geschäft der Rechenschieber manchem wichtiger scheine als die Gitarre. Der Rechenschieber? Was für eine Rolle spielen denn Rechenschieber im Rockbusiness? Gewiß: In dem Lied ‹What a wonderful world› sang Sam Cooke: «Don't know what a slide rule is for» – daß er also nicht wisse, wozu ein Rechenschieber gut sei.

Aber sonst? Meint Peter Maffay vielleicht einen Taschenrechner? Daß den Bossen nur am Gewinnausrechnen gelegen sei? Oder meint er Computer? Daß die viele Technik das Musizieren entmensche? Wie auch immer:

55

Peter Maffay hat da was verwechselt. Das macht aber nichts.

Auch ich verwechsele öfter mal was. Um gesund zu bleiben, wollte ich mir jüngst eine stärkende Suppe zubereiten. Ich tat den Topf auf Herdplatte 1, stellte aber versehentlich Herdplatte 3 an. «Menno, wieso wird denn das Süppchen nicht heiß?» rief ich und bemerkte meinen Irrtum erst, als Herdplatte 3 rot war und knisterte wie ein Paviangesäß. Trotz der Verzögerung schmeckte die Speise ausgezeichnet. Es handelte sich um eine Suppe aus roten Linsen, Himbeeressig und Totentrompeten; Totentrompeten sind die schwarzen Vettern der Pfifferlinge; man kauft sie getrocknet in gehobenen Supermärkten. Da die Trockenpilzvertriebsmogule aber keine Laufmasche im Gehirn haben und daher die Abneigung der Verbraucher gegen Nahrung kennen, die den Tod im Namen mitführt, werden die Pilze als Herbsttrompeten angeboten.

Diese weicht man ein, und in dem Einweichwasser kocht man die Linsen zu Brei. Die Pilze selbst kann man wahlweise mitkochen oder aber den nie unter Appetitlosigkeit leidenden Mülleimer damit verköstigen. Ungeübten Kochern ist ohnehin zu raten, zum Essen erst einmal keine anderen Menschen und statt dessen einzig und allein den Mülleimer einzuladen, denn der speist seine Kritik nicht in die Tratschkanäle ein, sondern behält sie still und sanft für sich. Einige Minuten vor dem Auftragen der Totentrompetensuppe tut man dann etwas Himbeeressig hinein, und schon hat man ein Gericht, für das sich in der fernen Außenwelt Herren Krawatten und Damen Brillanten anlegen.

Lecker kochen ist ganz leicht. Auch die aus dem Märchenbuch bekannte Hirse sollte man mal wieder probieren. Man muß natürlich überhaupt kein Vegetarier sein, aber jemand, der nicht wenigstens ein oder zwei Jahre probiert hat, fleischlos zu leben, ist irgendwie ein armseliger Dödel. Hinterher weiß man viel. Zum Beispiel, welche Vielfalt von Linsen es gibt: Berg-Linsen, kanadische Dupuy-Linsen oder schwarze Beluga-Linsen, auch Linsenkaviar genannt. Man wird auch wissen, wie gut der Geschmack getrockneter Aprikosen mit dem der Spirulina-Alge harmoniert, und kann in trauter Runde lebhaft darüber diskutieren, welches das bessere der beiden Zaubergetreide der Inka ist, Amaranth oder Quinoa. Ahnungslose denken ja immer, Vegetarier würden statt Bratwurst mit Kartoffelsalat Gemüsebratlinge mit Kartoffelsalat essen, aber Vegetarier verabscheuen Gemüsebratlinge noch entschieden mehr als Bratwürste, und patschigen Kartoffelsalat aus Plastikeimern essen sie auch nicht, jedenfalls die, die ich kenne. Die, die ich kenne, essen keinen Müll, und daher auch keinen Tofu, sondern z. B. äußerst feine Früchte. Das einzig Bedenkliche am Vegetarierleben ist, daß man hin und wieder Begegnungen mit Okra-Schoten hat, und dieses Gemüse ist ein Ausbund an Nachteiligkeit, wie bittere Bohnen, mit Nasenschleim gefüllt.

So fein das Früchteessen freilich auch sein mag, immer geschieht es, daß die besten Gedanken von schlecht durchbluteten Gehirnen in Beschlag genommen werden und darin verfaulen, worauf das Faulwasser die lügenmauligsten Ideologien und Ersatzidentitäten nährt. Man kennt dies vom Feminismus, einer an sich absolut notwendigen Sache. Ich gehe davon aus, daß intelligenten Feministinnen mehr als jedes Mackergedröhne jene Trittbrettfahrerinnen auf die Nerven gehen, die unter der Schirmherrschaft des Feminismus Phrasen dreschen und mit Säbeln rasseln. Gerne hyperventiliert so mancher Feministenabklatsch auch mal in Richtung Dynamit. Kann man sich denn nicht mehr ohne Bomben ärgern?

Natürlich wird viel Dreck geschrieben. Aber alle Welt

wird in den Medien falsch dargestellt, nicht bloß Frauen, und obendrein gibt es nun mal nicht nur sich aufopfernde Mütter, mutige Kämpferinnen und Krisengebiets-Kleidersackheldinnen, sondern auch Zimtzicken, Schreckschrauben und Rummelplatzhuren. Das muß man den Menschen sagen dürfen.

Ich habe mich allerdings auch schon oft über eklige, «sexistische» Darstellungen geärgert. Vor einigen Jahren reiste ich mit einer Art Rockgruppe durchs Land; in der Stadt Ludwigsburg waren wir in einem Hotel untergebracht, in dem über den Betten Spiegel hingen, auf denen nicht besonders nachdenklich wirkende Frauen abgebildet waren, die in Minibikinis auf Autos lagen und sich Bananen in den Mund schoben. Man kennt solche Darstellungen. Theoretisch könnte man sagen, daß das ja prima ist, wenn in Hotels für das Essen von Obst geworben wird. Da diese Frauen aber nie Preiselbeeren oder Goldparmänen essen, sondern stets Bananen, weiß man, daß da andere Gedanken im Spiel sind. In jener Rockgruppe nun stand auch eine anpolitisierte amerikanische Dame in Lohn und Brot, welche meinte, unter einer solchen Abbildung könne sie nicht erholsam dahindämmern. Wir hängten die Bilder ab, stellten sie in eine Ecke und rieten unserem Agenten, dieses Hotel in Zukunft nicht mehr zu buchen.

Ich glaube, das war der richtige Weg. Wir hätten das Hotel auch in die Luft jagen oder den Hotelmanager kastrieren können, aber dies schien uns keine angemessene Reaktion zu sein. Vielleicht waren wir auch nur zu müde, denn das Rocken saugt aus, man möge uns verzeihen. Irgendwo im Hinterkopf wohnt bei uns Menschen schließlich noch eine schwer definierbare Komponente namens gesunder Menschenverstand. Dieser allerdings hat Imageprobleme, da er

58

von vielen Leuten mit dem aus der Nazizeit bekannten «gesunden Volksempfinden» verwechselt wird, von anderen mit der gutbürgerlichen Küche. Es wird viel verwechselt auf dem nimmermüd kreisenden Globus.

Wohl weiß ich, daß ich mit meiner Verteidigung von Reaktionen, die angemessen sind, einen schweren Stand habe in einer Welt, wo Frauen Straßenfeste veranstalten, weil eine Frau freigesprochen wurde, die ihrem brutalen Ehemann den Penis abgeschnitten hat, aber ich sage trotzdem: Das ist nicht angemessen. Ich finde, man kann sich durchaus auf einen Stuhl setzen und sinnieren, tja, einerseits – das Urteil ist gewißlich eine hübsche Abwechslung, Signalwirkung etc., aber andererseits – wo soll das noch hinführen, Lynchjustiz usw.? Doch Sambagruppen engagieren und Konfetti in die Luft werfen? Ich weiß ja nicht. Andere wissen immer alles ganz genau. Frauengruppen sagen: geiles Urteil, Männergruppen: Kacke-Urteil. Ein Gespräch über so ein Thema, das nicht stockt, ist kein Gespräch, sondern eine Talkshow. Bei den Anschrei-Shows wundert mich immer, daß die Leute alles so genau wissen. Woher wissen die denn alles? Ich weiß noch nicht mal, ob ich das wenige, was ich genau weiß, überhaupt glauben kann. Nicht viele Menschen gönnen sich den Luxus, ihre Überzeugungen manchmal gemächlich wanken zu lassen. Keine Angst, man fällt nicht in ein Vakuum. Man pendelt sich ein in präsidialer Mitte, und «Mitte» ist nicht identisch mit Bürgerlichkeit. Gerade das Bürgertum neigt immer wieder gern zu extremen Ansichten.

Mit am extremsten hört man manche Vegetarier schreien. Ich meine jetzt nicht die militanten Veganer, die das Grab von Marlene Dietrich verwüstet und Pelzmantelschlampe auf ihren Grabstein gesprüht haben. Ich meine die normalen Talkshow-Vegetarier. Es gibt ja x triftige Gründe für

Fleischverzicht, doch welches seltsame Argument schreien die Talkshow-Vegetarier am liebsten? Ob man sich vorstellen könne, das Tier, das man vertilgen möchte, selber zu schlachten?! Welch ein Unfug. Man könnte einen Biertrinker ebenso fragen, ob er sich vorstellen kann, das Bier, das er trinken möchte, selber zu brauen, und das Glas, woraus er es trinken möchte, selber zu blasen. Ja natürlich, entgegne ich da, ich kann mir alles mögliche vorstellen, aber ich muß kolumnieren und habe daher keine Zeit zum Bierbrauen, Gläserblasen und auch nicht zum Küheschlachten, und ich erwarte auch von niemandem, der eine Kolumne lesen möchte, daß er sich diese vorher selber schreibt.

Ich halte die Arbeitsteilung für eine menschheitsgeschichtliche Errungenschaft, die ich nicht missen möchte. Eine Kuh zu zerteilen ist ja auch kompliziert, und ein Fleischer braucht eine dreijährige Ausbildung, bis er weiß, wo genau bei einer Kuh vorne und hinten ist und aus was für Körperteilen man Teewurst und aus welchen Partywürstchen macht.

Daher finde ich es richtig, daß nicht jeder, der einmal Kuhkörperteile essen möchte, in seiner Wohnung mit irgendwelchen spitzen Gegenständen auf einem Rind herumhackt in der Hoffnung, daß glückliche Fügung das Tier in eine Partywürstchengirlande verwandelt.

Es lebe das Spezialistentum! Nieder mit dem Do-it-yourself-Wahn! Und vor allen Dingen: Es lebe die Kuh! Und zwar möglichst lange und unzerkleinert! Aller Trost der Welt liegt in ihren Augen. Es müßte in jeder Stadt Parkanlagen mit Kühen darin geben. Die nervöse Menschheit könnte sich dann ihre Entspannungsmusik-CDs und Delphin-Videos an den Hut stecken.

Statt dessen gibt es Ansätze von Bestrebungen, die Kühe von unseren Weiden zu verjagen und durch Strauße zu ersetzen. Die Anti-Cholesterin-Szene hat da die Fäden in der Hand. Schon hört man von ersten Zuchterfolgen in Deutschland, und die Wienerwald-Kette hatte neulich Straußensteak-Testwochen. Ich esse nicht viel Fleisch, aber das mußte ich mal probieren.

Das Fleisch schmeckte nach nichts als uninteressantem, blödem Fleisch, noch nicht mal nach Geflügel. Ich will daher, wenn ich durch den Schwarzwald spaziere, auch in Zukunft keine Strauße herumrennen sehen; ihre ökologische Funktion besteht m. E. darin, daß sich Südafrika-Touristen in kurzen Hosen auf sie draufsetzen, um von feixenden Ehepartnern fotografiert zu werden. Im Schwarzwald jedoch gibt es keine Südafrika-Touristen. Die Nutztiere der dortigen Bauern können von mir aus soviel Cholesterin enthalten, daß sie platzen. Und wenn dann tatsächlich mal eine Kuh platzt, möge man Schuhe, Seife, Wurst und Fruchtgummi aus dem Leichnam herstellen, denn das empfinde ich als angemessen. Ab und zu kann man auch eine herauspicken und schlachten. Wenn der Bürgermeister Silberhochzeit feiert, wollen wir ihm und seinen Gästen den Braten nicht mißgönnen.

Vegetarier verdienen Respekt und lobende Worte. Man sollte ihre Bäuche pinseln und sie nachahmen. Wer allerdings ab und zu Fleisch ißt, verdient ebenso Respekt und Beifall, denn sinnvolles Ziel aller verändernden Bestrebungen kann nur der Tendenzvegetarismus sein. Niemandem ist damit gedient, daß zwei Prozent der Bevölkerung mit einem vegetarischen Heiligenschein herumlaufen, während die übrigen 98 sich wie gehabt Bratenscheibe um Bratenscheibe in den Rachen schieben. Ziel muß es sein, daß insgesamt weniger Fleisch verzehrt wird. Nur in Ausnahmefällen übrigens sollte man Vegetarier ohrfeigen. Ich habe da von zwei Engländern gehört, die sich in Polen tummelten. Sie lernten Einheimische kennen, nach unseren Maßstäben «arme Leute», und wurden von diesen in ihre Wohnung eingeladen. Die Polen ließen es sich nicht nehmen, Dinge aufzutischen, die sie sich normalerweise nicht leisten können, die Engländer jedoch verschmähten die Speisen, weil sie Fleisch enthielten. Für diese Stoffeligkeit verdienen sie nichts anderes als milde erzieherische Ohrfeigen. «Wir hatten vorher gesagt, daß wir kein Fleisch essen, aber sie verstanden so schlecht Englisch», sagten sie später.

Tja, wer ins Ausland fährt und es versäumt, sich verständlich zu machen, der kommt evtl. in Situationen, wo er Dinge tun muß, die er nicht gewohnt ist. Wer das nicht aushält, kann nicht reisen. Die große Welt steht Prinzipienreitern nicht offen. Sie müssen in ihren Schlössern und Häuschen bleiben wie das Personal aus unseren Märchen.

Über die Hexe aus ‹Hänsel und Gretel› soll hier noch nachgetragen werden, daß sich die unfreundliche Dame in der berühmten DDR-Verfilmung des Märchens einer Trillerpfeife bedient, was sie nicht sympathischer macht.

Der schlimme Schal oder:
Der Unterschied zwischen Wäwäwäwäwä und Wäwäwäwäwäwäwä

Man kennt den guten alten Slogan: «Willst du schnell und sicher reisen, nimm die Bahn, die Bahn aus Eisen.» Es ist ein beherzigenswerter Slogan. Darüber hinaus gibt es aber auch regelrechte Eisenbahnfanatiker, die nur Eisenbahnliteratur und Kursbücher lesen und CDs mit den Geräuschen berühmter Züge besitzen. Wenn sie Silberhochzeit haben, wird ein Sonderzug gemietet, in dem ein feierlicher Freundeskreis die Strecke Hamburg–München tanzend zurücklegt. Wenn eine neue S-Bahn-Strecke eingeweiht wird, kommen sie von überall her, kaufen Feuerzeuge und Kugelschreiber mit der Aufschrift BVG* und geben viel Geld aus für Briefumschläge mit Sonderstempeln. Wenn sie sterben, werfen ihre Kinder das ganze Gelumpe auf den Müll.

Neulich trugen sich Feierlichkeiten zur Verlängerung der Berliner U-Bahn-Linie 8 zu. So etwas ist normalerweise nicht meine Idee von Party, aber als ich hörte, daß in die Ausrichtung der Feier am Bahnhof Dietrich-Bonhoeffer-Klinik die Patienten miteinbezogen würden, dachte ich, das ist exakt meine Idee von Party: eine von psychisch Kranken gestaltete U-Bahn-Verlängerungskirmes – das gibt es selten.

Ich also hin. Viel war nicht los. Es gab dicke Eimer mit der Aufschrift Antischimmel-Latex-Farbe mit fungizidem

---

* BVG: Merkwürdige, aber historisch begründbare Abkürzung für ‹Berliner Verkehrs-Betriebe›

Wirkstoff, in denen von psychisch Kranken gestalteter Kartoffelsalat vergebens auf hungrige Mäuler wartete, allein die von den psychisch Kranken erhitzte Wurst hatten die Bahnfreaks schon weggefressen. An einem Stand gab es von Insassen der forensischen Psychiatrie gebastelte Klobürstenständer, die aber auf niemandes Interesse stießen, denn alle Welt hat schon einen Klobürstenständer. Wer braucht zwei? Vielleicht einen, wo «Er», und einen, wo «Sie» draufsteht? Ja, wenn BVG draufgestanden hätte, dann! Dann wären die Bahnaficionados vielleicht von den Sonderstempelständen wegzulocken gewesen.

Der Zeichner Tex Rubinowitz hatte im ‹Zeit-Magazin› mal einen Witz, in welchem auf einem Tischchen ein Aschenbecher mit der Aufschrift SPD stand – nur so, damit die Betrachter neben der Pointe noch ein bißchen was zum Angucken hatten. Darauf bekam Tex einen Brief von einem Akademiker aus Berlin-Kreuzberg, in dem gefragt wurde: «Können Sie mir vielleicht mal erklären, warum auf dem Aschenbecher SPD steht?» Wie der wohl zu seinem akademischen Grad gekommen ist, wenn er sich noch nicht mal selbst erklären kann, warum auf einem SPD-Werbeaschenbecher SPD draufsteht?

Es steht doch überall irgendwas drauf. Ich besitze einen Kugelschreiber, auf dem steht *Discothek «Happy Rock»*, aber auch einen, auf dem *Sexyland München* steht. Vielleicht kommt eines Tages Hildegard Hamm-Brücher zu einer Autogrammstunde in ein Warenhaus, und wie sie auf den Signiertisch zugeht, ruft sie: «Ach, ich hab ja gar keinen Stift dabei!», und dann gebe ich ihr meinen. Am nächsten Tag steht in der Zeitung: «Die große alte Dame der FDP gab Autogramme mit Sexshop-Kugelschreiber.»

Es ist überwältigend, was man alles aus den Medien erfährt. Daß die DDR der größte Zierfischexporteur Europas war, daß in Deutschland jedes Jahr neun Millionen Kochtöpfe verkauft werden, daß die Grande Dame des deutschen Nepal-Tourismus Ludmilla Tüting heißt. Das Wissen der Menschheit verdoppelt sich angeblich alle sieben Jahre, und die Medien zögern nicht, dieses Wissen zu verbreiten.

Auch ich verschließe mich solcher Wissensverbreitung nicht, z. B. wenn es darum geht, damit rauszurücken, was ich schon alles in der U-Bahn erlebt habe. Einmal saß ich neben einem, der hörte im Walkman Marschmusik. Und einmal saß neben mir ein Student, der in einem reichbebilderten Hautkrankheitenbuch las. Mir wurde nicht unblümerant. Wie mir wohl geworden wäre, wenn der Märsche-Hörer und der angehende Hautarzt eine Personalunion gebildet hätten? Wenn ich also neben einem gesessen hätte, der Marschmusik hört, während er ein gewagt farbenfrohes dermatologisches Lehrbuch studiert? Ich glaube, ich hätte mich woanders hingesetzt. Ein anderes Mal hatte ich mir vor einer U-Bahn-Fahrt ein Pfund Kirschen gekauft und naschte davon im Zug, und da es nicht meine Art ist, Kirschkerne in Verkehrsmittel zu spucken, beschloß ich, die Kerne in der Tradition eines Hamsters in den Wangen zu sammeln, um sie am Zielbahnhof in einen hoffentlich bereitstehenden Kübel zu speien. Am Ende der Fahrt hatte ich einen sehr vollen Mund. Beim Aussteigen bemerkte mich ein einsteigender Bekannter und sagte: «Hallo, wie geht's?» Ich antworte, auf meine prallen Wangen deutend: «Hmpf hmpf, Kirschkerne.» Ich habe den Bekannten seither nicht wieder gesehen, und es würde mich interessieren, was für einen Eindruck er damals von mir gewonnen hat.

Nun noch ein ganz grausiges U-Bahn-Erlebnis aus meiner Jünglingszeit, als ich mal Motten in der Wohnung hatte, was ich jedoch nicht bemerkte. Eines Tages schlug das Wetter um, es wurde kalt, ich zog einen Schal aus dem Schrank und eilte zur Bahn. Dort wurde ich gewahr, daß die anderen Fahrgäste ein Bedürfnis zeigten, von mir zurückzuweichen, dazu aber nicht in der Lage waren, weil der Waggon nicht mehr papp sagen konnte, so voll war er. Prüfend blickte ich an mir herab und entdeckte, daß in meinem Schal ein Dutzend Maden sich bewegten. Die zehn Sekunden, die der Zug bis zum nächsten Haltepunkt brauchte, waren die zählebigsten Sekunden meines Lebens. Niemand sagte etwas, doch alle guckten. Verwurmt und verletzt verließ ich den Zug.

Verwurmt, verletzt, verließ? Das ist eine Alliterationskette, ein Stilmittel, ein Manierismus! So mag ein oberflächlicher Betrachter denken. Ich wäre mit einem solchen Urteil vorsichtig. Unser Alphabet besteht aus nicht sehr vielen Buchstaben, von denen obendrein mehrere selten sind. Völlig natürlich ist es daher, daß in normaler gesprochener Sprache ständig Alliterationen aufscheinen, und es bedürfte schon eines suchtähnlichen Stilwillens, diese häufige Naturerscheinung der Sprache ständig zu umschiffen. Wenn am Himmel über Wien weiße Wolken sind, dann sind am Himmel über Wien halt weiße Wolken, und wer außer einem Affen wäre fähig, der Stadt Wien oder dem Himmel zu unterstellen, sie setzten die weißen Wolken als Stilmittel ein?

«Bring bitte Brötchen mit!» Hinter dieser Aufforderung steht keinerlei Stilwillen, sondern nur der Wunsch nach einem konservativen Frühstück. Oder: «Gabi gab Gudrun Gift.» Es ist halt so: Gabi ist pharmazeutisch-technische Assistentin in der altehrwürdigen Vierzehnmohren-Apotheke. Schon seit fünf Jahren ist sie mit dem flotten Holger zusammen. Seit einiger Zeit hat der flotte Holger aber keine Zeit mehr, behauptet, er müsse allabendlich in die Volkshochschule zu einem Litauischkurs gehen. Eines Tages kommt Gudrun, die beste Freundin Gabis, in die Apotheke. Sie ist nicht allein: Bei ihr ist der flotte Holger in vollständiger fleischlicher Pracht. In einem Ton, den man volkstümlich als «scheißfreundlich» bezeichnet, sagt Gudrun zu Gabi: «Hallo Gabi! Long time no see. Du denkst jetzt bestimmt, ich bräuchte wieder meine Kopfschmerztabletten, aber die brauchte ich früher nur, weil ich keinen Mann hatte. Diese Zeiten sind ja gottseidank vorüber. Ich möchte dich vielmehr fragen, ob du mir als meine allerbeste Freundin nicht eine möglichst riesige Packung Kondome zum Einkaufspreis besorgen könntest?» Da gab Gabi Gudrun Gift. Wie sollte man das denn stabreimärmer formulieren? Die Vornamen lassen sich schlecht ändern, vielleicht die übrigen Wörter? Wäre es möglich, daß es ein schönes Fremdwort für «geben» gibt? Vielleicht, von frz. «donner» hergeleitet, *donnieren*? Friedrich der Große hat bestimmt immer «donnieren» gesagt! Also gut: «Gabi donnierte Gudrun Toxisches.» Und das soll nun weniger gestelzt sein als «Gabi gab Gudrun Gift»? Man möge mir daher folgende Erkenntnis abluchsen: Nicht ein Text, in dem Alliterationen enthalten sind, ist zwangsläufig maniert, sondern einer, in dem gar keine vorkommen. Daher ist die bewußte Vermeidung von Alliterationen ein viel drastischeres, wenngleich weniger augenfälliges Stilmittel als ihre Zulassung.

Gleiches läßt sich über den vermiedenen Reim sagen. Als Beispiel diene hier ein Satz aus der Dreigroschenoper. Lotte Lenya singt im Lied ‹Surabaya-Johnny› dreimal: «Nimm doch die Pfeife aus dem Maul, du Hund!» Das ist überaus elegant. Ein schlechterer Dichter als Brecht hätte sicher geschrieben: «Nimm doch die Pfeife aus dem Mund, du Hund!» Weiß ja nicht genau, wo die Urmanuskripte aufbewahrt werden, aber ich bin mir ziemlich sicher, na ja, was heißt sicher, woher soll ich das wissen, aber ich würde doch annehmen, daß im Ur-ur-ur-Manuskript von Brecht der Mund-Hund-Reim steht und daß Brecht dann aber binnen einer halben Sekunde oder was es auch immer in seinen Zeiten für meßbare Zeiteinheiten gab, daß er also binnen der bereits obig erwähnten halben oder vielleicht dreiviertel Sekunde das Wort Mund durchgestrichen und durch Maul ersetzt hat, wobei er dichterlaunig triumphierend geguckt haben mag. So entstand die verehrungswürdige Reimvermeidung. War halt ein guter Dichter. Ein ganz und gar schlechter Dichter hätte übrigens, obwohl das jetzt nicht schön ist, so etwas zu bemerken, zu Papier gebracht: «Nimm doch die Pfeife aus dem Maul, du Gaul!»

Reim und Stabreim ist gemeinsam, daß sie oft zur Erzeugung wenig edler Effekte benutzt werden. Im Bereich der Alliteration stößt man besonders selten auf Künstlerschaft. Es gibt aber auch Ausnahmen, etwa die Donald-Duck-Übersetzerin Erika Fuchs, die dem deutschen Leser z. B. die klanglos gewordene Kassenklingel bescherte. Jemand mit geringerer Stilbegabung hätte hier wohl auch das Wort «gewordene» durch eines mit k zu ersetzen versucht. Dröhnende, schlecht dosierte Alliterationen sind ein sicheres Zeichen für sprachgestalterische Anfängerschaft; entsprechend häufig findet sich solcherlei bei Illustriertenjournalisten. Man denke an Bezeichnungen wie «provokanter Punk-Paganini» für Nigel Kennedy. Das ist der billige Ton der eiligen Faulen, von dem man regelrecht umzingelt ist. Berichte über Prostitution heißen «Mädchen, Macker und Moneten», eine Seite weiter steht ein Text über bestechliche Politiker, und der heißt «Bonzen, Busen und Billiönchen». Immerhin sparen solche Überschriften dem Leser Zeit, indem sie ihm signalisieren: Ah, das ist eindeutig und für jeden erkennbar etwas Primitives. Brauch ich also nicht zu lesen.

Allzu naheliegende, inhaltslahme und nur dem Klingeleffekt dienliche Alliterationen sollten der erste Punkt auf einer Liste namens «Don't» sein, die über jedem Schreibtisch hängen möchte. Es sei denn, der Besitzer des Schreibtisches hat die Absicht, ganz unten zu landen, also z. B. bei der ‹Neuen Revue›, von der ein schreckliches Fundstück stammt, das mir jemand zugesandt hat. Es handelt sich um eine Abhandlung von Josef Nyary, Deutschlands angeblich meistgelesenem TV-Kritiker. In dem Text beurteilt er deutsche Talkmaster: Sabine Christiansen sei eine «Laber-Lady», Johannes B. Kerner ein «Mehrzweck-Macker», Roger Willemsen eine «Talk-Taubnuß», Harald Schmidt die «Nonsens-Natter aus Nürtingen» und Reinhold Beckmann ein «Schmuddel-Softie». Diese Beispiele werden auch Menschen ausreichen, die immer mehrere Beispiele brauchen. Der Artikel ist verziert mit einer Fotografie des Autors, wie es in der journalistischen Unterschicht Sitte ist. Das wird wohl so begründet: «Mit Bild hat das eine ganz andere wahrnehmungsphysiologische Intensität. Dann können die Leute, während sie den Text lesen, zwischendurch immer wieder mal auf das Bild gucken und sich vorstellen, wie der Mund des Autors auf und zu geht.» Herr Nyari sieht übrigens sehr zufrieden aus. Er denkt, er sei ein angesehenes Mitglied der Gesellschaft. Natürlich irrt er, denn er liegt schließlich in der Gosse – in der Gosse des geschriebenen Wortes.

Doch auch wer nicht höchstpersönlich in der Gosse liegt, schnuppert zuweilen gern an Kellertüren. So bin ich in der Lage, ausnehmend scheußliche Sätze zu schreiben. Ich werde jetzt, und zwar jetzt sofort, den scheußlichsten Satz schreiben, der je zu Papier gebracht wurde. Hier ist er schon:

«Wenn Boris Becker, ein Tennis-Crack, in Paris, der Hauptstadt Frankreichs, unseres nicht nur an Atomkraftwerken, sondern auch Käsesorten nicht eben armen Nachbarlandes, ist, hört er in seiner Luxusabsteige gerne CDs, eine Erfindung, die seit 1982 auf dem Markt ist, mit Kompositionen von Mozart, einem bedauerlicherweise bereits den Weg alles Fleischlichen gegangenen Komponisten aus der Mozart-Stadt Salzburg, dessen Gebeine irgendwo verscharrt wurden und der sich mit erstem Vornamen Wolfgang ‹schimpfte›, also genau wie Herr Brückner, der Besitzer des Buchladens ‹Snoopy› in Essen, der fünftgrößten Stadt Deutschlands, des Nachbarlandes von Frankreich, unseres, wie bereits erwähnt, nicht nur an Käsesorten, sondern auch an Atomkraftwerken nicht armen Nachbarlandes.»

Wenn jetzt der Presserat kommt und mir eine Rüge wegen des Satzes erteilt, dann sage ich «Wäwäwäwäwä». Was bedeutet das? fragen die Menschen. Es ist ein Wort, das ich schon oft gehört, aber noch nie gedruckt gesehen habe. Kein Wörterbuch führt es auf.

Wäwäwäwäwä, das sagen weibliche Jugendliche, wenn sie von Erwachsenen auf fehlerhaftes Verhalten hingewiesen wurden und es darauf anlegen, ganz patzig und unausstehlich zu sein. Auch erwachsene Frauen, die sich untereinander streiten, benutzen es gelegentlich in Ausbrüchen minderen, nicht ganz seriösen Zorns. Männer benutzen das Wort, so meine ich, niemals. Ausgesprochen wird es wie folgt: Die ersten vier Wä ganz kurz sprechen, wie das We in Wespe. Das fünfte Wä ca. dreimal so lang und im Ton abfallend. Das zweite Wä hat den höchsten Ton, das letzte den tiefsten. Es gibt auch eine Variante mit siebenmal Wä: Wäwäwäwäwäwäwä. Den Bedeutungsunterschied weiß ich nicht.

Warum Dagmar Berghoff so stinkt

In der alten Zeit, als die people, wie man auf neudeutsch sagt, noch mit Haspeln und Raspeln hantierten, strich man sich den Schmutz aus den Ohren einer Eselin auf die Stirn, um gut schlafen zu können. Auch glaubte man, daß, wenn eine menstruierende Frau an einem Gurkenbeet vorbeiginge, die Gurken verdorren würden. Wäscherinnen, die sonniges Wetter wünschten, empfahl man, in eine Unterhose hineinzulachen, und das Essen von Käse galt als ein Mittel, die Langeweile zu vertreiben. Der Trunksucht dagegen glaubte man mit dem Trinken von Leichenwaschwasser beikommen zu können. In einigen Gebieten wurde geglaubt, daß man Petersilie lachend und mittwochs auszusäen habe, in anderen Gegenden hieß es, man müsse das zornig und dienstags tun. Abgeschnittene Haare durfte man nicht aus dem Fenster werfen, weil man Gedächtnisschwund fürchtete, wenn ein Spatz die Haare zum Nestbau verwendet. Auch war man überzeugt, daß Hexen aus Haaren Hagelkörner herstellen. Insgesamt wurde zum Vergraben von Haaren geraten. Heute sitzen die Menschen in kleinen Gruppen in den Pizzerien und beschmunzeln solchen Aberglauben. «Hach, wie naiv-skurril, unsere Altvorderen», hört man sie krähen. Dabei ist der Drang zu putzigen Irrlehren heute so stark wie zu jeder Zeit.

Weitverbreitet ist der Glaube, daß ein Eilbrief den Empfänger einen Tag eher als ein Normalbrief erreiche. Das ist aber ein Ammenmärchen. Es sitzt die Amme an der Wiege und flötet zum Kinde: «Halli hallo, ich bin deine Amme, und ein Eilbrief kommt einen Tag eher an als ein normaler, dutzi

dutzi dutzi», und der Nachwuchs denkt: «Ei, das ist schön, dann werde ich, wenn ich groß bin, alle Welt mit Eilbriefen bombardieren, und darüber hinaus denken irgendwelche doofen Akademikerinnen oder SPD-geführten Frauen, daß kleine Kinder es nicht mögen, wenn man dutzi dutzi dutzi zu ihnen macht, dabei fahren wir in Wirklichkeit voll darauf ab!» Ich hingegen habe mir in meinem Postamt meine Vermutung bestätigen lassen, daß es bei der Deutschen Bundespost keine beschleunigte Brief*beförderung* gibt, da sämtliche Post so schnell wie technisch möglich befördert wird. Das allgegenwärtige Gemotze über die langsame Post entstammt derselben unheiligen Allianz aus komfortübersättigten Rechtsspießern und linken Deutschlandhassern, die einem auch eintrichtern wollen, daß es zwischen «Ossis» und «Wessis» unüberbrückbare Gegensätze gebe.

Fast alle Briefe sind flink wie motorisierte Wiesel. Wer gerade sich selbst beim schnippischen Anzweifeln meiner Aussagen auf frischer Tat erwischt, sollte sich lieber vornehmen, seine Briefe fürderhin lesbar und vollständig zu adressieren und sie in häufig geleerte Briefkästen zu werfen. Wer sie in verrostete Kästen nahe seit fünf Jahren pächterlosen Waldgaststätten tut, darf sich nicht wundern. Die Post ist eine heilige Institution, und das Bekommen von Post hat am späten Vormittag die gleiche tröstende Funktion, die der mäßige Genuß leicht alkoholischer Getränke am Abend und der Schlaf in Nacht- und Morgenstunden ausüben. Die öffentliche Verehrung, die Sportlern oder Schönheiten der Unterhaltungsindustrie zuteil wird, sollte man lieber den Postboten widmen; ein Brief, scherzhaft gerichtet an «Kapitän Zahngold», wurde mir pünktlich zugestellt. Natürlich kann es auch im gellecktesten Postamt mal vorkommen, daß etwas hinter den Heizkörper flutscht oder auf den Philippinen landet. Ein Bekannter erhielt neulich eine Karte von mir mit dem Stempelaufdruck «mis-sent to Manila». Toll, daß die dafür extra einen Stempel haben! Gut ist so was! Liebenswürdiges Schludern verwandelte einen ordinären Gruß in einen tropisch duftenden, luftpostphilatelistischen Leckerbissen. Wegen Poststücken mit dem Aufdruck «Hinter den Heizkörper geflutscht» gibt es auf Auktionen zweifelsohne Raufereien.

Doch zurück zum Mythos Eilbeförderung. Wie sollte diese denn vonstatten gehen? Am Abend fliegt ein Postflugzeug mit sämtlicher Post von Berlin nach Hannover oder Frankfurt oder weiß der Geier. Denken denn die Eilpostapostel im Ernst, daß der Eilbrief in einen Düsenjäger gesteckt wird, der dann das normale Postflugzeug – wroom – überholt? Stellen sie sich vor, daß für wenige Mark Expreßgebühr Motorradkuriere die Autobahnen entlangdonnern? Nein, es gibt lediglich eine beschleunigte *Zustellung* am Zielort, d. h. der Brief kommt um sieben Uhr morgens statt um zehn Uhr an. Es ergibt also nur Sinn, einen Eilbrief zu versenden, wenn man weiß, daß der Empfänger um acht Uhr morgens außer Haus zu gehen pflegt, um Säcke durch die Stadt zu schleppen, Ölumlaufpumpen heile zu machen oder Kinder vollzusülzen. Jemanden mit Eilzustellungen zu behelligen, dessen Aufstehzeit man nicht genau kennt, ist eine schallende Ohrfeige ins Gesicht des menschlichen Miteinanders, ein düsterer Rückfall in die Mottenkiste nicht vorhandener Nächstenliebe. Niemand liebt es, um sieben Uhr morgens in der Unterhose und mit sekretverkrusteten Gesichtsmerkmalen die Türe zu öffnen. Die meisten Menschen sehen um diese Zeit aus wie Rübezahl. Auch Cindy Crawford sagte in einem Interview, daß sie nach dem Aufstehen nicht wie Cindy Crawford ausschaue, sondern – das sagte sie nicht selber, das ergänze ich – wie Rübezahl. Folglich sage ich: Eilbriefe? Forget it, wie man auf neudeutsch sagt. Es ist nämlich so, daß gerade Freiberufler und beautiful people, wie man auf neudeutsch sagt, um sieben Uhr oft noch die Matratze belauschen, statt Verve und Elan zu versprühen. Viele wird es erschüttern, etwas dermaßen Abscheuliches erfahren zu müssen. Gerade die Säckeschlepper halten das für einen Skandal. Daher brüllen und schreien sie während ihrer Arbeit: «Wir brüllen und schreien beim Säckeschleppen zwecks Folter fauler Künstlerdeppen.» Und durch die Studentenbudenhochburgen schallt es: «Wir renovieren und wir bohren bevorzugt vor Studentenohren.» Armeen sekretverkrusteter Studenten kennen diese ungelenken Reime.

Ich bin bekannt als jemand, der in puncto schonungsloser Tatsachenbrutalität kein Blatt vor den Mund zu nehmen pflegt, und ich halte die Leser für im positiven Sinne abgebrüht genug, zumindest zu respektieren, daß ich meine vorhin geäußerte Nutzinformation, es gebe Menschen, die um sieben Uhr noch im Bett liegen, noch ausdehne, indem ich sage, daß es sogar welche gibt, die noch um achte einfach daliegen, statt herumzuspringen. Mir hat vor vielen Jahren mal ein Erdenkenner hinter vorgehaltener Hand erzählt, daß er von jemandem wisse, der oft noch um neun im Bett liegt. Ich habe das damals für eine satirische Zuspitzung im Stil von Mark Twain, wie man auf neudeutsch sagt, gehalten, aber in der Zwischenzeit bin ich von allen Mühlen des Lebens gemahlen worden und weiß, daß es eine ganze Menge Menschen gibt, die sogar noch um halb zehn keinen Gedanken ans Herumspringen verschwenden. Diese soziologische Delikatesse zu enthüllen scheint mir angebracht, seit ich im Hofe meines Wohnhauses einen Altglascontainer entdeckt habe, in welchen man von 7.00–13.00 und von 15.00–18.00 Flaschen hineinschmeißen darf. Die Sippe der Reinschmeißzeitenbestimmer scheint hinter dem Monde zu wohnen. Wieso nicht von 13.00–15.00? Mittagsschlaf? Ach was: Das Kulturphänomen Mittagsschlaf ist in unserem Lande ca. 1965 so gut wie ausgestorben. Man begegnet ihm heute so selten wie heißem Orangensaft oder einem Langwellenhörer. In meiner Kinderzeit wurde für «Hohes C» noch mit dem Argument geworben, daß es auch heiß sehr gut schmecke. Heute belehren einen schon Dreijährige auf dem Dreirad, daß Vitamin C nicht hitzebeständig sei. Und wer lauscht heute noch der Langwelle? Weil ich Lust hatte, etwas Bizarres zu tun, habe ich neulich mal gehört, was da kommt. In der Mitte hat es geknattert, links davon hat es asthmatisch gefiept, nur ganz links redete eine dänische Dame sehr leise und langsam. Ebenso leise und langsam sprach eine russische Dame, die ich ganz rechts fand. Ich nehme an, sie sprachen miteinander. Wahrscheinlich darüber, daß es bei dem Geknatter und Gefiepe unmöglich ist, Mittagsschlaf zu halten.

Eigentlich wollte ich nun das Publikum mit der Information frappieren, daß es Menschen gibt, die teilweise bis halb elf im Bett liegen. Aber das hebe ich mir lieber fürs nächste Heft auf. Schön ist das mich warm durchstrudelnde Gefühl, den Menschen etwas zu geben, auf das sie sich freuen können. Also:

Im nächsten Heft wird stehen, daß gewisse Personen bis teilweise Viertel vor elf schlafen, ach was, bis Punkt elf sogar, doch pst! Ich will nicht zuviel verraten. Durch meinen Ankündigungs-Service wird die wegen der Kohl-Titelblätter gesunkene Auflage des Satireheftchens, für das ich mich hier abmühe, gewiß nach oben zoomen, wie man auf neudeutsch sagt.

Apropos Kohl: Stets habe ich das Gezetere kritisiert, das unser Land überschwemmt, wenn Kohl einen Satz sagt. Wir erinnern uns daran, daß er in Israel mal von der «Gnade der späten Geburt» sprach. Immens war das Gezeter, obwohl das eine kluge Formulierung war. Nun wieder das gleiche: Kohl hat den russischen Präsidenten versehentlich als sein «lila Lutschmobil» bezeichnet. Sofort wurden drei neue Privatsender aus dem Boden gestampft, in denen sich Kabarettisten drängeln, die sich gar nicht wieder einkriegen vor lauter Lutschmobil-Tätärätä-Satire. Wenn Walter Jens Boris Jelzin «lila Lutschmobil» genannt hätte, dann hätten die Menschen gesagt: «Welch meisterliche Rhetorik!», wenn ich Jelzin so bezeichnen würde, hieße es : «Was für eine skurrile Alltagsbeobachtung!», und wenn Reinhold Messner über Boris Jelzin gesagt hätte, er sei ein lila Lutschmobil, würden alle rufen: «Was für ein schönes Gebirgsvideo!» Aber wenn Helmut Kohl so etwas sagt, hinterläßt er angeblich einen Scherbenhaufen. Das finde ich etwas ungerecht.

Wegen der Überschrift dieses Artikels sollte man sich keinen Kopf machen und statt dessen vermuten, daß News-Lady Dagmar Berghoff, wie man auf neudeutsch sagt, gar nicht stinkt, sondern daß sich, wo sie wirkt und werkt, frauliches Düfteln bemerkbar macht. Sie ist reinlich und von heute. Selbst als sie noch menstruierte, ist nie eine Supermarktgurke ansichtig ihrer verdorrt. Nie lacht sie in eine Unterhose, denn sie weiß, das Wetter kommt von den Experimenten im universe, wie man auf neudeutsch sagt, und ihre Haare wirft sie immer aus dem Fenster.

Dagmar Berghoff springt um sieben Uhr morgens aus dem Bett, und während sie sich die Sekretkrusten aus dem Gesicht klopft, geht ihre Klingel. Sie legt das Sekrethämmerchen beiseite. Ein Eilbrief. Von mir. Sie liest: «Der Eilbote ist ein Freund von mir, und ich schicke Ihnen diesen Brief nur, damit er mir erzählt, wie Sie um sieben Uhr morgens aussehen.» Schon am nächsten Tag bringt mir der Normalbriefträger einen Brief vom Eilbriefträger. Darin steht: «Ich mache bei diesem schmutzigen Spielchen nicht mit. Würdest Du etwa wollen, daß jemand herumtrompetet, wie Du um sieben aussiehst?» Ja! Warum nicht? Ich sehe nämlich morgens um sieben aus wie Cindy Crawford. Aber wirklich nur Punkt sieben nach der Braunschweiger Atomuhr. Die Braunschweiger Atomuhr flüstert mir gerade zu, daß jetzt der günstigste Zeitpunkt ist, meinen Aufsatz abzubrechen, in welchen ich mancherlei einstreute, zum Beispiel etwas gütigen Spott über die ermüdende Angewohnheit vieler Leute, in ihrer Rede jedem englischen Ausdruck die Floskel «wie man auf neudeutsch sagt» nachzuschicken. Très chic wird es zur Zeit übrigens gerade, die deutschen Interjektionen «Hoppla» und «Huch» durch ein englisches «Oops» zu ersetzen. Diejenigen, die das bedauern, sind, rein menschlich gesehen, wahrscheinlich ungefähr gleich gut wie die, welche das gutheißen, und die, denen es egal ist.

PS: Da trotz der Strukturierungshilfe der Atomuhr noch Platz ist, hier meine derzeitigen Lieblingsdefinitionen aus Wahrigs Deutschem Wörterbuch:

1) Stilb = nicht mehr zulässige Maßeinheit der Leuchtdichte selbst nicht leuchtender Körper

2) abböschen = einer Sache die Form einer Böschung geben

In der Duz-Falle

«Hallo! Es freut mich, dich einmal kennenzulernen! Ich darf doch ‹du› sagen, oder?»

Manch einer wird sich an Situationen erinnern, in denen er auf die eben wiedergegebene Frage ein halbherziges «Ja, klar» murmelte. Die Kommunikation hätte sich zwar angenehmer gestaltet, wäre man nicht von einem überflüssigen Duzwunsch überrumpelt worden, aber es war «menschlich» einfach zu anstrengend, das Ansinnen zurückzuweisen.

Ina Deter sang mal ein Lied, in dem sie Berlin duzte. «Berlin, du New York im märkischen Sand». Klaus Hoffmann duzte sogar einen Berliner Flughafen. «Tegel, blödes Tegel, du verdammtes Tor zur Welt, Tegel, liebes Tegel, bist die Heimat, ausgezählt», sang er voll Glut. Die genannten Künstler sind in einer Ära der gesellschaftlichen Lockerungen groß geworden. Sie sind es gewohnt, alles zu duzen. Heute jedoch reagieren manche Menschen auffallend verschnupft, wenn sie meinen, unpassend angekumpelt zu werden, aber auch, wenn sie das Gefühl haben, ein Du, auf das sie glauben Anspruch zu haben, werde ihnen vorenthalten. Es ist ein Füllhorn der Empfindlichkeiten. Wenn ein 25jähriger Arbeiter von einem gleichaltrigen Studenten gesiezt wird, ist der Arbeiter unter Umständen betrübt. Wird gar ein 28jähriger Techno-Freund von einem 18jährigen Techno-Freund gesiezt, was außerhalb von Liebesparaden schon vorgekommen sein soll, dann kann es nicht schaden, wenn sich im Bekanntenkreis des älteren jemand befindet, der schon mal bei der Telefonseelsorge gearbeitet hat. Es ist erstaunlich, wie verwickelt sich dieses auf den ersten Blick uninteressant wirkende Thema bei genauerem Hinsehen darstellt. Wenn im Jugendlichen-Fernsehen der Moderator den erfolgreichen Rockstar duzt, dann hat das Du des Moderators zum Star meist etwas von unbefugtem Einschleimen und das Du des Stars zum Moderator etwas Herablassendes. Bisweilen merkt man den Gesprächen auch an, daß es beiden unangenehm ist, einander duzen zu müssen; würde man jedoch auf Sie umschalten, dann fiele der Mythos der Jugendkultur, aus dem solche Sendungen ihre Raison d'être beziehen, jämmerlich in sich zusammen. Ich glaube mich nicht zu irren, wenn ich denke, daß Raison d'être ein geiler Angeberausdruck ist, aber sehr wohl ein Irrtum ist es, bloße Generationszugehörigkeit für eine anspruchsvolle Kommunikationsbasis zu halten. Unterhaltungen in der zweiten Person grundsätzlich eine größere Easyness und Freundlichkeit zu unterstellen ist ein zweiter Irrtum. Man behalte stets im Kopf, daß das Du auch ein Instrument unredlicher Macht ist. Der Flugzeugentführer duzt die Passagiere, die ihm ausgeliefert sind, der Rassist duzt die Angehörigen der von ihm verachteten Bevölkerungsgruppen. Man bedenke auch, wie zuvorkommend man in Buchläden gesiezt und wie desinteressiert man in Plattenläden geduzt wird oder in anderen Etablissements, die aus denkfauler Tradition dem jugendlichen Umfeld zugeordnet werden. Nirgendwo wird man so ungehobelt geduzt wie in Läden, wo man Instrumente für Rockmusik und Elektronik kauft.

In der Pop-Industrie, wo das Du als Selbstverständlichkeit gehandhabt wird, braucht man Mut und Rückgrat. Wenn die Söhne früher in den Krieg zogen, sind sie von ihren Müttern noch einmal tüchtig umarmt und mit guten Ratschlägen bedacht worden. Heutige Söhne und Töchter, die nicht in den Krieg, sondern in die Pop-Branche ziehen, sollten von ihren Müttern zum Abschied an der Gartenpforte folgendes gesagt bekommen:

«Duze niemals die Herren von der Plattenfirma! Ebenfalls nicht die Musikverleger und die Tourneeagenten, auch wenn sie sogenannte Gleichaltrige sind. Gleichaltrige sind immer die schlimmsten Menschen. Die Leute von den Plattenfirmen sind nicht deine Freunde, sie sind Geschäftspartner. Manchmal wirst du etwas zu beklagen oder einzufordern haben, und das wird dir schwerer fallen, wenn du in der Duz-Falle sitzt. Am Ende werden sie eh obsiegen mit ihren fünf Superrechtsanwälten, und du stehst da als entwürdigtes und geduztes Dummchen.»

Allgemein ist wünschenswert, die Duzerei auf den Schulhof, die Familie und den allerengsten Freundeskreis zu beschränken. Das würde die Unannehmlichkeitsquote im menschlichen Miteinander reduzieren. Auch Homos in der Homobar und Fußballer in der Mannschaftskabine sollten einander hübsch duzen. Daß aber z. B. unter Studenten noch immer Duzzwang herrscht, sollte mittlerweile als ein schmieriges, bestenfalls drolliges Rudiment alter APO-Lodderigkeit gewertet werden. Eine Dame, die in den sechziger Jahren in Berlin Politologie studiert hat, versicherte mir, vor «68» sei nur beim SDS, dem ‹Sozialistischen Deutschen Studentenbund›, geduzt worden, die übrigen Kommilitonen hätten einander selbstverständlich gesiezt. Rudi Dutschke habe dann «handstreichartig» das allgemeine Du eingeführt. Diese Formulierung ist gewiß übertrieben, aber die Vorstellung, daß an fast sämtlichen deutschen Hochschulen binnen weniger Monate per ordre du mufti eine Infantilisierung der Anrede durchgesetzt wurde, ist ziemlich amüsant und wohl auch nicht ganz unrichtig. Fragt man heute einen Studenten, warum man das eigentlich beibehalten habe, man veranstalte ja auch keine Sit-ins mehr und habe auch aufgehört, BHs zu verbrennen, zumindest tue man dies nicht mehr aus politischen Gründen, dann erklingt die stereotype Antwort, man würde es «irgendwie komisch» finden, seine Mitstudenten zu siezen. «Irgendwie komisch» – das klingt nicht sehr reflektiert. Komisch ist in Wahrheit, daß man sich in Zwingburgen der Geisteswissenschaften offenbar einfach keine Gedanken darüber macht, wie andere Menschen anzusprechen sind.

Sollten Studenten einander duzen, um sich gegenseitig ihrer Jugendlichkeit zu versichern, würde ich das für unnötig erklären, denn man sieht ja ungefähr, wie alt ein anderer ist. Das Gerede von Generationen ist ohnehin eine rechte Augenwischerei. Die Menschen sind voneinander durch Klassenzugehörigkeit und Bildung getrennt. Weil das deutliche Aussprechen dieser Tatsache der populären sozialen Harmonielehre zuwiderläuft, wird bevorzugt, die Menschen in Generationen und Landsmannschaften und entsprechende «Mentalitäten» einzuteilen, doch da beißt die Maus keinen Faden ab: Ein Achtzehnjähriger aus Stuttgart, der ein humanistisches Gymasium besucht, wird mit einem pensionierten Mecklenburger mit gleichem Bildungshintergrund mehr zu bereden haben als mit einem gleichaltrigen Stuttgarter ohne Schulabschluß. Generationen sind heute mehr oder minder ein Instrument der Werbewirtschaft. Je präziser man die Konsumentenschar in Altersgruppen segmentiert, desto gezielter kann man Talmi und Tünnef an den Mann bringen. Man kann sich freilich wie ein gehorsamer Nachwuchsbüttel des Kapitalismus benehmen und sich mit 14 die CDs der jeweils aktuellen Singepüppigruppe und das Buch ‹Ferien auf dem Ponyhof› kaufen, aber man könnte dem Aufruf

«Hol dir ‹Ferien auf dem Ponyhof›!» etwas mehr Widerborstigkeit entgegensetzen, indem man sagt: «Ich danke Ihnen für Ihr Angebot, aber ich werde ‹Ferien auf dem Ponyhof› erst mit 87 lesen, weil ich annehme, daß in diesem Alter meine geistige Kraft sowieso talwärts schreitet. Momentan baue ich noch auf, weswegen ich Ihre minderwertige Kulturofferte ausschlagen möchte und mich lieber Angeboten zuwende, die mich beim Werden und Wachsen unterstützen statt mich auf der Leiter, mit Hilfe derer ich meiner geistigen Souveränität entgegenklettere, zum Schwanken zu bringen wie eine Giftwolke.»

Manch einer, der auf meiner Altersstufe steht, beweint heimlich den Umstand, daß er trotz aller Bemühungen, seine Jugend durch Outfit und assimiliertes Freizeitverhalten eigenmächtig ins vierte oder gar fünfte Lebensjahrzehnt auszudehnen, von echten Jugendlichen nicht mehr automatisch geduzt wird. Mir ist das eher egal. In der Frage, ob man mich duzt oder siezt, neige ich nicht zu Leidenschaftsausbrüchen. Kopfnüsse und Kinnhaken sind von mir nicht zu befürchten. Wenn mich ein sympathischer Zwanzigjähriger duzt, dann denke ich: wie sympathisch, daß er mich dessen für würdig erachtet. Siezt mich ein sympathischer Zwanzigjähriger, dann finde ich eben die höfliche Distanz sympathisch. Sympathisch ist halt sympathisch. In beiden Fällen würde ich zurücksiezen. Kommt aber ein Unsympathischer daher und duzt mich, dann denke ich: Wenn der mich siezen würde, wäre er mir genauso zuwider. Wenn in solchen Fällen einer Unterhaltung nicht aus dem Weg zu gehen ist, dann meide ich die direkte Anrede und weiche auf neutrale Formulierungen aus. Es hat ja auch nicht soviel mit dem Alter zu tun wie mit dem Treffpunkt oder mit der Jacke, die man anhat. In Bioläden wird man bis ca. 50 geduzt, in Lokalen liegt die Grenze oft erst bei 60. Ich kenne Kneipen, in denen man erst fünf Minuten vor seinem Tode gesiezt wird.

Großen Einfluß auf das Anredeverhalten hat die Kleidung. Ich besitze Duzjacken und Siezjacken. Eine Bekannte, die einen sehr voluminösen Hund hat, sagte mir, daß sie in Begleitung dieses Tieres niemals von Fremden geduzt wird. Mir behagte es vor wenigen Jahren, auf dem Feld der Gesichtsbehaarung zu experimentieren. Ich hatte im Laufe der Zeit diverse lächerliche, aber zeitgemäße Bärte. Anfangs dachte ich, die Menschen würden argwöhnisch wispern, wieso ich mir denn so einen komischen Modeheinibart stehen lasse, zumal darin einzelne graue Haare zu sehen waren. Es war halt keine lebensfeindliche Monokultur, sondern ein ökologisch wertvoller Mischbart, der einer artenreichen Fauna Lebensraum geboten hätte bei nachlässiger Pflege. Die Menschen tuschelten aber nicht, vielmehr geleiteten mich die paar albernen Haare in einen Kosmos höchster Duzbarkeit.

Es gibt Zwischenformen der Anrede, das sogenannte Berliner Du und das Hamburger Sie. Etwas verpönt ist das Berliner Du, also: «Herr Rutschky, laß doch bitte mal die Scheißhausbürste rüberwachsen!» Die Verpöner sagen, dieses Hintername plus Du, das sei Putzfrauen-Jargon, aber was haben diese Leute denn gegen Putzfrauen? Das Hamburger Sie klingt eher nach Etepetete-Eigenheimvolk. Jil Sander tragende und Lacroix-Suppen hortende Mütter reden so den van-Laack-Hemden tragenden Freund ihrer Tochter an: «Jens-Carsten, ob Sie bitte so liebenswürdig sein wollen, mir mein Brillenetui und/oder die Hartkäsereibe zu reichen?»

Es gibt einen Bereich, in dem ich eine gewisse Rigorosität für sinnvoll halte. Wenn mich ein mir Unbekannter am Telephon duzt, dann sieze ich so höflich, wie es meine Laune erlaubt, zurück, es sei denn, bei dem Anrufer handelt es sich um ein Kind. Vereinzelt mag sich auch aus einer vermuteten oder tatsächlichen gemeinsamen Angehörigkeit von Metier und Milieu ein Drang zum Genossentum ergeben, doch ein Drang darf keinen Zwang auslösen. War man einmal zu lethargisch, ein telephonisch aufgenötigtes Du durch freundliches Nichterwidern zurückzuweisen, und ist man einander beim ersten persönlichen Augenschein zutiefst unsympathisch, muß man das Scheusal weiterduzen.* Dann zu sagen: Ach, wir siezen uns wohl doch lieber, ist ein gar zu kräftezehrender Akt. Daher: am Telephon immer schön siezen. Es gibt Gestalten, auf deren klumpfußige Annäherungsversuche man nur mit blanker, kalter Autorität reagieren kann, und die ist in der dritten Person leichter an den Mann zu bringen. Es ist, wie schon die imaginäre Mutter an der Gartenpforte ihrem Kinde mahnend nachrief, demütigend, seine Feinde duzen zu müssen.

---

* Als durch und durch unsouverän muß man wohl jemanden bezeichnen, der beleidigt reagiert, wenn man ein aufgenötigtes Du zurückweist oder unbeachtet läßt.

Mein Nachbar und der Zynismus

Ich hatte mal einen Nachbarn, einen echten lebendigen Nachbarn, also keinen aus Pappe mit konzentrischen Kreisen auf der Brust, und er war auch kein böser Stiefnachbar, der nur aufgrund temporärer Abwesenheit des echten, gottbefohlenen Naturnachbarn die Wohnung warm hielt, sondern ein wahrhaftiger langjähriger Nachbar aus Fleisch und Blut. Er hatte viele Marotten, und eine ist mir besonders erinnerlich.

Wenn jemand im Gespräch eine markante Wortkombination verwendete, dann unterbrach er seinen Gesprächspartner, wiederholte die markanten Wörter und fügte hinzu: «Guter Gruppenname!» Damals war es unter jungen Männern einer bestimmten Güte Usus, ein musikalisches Projekt zu betreiben und dessen Resultate wenigstens in einer Zwanziger-Kassettenauflage in nach heutigen Maßstäben unvorstellbar unordentlichen kleinen Plattenläden auszulegen. Mein Nachbar hatte kein Projekt, er beschränkte sich auf das Ertappen von Gruppennamen. Das ging z. B. so: Auf meinem Tisch lag eine Packung von «Strohhalmen aus Plastik». Der Nachbar nahm die Packung in die Hand, las ab, was draufstand – «250 knickbare Trinkhalme» –, und schrie begeistert: «Supergruppenname!» Vor kurzem mußte ich wieder an meinen Nachbarn denken, als ich am Rande eines Events von einem Anfangzwanziger angesprochen wurde.

Er stehe auf Zynikerschweine. Ob ich ihm Kontakt zu Zynikerschweinen vermitteln könne, fragte er mich. Ich war leicht verärgert, daß mich jemand in dieser Sache als geeigneten Ansprechpartner empfand, und verneinte, indem ich

85

darauf verwies, daß ich meine Zynikerschweinekartei gerade nicht dabeihätte.

Allerdings sind mir im Laufe der Jahre einige Vertreter dieser Spezies über den Weg gelaufen. Es gab sie schon immer, doch zu Beginn der achtziger Jahre vermehrten sie sich. Ihrer Abneigung gegen bestimmte äußerliche Überbleibsel des vorangegangenen Jahrzehnts, Bärte, «Jutekutten», lange Haare bei Männern, und vor allem gegen das Phänomen «Betroffenheit», verliehen sie Ausdruck mit antipodischer Verbissenheit: kurze Haare, Plastikkleidung, und vor allen Dingen mußte möglichst kalt und scharf geredet werden gegen alles, was nach Fürsorge und Nachsicht, nach «Toleranz» zu rufen schien.

Ich hatte mich damals mit so einem angefreundet. Dies war mein Nachbar. Ein ganz netter Mensch eigentlich, Grün-Wähler, homosexuell – aber Personen dunkler Hautfarbe nannte er grundsätzlich «Bimbos», und er sagte das auch ganz gern laut, und wenn er es getan hatte, am Kneipentisch etwa, dann drehte er sich um, ob irgendjemand in der Umgebung empört war. Sein negatives Fraternisieren schien mir leicht durchschaubar: Er wollte damit seine Lehrer ärgern, dabei waren die nie anwesend, denn er war seit zwei Jahren aus der Schule raus. Wenn er allein war, und das war er oft, hörte er in seinem Zimmer alte Elisabeth-Schwarzkopf-Aufnahmen und weinte.

Eines Tages kam er zu mir, es lief gerade irgendeine Soulplatte. Ob ich schon wieder meine Bimbo-Musik höre, fragte er, und obwohl er dabei was weiß ich wie tongue-in-cheek und ironisch dreinschaute, sagte ich ihm, er solle sich bei mir erst wieder blicken lassen, wenn er mit seiner Menschwerdung weitergekommen sei. Nun, ganz so geleckt werde ich es wohl nicht formuliert haben, aber woher soll ich wissen, was genau ich vor achtzehn Jahren gesagt habe?

Und wer weiß – vielleicht ist der Jungmännerzynismus ein notwendiger Abschnitt in der Entwicklung von Menschen, die, verunsichert von der eigenen leicht überdurchschnittlichen Intelligenz, befürchten, von einem bequemen Leben in politisch friedlicher Zeit zur Biographielosigkeit verdammt zu sein? Aber spätestens mit 30 sollte Schluß damit sein. Sonst kriegt man's nicht mehr raus. Man kann seine innere Leere nicht mit einer riesigen Galle füllen, es sei denn, man möchte ein verbiesterter alter Sack werden, der sich aufregt, wenn kleine Kinder schreien, und die Polizei ruft, wenn im Café im Erdgeschoß nach 22 Uhr noch jemand lacht.

Wenn im Schulunterricht irgend jemand was Freches oder Überspitztes sagte, kam häufig, meist aus der Reihe der Mädchen, die vorwurfsvolle Frage: «Ist das nicht Zynismus?» Der Lehrer sagte dann immer: «Nein, das ist Sarkasmus.» Näher wurde da nie drauf eingegangen, vielleicht hatte der Lehrer den Unterschied auch nicht ausformuliert parat und wollte vor den Schülern nicht ins Herumdrucksen kommen. Klar war nur: Zynismus schlecht, Sarkasmus gut. Das reicht ja auch als Info für ein paar alberne Teenager. Doch selbst dieser Wertungsunterschied ist heute kaum noch bekannt. Die Begriffe Zynismus und Sarkasmus werden flächendeckend, überall, in Medien sämtlicher Art miteinander verwechselt, wobei Sarkasmus viel häufiger für Zynismus gehalten wird als umgekehrt.

Dabei sind die Unterschiede durchaus nicht völlig verschwommen. Zynismus ist eine destruktive Lebensauffassung, während Sarkasmus das Resultat von trotziger Formulierungskunst ist, die über einen spontanen Unwillen zu einem Meinungseinerlei hinweghilft. Zynismus ist ein Resultat von Enttäuschung und innerer Vereinsamung; er besteht im Negieren aller Werte und Ideale, im Verhöhnen der Hoffnung, im Haß auf jedes Streben nach Besserung. Der Zyniker glaubt nicht, daß etwas zu verbessern sei. Er denkt: «Es geht ja sowieso immer nur um Sex und Geld, die Menschen sind sowieso schlecht, es wird sowieso alles den Bach runtergehen, warum soll ich nicht die Bild-Zeitung lesen, warum soll ich nicht als Gag-Schreiber für SAT 1 arbeiten, es ist doch sowieso alles egal.» Das Lieblingswort des Zynikers ist «sowieso». Als Zyniker kehrt man aus verheerenden Lebenssituationen, in denen man alleingelassen wurde, z. B. aus Kriegen oder Kindheiten, zurück. Der Sarkast kehrt allenfalls aus seinem Weinkeller zurück, und mit der guten Flasche dort geholten Rotweins setzt er sich in seinen Sessel und denkt sich neue teils schneidende, teils mürrische Bonmots aus, die ihn zwar einer gewissen Abgeklärtheit verdächtig machen, ihn aber nicht daran hindern, viel Lebensfreude zu empfinden und auszusenden.

«Manchmal formulieren aber auch Zyniker sarkastisch!» wendet jemand ein. Das kommt ganz bestimmt vor. Trotzdem haben Zynismus und Sarkasmus wenig miteinander zu tun. Man sieht auch Dachdecker Erdbeeren essen. Es dürfte so gut wie unmöglich sein, irgendwo auf der Welt einen Dachdecker zu finden, der noch nie eine Erdbeere gegessen hat. Trotzdem haben die semantischen Einheiten «Erdbeere» und «Dachdecker» eine ebenso geringe inhaltliche Beziehung zueinander wie «Zynismus» und «Sarkasmus».

Mein Nachbar hatte sich übrigens im Laufe der Jahre gemäßigt. Er sagte nicht mehr «Bimbo». Er sagte «Neger». Er begründete das wie folgt: Der Begriff «Neger» sei im Deutschen wertneutral, und diejenigen, in deren Ohren er einen schlechten Klang habe, würden ihn mit dem abschätzigen amerikanischen Wort «Nigger» verwechseln. «Neger» sei aber nicht über das Englische, sondern über das Französische in unsere Sprache gelangt, und im Französischen gebe es z. B. den Begriff «négritude», der die Gesamtheit der kulturellen Werte Schwarzafrikas bezeichne und absolut positiv besetzt sei.

So richtig knallhart uninteressant ist das nicht gerade, und deswegen habe ich's ja auch hierhin geschrieben. Denjenigen, die mit einem Menschen zusammen sind, der eben beim Lesen laut «Wie interessant!» gerufen hat, wünsche ich, daß sich das angenehm angehört hat und nicht etwa blechern und roboterhaft wie die Vocoderstimme in dem scheußlichen Lied ‹Automatic Lover› von Dee D. Jackson, das im Mai 1978 Platz 4 der britischen Hitparade erreichte, was ich zu erwähnen für richtig halte, damit das Interessante sich an etwas absolut Uninteressantem messen kann und dadurch zusätzliche Geltung erlangt.

Ich habe absichtlich ein relativ unbekanntes Lied ausgewählt, um möglichst vielen Menschen Gelegenheit zu bieten, stolz auf ihr bisher gelebtes Leben zurückzublicken, denn es ist sehr wahrscheinlich, daß jemand, der dieses Lied nicht kennt, sein Leben sinnvoller verbracht hat als einer, dem bei der Erwähnung des Titels sofort die Melodie in den Sinn kommt. Man muß ja heutzutage fast trotzig hoffen als Autor, daß man auch außerhalb von Kreisen wahrgenommen wird, die eine ausschließlich popkulturelle Sozialisation durchlaufen haben und sich darauf auch noch was einbilden.

Mein Nachbar hatte eine gute Bildung. Französisch, Latein *und* Griechisch. Um so mehr hat mich sein Zynismus gewundert. Er tadelte zwar nicht mehr die seiner Meinung nach von mir bevorzugte «Bimbo-Musik», aber sein kalter

Blick auf z. B. Kinder war geblieben. Vielleicht war erstickter Kinderwunsch die Ursache. Er dachte wohl: «Etwas, was ich nicht haben kann, das brauche ich auch nicht zu mögen.» Seines Horror vacui versuchte er Herr zu werden, indem er an mehreren Abenden pro Woche in einer albernen schwarzen Ledermontur, in der er aussah wie ein als Schornsteinfeger verkleidetes Kind, den Tiergarten aufsuchte, um dort oberflächliche Kontakte zu suchen. Ich fand, daß er da ein bißchen allzu häufig hinging, und sprach ihn eines Tages auf Aids an. Er lachte mich aus, verballhornte den Begriff Aids zu «Ätz», verwendete Begriffe wie Aids-Hysterie und Massenpsychose und daß ich ja wohl Opfer der Kampagne einer lustfeindlichen Gesellschaft sei. Als Biertrinker solle ich mal lieber auf meine Leber achten.

Als ich einige Jahre später – wir waren keine Nachbarn mehr – von seinem Tod erfuhr, habe ich mich infolge einer Gefühlsparadoxie kurze Zeit selber dafür verachtet, daß ich Recht gehabt hatte. Mir wäre es lieber gewesen, wenn statt seiner selbst nur sein Zynismus verstorben wäre, doch der hat überlebt und ist immer größer geworden, eine wahre Zynismusindustrie erblühte mit stinkenden Schornsteinen in allen Medien. «Herrlich zynisch», heißt es immer in Rezensionen von Filmen und Comedy-Programmen, und als «herrlich zynisch» empfinden sich wohl auch die Heerscharen, die sich in der Pose des Harten und Herzlosen gefallen und fast überall viel Beifall dafür finden. «Endlich sagt's mal einer!» jubeln die Fans, dabei ist das beklatschte Böse schon hunderttausendmal gesagt worden. Die Form von Betulichkeit jedoch, gegen die die Vertreter des gewerbsmäßigen Zynismus aufbegehren zu müssen meinen, die ist so gut wie ausgestorben, und längst sind sie es selber, die den Massengeschmack verkörpern, gegen den zu opponieren wäre.

Zu einem unfreiwilligen Helden des Jungmänner-Massenzynismus ist in diesem Jahr Ernst-August von Hannover geworden. Die Worte, die der Mann gegenüber der Frau von der Bild-Zeitung telephonisch aussprach, werden auswendig gelernt, von Theater-Billigschockern, Haßschriftstellern und Haßschriftsteller-Wannabes öffentlich dargeboten, millionenfach aus dem Internet runtergeladen, vermutlich gar – wer weiß? – als «moderne Gutenachtgeschichte» dem Nachwuchs vorgelesen. Man muß Ernst-August aber vor seiner dämlichen Fangemeinde in Schutz nehmen. Man raunt sich ja zu, er habe psychische Probleme. Gewiß: In einer solchen Situation sollte man nicht in der Welt herumtelephonieren. Man sollte gesund sein, wenn man schimpft. Aber:

Das, was Ernst August sagte, rief zwar stilistisch laut nach Lehrers Rotstift, es hatte aber eine beachtliche Energie. Vor allem sagte er inhaltlich Richtiges. Er sagte das, was jeder unverbogene Mensch einem Mitarbeiter dieses Blattes sagen sollte. Diese Zeitung ist ein Organ der Niedertracht. Es ist falsch, sie zu lesen. Jemand, der zu dieser Zeitung beiträgt, ist gesellschaftlich absolut inakzeptabel. Es wäre verfehlt, zu einem Redakteur dieses Blattes freundlich oder auch nur höflich zu sein. Man muß so unfreundlich zu ihnen sein, wie es das Gesetz grade noch zuläßt. Es sind schlechte Menschen, die Falsches tun. Es ist schade, daß jemand erst psychisch krank werden muß, um diese allzu lange nicht gehörten grundsätzlichen Wahrheiten in Erinnerung zu rufen. Vor dreißig Jahren gab es in Deutschland eine geistig rege Jugend, die erkannte, wer der Feind ist. Heute döst die Jugend und weiß nichts von Wahrheit. Wir brauchen aber Wahrheit. Nehmen wir halt den Adel, wenn die Studenten schweigen.

Ernst-August verdient Respekt. Schenkelklopfende Verehrung sollte man ihm ersparen. «Schenkelklopfende Verehrung», hätte mein Nachbar gesagt, «guter Gruppenname!»

Tagebuchpassage 11.9. – 15.9.2001

11.9.2001

«Als es passierte» – dieser elegante Schlager des Popduos Paula geht mir durch den Kopf. Ja, wo war ich, als es geschah, wo war ich, als ich's erfuhr?

Als es passierte, schrieb ich eine E-Mail an Kurt Scheel, den Herausgeber der Kulturzeitschrift ‹Merkur›. Ich schrieb ihm, daß sein Auftrag, mich in seiner Zeitschrift 16 000 bis 20 000 Zeichen lang über Musik zu äußern, über den Sommer von mir vergessen worden und nun auch nicht mehr auf die Schnelle auszuführen sei, da morgen ein lang vereinbartes viertägiges Herumgondeln durchs Fränkische mit einem Freund aus Frankfurt und dessen Bekannten aus New York angetreten werden müsse. Er solle aber bloß nicht denken, daß ich den ‹Merkur› geringschätzte, ich hätte bloß keine Routine darin, Schreibaufträge anzunehmen. Ja gewiß, zwar hätte ich noch nie einen ‹Merkur› gelesen, doch sei mir bekannt, daß es eine Ehre ist, von ihm zur Mitarbeit aufgerufen zu werden. Mit dem Hinweis, daß ich auf möglichst geringe Zerknirschung hoffte, und freundlichen Grüßen schloß ich die E-Mail und ging zum Zweck der Zubereitung eines Gemüsesalates in die Küche, wo ich *es* beim Schneiden von Zucchini aus dem ‹Info-Radio Berlin-Brandenburg›, das ich bei Haushaltstätigkeiten gerne höre, erfuhr.

Ein aufgeregter Radiomann telephonierte mit einer aufgeregten Korrespondentin. Nein, kein Unfall, es scheine ganz so, als ob das Flugzeug, übrigens ein großes und kein kleines, da absichtlich hineingeflogen sei. Ich ging rüber ins

Wohnzimmer und stellte den Fernseher an. Auf den ersten drei Programmplätzen, ARD, ZDF und dem Berliner Dritten, gab es noch den normalen Programmablauf. Auf Programmplatz vier, belegt mit BBC, gab es schon die entsprechenden Bilder. Keine Minute dauerte es, bis ich wußte, daß ich mit diesen Bildern nicht allein sein könne, und Freund Stephan anrief. Er solle sofort BBC oder CNN oder so was anmachen, keine Zeit für Erklärungen, mach das Ding an, und dann siehst du's ja.

Zwei Stunden glotzte ich auf den Bildschirm. Ich war unglaublich durstig, sah mich aber außerstande, in die Küche zu gehen, um mir etwas zu trinken zu holen. Immerhin war ich in der Lage, einen nicht sehr guten Satz in mein Notizbuch zu schreiben: «Weltgeschichte kotzt mich gerade an wie eine unangeleinte Kampfqualle.» Eine erste Ernüchterung trat ein, als Angela Merkel im Studio erschien. Mein Gott, warum interviewen sie *die* denn jetzt? Angela Merkel sagte das, was Angela Merkel halt zu sagen pflegt, wenn Terroristen in Hochhäuser hineinfliegen, und dann kam auch noch Edmund Stoiber, und ich glaube, er war es, von dem ich zuerst den Satz hörte, nun sei nichts mehr wie zuvor.

Nach Edmund Stoiber stellte ich den Fernseher aus. Leicht weggetreten wanderte ich, dem Panther von Rilke recht ähnlich, eine nicht gemessene Zeit lang durch die Wohnung, öffnete sinnlos Schubladen und schob sie wieder zu, betätigte sinnlos Lichtschalter und trat sinnlos auf den Treter vom Trittmülleimer. Ich rief Oliver, den Frankfurter Freund, an und fragte ihn, ob Adrian, sein Besuch, denn nun noch Interesse habe, einen viertägigen Ausflug durchs Fränkische zu unternehmen als New Yorker. Oliver sagte, Adrian säße seit drei Stunden erstarrt vor dem Fernseher, habe aber gerade eben die Absicht geäußert, diesen Zustand nicht auf vier Tage auszudehnen. Der Ausflug finde also statt.

Ich stellte noch einmal das Radio an, ob da vielleicht was anderes zu erfahren sei als aus dem Fernseher. Im Info-Radio war man bereits bei der Befindlichkeit der Berliner Bevölkerung angelangt. Eine merkwürdige Stille liege über der Stadt.

Da ich eh vorhatte, mir aufgrund der septemberuntypischen Kühle für die Frankenfahrt eine Übergangsjacke zu kaufen, beschloß ich, runterzugehen und mir die merkwürdige Stille genauer zu Gemüte zu führen. Autos donnerten umher, Menschen saßen in Cafés, quakten munter in ihre Telephone und erledigten ihre Einkäufe. Von Stille keine Spur, schon gar nicht von einer merkwürdigen. Ich aber lief nun durch die Stadt so ziellos wie zuvor durch meine Wohnung, kam an manchem Bekleidungsgeschäft vorbei, war jedoch zu unruhig, hineinzugehen, und dachte an das Wort Übergangsjacke, das ja jetzt, am Wendepunkt zu einer Zeit, in der nichts sein würde wie zuvor, eine ganz neue Bedeutung erlangte, und beschloß, eine alte Strickjacke mit auf die Reise zu nehmen.

Ich kaufte mir eine Flasche Wein und kehrte heim. Ins Wohnzimmer mochte ich nicht mehr gehen, denn da stand der Fernseher, und den erbarmungslosen schwarzen Kasten wollte ich nicht mehr sehen. Selbst wenn ich ihn nicht anstelle: Die bösen Sachen sind ja trotzdem in ihm drin. Den ganzen Abend saß ich ohne Info in der Küche, erledigte debilen Steuerkram, schrieb auf dreißig Restaurantquittungen irgendwelche Namen und Berufe und, als Anlaß der Bewirtung: «Projektbesprechung». Ich war ganz ruhig und sachlich, der Wein schmeckte, aber dennoch: Von der Lebensfreude war mir die Schaumkrone heruntergeblasen worden.

12.9.2001

Die Zeitungen von heute erspare ich mir lieber. Man kann sie sich ja denken. Der Kenntnisstand des Fernsehens von gestern abend, garniert mit reichlich Kommentaren von Schriftstellern und Schauspielern, die sich nach irgendwelchen Ereignissen immer gleich einen Zettel mit Formulierungen schreiben und den neben das Telephon legen in der Hoffnung, sie würden von Medien angerufen.

Wem gilt heute unser Mitgefühl? Den Opfern? Klar, in erster Linie denen. Aber unser Mitgefühl gilt auch jenen eitlen Kommentarwichsmaschinen des öffentlichen Lebens, die gestern vergeblich den ganzen Abend neben dem Telephon standen. Wie muß sich so einer heute fühlen? Das World Trade Center stürzt ein, und niemand bittet ihn um eine Stellungnahme.

Ich verzichte also auf eine Zeitung. Habe auch anderes zu lesen. Mein neuer Verleger hat mich gebeten, ein Romanmanuskript zu lesen, damit er ein lobendes Zitat von mir auf den Buchrücken drucken kann. Da ich den Verleger nett finde und mit dem Autor befreundet bin, kann ich diesen Dienst nicht verweigern, der in der Branche wohl als Gefälligkeit gilt, in Wirklichkeit aber eine ziemliche Belastung ist. In dem Buch geht es um Berliner Polizeialltag und Jugendstrafvollzug. Die seitenlange, sich aufs Anatomische konzentrierende Beschreibung einer verwesenden Leiche in einer Sozialwohnung erinnert mich merkwürdigerweise an die Beschreibung eines Rosenstocks in Adalbert Stifters ‹Nachsommer›, d. h. sie ist wirklich gut und interessant. Ich würde darüber lieber in einem handlichen kleinen Buch lesen statt in einem versandhauskatalogartigen Manuskript mit ekligem Plastikeinband. Halte ich es in der Hand, wird es mir bald zu schwer, lege ich es auf den Knien ab, sind mir die

Buchstaben zu weit entfernt. Ich überlege kurz, ob ich das Manuskript nicht einfach im Zug liegen lasse und dem Verleger irgendeinen üblichen Pressetextschmodder abliefere wie: «Der direkte, unsentimentale Tonfall macht dieses mutige, ehrliche Buch zu einem schmerzhaften, aber reinigenden Erlebnis», oder: «Eine Lektüre, die gleichzeitig stumm und süchtig macht», oder: «Ein lebenspralles Epos, eine Geschichte voller Sprachmagie, dieses Buch hat die Kraft des Flüsterns und die Macht des Schreiens» – das ist zwar superkackeeklig – die Frau, die auf ‹Info-Radio Berlin-Brandenburg› Literatur rezensiert, kann sich z. B. ausschließlich in diesem Handarbeitszeitschriften-Jargon ausdrücken –, doch ich wäre durchaus in der Lage, diesen Tonfall zu imitieren. Aber nee, denke ich, das mach ich lieber nicht, irgendwo hat man ja schließlich noch so was wie einen Funken von Restanstand, und deswegen plage ich mich weiter mit dem Trumm herum. Leicht ist's nicht, zumal ich inmitten einer Schülergruppe sitze, deren männliche Mitglieder öde Witze über die gestrigen Ereignisse machen, so etwa in der Art: «Schade, daß unser Klassenlehrer nicht in dem Hochhaus war», worauf die weiblichen sagen: «Oh Daniel, du bist voll krank, da sind Menschen gestorben, verstehst du: Menschen.» Als ich in mir den Wunsch entstehen fühle, den Schülern mit dem dicken Manuskript auf den Kopf zu hauen, wechsele ich in die erste Klasse. Ob ich eher den Knaben oder den Mädchen auf den Kopf hauen wollte, verschweige ich hier, denn sonst kommen eines Tages noch Menschen in Kitteln an und sagen: «Soso. Das erklärt manches.»

Abgesehen von der meist geringeren Auslastung ist die größte Besonderheit der ersten Klasse gegenüber der zweiten, daß die Leute in der ersten einander wissend und belustigt anschauen, wenn der Zugbegleiter englische Durchsagen macht. Heute allerdings wird nicht über unvollkommenes Englisch geschmunzelt, heute wird ein Manuskript durchgeackert. Ich bin sehr gnädig mit dem Buch. Mir fallen zwar Stilblüten und falsche Konjunktive auf, aber die sind auch nicht schlimmer als die Konjunktive, die vor dem Lektorat in meinen Texten enthalten sind. Der Autor schreibt die Texte, dann kommt der Lektor und fügt mit würzender Absicht und Handbewegung Kommas sowie Konjunktive hinzu. So ist die Arbeitsteilung seit Snorri Sturluson. Ich bin jedoch kein Lektor, sondern nur freundschaftlicher Berater, deswegen setze ich den Korrekturstift sparsam ein. Einmal aber sehr energisch. Die Sätze: «Dunkelbraune, etwas hochstehende Augen gucken Nicole mit zurückgehaltener Ungeduld an, das Weiß schimmert wie eben gespültes Porzellan. Auf den sonst frischen rötlichen Wangen steht noch die Blässe aus dem Halbschlaf» streiche ich mit autoritärer Frische durch und schreibe an den Rand «Triviale Beschreibungsroutine! Marlitt!», und da ich nicht sicher bin, ob mein Freund Eugenie Marlitt, die talentvolle Autorin zaghaft frauenemanzipatorischer Gesellschaftsromane des 19. Jahrhunderts, überhaupt kennt, schreibe ich noch dazu: «Guck im Lexikon nach, wer das ist.»

In Würzburg empfangen mich Oliver und Adrian mit dem Mietwagen. In unserem Begrüßungshändedruck mitinbegriffen scheint ein unausgesprochenes Abkommen zu sein, daß wir einander nicht erzählen, wie furchtbar das alles ist in Amerika und ob jetzt wohl der Dritte Weltkrieg kommt. Adrian sagt nur kurz, daß er niemanden kenne, der im World Trade Center arbeitet, und daß alle, die ihm nahestehen, am Leben sind, das habe er telephonisch in Erfahrung gebracht. Und ich dachte, telephonieren geht gar nicht. Geht aber wohl doch.

Hiervon abgesehen reden wir nicht groß über das Thema, während wir durch Landschaften und Kleinstädte fahren, um schließlich im berühmten Dinkelsbühl abzusteigen, in einem Hotel von 1480, in dem schon Queen Victoria nächtigte und dessen Portier vor einer ausladenden Franz-Josef-Strauß-Fotografie amtiert. Abends im Restaurant ‹Deutsches Haus›, wo viele Menschen sitzen, die offenbar guter Laune sind, denn donnernde Lachsalven erfüllen regelmäßig den Raum.

Vorm Zubettgehen noch kurz TV; es wird der Eindruck erweckt, unser Land sei vollkommen in Pietät erstarrt. Die Diskrepanz zwischen diesem Bild und der Realität erinnert mich an das Fernsehen der DDR, das sich ja auch immer ganz dem Wunschdenken verpflichtet fühlte.

13.9.2001
Um 10 Uhr ist staatlich verordnete Schweigeminute. Ich schweige auch wirklich, in erster Linie aber, weil keiner da ist, mit dem ich mich unterhalten könnte. Die Kollegen, auf die ich in der Hotelhalle warte, sind nämlich unpünktlich.

14.9.2001
Heute geht's nach Windischeschenbach zum Kontinentalen Tiefbohrprogramm, auch bekannt als tiefstes Loch der Welt. Oliver hat dort einen Termin mit Dr. Dahlheim gemacht. Ich sagte: «Oliver, du, das ist ganz seriöse Wissenschaft und nicht etwa eine alberne Kuriosität für Reisebusse voll Omas wie die größte Kaffeekanne der Welt oder die älteste erhaltene Nudel nördlich des Main – müssen wir da unbedingt hin?» Geologie ist nämlich die einzige Naturwissenschaft, die mich überhaupt nicht interessiert. In der Zeitung lese ich den Wissenschaftsteil sogar lieber als das Feuilleton, aber

mit Gesteinsschichten und so was darf mir keiner kommen, den eine Verfinsterung meiner Gesichtszüge verunsichern könnte. Die Gesichtszüge von Geologen erhellen sich dagegen, wenn ihre Gesteinsschichten bei Ausdehnung oder sonstiger Bewegung knarren. Das ist für sie schöner als Mozart, und daher stellen sie das Geknarre als MP3-File ins Internet. Es gibt da regelrechte Gesteinsknarren-Soundfile-Tauschbörsen.

Als wir ankamen, waren gerade zwei Reisebusse voll munter tratschender Senioren gelandet. Was wollen *die* denn hier, fragte ich mich, man kann doch das Loch gar nicht sehen, sondern nur den Bohrturm, und der ist keineswegs ein Adonis, und wie wir gleich feststellen sollten, gibt es noch nicht mal eine Cafeteria. Das ist doch wirklich eine Frechheit: Omas in den Wald zu einem nicht sichtbaren Loch locken und dann keinen Kaffee und Kuchen haben. Das einzige, was es hier neben dem Bohrturm gab, war eine Toilette. Reicht denn als Zielangabe und Hauptattraktion eines Seniorenausflugs heute schon eine Toilette aus?

Projektleiter Dr. Dahlheim nahm uns in Empfang. Oliver erklärte, er wolle etwas für die FAZ schreiben, allerdings nur für den Tourismusteil, also eine ganz kurze Führung würde reichen. Dr. Dahlheim konnte aber nicht kurz. Er geleitete uns in ein enges, karges Zimmer, in dem er zu einem Vortrag anhob, und zwar auf englisch wegen unseres Gastes aus den USA, der Sinologe und Jurist ist und sich für Steine überhaupt nicht interessiert. Doch Dr. Dahlheim war der Ansicht, daß jemand, der von soweit her kommt, um ein Loch zu sehen, nichts anderes als ein Geologe sein könnte. Er riet Adrian auch immerfort, andere Geologen in den USA zu kontaktieren. «You must speak to Dr. Sondheim in Berkeley! He can give you more information.»

Daß wir nicht vom Fach waren, hatte Oliver eingangs deutlich gesagt, aber Dr. Dahlheim hatte es offenbar nicht mitbekommen, und nun wagte keiner von uns, ihm zu sagen, daß wir eigentlich auch nur auf einer Art Kaffeefahrt waren und jetzt liebend gern weiterfahren würden. Schon Unterbrechungen durch Fragen liebte Dr. Dahlheim gar nicht. Als Oliver sagte, er habe gehört, in Russland gebe es ein noch tieferes Bohrloch, wurde er sogar leicht ungehalten und meinte: «The Russian bore is not a serious bore, because it is not straight, we are the deepest straight bore in the world!» Anderthalb Stunden waren wir nun dem knarrenden Nazi-Englisch des Wissenschaftlers ausgesetzt, d. h. er sprach gut Englisch, aber mit genau dem Akzent, den Nazis in alten amerikanischen Filmen sprechen. Sehr oft verwendete Dr. Dahlheim das Wort «brittle», welches spröde bedeutet und aus seinem Munde tatsächlich besonders spröde klang.

Endlich ging es auf die Bohrplattform, wo wir mit Sturzhelmen auf dem Kopf ein mit donnerndem Disco-Funk unterlegtes Bohr-Video ansehen mußten.

Die Erleichterung, endlich wieder im Auto zu sitzen, schlug bei mir in Müdigkeit um, während sie bei den Herren auf den Vordersitzen in frivole Parodie mündete: «Oh Dr. Dahlheim, your hole is a bit boring, do you have anadda hole? C'mon, as a man you must have anadda hole, please show me your adda hole, I'm sure it is the deppest straight bore in de world. Dr. Dahlheim, I must speak to Dr. Sondheim in Berkeley about your adda hole, because I tink it is a bit too brittle and not really serious.»

Da der Fahrer und sein Beisitzer beim Scherzen auf die Straße achteten und sich nicht umdrehten und sonst keiner zugegen war, ist nicht beobachtet worden, ob der Mann auf dem Rücksitz auf die fröhlichen Zoten von den Vordersitzen mit eisstarrer Miene oder mit wohlwollendem Schmunzeln reagierte.

15.9.2001

Nach drei Tagen weitgehender Medienabstinenz kaufe ich mir doch mal eine Zeitung. Susan Sontag kritisiert neben manch anderem, daß sämtliche Kommentatoren die Anschläge als «feige» bezeichnen. Da hat sie natürlich recht. Schon Ladendiebstahl erfordert Mut. Wieviel Mut braucht es da erst, ein Flugzeug zu entführen und es gegen ein Gebäude zu steuern. Man kann froh sein, daß die meisten Menschen zu feige sind, um so etwas zu tun. Sicherlich gibt es für die Attentate bessere Dekorationsadjektive, wie zum Beispiel ruchlos oder schändlich, sogar anmaßend wäre treffender als feige. Es geht den Kommentatoren aber nicht um passende Adjektive, sondern um die Souveränität und Flüssigkeit ihres Vortrags. Um diese zu erlangen, sind in der Mediensprache viele Haupt- und Zeitwörter untrennbar an bestimmte Eigenschafts- und Umstandswörter gekettet. So wie Anschläge immer «feige» sind, werden etwa Unfälle grundsätzlich als «tragisch» bezeichnet, obwohl es mit Tragik, also einer Verwicklung ins Schicksal oder in gegensätzliche Wertesysteme, überhaupt nichts zu tun hat, wenn jemand gegen einen Baum fährt. Ein solcher Vorgang ist banal – mithin ganz und gar untragisch. Vielleicht werden die Unfälle deshalb als tragisch bezeichnet, weil das Wort so ähnlich wie traurig klingt, und traurig ist ein Unfall immerhin für die Freunde und Angehörigen des zu Schaden Gekommenen. «Traurig» ist den Medienleuten aber zu lasch, für sie ist Tragik wohl eine zackigere und grellere Form von Traurigkeit.

Genauso unpassend ist das Adjektiv, welches unvermeidbar auftaucht, wenn nach einem Erdbeben oder einem ähnlichen Unglück nach Überlebenden gesucht wird. Wie geht die Suche vor sich? Natürlich «fieberhaft». Dabei will man doch stark hoffen, daß es Fachleute und besonnene Helfer sind, die einigermaßen kühlen Kopfes und in Kenntnis der bergungslogistischen Notwendigkeiten die Menschen suchen, und nicht, daß da irgendwelche emotional aufgeweichten Gestalten wie im Fieberwahn in den Trümmern herumwühlen. Verzichten können die Medienleute auf Adjektive nicht, denn sie sind zur Erzielung eines vollmundigen Verlautbarungssingsangs notwendig. Könnte man aber nicht mal einen angemessenen Ausdruck benutzen? Ich glaube nicht. Wir werden niemals folgenden Satz im Radio hören:

«Nach Überlebenden wird fleißig gesucht.»

Dabei wäre «fleißig» inhaltlich wie stilistisch ideal. Es ist weder abgedroschen floskelhaft noch zu auserlesen und hat daher nicht den geringsten ironischen Beiklang. Schriebe jedoch ein Journalist diesen Satz, so wäre es vollkommen sicher, daß sein Redakteur das passende Wort «fleißig» streichen und durch das vollkommen unpassende «fieberhaft» ersetzen würde.

Auf der gleichen Zeitungsseite, auf welcher der Artikel von Susan Sonntag steht, wird von einem angeblichen Eklat berichtet, den der Komponist Karlheinz Stockhausen in Hamburg auslöste.

Er hatte während einer Pressekonferenz die Anschläge auf das World Trade Center als ein großes Kunstwerk bezeichnet, bei dem fünftausend Menschen in die Auferstehung gejagt worden seien, und hinzugefügt, daß er als Komponist derartiges nicht vollbringen könne. Die Kulturverwaltung reagierte darauf phantasielos verkrampft und sagte vier für Hamburg geplante Konzerte ab. Muß man bei einem Künstler, in dessen Schädel bekannterweise ein Hirn glüht aus der Kategorie «das etwas andere Gehirn» und in dessen Werk das Feuer, ja sogar der Weltenbrand eine zentrale Rolle spielt, nun dermaßen bleiern geschockt tun, wenn er eine Sichtweise kundtut, die sich von derjenigen von Otto und Frieda Normalwurst ein bißchen unterscheidet? Wenn man es nicht aushält, daß Künstler eigene Meinungen vertreten, dann soll man ihnen eben keine Mikrophone unter die Nase halten, sondern sie in Ruhe ihre Arbeit machen lassen. Doch nichts bestraft das Establishment härter als ausbleibendes Gesülze.

Wenn ich Hamburger Kultursenator wäre, hätte ich Herrn Stockhausen zu einem kleinen Spaziergang eingeladen und ihm dabei folgendes gesagt:

«Ja, lieber Herr Stockhausen, Sie sind ja von einer Zeit geprägt worden, in der erweiterte Begriffe modisch waren, da wurden gern so Sachen gesagt wie ‹das Private ist politisch› oder ‹Jeder Mensch ist ein Künstler›, und insofern ist mir Ihr erweiterter Kunstbegriff durchaus verständlich, wenngleich ich selbst ein Anhänger der Einengung von Begriffen bin, denn wenn man sie zu sehr erweitert, verlieren sie ihre Bedeutung. Insgesamt war Ihre Einlassung aber ganz originell, obwohl: So originell war sie eigentlich doch nicht. Hat nicht schon Ernst Jünger 1944 in seinem Kriegstagebuch ‹Strahlungen› über die Bombardements in Paris geschrieben, die Stadt mit ihren roten Türmen und Kuppeln habe in gewaltiger Schönheit gelegen, gleich einem Blütenkelche, der zu tödlicher Befruchtung überflogen werde, und daß er, während er dies betrachtete, ein Glas Burgunder, in dem Erdbeeren schwammen, in der Hand hielt? Da regen sich die Leute jetzt noch drüber auf. Aber ich finde, alle 57 Jahre kann die Zivilisation eine Äußerung dieser Art verkraften, und wir werden Ihre vier Konzerte wie geplant zu Ihrer Zufriedenheit ausrichten. Wir werden die tollsten Säle der Stadt ausfegen und bohnern, und wir werden Ihnen hinter der Bühne ein abschließbares Künstlerklo installieren, denn es ist ja mit das Furchtbarste, was es überhaupt gibt, wenn der Künstler in der Pause zusammen mit dem Publikum in der Pissoirschlange stehen muß. Ich bitte Sie jedoch zu bedenken, daß jemand Ihres Ranges durch sein Werk leuchten sollte und nicht durch aufregende Interviewaussagen, und möchte Sie daher des weiteren ersuchen, wenn Ihnen das nächste Mal Mikrophone ins Gesicht ragen, zu prüfen, ob Sie dann nicht, statt zu sprechen, etwas singen oder besser noch summen könnten, Sie sind doch schließlich Musiker. So – jetzt muß ich zu meinem nächsten Termin. Auf Wiedersehen, Herr Stockhausen!»

Bedauerlicherweise hat sich Stockhausen für seine Äußerungen entschuldigt. Man entschuldigt sich, wenn man jemanden auf der Straße anrempelt oder im Zorn ungerechtfertigte Vorwürfe macht. Sagt man aber im Sonnenschein seiner persönlichen Autarkie etwas Freches oder Nonkonformistisches, das vielleicht mancherorts für Kopfschütteln sorgt, indessen niemandem schadet, dann ist es unangebracht, kleinlaute Zurechtrückungen nachzuschicken, nur weil man merkt, daß das, was man gesagt hat, das Auftragsbuch schmälert. Beispielhaft war hier das Verhalten von Fürstin Gloria von Thurn und Taxis. In einer Talkshow sagte sie vor einigen Monaten, die weite Verbreitung von Aids in Afrika läge daran, daß die Afrikaner so gern schnackselten. Am nächsten Tag war in den Trash-Medien von einer «ungeheuerlichen Entgleisung» die Rede, für die sich die Fürstin entschuldigen müsse. Sie tat es nicht, und das war richtig. Bei wem hätte sie sich denn entschuldigen sollen? Etwa bei den Afrikanern? Mitternächtliche Interviewaussagen deutscher Adeliger sorgen in Afrika traditionell für so wenig Wirbel, daß man nicht falsch liegt, wenn man sagt, sie würden überhaupt nicht wahrgenommen. Afrikaexperten, seriöse zumindest, würden dies ohne viel Blättern in Nachschlagewerken bestätigen. Mit Zustimmung sparen würden die Experten hingegen, wenn man behauptet, Afrikaner würden überhaupt nicht gern schnackseln. Hätte die vermeintlich ungeheuerliche Entgleiserin sich dann eben bei den hierzulande lebenden Schwarzen entschuldigen sollen? Ebenso lächerlich. Als dunkelhäutiger Mensch in Deutschland wird man genügend ernsthafte Probleme haben und folglich nicht in ein Schock-Trauma verfallen, wenn eine Fürstin im Fernsehen ihre ironischen fünf Minuten bekommt.

Die Fürstin hat sich vielleicht in der Gemütlichkeit einer entspannten Rederunde zu einem etwas zu familiären Ton hinreißen lassen. Man könnte von Flapsigkeit sprechen oder einer gelinden Frivolität, keineswegs jedoch von einer Entgleisung, gar einer ungeheuerlichen. Eine Entgleisung läge vielleicht vor, wenn der deutsche Außenminister die Queen mit «Na, du alte Zonenbraut?» ansprechen würde. Um sich aber eine Entgleisung auszumalen, für die das Wort ungeheuerlich nicht zu hoch gegriffen ist, muß man schon mehr seinen Kopf anstrengen. Wenn also der Außenminister in London landet und die Queen ihn komischerweise persönlich am Flughafen abholt und der Außenminister auf halber Höhe der Gangway seine Hose öffnete und der ihm entgegeneilenden Queen ins Gesicht urinierte – *dann* wäre das Wort ungeheuerlich angemessen. Dann wäre in der Tat auch eine Bitte um Entschuldigung sinnvoll.

Seit der Papst sich bei der Menschheit für irgendwas von vor tausend Jahren entschuldigt hat, ist ein regelrechter historischer Entschuldigungswahn ausgebrochen. Man sieht dreißigjährige PDS-Damen, die sich stellvertretend für Leute, die sie a) nie kennengelernt haben, die b) schon tot sind und die sich c) nie selbst entschuldigt hätten, bei Leuten, die auch schon tot sind, für den Mauerbau entschuldigen. Anderen PDS-Leuten erscheint dies zu Recht bizarr. Sie beschränken sich auf die Aussage, daß der Mauerbau eine widerwärtige Schandtat gewesen ist. CDU-Typen schreien dann: Wir wollen aber eine richtige Entschuldigung! Mit gleicher Logik könnte man von mir verlangen, daß ich mich im Namen der Menschheit bei der Tierwelt für die Ausrottung der Dronte (des Dodo) entschuldige.

Der Lachmythos und der Mann,
der 32 Sachen gesagt hat

Im Werk des Zeichners Fil gibt es eine unsympathische Figur namens «der Rainer», und die äußert einen schaurigen Satz: «Ich bin ein Mensch, der gerne auch mal lacht.» Fil wird seiner Figur diesen Satz in eher sprach- denn lachkritischer Absicht in den Mund gelegt haben, doch Lachkritik muß endlich auch mal sein.

Wann immer über das Thema Humor populär referiert wird, kommt offenbar unvermeidlicherweise ein Zitat von Charlie Chaplin zum Vorschein, welches besagt, daß ein Tag, an dem man nicht gelacht habe, ein verlorener Tag sei. Diese Aussage ist ein lästiger alter Käse, unsinnig und unrichtig. Ich kann mich nicht erinnern, heute gelacht zu haben, aber ich war unverdrossen und gut zu Fuß, Menschen waren freundlich zu mir, und ich war freundlich zu ihnen, und ich habe einiges von dem, was ich mir vorgenommen hatte, erledigen können. Es war keineswegs ein verlorener Tag. Man stelle sich auch einen Goldschmied vor: Den ganzen Tag hat er an einer kostbaren Uniformschließe für eine von ihm verehrte Industriespionin gearbeitet. Er ist behende bei der Sache, er tut, was er immer tun wollte, denn sonst hätte er diesen Beruf nicht ergriffen, er liebt die Materialien, mit denen er Umgang hat, und freut sich am allmählichen Entstehen von etwas Prachtvollem. Einen Anlaß, in Gelächter auszubrechen, wird er bei seiner Arbeit allerdings nicht haben.

Es ist schön, wenn man über etwas Lustiges lachen kann, aber das Lachen ist nicht an und für sich etwas Gutes. Oft genug ist es von Häme und Selbstgefälligkeit begleitet, oder Leute werden ausgelacht und damit krank gemacht. Auch der bloße *Klang* des Lachens ist, nüchtern betrachtet, nicht grundsätzlich herrlicher als andere Körpergeräusche wie z. B. Rülpsen. Insbesondere die Raucherlache ist nicht schöner als der Raucherhusten, weitverbreitet ist auch ein Lachen durch die Nase, welches an Grunzen erinnert, und rein theoretisch könnte man sogar seine Kinder lieben, ohne immerfort zu behaupten, ihr Gelächter sei ein Himmelsklang.

Ärgerlich ist, daß die bloße Bereitwilligkeit zu lachen meist mit dem Vorhandensein von Humor gleichgesetzt wird. Ich schau mir schon lange die Menschen an und habe nicht feststellen können, daß solche, die mit Humor gesegnet sind, häufiger oder lauter lachen als andere. Vielmehr verhält sich der Humor zum Lachen wie die Musikalität zum Tanzen, und wie töricht wäre es, den, der sich still und aufmerksam ein Konzert anhört, für weniger musikalisch zu halten als den, der sich in einer Disco ausgelassen seiner Freude an Bewegung widmet.

Dem Satz «Es wird zuviel gelacht und zuwenig gelächelt» stehe ich gespalten gegenüber. Ich mag seinen «Sound» nicht, es liegt eine stickige Weisheit in ihm, aber inhaltlich bin ich d'accord.

Der Sound stickiger Weisheit – ein übler Sound auch sonst. Der Satz «Berühmtsein ist super, Prominentsein ist peinlich» ist jedem verständigen Menschen unmittelbar einleuchtend. Stickig ausgedrückt lautet die gleiche Aussage: «Der Berühmte kennt seinen Wert, der Prominente nur seinen Preis.» Früher gab es einen Rundfunkjournalisten namens Robert Lembke, der hat sich in einem fort stickige Weisheiten ausgedacht. Im Duden-Band ‹Zitate und Aussprüche› ist er mit 32 Eintragungen vertreten. Franz Josef

Strauß dagegen ist wie Heidi Brühl. Diese beiden haben nur je einen Satz gesagt im Leben, jedenfalls steht nur je einer im Zitate-Duden drin. Am meisten haben natürlich Goethe und Schiller gesagt. Und am drittmeisten? Überraschenderweise Marie von Ebner-Eschenbach. Es muß an dieser Stelle unbedingt auf einen großartigen Satz von Robert Löffler hingewiesen werden, der da lautet: «Nun ist es auch schon wieder 167 Jahre her, daß man Marie von Ebner-Eschenbach gebar.» Als ich diesen Satz das erste Mal las, dachte ich: Wer nicht sofort exakt drei Gründe nennen kann, warum dieser Satz komisch ist, der hat entweder keinen Humor oder keine analytische Erfahrung, vermutlich beides nicht. Ein brillanter Testsatz in der Tat.

Nicht selten hört man, daß der Humor eine lebensverlängernde Wirkung habe, sogar mehr noch als Sex und langjährige Partnerschaft. Dann hört man wieder, es sei das Lachen, welches den medizinisch günstigen Effekt ausübe, und zwar, wie es unter ortsgruppenleiterartigen Menschen gern heißt, weil beim Lachen zweihundertsoundsoviel Muskeln bewegt würden. Ja, was genau verlängert denn nun das Leben, Humor oder Lachen? Leben etwa auch die Frauen, die bei Betriebsausflügen alle fünf Minuten gruppenzwanghaft aufkreischen, länger als Leute, die das nicht tun? Das fände ich ungerecht: erst nerven, dann auch noch länger leben.

Von Glück reden kann der Mensch, wenn er unter Bedingungen arbeiten darf, in denen er keinem Bürolachzwang ausgesetzt ist. Es muß grauenvoll sein, in einem Büro zu arbeiten. Man soll einen Vorgang erledigen und fragt, bis wann das zu geschehen habe, worauf zur Antwort kommt: «Am liebsten bis vorgestern.» Sollte man nun die avantgardistische Kraft besitzen, solche abgedudelten Sprüche zu ignorieren und auf einer brauchbaren Antwort bestehen, sind die Büromenschen beleidigt, weil sie ihre anstrengenden Unernsthaftigkeitsroutinen für Humor halten und den, der so etwas nicht schätzt, für humorlos, obwohl es sich wahrscheinlich genau umgekehrt verhält. Man kann ja krank sein und seelisch kaputt, einsam und abhängig, aber man hat trotz alldem Anlaß zur Freude, wenn man zu sich sagen kann: Nein, ich muß nicht in einem Büro voll horoskoplesender Frauen arbeiten, die Kaffee aus Bechern mit sogenannten witzigen Sprüchen trinken, so im Stil von «Lieber 8 Stunden Büro als gar keinen Schlaf», die ständig Geld für Kollegengeburtstage sammeln und sich darüber unterhalten, ob Franziska von Almsick gestern abend bei ‹Beckmann› abgehoben gewirkt hat oder nicht. Vielerorts hat man in Büros das Rauchen verboten. Eine gute Sache, aber Untersuchungen haben ergeben, daß dadurch nicht effizienter gearbeitet wird. Enorm jedoch könnte man die Arbeitsleistung steigern, wenn man das ewig gleiche langweilige Witzeln und Gackern am Arbeitsplatz untersagen würde. «Gute Laune im Büro» – das scheint mir nicht viel mehr als eine Vorstufe zum Mobbing zu sein.

Aus Indien, aus dem Umfeld des Yoga, ist vor kurzem eine rein gymnastische Form des Lachens zu uns gekommen, die jedes Humorhintergrundes entbehrt. Am Weltlachtag, dem 5. Mai, versammeln sich Menschen auf dem Alexanderplatz in Berlin und lachen laut und blöde, stundenlang. Noch sind es nur wenige hundert Teilnehmer, und ich heiße mich hoffen, daß diesem öffentlichen Ereignis eine ähnliche Erfolgsgeschichte wie dem CSD oder der Love Parade versagt bleibt.

Die sprachliche Lage in all diesen Fragen ist unbefriedigend. In engerem Sinne bezeichnet Humor eine bestimmte heitere Lebenseinstellung, eine Gelassenheit, eine Fähigkeit zum Selbsttrost. Eine der meines Erachtens zentralen Fragen in Max Frischs berühmtem Fragebogen zum Humor lautet: «Haben Sie Humor, wenn Sie allein sind?» Genau darum geht es. Wenn man allein ist, tritt die selbsterzieherische Kraft des Humors zutage. Wer Humor hat, hat Distanz zu sich selbst, kann sich von weitem sehen, ist dadurch gegen Wut und Haß zwar nicht gefeit, wird aber nicht von ihnen aufgefressen. Ein kluger Mann sagte mir einmal, Humor sei das Gegenteil von «sich gehen lassen». Aus terminlichen Gründen bin ich leider noch nicht dazu gekommen, ausreichend über diese Aussage nachzubrüten: Möglicherweise hätte ich sonst festgestellt, daß sie zu sehr darauf aus ist, auf verblüffende Weise lebensklug zu klingen.

Zum anderen gibt es den weiter gefaßten, populäreren Humorbegriff. Wenn jemand sagt, daß er z. B. den «britischen Humor» liebe, ist damit gewiß nicht gemeint, daß er eine Schwäche für Einwohner Großbritanniens habe, die allein zu Hause sitzen und kraft ihnen innewohnender seelischer Selbstheilungskräfte die Sicht auf ihre mißliche Lebenslage relativieren.

Man gerät in Gesprächen zu diesem Thema immer wieder an einen Punkt, an dem die Begriffe heillos durcheinandergeraten. Eigentlich unterscheidet man durchaus zwischen denen, die Humor haben, und denen mit einem Sinn für Komik, also einer Freude an Dingen, die am falschen Platz sind, plötzlich umfallen oder anders aussehen als erwartet, aber in der Umgangssprache werden Humor und Sinn für Komik fahrlässig zusammengelegt zu einem bei genauer Betrachtung unsinnigen «Sinn für Humor».

Menschen, die keinen Humor haben, schämen sich manchmal dafür und sagen, sie hätten halt einen «anderen Humor». Es ist sehr rücksichtsvoll gegenüber humorlosen

Menschen, sich an diese Sprachregelung zu halten. Dem «anderen Humor» begegnet man auch häufig, wenn man durch die Gegend fährt. Überall trifft man Regionalpatrioten, die überzeugt sind, daß die Bewohner ihres Landstrichs über einen völlig eigenen Humor verfügen, den Außenstehende unmöglich verstehen könnten. Behauptungen dieser Art erinnern mich an einen touristischen Schnack, den man am Bodensee gern beeinflußbaren alten Menschen erzählt: daß nämlich die Blumeninsel Mainau über ein völlig eigenes Inselklima verfüge. Angesichts der mediterranen Pflanzenpracht, die natürlich dem großen Geschick erfahrener Gärtner zu verdanken ist, wird das Inselklimamärchen gern geglaubt, obwohl die Vorstellung, daß eine Insel, die durch eine 200 Meter lange Fußgängerbrücke mit dem Festland verbunden ist, ein eigenes Klima haben soll, so unfaßbar albern ist, daß man keine Worte mehr findet. Mit dem Humor ist es ähnlich. Wenn so getan wird, als ob Deutschland von lauter bockigen kleinen Völkchen besiedelt wäre, die so tief im Erdboden wurzeln, daß sie schon mit Menschen, die 50 km weiter weg leben, nur noch unter Ausschöpfung aller Toleranzreserven verkehren können, wenn also z. B. Schauspieler behaupten, sie würden ihre gesamte Kraft aus der niederrheinischen Landschaft schöpfen und die Ostwestfalen seien ein völlig anderer Menschenschlag mit entweder gar keinem oder aber einem ganz anderen Humor, dann liegt das daran, daß sich mit der maßlosen Übertreibung regionaler Unterschiede bequemer komödiantisches Holz schnitzen, also Geld verdienen läßt, als mit der sachlichen Darstellung ihrer Geringfügigkeit. Ich glaube nicht, daß es allzu viele unterschiedliche Humore gibt. Wenn wir einen tschechischen Witz von 1957 nicht lustig finden, dann liegt das wohl daran, daß wir seinem kulturellen und politischen

Hintergrund nicht vertraut sind, oder daran, daß er durch veränderte Tabukonstellationen überholt ist. Es bedeutet nicht, daß die Tschechen damals einen völlig anderen Humor hatten als wir hier und heute. Selbst der vielgerühmte «jüdische Humor» verliert viel von seiner Eigenart, wenn er nicht von einem Burgschauspieler mit großer Nase vorgetragen wird, sondern von einem Hamburger Schulmädchen.

Am längsten lebt man wohl, wenn man sich über diese Dinge gar keine Gedanken macht, und deswegen höre ich jetzt auch auf damit.

Schulen nicht unbedingt ans Netz

Mitte der siebziger Jahre trug sich an westdeutschen Schulen eine technische Revolution zu. Sie nannte sich «Sprachlabor». Nicht jede Schule bekam eines, aber aufgrund landesväterlicher oder privater Großzügigkeit gehörte meine Schule zu den in diesem Einzelfall privilegierten. Es handelte sich um einen Raum, in welchem jeder Schülerplatz mit einem Kopfhörer, einem Mikrophon und zwei oder drei Knöpfen zum Daraufherumdrücken ausgestattet war. Der Lehrerplatz hatte noch einige Knöpfe mehr. Alle waren sehr neugierig. Es ging die Kunde, mit dem Sprachlabor würde man irgendwie «automatisch» oder sogar «unterbewußt» lernen, und man war überzeugt, daß der Lehrer Aussprachefehler viel besser höre und daher auch korrigieren könne, wenn ihm die Schüler per Kopfhörer direkt ins Ohr quaken.

Leider war die Lehrerin im Kopfhörer zu leise. Es gab einen Lautstärkeregler, aber wenn man ihn drehte, machte es nur «brtzl».

Die Lehrerin sprach daher so laut, daß die Schüler sie nicht wegen, sondern trotz der dicken, drückenden und die Ohren heiß machenden Kopfhörer vernehmen konnten. Außerdem war das Sprachlabor falsch verkabelt. Die Lehrerin hatte in ihrem Kopfhörer die Stimmen wahlweise sämtlicher Schüler auf einmal oder von keinem. Wir waren nur ein einziges Mal im Sprachlabor. Ingenieure aus einer weit entfernten Stadt reisten herbei, deren Know-nicht-how die Mängel aber nicht dauerhaft beseitigte. Nach wenigen Monaten wurde das Sprachlabor für immer geschlossen und diente fortan als Abstellkammer für unvollständige Skelette, nicht mehr leuchtende Leuchtglobusse und revanchistische, weil den Ostverträgen nicht Rechnung tragende Deutschlandkarten. Gelegentlich, bei Raummangel, wurden noch Erdkunde- oder Deutschstunden im Sprachlabor abgehalten. In diesen Stunden zerrten die Schüler an den heraushängenden Kabeln, flochten sie zu Brezeln und pulten die Knöpfe aus den Pulten. Die Lehrer konnten das nicht sehen.

Ich hatte das Sprachlabor längst vergessen. Neuerdings denke ich wieder daran, wenn ich in den Medien höre, wie Politiker und Laien-Zukunftspäpste fordern, daß in den Schulen für jeden Schüler ein Internetzugang bereitzustehen habe. Wenn dies nicht im Handumdrehen geschehe, dann habe Deutschland binnen kurzem international abgekackt. Es werde von der Landkarte der relevanten und visionären Nationen binnen Jahrzehntfrist getilgt werden. Bundeskanzler Schröder und all die vielen, vielen, vielen anderen Menschen, all diese unendlich vielen anderen Menschen, die genauso sind wie Bundeskanzler Schröder, vertreten die Ansicht, daß der Umgang mit dem Internet eine Kulturtechnik sei, genauso wichtig wie Lesen und Schreiben.

Das Internet ist eine sehr praktische Angelegenheit. Diejenigen, die es beruflich nutzen, zur wissenschaftlichen Arbeit oder für Recherchen, werden kaum mehr darauf verzichten wollen. Ob man es, abgesehen vom Buchen von Flügen, auch privat sinnvoll nutzen kann, weiß ich nicht, doch der Respekt vor denjenigen, die ihre Freizeit in ödem Smalltalk mit wildfremden Leuten versickern lassen, verbietet es mir, zu bezweifeln, daß es irgendwo einen intelligenten Chat-Room gibt. Insgesamt ruht auf dem Internet so mancher Segen. Muß man deswegen aber Klassenzimmer in Großraumbüros verwandeln, wie es die Leute wünschen, die meinen, daß die «Schulen ans Netz» müssen? Der Verdacht liegt nahe, daß diejenigen, die das aufgeblasene Wort von der alles verändernden «Kulturtechnik» im Munde führen, das Internet selbst nie aufgesucht haben und es daher für eine geheimnisvolle und komplizierte Welt halten.

In Wahrheit ist das Internet ein zwar großes, aber schlichtes Reich. Ein bißchen wie Rußland. Wer jemanden hat, der ihm gelegentlich einen Tip gibt und ihm ab und zu über die Schulter schaut – aber bitte nicht ständig über die Schulter schauen, das nervt –, der wird sich bei ausreichendem Interesse spätestens nach 14 Tagen recht wendig in diesem Reich bewegen.

Die Schwierigkeit, ins Internet einzusteigen, liegt irgendwo zwischen dem Binden eines Windsorknotens und dem Erlernen von Standardtänzen. Ein noch besserer Vergleich ist das Autofahren. Das kann man auch nicht von Natur aus, aber in kurzer Zeit lernt es fast ein jeder – Menschen mit geringer Intelligenz interessanterweise manchmal leichter als geistig höher begabte, was man auch einleuchtend begründen könnte, würde man Zeit dazu, Lust darauf und Platz dafür haben. Auf jeden Fall ist das Autofahren eine wichtige Sache, und für viele Jobs ist ein Führerschein genauso Grundvoraussetzung wie für andere EDV-Kenntnisse. Würde man aber deshalb das Steuern eines PKWs als eine essentielle Kulturtechnik bezeichnen und die Schulen damit beauftragen, diese Technik zu vermitteln? Würde man nicht. Autofahren, Krawatten binden und Internet sollen die Menschen bitte in ihrer Freizeit erlernen. Für die Vermittlung von Grundkenntnissen in diesen Bereichen sind die allgemeinbildenden Schulen zu schade, zur Förderung von herausragenden Talenten sind sie dagegen ungeeignet. Da gilt es, andere Institute zu beauftragen bzw. erst einmal zu gründen. Nehmen wir mal den berühmten deutschen Chemiker, dessen Name mir gerade nicht einfällt. Sein Gesicht prangt auf allen Chemie-Illustrierten. Jeder kennt seinen Namen, nur ich gerade nicht. Ist der etwa so ein großer Wissenschaftler geworden, weil er in der Schule Chemie hatte? Sicher nicht! Er hat mit zehn einen Chemiekasten bekommen, mit elf einen größeren Chemiekasten und mit zwölf einen so großen Chemiekasten, daß seine Eltern ihr Schlafzimmer räumen mußten. Er holte sich Fachzeitschriften aus der Bücherei, mit dreizehn wußte er mehr als sein Lehrer, es folgten Beteiligungen an «Jugend forscht» etc. Dem Chemieunterricht in der Schule verdankt er seinen Nobelpreis ganz gewiß nicht.

Gibt es eigentlich jenseits von mir zusätzliche Menschen, die den Begriff «im Internet surfen» als einen lächerlichen Terminus von vor knapp zehn Jahren empfinden? Der fast schon so obsolet klingt wie «Datenautobahn» oder «globales Dorf»? Und was machen eigentlich der «Cyber-Sex» und der «Datenhandschuh»? Ich sag immer «Internet gucken». Das klingt so schön arglos, so schön passiv. Einmal habe ich auch «im Internet schnorcheln» gesagt, aber diejenigen, die dabei waren, als ich das sagte, die fanden das nicht gut. Das würde so «gewollt witzig» klingen. Der Ausdruck «Internet gucken» stieß hingegen auf eine wohlwollende Jury-Bewertung. Vermutlich weil er «unfreiwillig komisch» klingt. Die Komik selber, das vermute ich mit Rücksicht auf meine Lebenserfahrung, wird in ihrer Qualität nicht davon beeinflußt, ob sie gewollt oder unfreiwillig ist. Ich erwähne dies, um das Vertrauen in Redewendungen zu erschüttern, wobei ich mir gewiß weder anmaßend noch skurril vorkomme. Sollte ich mich in meinem Urteil irren, vermute ich alternativ, daß sich die Komik am wohlsten fühlt, wenn der Kenner sie als «gewollt unfreiwillig komisch klingend» analysieren kann.

Die Schule sei dazu da, Jugendliche zur Beschäftigung mit Inhalten anzuhalten, denen sie sich zu Hause aus freien Stükken nicht zuwenden würden. Sie sei der Ort, wo man ihnen mit möglichst charmanter Autorität und ohne Schnarrstimme Wissen und Grundwerte unterjubelt. Sie sei eine gutherzige Zwingburg voll trotz manch kleiner Quälerei noch immer freiwillig leuchtender Augen. Man muß die Kinder triezen und anstacheln, damit sie selbständig denken, und zwar dermaßen selbständig, daß sie in der Aktion «Schulen ans Netz» die bloße Wirtschaftsförderung erkennen. Die Schüler sollten zu Kanzler Schröder laufen, ihm erklären, daß die Computer in fünf Jahren alle veraltet und kaputt sein werden, daß sie im Unterricht nur noch an den heraushängenden Drähten ziehen und daraus Brezeln flechten würden und daß in fünf Jahren ein neuer Kanzler regiere, welcher die Computer nicht ersetzen wird, weil er sich für die Internet-Ehrfurcht seines Vorgängers nicht verantwortlich fühlt.

Das Internet wird dann lediglich eine von einer großen Minderheit genutzte Zusatzfunktion des Fernsehers sein, und es wäre zu wünschen, daß es schon jetzt als solche erkannt würde.

Sollte nun der Internet-Unterricht eingeführt werden, wird das zu Lasten klassischer Bildungsinhalte gehen. «Na gottseidank», wird mancher Narr nun sagen. Auch ich hätte in meiner Schulzeit gern auf den Physik-Unterricht verzichtet, aber nur, weil ich den Lehrer nicht mochte. Er hatte eine Schnarrstimme. Hätte er die nicht gehabt und gelegentlich, wie meine Chemielehrerin, eine Bluse mit Mohrrübenmuster getragen, wäre ich an Physik genauso interessiert gewesen wie an Chemie. Es lag bei mir immer 100%ig an der Lehrkraft. Die Fächer für sich waren alle wichtig und richtig. Es gab nichts, was man dem Internet hätte opfern sollen.

Am überzeugendsten waren immer die Lehrer, die in der Kulturtechnik Nr. 1, dem Sprechen, gut bewandert waren. Diejenigen, die flüssig sprachen und keine Sprachmarotten hatten, die die Schüler bekicherten statt sich am Lehrstoff zu weiden. Leider sprachen die meisten Lehrer häßlich. Es nimmt nicht wunder, daß der mündliche Ausdruck der Schüler im argen liegt, wenn schon die Lehrer nur grunzen und sabbern. Man ist heute von schlechter Sprache umzingelt. Neulich erschrak ich fast zu Tode, als ich unerwarteterweise gute Sprache hörte. Ich sah den Film ‹Million Dollar Hotel› von Wim Wenders und war am Wegdämmern, denn es war schon zehn Minuten nach Beginn des Films. Da schreckte ich hoch. Die Hauptdarstellerin hatte die Formulierung «etwas ergibt Sinn» gebraucht. Ich dachte: «Wow, Wahnsinn! Wann preist mal endlich einer die phantastische deutsche Synchronarbeit?» Man hört im wirklichen Leben ja fast nur noch den primitiven Übersetzungsanglizismus «etwas macht Sinn», so daß es einen richtig umhaut, wenn man mal wieder mit dem korrekten Ausdruck konfrontiert wird. Man muß heute in synchronisierte Filme gehen, um wenigstens für anderthalb Stunden dem allgemeinen Verwahrlosungssound zu entkommen. Kanzler Schröder und all die schrecklich vielen Menschen, die auch so sind wie er, sagen natürlich auch: «macht Sinn.»

Jemanden, der mit nicht ganz sauberen Fingernägeln vor einem steht, wird man normalerweise nicht kritisieren. Man wird ihm auch nicht die berufliche Laufbahn versauen. Ebensowenig wird man jemandem schaden wollen, der die Formulierung «macht Sinn» gebraucht. Aber dennoch: Man hat es bemerkt, die schmutzigen Fingernägel ebenso wie die unbedachte Formulierung. Denjenigen mit den Fingernägeln wird man, wie gesagt, nicht schädigen, aber eben auch nicht vorrangig berücksichtigen, wenn es darum geht, Hilfskräfte für das Zusammenlegen der blütenweißen Tischwäsche von Prinzessin Marie Astrid von Luxemburg zu rekrutieren. Wer «macht Sinn» sagt, wird respektiert und geachtet, aber seine Meinung zu bestimmten Fragen wird von einigen Leuten etwas weniger ernst genommen werden.

Gewiß, gewiß: Was sich einbürgert, wird irgendwann als korrekt gelten. So entwickelt sich Sprache. Ich weiß dies, so wahr mir Gott helfe und sosehr ich hier sitze. Bin ja Knowledgeworker von Hause aus. Doch es wär schade um das «Sinn ergeben». Das Wort «machen» kommt schon häufig genug vor in unserer Sprache. Liebe machen, die Wäsche machen, Essen machen, ja sogar Burger King machen – so sagen angeblich Immigrantenkinder, wenn sie essen gehen wollen – sauber machen, Abwasch machen, Frau Heinrich machen – «Ich mach mal Frau Heinrich», sagt die Friseurin zu ihrer Kollegin, wenn sie ihr mitteilen möchte, daß sie nun der Kundin Heinrich die Haare zu machen sich anschickt – Betten machen, Feuer machen, Internet machen – nein Internet machen wir doch noch nicht. Wir gucken Internet. Weil es Sinn ergibt. Für etliche zumindest. (Auch mal interessant zu erwähnen: Im Wörterbuch wird *etliche* erklärt mit *einige, manche.* Im heutigen Sprachgebrauch wird es aber fast immer im Sinne von *mehr als du denkst* verwendet.)

Was gibt es denn noch außer Sprechen? Es gibt noch das Schreiben.

Damit sieht es aber nicht gut aus. Kaum einer in Deutschland, der unter 60 ist, hat eine auch nur mit Toleranz akzeptable Handschrift.

Das allgegenwärtige Geschmiere ist gräßlich. Manche Menschen listen gern auf, was sie für «typisch deutsch» halten, und offenbaren dabei meist eine trübe Wahrnehmung.

Eine schlechte Handschrift allerdings ist wirklich typisch deutsch. In den USA, aber auch in Rußland, ja sogar schon in Österreich haben wesentlich mehr junge Leute leserliche, manchmal sogar schöne Handschriften. Ich fordere alle Deutschen auf, sich ein Blatt Papier zu holen und mit der Hand die Wörter «Schulen nicht ans Netz» darauf zu schreiben, während dieser Tätigkeit die eigene schreibende Hand anzuschauen und gleichzeitig zu denken: «Ich beobachte soeben das Abnippeln einer jahrtausendealten Kulturtechnik am eigenen Leibe.» Vielleicht könnte man die klassischen Kulturtechniken etwas auffrischen, bevor man die Schulen mit extrem veraltungsanfälligen Kästen vollstellt? Wer eine gute Allgemeinbildung hat, sich auch in Fremdsprachen gut ausdrücken kann, der wird mit dem Internet keine Schwierigkeiten haben. Wer nichts weiß und schlecht spricht, wird kaum in die Verlegenheit kommen, im Berufsleben seine Internet-Kenntnisse unter Beweis zu stellen.

POLYTHEMATISCHER TREIBSAND

Affige Pizzen

Als Kind dachte ich, ein schönes Leben könnte man führen, wenn man Alexander hieße. Die Buben in meiner Altersstufe, die Alexander hießen, waren insgesamt recht fein und vornehm, sie spielten Cello, gingen aufs Altsprachliche, sahen gut aus und hatten chice Pullis und ultramoderne Mütter, die rauchend die Tür öffneten, wenn es klingelte. Als Erwachsener weiß ich, daß meine jugendliche Ahnung in bezug auf den Namen Alexander nicht falsch war. Alexanders bewohnen bombastische Altbauwohnungen oder Villen, denn bei der Erfüllung ihrer noblen Aufgaben legen sie prächtige Kunstfertigkeit an den Tag, für welche sie die wunderbarsten Honorare verdienterweise ausgehändigt bekommen. Auch Gustav oder Reinhold kann man getrost heißen, denn auch die Träger dieser Namen fallen in beinahe gleicher Weise durch gepflegte Daseinsbewerkstelligung auf. Solche Leute haben «zu tun», in London oder Mailand, «für einige Tage», und nebenbei treffen sie sich dort mit Frauen, von denen es heißt, daß sie zu den geistreichsten Frauen Englands etc. gehören. Herrlich: Man steht mit einer der geistreichsten Frauen Londons in einem mondänen Salon voll verschnörkelter Beistelltischchen, man steht so nah bei ihr, daß der Gedanke sich aufdrängt, ihr am Ohr zu nagen, da öffnet sich plötzlich die Doppelflügeltür, und einer der begehrtesten Junggesellen der Lombardei sagt: «AHA!» (Er meint nicht die norwegische Popgruppe.) Alexanders erleben was.

Ein aufregendes Leben haben auch die Träger ungewöhnlicher Vornamen. Ich erwähne dies, weil ich in einem Buch gelesen habe, daß die Träger normaler, durchschnittlicher

Namen bei den Mitmenschen besser ankommen, beliebter seien. Na ja. Beliebt im Büro vielleicht. «Christian kommt bei seinen Kollegen in der Wurstbude gut an.» Das will ich gern glauben. Wer jedoch nicht im Büro, sondern in Konzertsälen, bei Feingeistern, im Feuilleton der FAZ beliebt sein will, der heiße bitte anders. Tankred Dorst oder so.

Ideal ist ein äußerst ungewöhnlicher Vorname in Kombination mit einem klangvollen, aber nicht ganz so außergewöhnlichen Nachnamen. Z. B. Durs Grünbein. Guter Name, guter Dichter! Oder Frowalte Pilz. Die Frau gibt's wirklich. Eine Sopranistin, glaube ich. Wie auch immer, solche Namen merke ich mir. Professor Bazon Brock. Ein Name wie ein juwelenbesetzter Betonbrocken. «Edelsteine sind die Augen Gottes», stand einmal auf einem Kalenderblatt. Darunter stand: «indianische Weisheit». Es hätte mich aber auch nicht gestört, wenn drunter gestanden hätte: «indianische Doofheit». Bazon Brock wurde 1969 Ästhetik-Professor in Hamburg und Wien. Das steht immer unter den Bazon-Brock-Bildchen, die Bazon-Brock-Aussagen in den Medien verzieren. Bazon Brock ist kein Mann, über den ich viel weiß, sicher hat er eine tolle Wohnung. Biblisch teuer und quadratmeterstark. Um von der Küche ins Wohnzimmer zu kommen, muß er ein Taxi nehmen. Er besitzt bestimmt ganz viele 128 DM oder noch teurere Bildbände von Schirmer & Mosel. Die kriegt er nachgeschmissen bei seiner Position. Er hat sich die Bildbände und die Position aber redlich verdient. Immer fleißig, auf Achse und ordentlich. Dem hängt hinten nicht das Hemd aus der Hose. Der hat keine alten Suppenwürfel von der Firma Pottkieker auf der Küchenfensterbank liegen. Dem hängt auch vorne nichts aus der Hose! Der steht nicht mit freiem Oberkörper auf dem Balkon und raucht vom Heizkörperableser geschnorrte Rot-Händle. Man wird auch nicht Ästhetik-Professor dafür, daß man mit nassen Haaren auf die Straße geht und in die Gelbe Tonne «rotzt». Da muß man schon etwas mehr «bringen»! Eine gute Voraussetzung ist immerhin ein etwas eigentümlicher Name. Wer Torsten Böhme heißt, wird vielleicht ein gefragter Computerheini, aber eine Ästhetikprofessur kann er sich von der Backe wischen.

Gerwald Rockenschaub sollte man heißen. Dann wird man Künstler. Wenn zwei Leute im Café sitzen und draußen geht Gerwald Rockenschaub vorbei, wird später im Pyjama ins Tagebuch notiert: «Gerade als ich den Mut gefunden hatte, Natalie darauf hinzuweisen, daß sie auch nicht mehr die Jüngste sei und keinen Anlaß habe, sich über Matthieus und Cathérines ach so seniles Verhalten während der Erotica-Versteigerung an der Möhnetalsperre zu beklagen, ging draußen Gerwald Rockenschaub vorbei!» Wer so heißt, der fetzt, der schockt von Natur aus, der ist zum Supersein erkoren. Sein Leben ist ein Gefauche. Mir fällt auf Anhieb nur eine Person mit langweiligem Namen ein, die etwas Knalliges geworden ist: Sabine Meyer, die berühmteste Klarinettistin der Welt. Die ist aber auch süß. Alle anderen heißen ja doch eher Bibs Hoisak-Robb, das ist die Designerin der Kreuzung zwischen Löffel und Gabel, des Göffels, oder Weding Kausch-Blecken von Schmeding – ein Göttinger Forstwissenschaftler, der sich um die Nachzucht des Speierling, einer alten Ebereschenart, verdient gemacht hat.

Manchmal reicht schon ein einziger Buchstabe, um einen Namen chic werden zu lassen. Es gibt einen Mann namens Nathias Neutert. Nathias statt Mathias. So wie Griedrich der Große (erfunden) oder Jonica Jahr (echt, Klatschkolumnistin). Was Nathias Neutert macht, weiß ich gar nicht. Ich kenne nur den spektakulären Namen. Ich glaube, der sitzt irgendwo in einer duften Altbauwohnung, und wenn etwas passiert auf der Welt, Vulkanausbruch oder soziale Wirren, dann wird er telephonisch gefragt, ob er das Ereignis bescheuert oder klasse findet, und dann sagt er das und kriegt einen Batzen Zaster überwiesen.

Nachts um drei bekommt er Hunger auf Würstchen, aber es sind keine Würstchen im Haus! Da schickt er seine wahrscheinlich bildschöne Frau zur Tankstelle, ihm welche zu holen. Nach einer Stunde kommt die Olle ohne zurück, denn die Tanke hatte zu. Ihr Mann verkloppt sie aber keineswegs – er ist ja nicht der tote SPD-Vorsitzende Erich Ollenhauer, sondern Nathias Neutert, und der nimmt seine Schöne in den Arm und sagt: «Verzeih, meine Liebste, daß ich dich in morscher Nacht bei minus 35 Grad im Schatten im Übergangsmantel mit nichts darunter zur Tanke schickte, aber wir Männer sind halt manchmal wilde Tiere, und deswegen liebt ihr Frauen uns doch so.»

Ich will hier zwischenschieben, daß ich in dieser Sache wieder mal gar nicht recherchiert habe. Ich weiß überhaupt nichts über Nathias Neutert. Es wäre mir entsetzlich peinlich, wenn unvorteilhafte Verwicklungen dazu führten, daß diese Zeilen in die Hände Nathias Neuterts gerieten. Augenblicklich bemächtigt sich meiner eine vorauseilende Errötung betreffs meiner zurückliegenden frechen Erfindungen. Andererseits fühle ich mich presserechtlich wie im siebten Himmel, weil ich glaube, es ist nicht gegendarstellungspflichtig, über jemanden zu behaupten, daß er seine Frau unvermöbelt läßt, insbesondere dann, wenn er evtl. eh keine Frau hat. Das wäre presserechtlich ja quasi der achte Himmel, wenn man behauptete, daß jemand seine schier gar nicht vorhandene Gemahlin nicht schlägt.

Nachdem nun also Frau Neutert als wurstlose Unvermö-
belte an die Brust des Gatten sank und Entschuldigungen
erschollen, wird bei Joey's Pizza eine Mandarinenpizza bestellt, worauf die beiden in der Küche sitzen und die Pizza
aufessen, womit aber Schluß sein soll mit den teuflischen
Unterstellungen. Ich kenne den Mann ja überhaupt nicht,
und seine Frau ist mir terra incognita, eine Gegend, die noch
nie der Fuß eines Menschen berührte. Außerdem schwebt ja
noch immer die graue Wolke einer Möglichkeit durch die
Republik, daß Nathias Neutert gar keine Frau hat. Armer
Kerl. Und wenn er doch eine hat, dann will ich sie gar nicht
mit den Füßen berühren. Das würde ihr evtl. nicht behagen.
Ich sah mal ein Heftchen, in dem waren nur Amateurfotos
von Frauenfüßen, auch von schmutzigen und angeschwolle-
nen. Da es diese Heftchen in Sexshops gibt, fallen sie wohl
in den Bereich der Pornographie. Ob man sich wohl strafbar macht, wenn man ein Magazin herausgibt, in denen Fotos von unbestrumpften Kinderfüßchen zu sehen sind? Ist
das Kinderpornographie? Es käme vielleicht auf das Zielpu-
blikum an: ob man die Kinderfußbilder veröffentlicht, damit alte Frauen Strümpfe für die Füßlein stricken oder damit alte Männer sich einen darauf absabbern. Fort mit
diesem unschönen Gedanken. Es ist schon unschön genug,
daß es bei Joey's Pizza mit Mandarinen belegte Pizzen gibt,
jedenfalls zur Zeit dieser Niederschrift. Ein Bringdienst-
Evergreen dürfte das nicht werden. Eher ein Spaß für gutsi-
tuierte Fieslinge: jemandem, den man nicht leiden kann,
mitten in der Nacht eine gewaltige Jumbo-Pizza für zwei
Personen, ein veritables Wagenrad, ins Haus zu schicken,
nur mit Mandarinen belegt. Noch ein armer Kerl.

Die Continuity will, daß ich hier von einer weiteren Pizza
berichte, welche ich kürzlich bei einem maßvoll angenobel-

ten Italiener nicht ganz aufaß. Die Pizza war belegt mit einigen Normalo-Belägen, zusätzlich aber auch mit einer Reihe kalter Lachsscheiben, und auf den Lachsscheiben war Schlagsahne. Dies war die affigste Pizza meines Lebens, und man glaube mir: Mein Leben war nicht arm an affigen Pizzen. Affige Pizzen säumten die steinige Straße, die in meine dornige Gegenwart mündet. Dem Vergnügen zuliebe habe ich mir neulich ein Gericht ausgedacht, welches zwar affig ist, aber vermutlich sehr wohlschmeckend, andererseits jedoch auch so arbeitsaufwendig, daß es wohl niemals auf irgendeiner Speisekarte auftauchen wird: mit Spinat gefüllte Johannisbeeren.

Überall angeboten wird hingegen seit neuestem Victoriabarschfilet. Früher gab es nie Barsch. «Barsch für alle» ist ein Ruf, der bislang selten in deutschen Gastwirtschaften ertönte. Nun aber aus heiterem Himmel volles Rohr Barsch landauf, landab. Ich fragte eine Fischverkäuferin, ob der Victoriabarsch aus dem Victoriasee in Afrika stamme, da meinte die: «Muß er ja wohl.» Ich finde, bevor das deutsche Volk den Victoriasee leermampft, sollte es lieber nachgucken, ob im Titisee Titibarsche sind, und erst mal die essen. Oder folgendes Gericht: Schnecken mit Austern und Würstchen. Doch nun wird mir übel. Ich will an die Luft!

Die Luft in Hamburg ist sehr gut. Es ist die beste Großstadtluft des Kontinents. Wenn man für einige Tage in Berlin war und nach Hamburg zurückkehrt, muß man sich im Badezimmer nackt ausziehen und sich einige Minuten schütteln, damit die Pickel von einem abfallen, die man von der Berliner Luft bekommen hat. Man kann sie mit dem Kehrblech dann hübsch aufkehren. Die Hamburger Luft ist dermaßen gut, daß eine Frau namens Gudrun keinen Mann findet. Denn wer will bei der guten Luft einen Namen rufen, der keine Vokale außer zwei U enthält, ein Laut, bei dem man den Mund kaum öffnen muß? An der Alster möchte man Frauen heiraten, bei denen man den Mund möglichst weit aufsperren muß, wenn man sie ruft, um auf diese Weise möglichst große Konvolute der guten Luft einzuatmen. Barbaras werden in Hamburg vom Fleck weg geheiratet. «Barbara, mach deinem Mann Bananen-Rhabarber-Marmeladensalat», tönt es oft durch Hamburger Straßen. Wichtig ist es übrigens, wenn man eine Barbara ist, auf keines seiner drei A zu verzichten, vor allem nicht auf das zweite, wie es die Sängerin Barbra Streisand tut. Der Name Barbra zerfällt in den Augen analytisch geübter Menschen sofort in zwei Bestandteile, nämlich in Bar und Bra. Eine Bar ist eine Art Kneipe, während «bra» das englische Wort für Büstenhalter ist. Ich glaube nicht, daß man als Dame ein vorteilhaftes Leben führt, wenn man Kneipenbüstenhalter heißt. Daher: nie Barbra heißen, immer Barbara! Diesen Namen vergleiche man mit der Vokabel «Kulturbundschulung». Das ist vielleicht das einzige echte deutsche Wort mit fünf U, echt insofern, als es tatsächlich in allgemeinem Gebrauch war, und zwar in der DDR. Mit der ist es auch untergegangen. Die Leute werden denken, der Begriff verschwand, weil der durch ihn bezeichnete Gegenstand nicht mehr existierte. Dies glaube ich nicht. Ich glaube, das Wort verschwand, weil durch den industriellen Zusammenbruch im Osten die Luft besser wurde und die Menschen dort solche Mümmelwörter nicht mehr brauchten.

Wer solche Zusammenhänge bezweifelt, der soll doch mal nachts auf die Straße gehen und sich von Verbrechern überfallen lassen. Die Verbrecher hauen einen nieder und legen einen so auf den Boden, daß sich der Mund direkt vor dem Auspuff eines Autos mit laufendem Motor befindet. Weil es ihrer üblen Natur entspricht, herrschen einen die Verbrecher nun an: «Nenn den Namen irgendeiner Stadt, sonst knallen wir dich ab!» Wer klug ist, sagt: «Ulm.»

Nur ein ausgemachter Trottel würde «Antananarivo» sagen. Denn nicht genug damit, daß da schon vier A enthalten sind, würden die Verbrecher fragen: «Was is'n dit?», und man müßte antworten: «Hauptstadt von Madagaskar», und schon wäre man kohlenmonoxidhalber dahin.

Nachbemerkung: Frau Dahmen, eine Phonetikerin, war so freundlich, mich darüber aufzuklären, daß die Artikulation von Lauten, zumindest in unserer Sprache, nur bei egressivem (also dem Körper entweichendem) Luftstrom möglich sei, weswegen man bei der Aussprache des Namens Barbara keine frische Luft einatmen könne.

Ich entgegnete, daß mir das einleuchte, gab aber zu bedenken, daß ein Mensch in Extremsituationen, wenn ihm z. B. in Anbetracht einer Waffe an seiner Schläfe Angst die Kehle zuschnürt, eventuell unnatürlich, also verkehrt herum atmet. Ich habe in einem Selbstversuch, in dem ich mir einbildete, unter panischer Angst zu leiden, festgestellt, daß es möglich ist, auch mehrsilbige Städtenamen bei ingressivem (d. h. eindringendem) Luftstrom auszusprechen.

Quitten für die Menschen zwischen Emden und Zittau

Im Postskriptum meiner vorletzten Kolumne bemerkte ich mit der lakonischen Beiläufigkeit, die uns waschechten Melancholikern eigen ist, daß ich mich mit dem Gedanken getragen hätte, einen Artikel über unbeliebtes Obst, insbesondere über *Quitten*, zu schreiben. Nicht nur das Leserecho war überwältigend – vierzehn Zuschriften sind für einen Off-Broadway-Autor geradezu Waschkorbdimension –, auch die Augen all der Menschen, denen ich in U-Bahnen, Straßen und Spelunken begegne, in denen ich mich befördern lasse bzw. meine Wampe lüfte bzw. meinen von Alter und Entbehrung gezeichneten Leib mit den Segnungen des Alkohols versorge, scheinen zu sagen: Ja, besorg's uns, sonderbarer Herr, besorg's uns mit einem Quittenartikel!

Bevor ich nun aber die Quitte in das verdiente Scheinwerferlicht der Leserneffen- und -nichtenaufmerksamkeit schiebe, einige Bemerkungen über die *Guave*: Auch diese genießt wenig Ansehen unter uns Deutschen. Hand aufs Herz: Rümpfen wir nicht alle bisweilen innerlich die Nase oder runzeln die Brauen, wenn wir im Feinkostladen unvermittelt einer Guave gegenüberstehen? In Brasilien immerhin ist Guavenmus («Goijabada») mit Käse eine Art Nationalgericht, welches auch «365» genannt wird, weil man es 365 Tage im Jahr verspeist, so beliebt ist es, aber von ihrem Herumgetanze und ihrer ewigen Lebensfreude sind die Leute dort ja ganz schwirr im Schädel und merken gar nicht, was sie da Ödes verzehren. Bei unseren, längst nicht so von Samba und Straßenraub zerätzten Gaumen konnte die Guave noch nicht reüssieren, und mit Fug und Recht haben wir sie zusammen mit ähnlich langweilig süßlichen Tropenflops in jene sämigen, stark chemisch riechenden Fluten versenkt, welche skrupellose Geschäftemacher in Flaschen gefüllt als *Multivitamintrünke* auf den Markt werfen, und zwar, um unsere Ehen zu zerstören. Es ist nämlich so: Der unnatürliche Geruch, welcher uns aus der Multivitaminsaftflasche entgegenströmt, rührt von Substanzen aus dem Vitamin-B-Komplex. Diese jedoch stinken leider nicht nur selbst, sondern erzeugen überdies auf der Haut der Safttrinker unangenehme *Ausdünstungen,* wie Knoblauch, nur schlimmer. Noch ahnt niemand, wie oft es schon vorgekommen sein mag, daß ein Partner seine Partnerin oder seinen Partner, oder auch eine Partnerin ihren Partner bzw. ihre Partnerin, mit schmiegenden Absichten an sich zog, dann aber das an sich ja geliebte Wesen jäh von sich stieß, weil er oder sie «es nicht mehr riechen konnte». Die Räume unserer Gerichtsgebäude, in denen Scheidungen vollzogen werden, sind förmlich erfüllt vom ständigen Widerhall jenes dubiosen Geräusches, welches beim Öffnen einer Vitaminsaftflasche erklingt. Vielen wird dies unbekannt gewesen sein, und von Flensburg bis Passau und neuerdings ja auch von Wismar bis Weimar, von Usedom bis an die Unstrut ahne ich Hände, die mir dankend entgegengestreckt werden. Aber ich wehre dies bescheiden ab und sage: Nein, ihr braucht nicht zu danken und zu wallfahren. Ich bin älter und erfahrener als ihr, und wenn mein Wissen euch auf eurem weiteren Lebensweg vor Schaden und Scheidung bewahren kann, dann hat mein Herz nicht ganz umsonst geschlagen, wenn es, eines kirchenglockengrauen Tages, einfach nicht mehr schlagen mag.

Nun endlich zum unbeliebtesten heimischen Obst, der Quitte. Indes wird der Leser gewiß Verständnis dafür haben, daß es der inneren Dramaturgie dieses Aufsatzes bekömmlich ist, wenn ich erst noch einige Bemerkungen über unser zweitunbeliebtestes Obst, den Kürbis, mache. Diesen liebt ja schier niemand. In Nordamerika ist es üblich, im Oktober Kürbisse vor seine Haustür zu legen, um den Autofahrern zu signalisieren, daß es Oktober ist. Zu *Halloween* holt man sie dann ins Haus und läßt sie unter Anteilnahme der ganzen Familie feierlich verfaulen («Pumpkins going bad»). Nur noch einige Traditionalisten machen sich die Mühe, Kürbistorte («pumpkin pie») zu backen, welche dann, in Aluminiumfolie gewickelt, in den Kühlschrank gegeben wird, um einige Wochen später mit großem Hallo und Igitt gleichfalls in den Abfall zu wandern. Verständlich ist, daß der Mensch sich Gedanken darüber gemacht hat, ob ein so ansehnlicher Gegenstand wie der Kürbis für den Verzehr etwas tauge. Wer von uns hat nicht ein Poster über dem Bett hängen, auf dem steht: «So ein Kürbis ist schon ein prachtvolles Ding.» In einigen Regionen, z. B. der Steiermark, macht man aus seinen Kernen ein gutes Salatöl. Darüber hinaus ist es aber unbegreiflich, daß die Menschheit nach all den qualvollen Jahrtausenden des Sich-Ekelns und des Kürbisgerichte-ins-Klo-Gießens partout nicht zu der Erkenntnis gelangen will, daß ein Kürbis das Aroma einer ungelüfteten Umkleidekabine hat und daß es unmöglich ist, dieses mit noch so großen Mengen von Starkschmeckern wie Curry oder Essig zu übertünchen. Ich hoffe, mit meinem harten Urteil keinen Kürbisverehrer vor den Kopf gestoßen oder ihm psychischen Schaden zugefügt zu haben. Das täte mir weh. Vielleicht kann ich etwas wiedergutmachen, wenn ich noch einmal ausdrücklich auf die Schönheit des Kürbisses hinweise. Über diese herrschen bei uns ja kaum Kontroversen. Selbst im Ausland, wo die Hitzköpfe gern mal aneinandergeraten, ist das Thema wohl nie Auslöser von Raufereien gewesen, obwohl dergleichen im Ausland ja leider durchaus vorkommt. Ich habe das angenehme Gefühl, daß die Menschen zwischen Emden und Zittau meine Kürbis-Gedanken in allen Punkten teilen. Sogar in Österreich und in der Schweiz vermute ich die Existenz einiger vermutlich gar nicht mal so schlecht gebauter Personen, die ich bei der Ausübung beipflichtender Gestik und bejahender Mimik beobachten könnte. Ach, ich finde es einfach umwerfend, gemeinsam mit meinen Nichten und Neffen die schönsten und vollsten Akkorde zu finden auf jener Klaviatur, die wir bald Güte, bald Wärme, bald Liebe nennen.

Nun aber endlich flugs und stracks und schwupps zur Quitte. Vorher allerdings muß ich noch einige, ich verspreche: kurze Gedanken über die Angewohnheit der Fernsehmacher loswerden, Beiträge über Schlösser, Ölgemälde, lauschige Gärten, «Kultur» also, mit der ewig gleichen barocken Gitarrenmusik zu unterlegen. Kaum sieht man irgendeine alte Gießkanne auf dem Bildschirm, kommt dieses Geklimpere. Haben die Fernsehfritzen denn kein anderes Tonband? Ich befehle hiermit, die nächste Sendung über Springbrunnen, Teepavillone und Porzellanmanufakturen der Abwechslung halber mit alten Cindy-und-Bert-Schlagern zu unterlegen, und mir selbst befehle ich, nun endlich zur Quitte zu kommen. Bedauerlicherweise – und das ist das Schwierige an diesem Aufsatz – ist die Quitte überhaupt nicht kommentarintensiv. Deswegen haben sich auch Starjournalisten wie der legendäre *Erich Erwin Egon Emil* Kisch nie zur Quitte geäußert (zwei von diesen Vornamen hatte er bestimmt, ich weiß bloß nicht welche, und mein Lexikon ist irgendwo verbuddelt, mein Gott, ich hätte aber auch wirklich ein anderes Beispiel wählen können, wie z. B. *Karl* Tucholsky). Doch ebenso, wie eine gute Köchin noch aus einem Stiefel ein Festmahl bereiten kann, so kann ein guter Kolumnist auch aus einer Quitte eine Delikateß-Kolumne zaubern. Talent habe ich ja welches. Mein Interesse hat die Quitte durch den Umstand gewonnen, daß ich einerseits in den Auslagen jedes besseren Obstladens Quitten in stattlicher Anzahl aufgebahrt finde, andererseits aber noch nie in meinem Leben jemanden eine Quitte habe kaufen sehen. Um diesen Verhalt kreist auch der einzige mir bekannte akzeptable *Quittenwitz*. Es ist keineswegs ein besonders gelungener Witz, doch bei einem so raren Genre wie Humor mit direktem Quittenbezug darf man nicht wählerisch sein: Ein Mann kommt zum Obsthändler und sagt: Ich hätte gern einen Doppelzentner Quitten. (Das war jetzt noch nicht der ganze Witz, wenn auch schon ziemlich komisch: Was will der Mann denn mit derartig vielen Quitten? Und wie will er die denn ganz allein tragen? Aber weiter im Witz.) Der Obsthändler packt ihm darauf die Quitten ein. (Auch wieder witzig: Welcher Obsthändler hat denn schon so große Tüten?) Der Mann zahlt und fragt den Händler: Kann ich bitte eine Quittung haben? (Ende des Witzes.)

Der im Vergleich zu ihren nahen Verwandten, dem *Apfel* und der *Birne,* ungemein hohe Unbeliebtheitsgrad der Quitte beruht weniger auf ihrer von Sorte zu Sorte verschieden stark ausgeprägten, oft auch fehlenden glaswolleartigen Behaarung als auf ihrer Unverzehrbarkeit in rohem Zustand. Ihr Fruchtkörper besteht aus sogenannten *Steinzellen* und ist daher hart wie Stein. Meine Freundin Nikola berichtete mir jedoch, daß sie als junges Ding durchaus rohe Quitten gegessen habe, welche ihr dann allerdings wie *Steine* im Magen gelegen seien. Zum Zerteilen und Schälen der Quitte bediene man sich der Erzeugnisse der Firma Black&Decker. Die zerteilten Früchte koche man anschließend mit einem Süßungsmittel und Gewürznelken. Wenn man nun das Quittenkompott ißt, wird einem sofort ein immenser Unterschied zwischen der Unbeliebtheit des Kürbisses und jener der Quitte deutlich: Die Unpopularität des Kürbisses ist *berechtigt,* ähnlich wie zum Beispiel die Freude der Mehrheit von uns Deutschen über die 1990 nach vierzig Jahren endlich errungene staatliche Einheit, während die Unbeliebtheit der Quitte so unberechtigt ist wie die Forderung «Freie Fahrt für freie Bürger», mit der der ADAC oder ähnliche Organisationen, die es sich zur Aufgabe gemacht haben, das Böse im Menschen in den Rang eines Grundrechts hochzudemokratisieren, anständige Menschen an den Rand des Wahnsinns treiben und zu Terroristen machen. Das *Aroma* der Quitte ist einfach himmlisch, wenn nicht sphärisch, wenn nicht schönen Liedern aus besseren Zeiten gleichend, wenn nicht im Wert den Worten der *Bibel* die Hände reichend. Ein Löffel Quittenkompott ist wie ein Schaumbad in siebentausend süßen Sünden, er ist ein betörendes Gift, ein Aphrodisiakum – ich gebe zu, bei diesem Wort eben die *automatische Rechtschreibkontrolle* meines neuen *Personal Word Processors* aktiviert zu haben, und es blinkt nichts, scheint also richtig zu sein –, ein Glas Quittensaft, welchen manche Bioläden anbieten, läßt einen wie einen eleganten Panther durch die Straßen gehen, mein Blick wird verlangend, die Nüstern beben, und die Augen der Frauen in der U-Bahn scheinen zu sagen: Besorg's mir, sonderbarer Herr, besorg's mir, aber nicht mit einem Quittenartikel, sondern «in alter Manier», du weißt schon, was ich meine, sonderbarer Herr. (Interessant wäre es zu erfahren, ob die automatische Rechtschreibkontrolle auch schweinische Wörter umfaßt, 236 000 Wörter sind gespeichert, da müßte doch was bei sein. Die Pharisäer sollen bloß

still sein. Wer hat nicht schon in einer fremden Stadt in einem
öden Hotelzimmer gelangweilt im Telephonbuch geblättert,
um nachzuschauen, ob da vielleicht Leute mit unanständigen
Nachnamen wohnen? Natürlich nur, um anschließend ent-
rüstet zu sein über diese Bürger, die keine Anstalten machen,
das behördlich ändern zu lassen. Ich schreib jetzt mal was
Schockierendes absichtlich falsch: *Spermarylpsende Arsch-
fodse.* Oh, wie erschütternd: Bei beiden Wörtern blinkt und
piept es! Ist es nicht empörend, auf diese Weise zu erfahren,
daß «spermarülpsend» zu den 236 000 gebräuchlichsten
Wörtern unserer Muttersprache zählt? Ich bediene hier also
einen Schreibcomputer, der von Ferkelingenieuren für Fer-
kelschriftsteller entwickelt wurde. Der Firma Panasonic
werde ich einen geharnischten Brief schreiben, oder ich werde das Gerät zurückgeben und der Verkäuferin, die eigentlich den Eindruck einer Dame machte, vor die Füße werfen,
sie «Dirne!» schelten und sie fragen, ob sie es mit ihrem Gewissen vereinbaren könne, mit Geräten zu *dealen,* «handeln»
könne man das nicht mehr nennen, die «spermarülpsend» im
Speicher haben.)

Zurück zur Quitte. Leider besteht die Unsitte, aus Quitten
sogenannten *Quittenspeck* herzustellen. Hier möchte ich auf
den Leser Christoph aus Köln zurückgreifen, der mir einen
langen, jungenhaft-jovialen Brief über den Quittenbaum seiner Oma schrieb, in welchem er u. a. formulierte, daß ihm
«Quitten immer wieder unangenehm in die Quere» kommen. Dies fand ich niedlich, und es erinnerte mich daran, daß
ich neulich die Stadt *Xanten* besuchte, dort aber kein *Xylophon* kaufte. Christoph zum Thema Quittenspeck: «... wein-
gummiähnlich gelierte Quittenstücke, die dadurch erzeugt
werden, daß Quittenmus auf einer Platte erkaltet und dann in

akkurate Rhomben geschnitten wird, die schließlich in eine Blechbüchse wandern, worin sie auch gerne gelassen werden.» Quittenspeck hat ebenso wie Quittengelee meist den Nachteil, Unmengen von Zucker zu enthalten, der den irisierenden Eigengeschmack der Quitte nicht unterstreicht, sondern tötet. Deswegen sollten wir Deutschen unsere gesamte Kraft darauf verwenden, die Quitte den an Gelierzuckersäcke genagelten Händen unserer Großmütter zu entreißen und sie in die Sparte des eigenständigen Genußmittels hineinzuemanzipieren. Laßt uns durch die Straßen ziehen und skandieren: «Kompott ja, Saft ja, Speck nein und Gelee nur bedingt!» So ungewöhnlich wäre das nicht. Schon Hanns Eisler soll bei einer Demonstration in der jungen DDR ein Transparent mit sich geführt haben, auf dem zu lesen war: «Nieder mit dem Quartsextakkord». Die Quitte hätte ähnliches Engagement verdient. Schon im alten Griechenland galt sie als Symbol des Glücks, der Liebe und der Fruchtbarkeit. Bei der Hochzeit brachte die Griechin eine Quitte in das Haus des Ehemannes, und zwar als – jetzt kommt das schöne Wort aus der erlaubten Strophe des Deutschlandliedes – Unterpfand einer glücklichen Ehe.

Schließen möchte ich mit dem Hinweis eines anderen Lesers, der mir davon schrieb, daß sich DDR-Bürger leere Getränkedosen als westliche Statussymbole ins Wohnzimmerregal gestellt haben. Dies war mir bekannt, neu war mir aber die Information, daß diese Dosen im Leipziger Raum als *Quitten* bezeichnet wurden. Ich hatte keine Gelegenheit, dies nachzuprüfen, und würde mich daher über Bestätigung oder Kopfschütteln aus den neuen Ländern freuen.

Nachbemerkung:
Es erreichte mich Kopfschütteln.

Zwickender Wirrwarr

Ich habe so viele Fragen. Wie lautet eigentlich der Fachbegriff für den Stab, den man im Supermarkt aufs Laufband legt, um seine Waren von denen des folgenden Kunden zu trennen?

Es gibt doch für die auserlesensten Vorkommnisse einen Fachausdruck. Wenn man z. B. auf einem galoppierenden Pferd Gymnastik macht, heißt das voltigieren. Aber wie nennt man Leute, die am Bahnhof Zoo ihr Fahrrad in die U-Bahn zwängen und bereits drei Stationen weiter wieder aussteigen? Wozu haben die überhaupt ein Fahrrad? Und ist es eigentlich «typisch deutsch», wenn Bekleidungsgeschäfte Kisten mit überschüssigen Bügeln auf den Bürgersteig stellen, damit Flaneure sich damit gratis eindecken? Oder ist dies auch in Tibet üblich? Und in welcher Stadt sitzt das McDonald's-Kundenparlament? Und wer in Gottes Namen hat das Knäckebrot in Deutschland salonfähig gemacht?

Nur auf die letzten beiden Fragen weiß ich Antwort. Das McDonald's-Kundenparlament hat seinen Sitz in Koblenz, Löhrrondell 10. Die Adresse habe ich von einer Postkarte, die im Koblenzer Bahnhofs-McDonald's rumflog. Hab gleich hingeschrieben, daß ich da Abgeordneter werden und frischen demokratischen Wind in die Versammlung bringen möchte. Und Anrecht auf einen Sitz hätte ich sehr wohl: Bin ich in einer fremden Stadt, habe ich immer eine etwas übellaunige Freude daran, zu sehen, mit was für Sperenzchen McDonald's versucht, sich ins jeweilige Stadtgefüge einzuschleimen, und um mir das in Ruhe zu betrachten, pflege ich einen Fisch-Mac und einen Kaffee zu mir zu nehmen. Viel gibt's zu sehen. In bahnhofsnahen Filialen einiger Städte scheint McDonald's extra Leute eingestellt zu haben, die die Drogensüchtigen vom Klo jagen, dabei darf man laut §240 StGB niemandem die Notdurft verweigern. Es stelle sich ein jeder nun folgendes vor: Man hat daheim so eine doofe Ding-Dong-Türklingel, und die macht mir nichts, dir nichts ding-dong. Man öffnet die Tür. Huah, ein langgesuchter Mörder, steht da. Er sagt: «Den Stab, den man aufs Lauf-band legt, würde ich Ware-Kunde-Zuordnungshölzchen nennen, und außerdem möchte ich bitte bei Ihnen kacken!» Unangenehme Situation! Wie bedacht handeln? Man sagt: «Ja gerne, lieber Herr Mörder» – das «lieb» muß man natür-lich ohne ironischen Unterton aussprechen, sonst schöpft er Verdacht und macht einen alle – «gerne, kacken Sie nur!» Selbst wer Hitler nicht bei sich kacken lässt, wird wegen unterlassener Hilfeleistung vor Gericht gestellt. Justitia auf Captagon! Nun kackt also unser Herr Gewaltverbrecher. Peng! Bum! Boing! Wie ein Silvesterfeuerwerk hört sich das an.

Man sieht, bei McDonald's ist immer was los, und da ich stets das Bedürfnis hatte, mich politisch zu engagieren, will ich ins Kundenparlament. Mögen meine Reden geschliffen und meine Gebärden ausladend wie Geweihe sein, auf daß die Menschen kraft meines Einflusses bald sagen: «König Politikverdrosselbart bye-bye, eine Zeitlang war's ja schön im Dunstkreis deiner Fuchtel und im Schatten deiner Knu-te, doch jetzt tritt jemand Neues auf den Huldigungsbal-kon!»

Zuerst würde ich eine gewaltige Portion politischen Cha-rismas aus mir herausquellen lassen, um durchzusetzen, daß die Hersteller klassischer Herrenoberhemden ihre Ware nicht mehr mit Stecknadeln pökeln. Ein Hemd ist keine

Roulade. Aufgrund einer eilebedingten Nachlässigkeit beim Hemdenentnadeln hatte ich neulich einen für andere Leute gewiß komischen Minimalunfall, in dessen Folge ich mir fast eine Brustwarze amputiert hätte.

Ja, das gute alte Hemdennadelproblem – man kennt es gut: Wenn ein Herr im Sommer auf Reisen geht, muß er gelegentlich feststellen, daß er weniger Hemden dabeihat, als er denkt. Doch das ist nicht gut ausgedrückt; vielmehr stellt er fest, daß er aufgrund von Temperaturen, die höher ausfielen als erwartet, mehr Hemden als erwartet «verbraucht» hat. Folglich muß er sich unterwegs ein neues kaufen, welches er daraufhin, vermutlich im Hotelzimmer, entnadelt. Wohin aber mit den Nadeln? In den Papierkorb, in den Aschenbecher? Nein! Die Frau, die das Zimmer aufräumt, könnte sich an ihnen verletzen. Man sollte sie also in einen Briefumschlag tun, diesen sorgfältig zukleben und mit der Aufschrift VORSICHT! NADELN! versehen. Am besten natürlich mehrsprachig: MIND THE NEEDLES! Oder: BEWARE OF THE PINS! Was denn nun? In den sechziger Jahren gab es mal ein Lied namens ‹Needles and pins›, eine deutsche Version namens ‹Nadeln und Nadeln› gab es leider nicht, das klänge ja auch wie eine Anwaltskanzlei, die von Heinz Nadeln und seinem Sohn Oliver Nadeln geführt wird, und die Weitervererbung von Anwaltsbüros haben Beatgruppen nie besonders gern thematisiert.

Aber vergessen wir ‹Needles and Pins›, denken wir lieber an die Frauen, die aufräumen, insbesondere an ihre zarten Fingerkuppen. Diese Frauen stammen meist gar nicht aus dem anglophonen Bereich; eher sollte man sich wohl einen Stempel schneiden lassen, auf dem «Vorsicht Nadeln» in türkischer, polnischer und russischer Sprache steht, und damit immer schön die Hotelbriefumschläge bestempeln, vielleicht auch schon im voraus, als Service für folgende Mieter. Nur müsste man, um für solche Vorkehrungen gerüstet zu sein, ständig ein Stempelkissen mit sich führen, und das liefe sicherlich nicht nur alle Jubeljahre aus und versaute einem die Wäsche, woraufhin man noch mehr Hemden zu kaufen und noch mehr Nadeln zu entsorgen hätte.

Ich sitze also auf gepackten Koffern und warte auf den Ruf nach Koblenz. Was ich dort alles bewirken könnte! In einigen Jahrzehnten könnten Reiseunternehmen Busrundreisen namens «Wiegen der Demokratie» anbieten. Zuerst geht's zum Hambacher Schloß, wo die Demokratie ja schließlich erfunden wurde, ähnlich wie die Liebe in Paris und die künstliche Fleischbrühe in Gießen. Dann fährt der Bus zur Frankfurter Paulskirche, wo auch mal irgendwas war. Zum Schluß der Höhepunkt: das McDonald's-Kundenparlament. Die Leute steigen aus dem Bus, und der Reiseleiter erklärt: «Und hier befreite, wie hieß er noch, die Männerwelt von den rumpfschinderischen Oberhemdennadeln.»

«Ein feiner Herr! Mögen Truhen mit Talern seinen Alterssitz möblieren!» ruft da verständlicherweise die Menge.

«Glorifizieren Sie ihn nicht voreilig!» mahnt der Reiseleiter, «er hatte auch dunkle Seiten! Er hat z. B. politisch durchgesetzt, daß, solange in Mietwohnungen Spülbecken in Kinder- und Frauenhöhe angebracht sind, auch Kinder und Frauen für den Abwasch verantwortlich sind, weil Personen ab eins achtzig an diesen niedrigen Spülbecken angeblich Wirbelsäulenkoliken bekämen. Sein Wahlkampfslogan lautete: ‹Abtreiben von mir aus, abwaschen allerdings auch.›»

«Lorbeerlaub möge auf diesem vor Klugheit brummenden Kopf wuchern», ruft ein schlaksiger Herr von zwei Metern, aber der Rest der Busgruppe brüllt ihn nieder: «Mögen die Truhen seines Alterssitzes nichts als zwanzig Jahre alte portugiesische Handarbeitszeitschriften enthalten! Mögen erhebliche Mengen kleiner Mädchen mit schorfigen Knien stundenlang unter seinem Fenster auf und ab paradieren und auf reparaturbedürftigen Blasinstrumenten die Nationalhymnen untergegangener sozialistischer Staaten spielen!»

«Gemach, das ist doch alles nur ein Nestroyscher Jux!» beschwichtigt sie der Reiseleiter. Wahr ist, daß der große Demokrat sich beim McDonald's-Kundenparlament beworben hat. Doch nie kam eine Antwort. Glauben Sie denn im Ernst, daß McDonald's Beziehungen zur Demokratie unterhält? Oder sehen Sie hier etwa ein Parlamentsgebäude?»

«Nie und nimmer», ruft die aufgebrachte Menge, «los, wir zertrümmern McDonald's. Den feinen Herrn so zu verkohlen!»

«Aber womit sollen wir denn das Zertrümmern bewerkstelligen? Wir haben doch keine Baseballschläger!» zögern einige.

«Haben wir nicht, aber vor den Kleiderläden liegen doch immer die Bügel zum Mitnehmen. Die gehen zur Not auch.»

«Genau, und an den Kassen der Supermärkte gibt es diese Warentrennhölzer!» freuen sich wieder andere.

Und so zerstört eine sonderbar bewaffnete Freischar sämtliche Koblenzer McDonald's-Restaurants.

Mir soll es recht sein. Bevor ich mich indessen vollständig in den Ehrenhain der Demokraten zurückziehe, muß ich noch die Frage beantworten, wer das Knäckebrot in Deutschland salonfähig gemacht hat. Es war Vollkorn-Pionier Paul Batschneider von der Firma Lieken-Urkorn. Der ist kürzlich gestorben. Rums, lag er da, 92 Jährchen jung. So kann es gehen: Gestern noch flott rumgekrebst, und pardauz, liegt man auf dem Rücken wie ein Maikäfer. Der arme, alte Mann, hihi.

Allerdings ist «hihi» an dieser Stelle wirklich nicht das richtige Wort. Normalerweise sagt man nicht «hihi», wenn es einem verdienten alten Mann den Boden unter den Füßen wegreißt. Da sagt man normalerweise ganz was anderes. Einen richtig guten Platz auf dem Friedhof bekommt man aber nicht, wenn man immer nur Normales sagt und tut. Man muß Dinge tun und Sachen machen, daß die Leute stehenbleiben und sich fragen: «What makes him tick?» Zum Beispiel Knäckebrot salonfähig machen. Normal ist das gewiß nicht. Ein Salon war doch, wenn man Anno Tobak, als die Leute auf Hochrädern und Draisinen, in Montgolfieren und Bugattis mit Hörrohren am Ohr durch die Städte fuhren, in eine schnieke Altbauwohnung ging, um mit Schöngeistern und Strippenziehern Kultur und Politik zu bekakeln, und Rahel Varnhagen oder Madame de Staël haben immer Kaffee nachgegossen, bis sich alle an die Brust griffen, weil es da so furchtbar pikste. Und in solche Kreise will nun also Paul Batschneider mit seinem Knäckebrot vorgedrungen sein? Das vermag ich gar nicht zu glauben. Es gibt zwar den parodistischen Spruch: «Wer nie sein Brot im Bette aß, der weiß ja nicht, wie Krümel piksen», aber in Salons will man nicht von Krümeln gepikst werden, sondern von starkem Kaffee und von Nadeln edler Hemden.

Nun ist dazu genug gesagt, und wer hier meint, daß zu dieser Angelegenheit auch nur ein einziges weiteres Wort fallen zu lassen wäre, der soll sich an die Brust fassen, lila anlaufen und uns über den weiteren Verlauf seines Schicksals, also ob er nun ablebt oder noch mal mit einer blauen Nase davonkommt, im unklaren belassen.

Ich lasse meine Ohren nicht von einem Kunstdirektor abfackeln

Wenn Menschen im Berufsverkehr beim Umsteigen durch U-Bahnhöfe *rennen,* um ein paar Minuten zu sparen, wenn *alle* rennen, sowohl Herren in Anzügen als auch Damen in fürs Rennen viel zu engen Röcken, dann ist das gut, das ist in meinen Augen echte edle Großstadthast. Im Ausland habe ich das oft gesehen, ab und zu auch mal in Berlin. Auch auf den Rolltreppen muß selbstverständlich weiter geeilt und gehetzt werden. Noch nicht oft sind Rolltreppen auf sinnvolle Weise mit Homosexuellen verglichen worden, aber man kann dies durchaus einmal tun. Homosexuelle sind zuvorderst Männer, und so kommt es auch bei ihnen vor, daß Lebenspartner gedemütigt und grün und blau geschlagen werden, und so unvorstellbar wenige hat es auch nicht unter ihnen, die sich für Fußball interessieren, und genau wie Homosexuelle im großen und ganzen ganz normale Männer sind, sind Rolltreppen auch nicht etwas völlig anderes als Treppen. Nein, Rolltreppen sind in erster Linie Treppen, Treppen mit einem kleinen Vogel vielleicht oder einem Knick in der Rosette, aber der Wortbestandteil «Treppe» dominiert klar über das «Roll», das sieht man daran, daß die Rolltreppe im Falle einer durch technische Mängel bedingten Rollunfähigkeit weiterhin als Treppe benutzt werden kann. Würde das Rollen inhaltlich die Treppe überragen, wäre das anders. Eine Rolltreppe, die zwar rollt, aber ihre Treppenhaftigkeit verloren hat, ist keine Treppe mehr, sondern ein Ball oder ein Auto, also ein Gegenstand, der nur von Menschen mit besonderen Begabungen als Treppe benutzt werden kann.

Die Rolltreppe ist also lediglich eine leicht upgedatete Treppe, d. h. sie ist genau wie alle anderen Treppen dazu da, daß man sie rauf oder runter *geht*. Sie ist nicht dazu da, daß man auf ihr steht. Natürlich gibt es vereinzelt Menschen, die zum Zerbröseln neigende alte Knochen haben, und Beladene, die auf dem letzten Loch pfeifen. Diesen Personen zuliebe gibt es die gute alte Rolltreppenregel: RECHTS STEHEN, LINKS GEHEN. Besucher vom Lande kennen diese Regel leider nicht, sie blockieren die Treppe wie sturmgefällte Kiefern, und sollte mal einer rufen: «Gehen Sie doch bitte weiter», dann machen sie nur «glotz, nichts kapier», und die Einheimischen verpassen ihren Zug. Touristen sind an sich lernwillig, aber sie erwarten eine Bescheinigung. Wenn sie in einem Museumsdorf in einem Crash-Kurs das Hecheln von Flachs erlernen, möchten sie die Teilnahme anhand eines dekorativen Zertifikats bestätigt haben. Die Tourismusbehörden der großen Städte wären gut beraten, vor touristisch markanten Objekten Übungsrolltreppen aufzustellen, auf denen man in lockerer Ferienclub-Atmosphäre Rolltreppenführerscheine, bronzene, silberne und goldene, erwerben kann. Für die jungen Menschen, die in Einkaufspassagen Kreditkarten, Funktelephone und Probe-Abos von Tageszeitungen anbieten, wäre der Rolltreppen-Coach auch eine schöne berufliche Alternative – die Umschulung geht ratzfatz, denn man muß ja nur eine einzige Sache wissen: Rechts stehen, links gehen. In den siebziger Jahren wäre noch das Beförderungsverbot für Personen in bodenlangen Gewändern zu berücksichtigen gewesen: Im Zugangsbereich aller Rolltreppen des Landes gab es damals Piktogramm-Aufkleber, die eine durchgestrichene Dame im Maximantel zeigten.

In der gleichen Zeit befestigte man an großen Fenstern öffentlicher Gebäude Raubvogelsilhouettenaufkleber. Diese klebten in Schulneubauten, Ämtern und Stadtbibliotheken auf allen großen Glasflächen. Ich nehme an, daß das aus Sicht der damaligen Menschen irgendeinen Sinn hatte. Entweder den, daß Singvögel oder andere Beutetiere wie Mäuse Angst vor den Greifvogelaufklebern bekamen, deshalb die Umgebung der Schule mieden und auf diese Weise die Schüler nicht durch ihr Gezwitscher oder, bei Mäusen, durch Nagegeräusche und Kopulationsgestöhne vom Lernen ablenkten. Oder die Silhouetten sollten in Greifvögeln folgenden Gedanken auslösen: «Oh, da ist ja schon ein Greifvogel. Dann brauch ich da ja nicht mehr hin.» Man wollte mit dieser Strategie verhindern, daß die schönen modernen Schulen im Laufe der Jahre unter dicken Krusten von Greifvogelexkrementen verschwinden. Den Schülern selber wurde gesagt, die Aufkleber hätten den Zweck, Vögel davor zu bewahren, im munteren Flug gegen die Scheiben zu prallen. Inzwischen sind die Aufkleber verschwunden, weil man herausgefunden hat, daß Vögel sowieso nur sehr selten mit Fenstern zusammenstoßen.

Mehr noch zu Vögeln: Von einem Homonym spricht man, wenn eine Sprache für zwei verschiedene Gegenstände denselben Ausdruck hat. Homonyme haben nur dann Bestand, wenn es keine Verwechslungsgefahr gibt. Ein Wasserhahn wird im normalen Leben nie einem männlichen Huhn in die Bedeutungsquere kommen. Ebenso gering ist im anglophonen Bereich die Chance, daß man einen Truthahn («turkey») mit der Türkei («Turkey») verwechselt. Eine Geschichte, in der ein heroinsüchtiger Truthahn in der Türkei Entzugserscheinungen, also einen «cold turkey», bekommt, würde auch von eingefleischten Liebhabern des an den Haaren Herbeigezogenen als zu konstruiert verworfen werden.

Bleibt noch der Versuch einer utopischen Groteske. Wird er scheitern? Ich geh mal vorsichtshalber davon aus.

Wir schreiben das Jahr 2525. Die Erde wird von Vögeln regiert. Menschen sind nur noch als zweibeinige Freunde der herrschenden Klasse bekannt. So wie heute eine besonders beliebte Hunderasse der Golden Retriever ist, halten sich die Vögel des Jahres 2525 gern einen Außenminister als Haustier. Eines Tages sperren ein Kolkrabe und ein Truthahn ihre beiden Lieblinge in je ein Außenministerkörbchen und reisen in die USA. Die beiden Vögel machen es sich erst mal in der Hotellobby bequem und lesen Rätselzeitschriften. Einer der beiden Außenminister nutzt die Abgelenktheit der Vögel und entweicht aus seinem Korb, um etwas in der Hotelhalle einherzustrawanzen. Der Empfangschef bemerkt den kleinen Strolch und ruft: «Who is that?»

Worauf seine Kollegin sagt: «That's the foreign minister of the turkey!» Zufällig kommt gerade ein radikal separatistisch gesinnter kurdischer Vogel vorbei, welcher leider schwerhörig ist und daher versteht: «That's the foreign minister of Turkey.» Der kurdische Vogel tötet nun den Außenminister des Truthahns. Aber hätte der kurdische Vogel, wenn überhaupt, nicht eher den Innenminister des Truthahns töten müssen? Weil nämlich: Was kann denn der Außenminister für die Zustände *im* Truthahn? Darüber nachzudenken und darüber, wie der Truthahn auf den Mord an seinem Spielzeug reagiert, ist mir nun aber wirklich zu anstrengend.

Ich denke lieber an türkische Friseure, denn die sind preiswert und serviceorientiert. Ich war bislang immer der einzige deutsche Kunde im Salon. Der Friseur selbst macht davon kein Aufhebens, aber wenn ein halbes Dutzend rau-

chender türkischer Männer schweigend um mich herum-
sitzt und mich betrachtet, habe ich schon manchmal das Gefühl, daß in ihrem Blick ein leichtes Befremden liegt – «Wieso geht *der* zu einem türkischen Friseur?»

Erstens, weil er seine Kundschaft nicht mit «Hallöchen»
begrüßt. Zweitens und hauptsächlich wegen des Service: Es
werden die Augenbrauen gekämmt und geschnitten, es wird
einem (manchmal) der Nacken massiert, und sollte einem was
aus der Nase rauswachsen, wird das ebenfalls diskret entfernt.
Das Schönste aber ist das Abfackeln der Ohrbehaarung.

Der Friseur zündet eine Lunte an und haut einem das
brennende Ding gegen den Ohrknorpel. Manche nehmen
aber auch ein Einwegfeuerzeug, stellen es auf größte Flamme und schleudern dem Kunden die Flamme mehrmals
kurz gegen das Ohr. Auf die Frage, ob das denn angenehm
sei, würde ich sagen: «Na ja.» Darüber hinaus fragen türkische Friseure nicht, wie ich die Haare haben möchte. Seit
beinah gut und gerne einem Viertel Dutzend von Jahrzehnten fragen mich Friseure, ob ich einen Fassonschnitt haben
möchte, und da ich seit genau dem gleichen Viertel Dutzend
von Jahrzehnten keine Ahnung habe, was ein Fassonschnitt
sein soll, und meine Lust, mal nachzufragen, was das ist, mit
fortschreitendem Alter immer weiter nachläßt, beantworte
ich die Frage abwechselnd mit Ja oder Nein und habe hinterher immer die gleiche, von der Antwort offenbar völlig
unbeeinflußte Frisur. Türkische Friseure fragen nichts und
verpassen mir in Windeseile einen prima Haarschnitt. Das
können die nämlich. Oder hat etwa schon mal jemand einen
türkischen Mann mit einem schlechten Haarschnitt gesehen?

Okay okay: Das mag es vereinzelt auch geben. Nein, ich
möchte keine Sammlung mit Fotos schlecht frisierter türki-

scher Männer anfangen. Oder doch? Tatsache ist jedenfalls, daß türkische Friseure besser sind. Bäte man einen deutschen Friseur um eine pyrotechnische Entfernung der Ohrbehaarung, würde er sich wahrscheinlich übergeben und zu seiner Kollegin sagen: «Guck mal, dem ekligen Mann da wachsen Haare an den Ohren!»

Leider gibt es in meinem Wohnumfeld keine türkischen Friseure, sondern nur um Hochglanz bemühte Deutsche mit vier Personalkategorien. Man kann sich einem «Jung Stylisten», einem «Stylisten», einem «Art Stylisten» oder gar einem «Art Director» anvertrauen und entsprechend immer mehr zahlen. Egal, zu wem man geht, alle sagen «Hallöchen». Ich sage aber lieber «Guten Tag».

Manch einer empfindet Unsicherheit beim Grüßen. Soll man, wenn man erwachsen geworden ist, noch immer «Hallo» sagen? Gegenüber Freunden kann man natürlich alles sagen, aber wirkt das Hallo als Grußformel für flüchtig oder nur beruflich Bekannte nicht ein wenig hängeschultrig? Möchte man in die Kategorie «okay gealterter Hallo-Sager, Typ Zweitausendeins-Kunde» fallen? Eine spezifische Schwierigkeit gibt es für manchen Norddeutschen, wenn er in den Süden des deutschen Sprachraums reist. Es sagt einer «Grüß Gott» zu ihm, und statt gleiches zu erwidern, fällt ihm ein, daß er mit Gott ja gar nichts am Hut habe, daß er der Kirche kritisch gegenüber stehe, insbesondere dem starrsinnigen Papst mit seiner fragwürdigen Bevölkerungspolitik, und so beantwortet er das Grüß Gott mit: «Ja, wenn ich ihn mal treffe …»

Was für eine verschwendete oppositionelle Energie! Grußformeln sind dazu geschaffen, *unüberlegt* benutzt und erwidert zu werden. Es ist ein Segen, daß es im Umgang von Fremden untereinander nur wenige Gruß- und Anredemöglichkeiten gibt und keinen unübersichtlichen Katalog, aus dem es sorgsam auszuwählen gilt. Ähnliches läßt sich über das Briefeschreiben sagen. Es gibt nur zwei Möglichkeiten, einen Brief zu beginnen, entweder «Lieber Herr X» oder «Sehr geehrter Herr X», und diese beiden Formen sind inzwischen gleichwertig und meist austauschbar. Man sollte froh sein, daß es nur diese beiden Alternativen gibt, und sich davor hüten, zu überlegen, ob man den Adressaten tatsächlich lieb findet oder gar ehrt. Es sind Floskeln, und diese dienen der Zeitersparnis. Auch wenn man beabsichtigt, eine Schmähung zu äußern, schreibe man «Sehr geehrter Herr X» und fauche nicht ein nacktes «Herr X!» heraus. Und bekomme ich einen Brief, der mit «Hallo» beginnt, dann denke ich: Herrje, der arme Absender hat sich bestimmt eine Viertelstunde darüber den Kopf zerbrochen, wie er den Brief anfängt, und am Ende ist ihm doch nur ein unsouveränes, läppisches und unsicher wirkendes «Hallo» eingefallen. Dies alles bezieht sich freilich auf den Kontakt mit Fremden oder flüchtig Bekannten. Unter Freunden ist *alles* möglich, sogar «Knalloballo, Herr X».

Ich entsinne mich eines Hamburger Reformhausbesitzers, der eine Neigung zur jovialen Kundenverabschiedung pflegte. Freitags und sonnabends sagte er normal «Ein wunderschönes Wochenende», aber er schien darunter zu leiden, daß man diese schöne Wendung an einem Montag nicht benutzen kann. Daher sagte er am Montag «Einen wunderschönen Wochenanfang», am Dienstag «Einen wunderschönen Dienstag» und am Mittwoch «Eine wunderschöne Wochenmitte». Die wunderschönste Formel hatte er sich aber für den Donnerstag zurechtgelegt: «Einen wunderschönen Donnerstag, bzw. falls wir uns vorher nicht mehr sehen, einen wunderschönen Rutsch ins Wochenende.» Er verwendete diese Formulierungen immer und bei jedem Kunden, und obwohl das den meisten wohl etwas auf die Nerven ging, bemühte sich jeder, wenigstens ein angedeutetes Lachen zu zeigen oder unsicher und eigentlich etwas zu leise eine ähnlich munterlaunige Replik zu äußern.

Eine häufige Situation: Der Dienstleistende, aus «bodenständiger» Schicht, äußert Beispiele aus seinem Fundus an erlernten Heiterkeitsfloskeln und nötigt dadurch den Kunden aus gebildeterer Schicht einen Moment lang zur Zurücknahme seiner Erhabenheit. Der Kunde will nicht arrogant sein, ist aber froh, wenn er den Laden verlassen hat und auf der Straße rasch in seine Erhabenheit zurückschlüpfen kann.

Mademoiselle 25 Watt

Elektrisches Licht bescheine mein irdisches Gastspiel. Helligkeit möge machtvoll gleißen allerorten, wo mein Leib sich tummelt. Mögen die Auftragsbücher der Firma Osram genauso brummen wie diejenigen der Firmen, die die billigeren Birnen herstellen, die ich immer kaufe, weil die genausogut sind. Doch viel Watt muß in den Birnen sein!

Einmal hauste ich mitwohnzentralenmäßig in einer fremden Wohnung, und ich fand es immer deprimierend dort. Ich wußte gar nicht, warum, bis ich herausfand, daß in allen Lampen 25-Watt-Birnen drin waren. Wie in Ceauşescus Rumänien! Dort waren es sogar nur 15 Watt. Gleich am nächsten Tag kaufte ich ein Dutzend 100-Watt-Birnen, und das trübe Feeling war verschwunden. Die Hauptmieterin meiner vorübergehenden Bleibe taufte ich «Mademoiselle 25 Watt», als Gegenspielerin zu «Monsieur 100.000 Volt», wie man Gilbert Bécaud nennt.

Mademoiselle 25 Watt war insgesamt eine rechte Schlunze, so hatte sie z. B. in Bad und Küche überall nur Klebehaken und Saughaken. Wenn man ein trockenes Handtuch an einen Klebehaken hängt, bleibt er vielleicht an der Wand. Ein nasses trägt er nicht. «Holterdipolter» macht es da nicht, auch nicht «klickeradoms», aber leider gibt es keine allgemein anerkannte Onomatopöie für das Geräusch, das beim Aufprallen eines Handtuches auf einem Kachelboden entsteht. Wobei «aufprallen» schon ein zu energisches Wort wäre in der wattigen Welt von Mademoiselle 25 Watt. Gott kille den Klebehaken. Man muß bohren, dübeln und schrauben bei strahlendem Licht, nicht kleben und saugen in mattem Gefunzel. Sonst ist man eine Schlunze. Wenn ich mir jetzt nur so, aus lauter Fun an der Fanta, eine Hitparade ärgerlicher Gegenstände aus dem Ärmel schütteln müßte, käme der Klebehaken auf Platz vier. Platz fünf würden sich die 25-Watt-Birne und die Kerze teilen.

Für den Fall, daß mal der Strom ausfällt, sollte man schon ein paar Kerzen unter der Spüle haben. Aber unter normalen Bedingungen hat eine Kerze nichts auf einem Tisch zu suchen. Warum wie Höhlenmenschen essen? Kerzen klekkern die Möbel voll und heizen den Teint auf. Eine an einer Kerze angezündete Zigarette bringt soviel Schaden wie sonst eine ganze Schachtel voll. Die Leute denken, wenn man bei Kerzenschein ißt, dann ist das wie ein romantischer Abend im Restaurant. Daß man aber in Speisegaststätten so erpicht auf Kerzen ist, hat einen ganz einfachen Grund: Bei Kerzenschein sieht man nicht so gut, daß das Geschirr schlecht gespült und das Essen, wie man früher scherzhaft sagte, adelig ist, also «von gestern».

Einmal erlebte ich einen Zusammenprall mit einer unflexiblen Bedienung. Ich hatte mich zu einem Geplauder hingesetzt, da kam die Bedienung mit einer Kerze und versuchte, sie in den Kerzenhalter hineinzuwürgen. Das klappte nicht auf Anhieb. Die Bedienung sagte daher: «Das Lokal ist so voll, würdet ihr das bitte mal selber machen?» Da ich gerade keine Lust hatte, durch Bockigkeit aufzufallen, versuchte ich es eine Zeitlang, stellte aber fest, daß die Kerze zu dick für den Ständer war, und legte sie beiseite. Als die Kellnerin die Getränke brachte, sah sie die Kerze auf dem Tisch liegen und rief genervt: «Also, ich hatte euch doch wirklich höflich gebeten, die Kerze hier mal reinzumachen. Es ist so viel los heute abend, da hab ich keine Zeit für so was!» Ich antwortete, das wäre nicht schlimm, ich brauchte keine Kerze. Da nahm die Bedienung ein Messer, schnitzte die Kerze unten dünner, knallte sie in den Ständer, zündete an und schrie: «Mein Gott, in diesem Lokal steht nun einmal auf jedem Tisch eine Kerze!»

Meine Meinung zu Kerzen: alberne, weibische Romantikroutine. Folgeschaden von jahrelanger Lektüre von Frauenzeitschriften. Allerdings bin ich im Kreise derer, die mir lieb sind, der einzige, der diese Auffassung vertritt. Trotzdem kann ich garantieren, daß meine Meinung die schönste Meinung ist, die man zu diesem Thema haben kann. Das Allerschönste aber ist, und hier mischt sich wie Lavendel ein heller Klang in meine Stimme, daß all die Freunde und Bekannten, die Kerzen tiptop finden, trotz meiner strengen Meinung nicht stoppen, mich nett zu finden.

Platz drei in meiner kleinen Hitparade ist der Edding-Stift. Dies ist ein schlecht in der Hand liegender dicker Stift mit Metallmantel, der, soweit ich mich entsinne, dumm klikkert, wenn man ihn schüttelt, weil er eine dumme Klickerkugel enthält. Es ist scheußlich, einen Edding in die Hand zu nehmen. Macht man die Kappe ab, ist es so, als werde man von einem schrecklichen Lederimprägnierspray eingenebelt, das man nur auf dem Balkon benutzen darf. Beim Schreiben macht der Edding-Stift Geräusche, wie wenn zwei auf einem witzig gemeinten alten Bett bumsen. Künstler, die einen Edding benutzen, verweisen auf das satte Schwarz, das er zu Papier bringt. Nichtkünstler, die mit Edding schreiben, sind m. E. abgestumpfte alte Stinkferkel. Sobald ich jemanden mit einem Edding-Stift sehe, haue ich ihm auf die Pfote, da macht es «Patsch», und der Edding fällt auf die Erde. Jeder sollte so handeln.

Ich habe einen Künstlerfreund, der in einer Künstler-Frauen-WG wohnt, und einmal hatte das Atelier-Haus, in dem die WG enthalten ist, Tag der offenen Tür. An diesem Tag kamen natürlich auch viele Freundinnen der Künstlerinnen ins Atelier, und unter diesen waren auch einige Wickelrockschlunzen. Eine von diesen hatte die Idee, meinen Künstlerfreund zu bitten, ihre Seele zu zeichnen, worauf die anderen Schlunzen riefen: «Au ja, meine auch!» Mein Freund fügte sich, und die Frauen waren wie trunken vor Verzückung. Das Pikante ist aber nun, daß der Künstler ihre Seelen mit einem Edding gezeichnet hat. Aus Lust an der Bosheit, nehme ich an. Unter einer Seele stellt man sich ja gewöhnlich etwas Zartes und Verletzbares vor, und dies zart zu Denkende mit einem quietschenden und stinkenden Stift zu zeichnen, der einen dicken, harten Strich erzeugt, ist schon etwas bösartig. Die Frauen waren aber Schlunzen in direktem Wortsinn, und keine bemerkte die Inkongruenz.

Platz zwei meiner Parade unsympathischer Gegenstände ist «die gute alte Audiokassette». Wenn man auf so einer mal ein bestimmtes Stück sucht, dann muß man zurückspulen, und das dauert ewig, und dann muß man horchen, wo man ist, und feststellen, daß man doch nicht genug zurückgespult hat, dann spult man wieder, und dann hat man viel zu weit gespult, dann muß man wieder vorspulen, und eh man sich's versieht, ist man ein alter Mann und schreibt Bücher namens «Nachdenken über Deutschland». Das ist doch kein Leben. Nein, per Knopfdruck oder von mir aus auch per Nadel ein Stück direkt anwählen, das ist ein Leben. Alles andere ist Dritte Welt. Dort gibt es ja nur Kassetten, aber daß dieses antiquierte, Musik zu leierndem Grollen verzerrende Slum-Utensil im modernen Mitteleuropa noch so verbreitet, ja sogar beliebt ist, mag ich nicht begreifen. Jetzt versucht die Industrie ja einen zweiten Anlauf, die MiniDisc durchzuprügeln. Da drücke ich der Industrie aber beide Daumen, daß es diesmal gelingt. Haben Sie schon mal der Industrie die Daumen gedrückt? Macht Spaß! «Sony, du wirst das schon schaffen! Laß dir nicht die Butter vom Brot nehmen, Panasonic!»

Eine bestimmte Art von Kassetten liebe ich indes sehr, nämlich solche, auf denen Jugendliche vor 20 oder 25 Jahren Poplieder aus dem Radio aufgenommen haben. Oft eiern diese Kassetten stark, zwischen den Stücken sind dicke, dumpfe Knacksbrocken, und ab und an finden sich ein paar Moderatorenworte, welche aber jäh abgewürgt wurden. Manchmal haben die Leute zur Aufnahme einfach ein Mikro vors Radio gehalten, die Luft angehalten und gedacht: «Hoffentlich betätigt Mutti jetzt nicht die Klospülung», und dann hört man, wie die Mutter ins Zimmer kommt und wie der Jugendliche schreit: «Mensch Mutti, spinnst du, ich nehme gerade das neue Lied von Grand Funk Railroad auf!» Ich habe noch einige giftgrüne Agfa-Kassetten, auf denen ich auf der Mittelwelle den englischen Service von Radio Luxemburg aufgenommen habe, weil es dort die aktuelleren Liedchen gab. Ich glaube, es wäre eine kluge Entscheidung, diese Kassetten auf CD zu veröffentlichen, denn es handelt sich um ein authentisches volkskundliches Zeugnis. Musikrezeptionshistoriker würden sich und mir dankend die Finger lekken. Alle Leute haben nämlich damals Musik aus dem Radio aufgenommen, aber meine Kassetten waren besonders schlampig und sind daher besonders authentisch. Mitten im Lied die Pausentaste gedrückt, während der Aufnahme den Sender gewechselt etc. Heute nehmen nicht mehr viele Leute Musik aus dem Radio auf. Es ist rezessives Brauchtum.

Ich bin voll Gottvertrauen, was den Siegeszug der Mini-Disc angeht. Sie wird nicht den Weg gehen, den die DCC-Kassette gegangen ist, die Quadrophonie oder die Eight

Track Cartridge. Dies war eine bespielte Audiokassette, die etwa so groß wie ein Stück Butter war. Es war aber nur wenig Musik drauf; Alben waren oft gekürzt. Kein Mensch kann sich heute mehr an die Eight Track Cartridge erinnern. Oder an die Fotos mit Tonspur hintendrauf, die die Firma «Foto-Porst» etwa 1980 zu lancieren sich nicht genug Mühe gab. Man konnte einen Satz auf das Foto sprechen und das Bild zwecks Tonwiedergabe durch eine erbärmliche Apparatur ziehen.

Auch außerhalb der Unterhaltungstechnik betrachte ich voll Anteilnahme das Verschwinden der Dinge. Noch in meiner Kindheit haben die Leute, wenn sie eine Gastwirtschaft betraten, ihre Jacken an einen Kleiderständer gehängt; heute türmen sie ihre Mäntel auf freien Stühlen oder knautschen sie in irgendeine Ecke. Sogar alte Leute, die ja früher mal Spezialisten für das waren, was sich ziemt, machen das heute so, so daß in Lokalen oft eine gewisse Evakuierungslageratmosphäre herrscht, die in einem interessanten Kontrast zu dem durch den Kerzenschein angezeigten Wunsch nach Feierlichkeit steht. Mir soll es nur recht sein.

Erst recht recht ist mir das Verschwinden des Befeuchtens der Finger vor dem Umblättern der Zeitschrift. Wenn Frauen in meiner Kindheit Illustrierte lasen, haben sie vor dem Umblättern kurz die Zunge rausgestreckt und damit den Zeige- und Mittelfinger der rechten Hand (in der linken war die Zigarette) naßgemacht, vermutlich damit die Zeitschriftenseite an den Fingern klebenblieb. Ich war in meiner Kindheit von super-authentischen Sixties-Schlampen umzingelt, von genau solchen, die zwanzig Jahre später auf den Plattencovern der «Smiths» waren. Bei den Lesezirkel-Illustrierten in Frisiersalons waren die unteren Ecken immer ganz feuchtgespeichelt.

Ich kann Zeitschriften auch mit trockenen Fingern ganz gut umblättern, und der Rest der Menschheit scheint sich diese Fertigkeit nunmehr ebenfalls angeeignet zu haben. Ich habe schon lange keine Fingerbefeuchterin mehr gesehen. Oh, wo sind sie hin, die Sixties-Schlampen? Dahingerafft auf dem Felde der Ehre? Ach was, sie sitzen in heruntergekommenen Frisiersalons, in Vororten, an Ausfallstraßen, tragen Damen-Jeans mit maschinell draufgestickten Vergißmeinnicht, rauchen und lösen Kreuzworträtsel.

Wenn in einem Kreuzworträtsel stünde: «Würdelosigkeit zum Aufs-Brot-Streichen», sieben Buchstaben, dann wüßte ich sofort, das kann nur NUTELLA sein, womit wir in meiner kleinen Hitparade ärgerlicher Objekte auf Platz eins angelangt sind. Ich werde traurig, wenn ich sehe, wie ein Kind ein Nutella-Brot ißt. Da denke ich: «Und es wird wieder mal ein kleines Leben systematisch mit Schleim und Lüge zugekleistert.» Weil meine Sixties-Schlampen mir seinerzeit erstaunlicher- und klugerweise nicht nur Coca-Cola («Bolchenwasser»), sondern auch Nutella vorenthalten haben, ich also nicht schon als Kind süchtig gemacht wurde nach Zukker, kann ich heute unbefangen die Qualität solcher Produkte beurteilen. Andere wohl inzwischen auch. Bis vor kurzem prangte auf den Nutella-Etiketten noch ein dicker Hinweis, daß die «Stiftung Warentest» das Produkt mit «sehr gut» beurteilt habe. Kleingedruckt stand darunter, daß dies 1981 geschehen sei.

Vor kurzem verschwand das Qualitätsurteil von den Gläsern, aber wohl nicht, weil die Firma Ferrero eingesehen hat, daß das Werben mit dermaßen alten Lobpreisungen den Schluß nahelegt, es gebe keine positiven Beurteilungen jüngeren Datums, sondern weil die «Stiftung Warentest» eine neuerliche Begutachtung von Nuß-Nougat-Cremes durchgeführt hat. Bei diesem zweiten Test verzichtete man auf eine Benotung der einzelnen Marken und begnügte sich mit dem Hinweis, daß Nuß-Nougat-Cremes allgemein nicht für die menschliche Ernährung empfohlen werden können.

Trotzdem breitet sich die Nutella-Pest auch jenseits der privaten Frühstückstische weiter aus. Es ist kaum noch möglich, in einem normalen Eiscafé ein Schokoladeneis zu bekommen. Es gibt zwar eine Sorte, die «Schokolade» heißt, aber deren Geschmack ist fast überall in Richtung Nuß-Nougat umgemodelt worden. Das ist durchaus ärgerlich, allerdings könnte ich auch mal richtig sauer werden. Es gibt ja so Juroren, die entscheiden, daß ein Kulturschaffender nun eigentlich genug geschaffen habe, daß er daher nun einen Ehrenpreis «für sein Lebenswerk» erhalten möge. Ich würde möglicherweise ziemlich aggressiv reagieren, wenn ich in extra gekauften Bambiverleihungsklamotten irgendwo einen glitzernden Saal voller Uschi Glase, Ulrich Wickerts und PUR-Sänger betreten müßte und mir dann beschieden würde, ich bekäme für mein Lebenswerk ein Glas Nutella. Also, da wäre ich wirklich sauer.

Bald ist Weihnachten. Da bekommen die Kinder Kassettenrecorder, und am Heiligen Abend wird eine Kassette vollgebrabbelt. «Papa, sag doch mal was.» – «Geh weg mit deinem Ding.» In den letzten dreißig Jahren sind in aller Welt zig Millionen dieser Heiligabendkassetten entstanden. Ich habe noch nie gehört, daß einer diese Kassetten sammelt oder archiviert. Vielleicht wünscht sich ja einer von den Lesern zu Weihnachten ein ungewöhnliches Hobby. Bitte sehr, da haben Sie eines! Frohes Fest!

Anette von Aretin, Hans Sachs, Guido Baumann sowie alternierend Marianne Koch und Anneliese Fleyenschmidt (Erinnerungssport)

Während ich neulich einmal geistigen Austausch pflegte, hatte ich mit einem widerborstigen bayerischen Knödel zu kämpfen, und so kam das Gespräch auf die Stadt München und auf die beiden Sorten Mensch, aus denen sich laut Auskünften von Klischeeliebhabern die Münchner Bevölkerung zusammensetzt, nämlich a) den sogenannten Zuagroasten und b) den Nackerten (im Englischen Garten). Die c) Schwarzen Sheriffs sind ja leider wieder abgeschafft worden. Komische Stadt, die ihre drittberühmteste Bevölkerungsgruppe einfach abschafft. Als ob man in Berlin die Taxifahrer oder die Schwulen abschaffen täte. Anfang der achtziger Jahre ist ja auch entweder Désirée Nosbusch oder Nastassja Kinski von den Schwarzen Sheriffs beim Schwarzfahren erwischt und anschließend gefoltert worden oder getötet oder irgend so was. Welche von den beiden, wußte keiner in der Runde, in welcher ich mit dem Knödel mich plagte. Irgendeine leicht flippige lüsternlippige Jungprominenz war es gewesen, um mich mal eines fast ausgestorbenen Slangs zu befleißen. Herrlich, diese prickelnde Wiederbegegnung mit dem Wort «flippig». Es ist so, als ob plötzlich eine verschwundene Limonade vor einem steht, z. B. eine Flasche «Lift». Dies war eine Limonade des Coca-Cola-Konzerns, die in der zweiten Hälfte der achtziger Jahre eingestellt wurde oder wie auch immer das genannt wird, was man mit Limonaden tut, wenn man sie den Weg alles Fleischlichen gehen lassen möchte.

Auch berühmt an München war früher die Ficki-Micki-Szene. Über diese hat es mal eine herrliche Fernsehserie gegeben, in welcher Erni Singerl beim Auspacken eines Videorecorders an einem Herzschlag starb. So etwas wird heutzutage leider nicht mehr gedreht. Die Ficki-Micki-Szene war supershmoov. Andernorts hat man sich furchtbar über das «Bussi Bussi» aufgeregt. München wurde dafür in manchen Gutdünklerkreisen richtig gehaßt. Münchengehasse war topshmoov in Berlin und Hamburg. Es ist kaum mehr als zehn Jahre her, daß ich mich selbst daran beteiligte! Lächerlich. Heute kann ich überall leben, wo es Hutablagen, Rückenbürsten und Thermoskannen gibt. Mich überfallen übrigens beim Verfassen dieser kellerliterarischen Sequenzen Zweifel daran, ob es wirklich Ficki-Micki-Szene geheißen hat oder nur so ähnlich. Jetzt weiß ich's wieder: Es hieß Ficki-Mecki-Szene. Mecki war der Redaktionsigel der Zeitschrift ‹Hör Zu›, und alle, die was auf sich hielten im – jetzt kommt gleich ein ganz toll abgestandenes München-Synonym – *Millionendorf*, wollten mit diesem Redaktionsigel ficki. Sinn und Zweck von Redaktionsigeln, no doubt. Als ich ein Bub war, war ich mal auf einem Müllplatz und habe zufällig durch Niederschlagseinwirkung unleserlich gewordene Privatkorrespondenz des Erdkundelehrers meiner Parallelklasse gefunden. Hingegangen zum Müllplatz war ich aber, um aus alten ‹Hör Zu›-Ausgaben die Mecki-Seiten rauszureißen. Als Senta Berger jedoch neulich nach dem Geheimnis ihrer partout nicht verschwinden wollenden Schönheit gefragt wurde, sagte sie nicht: «Das Geheimnis meiner Schönheit liegt darin, daß ich jeden Morgen nach dem Aufstehen auf den Müllplatz fahre und die Meckis aus alten ‹Hör Zus› reiße», sondern sie sagte irgend etwas ganz anderes.

Da es die Mecki-Bücher wieder gibt, kann man sich leicht davon überzeugen, daß Mecki nichts Besonderes war. Mir stand aber in den kargen Tagen meiner Jugend nicht viel Besseres zur Verfügung. Also muß ich mich wohl damit begnügen, mich an Mecki zu erinnern, auch wenn ich mich gern an etwas Dolleres erinnern würde. Man benötigt solche Erinnerungsstücke, um sich an den – wie ich sie mal nennen möchte – *Caramac-Spirograf-Gesprächen* zu beteiligen, die von «chronologisch aktiven» Menschen zum Zeitvertreib gern geführt werden. Jene Gespräche über Süßigkeiten, Popsongs, Fernsehserien und Modeartikel von vor zwanzig oder zehn Jahren. Obschon ich die Namen der Süßigkeiten Caramac, Leckerschmecker oder 3 Musketiere nicht mehr hören kann, halte ich diese Gespräche nicht für ganz wertlos. Ich verwechsle Freude an Retrospektive auch nicht mit Nostalgie. Wenngleich ich mich nicht ungern an die Limonade «Lift» erinnere, habe ich nicht das geringste Interesse an einer Wiederkehr des Getränks. Andere Limonaden waren übrigens in puncto Verschwinden nicht ganz so rigoros: Immer wieder begegnet man Menschen, die mit erhitzten Wangen berichten, in einer Waldgaststätte, einem obskuren Getränkemarkt oder in der Schweiz halbvergessene Flüssigkeiten wie Sinalco, Afri-Cola, Mirinda oder gar Bluna angetroffen zu haben.

Wichtigkeitsdefinierer werden meinen, daß man sich doch lieber an Persönlicheres oder Interessanteres erinnern solle. Sicher, wenn man 1978 mit einer anderen Person gemeinsam die Treppe runtergefallen ist, kann man späterhin zu der Person sagen: «Ach, Marlies, weißt du noch?» Nur kennt man doch kaum Menschen seit 1978. Ein sozial umtriebiger Großstadtmensch mittleren Alters kennt diejenigen Menschen, mit denen er Umgang pflegt, seit durchschnittlich zwei Jahren und sieben Monaten. Diese Zahl ist aus der Luft gegriffen, doch ich bin sicher, wenn die Forschung sich dieser Frage mal annähme, würde eine ähnliche Zeitspanne dabei rauskommen. Und wenn man einem Menschen, den man erst seit kurzem kennt, erzählt, man habe Weihnachten 1982 eine Lebensmittelvergiftung gehabt, dann kann man zwar das Glück haben, daß der andere Weihnachten '87 auch eine Lebensmittelvergiftung erlitten hat, aber wenn man ehrlich ist, interessiert einen das doch überhaupt nicht, wenn man nicht dabei war.

Anhand von Popsongs und Limonaden kann man aber wunderbarerweise gemeinsame Erinnerungen mit Menschen haben, die man gerade erst ins Adreßbuch gekriegt hat. Dies ist der Sinn des Erinnerungssports. Man stelle sich nun vor, ein Norddeutscher trifft einen Süddeutschen. Der eine ist in einem Iglu aufgewachsen, der andere in einem Dirndl: zwei Menschen mit Erfahrungshorizonten, wie sie verschiedener nicht ausdenkbar sind. Man denke an die eine Fernsehserie, in der Erni Singerl Besuch von Heidi Kabel bekam, und es herrschte die totale Superscheiße. Kommunikation zwischen Iglu und Dirndl kann man also erfahrungsgemäß vergessen. Theoretisch. Nun stellen die beiden fest, daß sie beide in ihrer Jugend eine glühende Abneigung gegen das Lied ‹Una Paloma Blanca› von der niederländischen George Baker Selection empfunden haben. Diesem Schlager war es seinerzeit nämlich egal, ob er in Iglus oder Dirndls geplärrt wurde; die peinigende Weise hatte epidemische Verbreitung. Schon rücken die beiden landsmannschaftlichen Antipoden dichter zusammen. Anschließend stellen sie fest, daß sie beide sämtliche Namen der Angehörigen des Original-Rateteams aus der Quizsendung *Was bin ich* aufzählen können. Großer Spaß entsteht nun durch die gemeinsame gestische Darstellung des Harfenglissandos aus der Titelmelodie der Sendung. Und als sie schließlich feststellen, daß sie beide den Namen des Sprechers von *Der siebte Sinn* kennen und wissen, wer das Exposé dieser Sendung schrieb, da hängt schon ein «Do not disturb»-Schild an der Tür.

Den Jugendlichen muß man sagen: Merkt euch die Namen all der Liedchen, wo zuerst ein Mann rappt und dann eine Frau den Refrain singt. Merkt euch die Herstellerfirmen eurer gesteinsbrockenartigen Schuhe. Büffelt Energielimonadennamen. Starrt vor dem Trinken minutenlang auf die Dose und prägt sie euch ein. Wenn ihr das tut, werdet ihr in fünfzehn Jahren gerngesehene Gäste retrospektiver Runden sein. Eure Krankheiten, Operationen, Obsessionen, Ängste und weggerannten Liebhaber braucht ihr euch nicht zu merken. Die werden leider nicht interessieren, dienen schlecht als kommunikative Zünder. Übertreibt aber auch nicht. Ein Limonadentagebuch müßt ihr deswegen nicht anlegen. Erinnerungssport muß Amateursport bleiben. Trivialität darf nie mehr Raum einnehmen als die ein oder zwei unnatürlich gefärbten Cocktailkirschen in einem Dosenfruchtsalat. Kauft euch keine Fernsehserien-Kultbücher etc. Derlei schickt sich nur für schnoddergeistige Konsumgören. Erinnern muß man sich ganz nebenbei und von selber!

Sowohl an die Jugend als auch an die Betagteren richte ich die folgenden Zeilen: Viel wird erzählt, um die Menschen von Drogen fernzuhalten. Vieles davon ist Makrelenlatein, wegen dem die Hühner lachen. Daß man nach der Einnahme von LSD aus dem Fenster springt und SPD wählt z. B. Das stimmt doch überhaupt nicht. Ein essentieller Nachteil der Drogeneinnahme wird hingegen meist gar nicht genannt: daß wir nämlich durch die Einnahme von manchen Substanzen eventuell einkehrende Erlebnisse der Möglichkeit berauben, Bestandteil des Haushalts unserer Erinnerungen zu werden. Der einzige Zweck von Erlebnissen ist der, daß man sich späterhin an sie erinnern kann. Ich kann mir, abgesehen von der Arterhaltung, keinen anderen Sinn menschlichen Lebens vorstellen, als Ereignisse, Gegenstände und Organismen wahrzunehmen und die Wahrnehmungen ins Gedächtnis einzusortieren. Ein gedächtnisloser Organismus benötigt keine Erlebnisse. Der Sinn des Lebens: die Retrospektive? Ein gewagter Gedanke, der gewagt werden muß. Man denke nur, man geht zu einer fragwürdigen Location und wird dort in ein Unterleibsrambazamba verwickelt. Eine gute Sache, möchte man meinen. Aber hey hey, ho ho, was hat man denn von dem Rambazamba, wenn man soviel Kribbelwasser getrunken hat, daß man am nächsten Tage nichts mehr weiß? Eine Person, die ihr Gedächtnis als Sparbuch der Lebensfreude auffaßt und daher pfleglich behandelt, kann im Alter mit ihrer Arthrose im Seniorenstift liegen und des Morgens, wenn die Sonnenstrahlen an der Nase kitzeln, denken: «Der war süß, der war süß, der war süß, aber am süßesten war der.» Eine Person, die die Schmetterlinge der Lebenserfahrung aufgrund von geistiger Nebulosität nicht hat memorierbar erhaschen können, wird sich im Moment des Todes hohläugig fragen: «War irgend jemand süß?» Daher möge der Schaumwein trutzig im Keller verharren, ab und zu jedenfalls.

Doof ist nämlich auch, wenn man auf einer Party war, und am nächsten Tag erzählen einem die Leute die fürchterlichsten Dinge, die man auf der Party angestellt habe, und man weiß das gar nicht mehr. Rot ist die Farbe des Weins, weißen gibt's auch, aber die Farbe des Bluts, das die Scham ins Gesicht treibt, ist nie anders als rot. Wenn man sich dann schämt, freut das die Menschen, und sie mißbrauchen einen, indem sie einem Sachen unterstellen, die man ganz bestimmt nicht gemacht hat, weil sie denken: Der kann sich ja eh nicht erinnern. Neulich erzählte man mir, ich sei auf einer Fete gewesen, wo die fünf Herausgeber der ‹Frankfurter Allgemeinen Zeitung› ihren Redaktionsigel durchgeficki hätten, und als der Igel dann an inneren Blutungen zugrunde gegangen war, hätte ich mich den fünf Herausgebern als Ersatzigel zum Durchficki angeboten. Ich habe dann aber rasch gemerkt, daß das nicht stimmt, weil die FAZ überhaupt keinen Redaktionsigel hat. Man erinnere sich nur an die eine Fernsehserie, in der Erni Singerl zu Liesel Christ sagt: «Die FAZ hat doch gar keinen Redaktionsigel.»

Wäre ich allerdings, was der Himmel verhindern möge, Herausgeber einer Zeitschrift namens ‹Abscheuliche Musik›, dann hätte ich eine Redaktionstaube. Wegen ‹Una Paloma Blanca.› Tauben sind an und für sich liebenswürdige Tiere. Man kann das zivilisatorische Niveau eines Menschen gut an seinem Verhältnis zu Tauben ablesen. Kaltherzige, öde und schnoddrige Menschen behaupten immerfort, sie würden Tauben «hassen», da sie die Ratten der Lüfte seien und allesamt vergiftet gehören. Ratten sind aber ebenfalls liebenswert. Anfang der siebziger Jahre befand sich ein solches Tier in meiner Obhut, und die anfängliche Abneigung gegen ihren nackten Schwanz überwand ich rasch, indem ich mir erfolgreich einflüsterte, daß mein eigener kleiner Finger eigentlich auch nichts Feineres als ein etwas verkürzter und verfetteter Rattenschwanz war. Die Taube in ‹Una Paloma Blanca› jedoch war kein liebenswertes Tier, die war eine widerliche Friedensratte der Lüfte, und zwar weniger wegen ihres Neurodermitis erzeugenden Flötenintros, sondern wegen der Verwendung eines gestohlenen Wortes im Refrain:

Una paloma blanca
Ain't just a bird in the sky.

Ain't! Ain't ist sogenannter Neger-Slang für «is not». Als das dermatologisch folgenschwere Lied aus allen Lautsprechern herausquoll, begann ich gerade, den Soul und den Blues zu kennen und zu lieben, und dort kam massenhaft «Ain't» vor. ‹Ain't no mountain high enough› von Diana Ross z. B.

Ich empfand es als anmaßend, ja unrechtens, daß sich die holländischen Kirmesmusikanten dieser Vokabel bedienten. Wie nicht wenige Jugendliche der siebziger Jahre war ich von der abwegigen Meinung befallen, daß Deutschland das schlimmste Land der Welt sei. Niederländische Popmusik verhalf mir allerdings zu der Annahme, daß es ein noch schlimmeres Land als Deutschland gibt. Ich stellte mir damals gern vor, wie die Mitglieder der George Baker Selection in den Keller eines ihrer trostlosen Eigenheime gehen, den Stecker der Kühltruhe aus der Steckdose ziehen und sich anschließend gegenseitig dabei fotografieren, wie sie Sex auf auftauenden Rinderhälften machen. Manchmal, wenn mir Vernunft und besseres Wissen entgleiten, stelle ich mir das sogar heute noch vor.

171

Kennen Sie das Wort «Mevulve»?

Frage an die Leser: Was ist der Unterschied zwischen den Sätzen «Ich bin hauteng mit Michael Jackson befreundet» und «Ich kenne jemanden, der mit dem Neffen des Jazz-Musikers Klaus Doldinger zur Schule gegangen ist»?

Schön zu sehen, daß zwei Leser sich zu Wort melden. Der erste heißt Clemens, ist 25 Jahre alt, trägt einen modischen Seattle-Bart und sieht sehr gut aus. Sein Lebensmotto ist: «Ein Mann darf zwar weinen, aber keine Fanta trinken.» Er sagt: «Ich weiß den Unterschied. Der zweite Satz ist viel länger als der erste.»

«Das ist nicht der wichtigste Unterschied, lieber Clemens», entgegne ich.

Nun ist Jasmin an der Reihe, ein auffallend knuspriges Persönchen von 22 Jahren. Es ist schwer, sie zu beschreiben. Fragil, aber nicht zerbrechlich, mit einem Gesicht, in dem russische Züge eine provozierende Einheit bilden mit dem mokanten Lächeln, das man im Altertum der Korintherin nachsagte. «Ich bin schon als Kind allen auf die Nerven gegangen», ergänzt sie unbeschwert und sagt weiter: «Der Unterschied zwischen den beiden Sätzen ist, daß der erste was mit Pop und der zweite was mit Jazz zu tun hat.»

Das ist sicher richtig, liebe Jasmin, doch darum geht es nicht: Der wesentliche Unterschied ist, daß der erste Satz unwahr ist und der zweite wahr. Ich bin nämlich überhaupt nicht mit Michael Jackson befreundet, aber ich kenne tatsächlich jemanden, der mit dem Neffen von Klaus Doldinger in einer Klasse war. Und der erzählte mir eine bezaubernde kleine Geschichte. In den siebziger Jahren gab es mal

173

eine Zigarettenmarke namens LIFE. Das Besondere an dieser Marke war, daß die Verpackung teilweise aus Jeansstoff bestand. Die Mutter des Neffen von Klaus Doldinger hat diese Zigaretten geraucht. Den Jeansstoff-Anteil der Schachteln hat sie aufgehoben, und als genug beisammen war, hat sie ihrem Sohn daraus einen Kopfkissenbezug genäht. Ich wage es, dieses intime Detail aus dem wilden Leben der Jazz-Musiker weiterzugeben, weil ich mir seiner Wahrhaftigkeit völlig sicher bin. Unwahres zu schreiben kann einen heute teuer zu stehen kommen. Ein Journalist der ‹Washington Post› gammelte neulich in seinem Büro herum, und weil gerade nichts passieren wollte, schrieb er in sein Blatt, daß Whitney Houston Abmagerungstabletten gefressen habe und ins Krankenhaus mußte. «Stimmt ja gar nicht!» zeterte die Sängerin, verklagte die Zeitung und forderte Schadensersatzzahlungen. Interessant ist die Höhe der Forderung. Normale Leute könnten vielleicht 2000 Mark fordern, aber diese verrückten US-Stars sind in der Lage und fordern eine Million, na ja, eine Million vielleicht nicht, so durchgeknallt kann selbst Whitney Houston nicht sein. Sollte man meinen. Stimmt aber nicht. Der Star forderte umgerechnet 100 Millionen Mark! Da frage ich: Warum nicht gleich 100 Trilliarden? Warum fordert sie nicht einfach sämtliches Geld, was auf der Welt in Umlauf ist? Mir wäre es recht. Dann könnte die Menschheit zum kommunikationsfördernden Tauschhandel zurückkehren. Ich habe z. B. noch eine antiquierte Rhythmusmaschine, und es wäre mir recht, wenn ich die gegen eine elegante Überleitung vom Thema Whitney Houston zum Thema Gurken eintauschen dürfte.

Botaniker zählen Gurken zu den Beeren. Gern würd ich mal einen Botaniker diskret zur Seite und ins Gebet nehmen: «Was reden Sie denn da? Mit der Erkenntnis, daß eine

Gurke eine Beere sei, überfordern Sie den kleinen Mann auf der Straße aber! Und wenn solches Wissen in die falschen Hände gerät! Wenn ein kleiner Junge seinen Kameraden erzählt, eine Gurke sei eigentlich eine Beere, dann ist seine Zukunft als melancholischer Außenseiter programmiert. Für normale Leute ist eine Beere noch immer so etwas wie eine Erdbeere.» Der Botaniker antwortet: «Nur Amateure halten Erdbeeren für Beeren. In Wirklichkeit sind sie Scheinbeeren. Die tun nur so.» Verbittert wende ich mich ab von dem Mann. Whitney Houston! Botaniker! Alle verrückt!

Wenn man ganz kunstlos und ruppig von einem Thema zu einem anderen kommen möchte, dann vergewissert man sich, daß auf dem Tisch keine Scherben oder Stecknadeln liegen, haut mit der Faust drauf und sagt: «Themenwechsel!»

Das habe ich noch nie gemacht, daher mache ich das jetzt mal: «Themenwechsel!»

Mann, ist das plump und kartoffelig! Aber das alte Thema ist leider alle, es ist ausgeweidet und liegt stinkend in der Prärie. Hyänen und Geier waren schon da, sitzen nun mit prallen Bäuchen unter einem Affenbrotbaum. Es ist eine unschöne Szene, die uns die Natur hier aufgetischt hat, wen also soll es wundern, daß ich das Thema wechseln möchte. Also, wie gesagt, Themenwechsel: In einer jener schlechtgedruckten Zeitschriften, die man umsonst in den Briefkasten gestopft bekommt, hat René Koch, «Starvisagist und Insider», eine sehr lesenswerte Rubrik, in der er regelmäßig darüber informiert, was z. B. «unser Hildchen» gerade wieder ausgefressen hat. In der letzten Ausgabe fragte er Schauspielerinnen, wann und wo sie ihren ersten Lippenstift gekauft haben und was er gekostet habe. Ich bin der Auffassung, daß auch die Menschen außerhalb der deutschen Hauptstadt

175

ein Recht auf Information darüber haben, was der erste Lippenstift von Judy Winter gekostet hat. Er kostete 7 DM. Sie war 15 und wollte unbedingt älter aussehen, was, wie René Koch bissig anmerkt, «ja auch prima gelungen ist». Angelika Milsters erster Lippenstift war 95 Pfennig teurer und hatte «eine hautfarbene Hülle».

Nadja Tillers Lippenstift-Debut trug sich 1948 in Wien zu. «Die Hülle war aus sogenanntem Kunststoff zum Rauf- und Runterschrauben», erinnert sie sich. Kennen Sie sogenannten Kunststoff zum Rauf- und Runterschrauben? Ich nicht. Hildegard Knef kaufte ihren ersten Lippenstift 1943 in einem kleinen Seifengeschäft in Kreuzberg. Da fallen die Bomben vom Himmel, und wonach gelüstet es «unser Hildchen»? Nach Lippenstift. Den Preis weiß sie nicht mehr, aber es war ein Fabrikat der Firma Leichner. Herr Leichner, das weiß ich, war der Erfinder der fettfreien Schminke. Er liegt auf demselben Friedhof wie Rudi Dutschke. Als ich noch Stadtrundfahrten kommentierte, bekam ich einmal eine Rüge, weil ich erwähnt hatte, daß Rudi Dutschke neben dem Erfinder der fettfreien Schminke bestattet wurde. Eine andere Rüge erhielt ich dieser Tage von einem Gastwirt in Berlin-Moabit, dem ich sagte, er möge mir ein Kristallweizen oder irgendein anderes blödes Getränk geben.

Von Hildegard Knef gibt es eine CD mit dem Mitschnitt ihres Hamburger Konzertes von 1986. Auf dieser CD sagt sie ca. 500mal «Danke», und sie singt 18 Lieder vornehmlich darüber, was sie alles möchte, was sie will und was sie braucht, z. B. Tapetenwechsel. Damit das nicht zu fad wird, singt sie manchmal auch darüber, was sie nicht möchte, was sie nicht will und was sie nicht braucht, z. B. Venedig. Ein Überraschungsmoment gibt es. In ein Schlußgeplänkel hinein stellt sie plötzlich die Frage: «Kennen Sie das Wort Mevulve?» Da ich das Wort Mevulve nicht kannte, guckte ich in «Wahrigs Wörterbuch», wo es jedoch nicht aufgeführt wird. Allerdings ist Hildegard Knef realistisch genug, um zu wissen, daß außer ihr das Wort «Mevulve» wohl nur sehr, sehr wenige Menschen kennen, und daher erklärt sie es gleich nach ihrer Frage: «Wenn einem so ganz weich wird, so um den Solarplexus, hier rum, um diese Gegend herum, das ist ein sehr schönes Gefühl, ein Gefühl von zu Hause, aber das ist nun mal nicht unser Schicksal in dem Beruf, daß wir immer an derselben Stelle kleben dürfen, aber manchmal ist es auch schön, wegzugehen und wiederzukommen.»

Das also ist Mevulve. Ich wünsche Frau Knef noch sehr viele Mevulve-Momente, auch wenn sie neulich, ohne es zu wissen, daran beteiligt war, daß ich menschlich enttäuscht wurde. Ich hatte zwei Herren, die ich in meiner Naivität für Freunde hielt, um einen Gefallen mit Hildegard-Knef-Bezug gebeten. Doch keiner wollte mir helfen! Ich hatte sie gebeten, vor einem Hotel, von dem ich hörte, Frau Knef liege darin, auf die Künstlerin zu warten, um, sobald sie vor die Tür treten würde, auszurufen: «Hildchen, laß dir ja nich unterbuttern!» oder «Kopf hoch, Hildchen, es wird schon wieder werden!»

Ich war nie ein Anhänger der These, daß man Leute, nur weil sie singen oder schauspielern, bedenkenlos anhimmeln sollte. Auf einige Prominente möchte ich jedoch nicht verzichten. Zwar war ich nie Fan von Nina Hagen oder Udo Lindenberg, doch wenn morgen eine Zeitung mit der Schlagzeile «Udo Lindenberg oder Nina Hagen tot» erschiene, dann würde ich sagen: «Na, das ist aber nicht schön.» Zu diesem Personenkreis rechne ich auch Hildegard Knef. Über ihr Augen-Make-up, das kommende Generationen für eines der rätselhaftesten Phänomene des 20. Jahrhunderts halten werden, habe ich mich in einem früheren Aufsatz dahingehend geäußert, daß ihre Wimpern den Anschein erweckten, als hätten schätzungsweise 10 000 schwarze Blattläuse es sich auf ihnen gemütlich gemacht. Als ich noch jung war und nicht wußte, daß alles, aber auch wirklich alles im Leben unglaublich kompliziert und letztlich unerklärlich ist, dachte ich, daß Frauen sich so zurechtmachen, um Männer abzuschrecken. Inzwischen weiß ich, daß viele Männer es explizit und im engeren Sinne «geil» finden, wenn Frauen drastisch geschminkt und drakonisch parfümiert daherkommen. Und wenn jemandem die Fügung «drakonisch parfümiert» nicht behagt, kann er gern einen Kuli nehmen und das Wort «drakonisch» wütend durchstreichen. Sie können sich auch aus einer Zeitschrift ein Adjektiv ausschneiden und drüberkleben. Machen Sie das nur! Ich bin ein sehr toleranter Autor. Ich kann auch gut verstehen, daß Männer auf große Brüste oder ausladende Becken abfahren. Die Tatsache, daß es, wenn man schon bestimmte Körperteile gut findet, nicht unbedingt schadet, wenn diese groß sind, hat einen Bekanntheitsgrad, der sich nicht auf heterosexuelle gutbürgerliche Kreise beschränkt. Daß Männer Sehnsucht empfinden nach beschmierten und vollgekleisterten Damen, kann ich indes nur tolerieren, nicht verstehen. Auch ich verehre das Weib als solches. Doch sollte es sein wie die Blüte am Bach, möglichst mit Dutt und einer Kiepe voll Reisig auf dem Rücken, und sagen: «Ich habe uns Hölzlein gesammelt, lieber Mann, damit wir es warm haben in unserer Hütte am Waldesrand, wo zwar kein Designer-CD-Ständer für 799 DM, in den nur 20 CDs reinpassen, zu finden ist, aber die selbstgeflochtene Wiege mit dem krähenden Kinde.» Vielleicht würde ich sogar zu einer Prostituierten gehen, wenn sie ungeschminkt wäre, in einem bodenlangen Kleid aus dunkelgrauer Baumwolle an der Straße stünde und natürlich, das muß sein, eine Kiepe mit Reisig auf dem Rücken trüge. Nur diejenigen, die noch jung sind und nicht wissen, daß die Welt mit jedem Lidschlag ihres Fortbestands komplizierter und unerklärlicher wird, werden einen Reisigkiepen-Fetischismus sonderbarer finden als eine Affinität zu Frauen in extrem unbequemen und gesundheitsschädlichen Schuhen, die ja weitverbreitet ist.

Die Welt ist kompliziert. Manche Frauen bekommen 50 Mark dafür, daß sie mit wildfremden Männern sexuell verkehren, andere verlangen 100 Millionen Mark dafür, daß sie keine Abmagerungstablette gegessen haben. Manche Menschen sind so arm, daß sie auf Kopfkissen aus Zigarettenschachteln nächtigen müssen, andere kaufen sich Designer-CD-Ständer für 799 DM, wo nur 20 CDs reinpassen. Erwähnen könnte man auch noch den berühmten Designer-Wasserkessel. Man muß aber nicht, weil jeder jemanden kennt, der einen hat. Jaja, der gute alte Designer-Wasserkessel. Ei ei, was für ein schöner Wasserkessel. Ist es der von Michael Graves oder der von Aldo Rossi entworfene? Wenn es ihn nicht schon gäbe, müßte man ihn glatt erfinden, den Designer-Wasserkessel. Jaja, der gute, alte Designer-Wasserkessel.

PS: Sehr pervers: Korpulente Männer, die (setzen Sie hier ein todschickes Adverb Ihres Vertrauens ein) geschminkt und drakonisch parfümiert mit Reisigkiepen auf dem Rücken an der Bushaltestelle stehen und rufen: «Oh, oh, wo ist mein süßes Omnibüslein, wann kommt mein zuckersüßer Omnibus denn endlich?»

Das Diskretionsteufelchen und
der Motivationsfisch

Aus dem Munde eines Menschen, der Schauspieler nicht mag, kam neulich eine hübsche Schmähung: «Pah, Schauspieler! Fünf Schals, und sie kratzen sich mit der linken Hand am rechten Ohr.» Keine Ahnung, wo er das mit den fünf Schals herhatte, aber auch mir war die Welt des Theaters immer fern. Besonders stört mich das Bühnengepolter, wenn frisch angetanzt oder mal gerungen wird. Warum legen die die Bühnen nicht einfach mit Schaumstoffmatratzen aus? Dann müßten die Schauspieler nicht mehr so schneidend und überakzentuiert sprechen, und der etwas eiernde Gang, den sie dann zweifelsohne einlegen würden, verliehe mancher Klassikerinszenierung ganz ohne entstellende Aktualisierungen eine völlig neue Würze.

Ich war auch nie Verehrer diverser Filmschauspieler. Was an Romy Schneider oder Humphrey Bogart toll gewesen sein soll, mögen mir dereinst die Engelein verklickern, wenn ich, mit Auszeichnungen für Aufrichtigkeit behangen, durch das Himmelreich spaziere. Zu Lebzeiten habe ich keine Zeit, mir erläutern zu lassen, warum Posen und persönliche Schicksale postum verklärt werden müssen. Bei anderen Stars sind die Quellen ihres Ruhms leicht zu orten; Marlon Brando ließ sich in seinen frühen Filmen ungewöhnlich oft *von hinten* aufnehmen, und Marlene Dietrich ist berühmt wegen ihrer komischen Augenbrauen, die sie sich angeblich mit Hilfe einer Untertasse malte. Ich bin nicht Kinomane oder Transvestit, aber als ich hörte, daß nach ihrer Beerdigung auf einem kleinen Friedhof in Berlin ein «Defilee der

Bürger» vonstatten gehen solle, dachte ich: «Da muß ich mitdefilieren.»

Ich hatte mir die Mythosverscharrung als ein unwürdiges Spektakel ausgemalt. Rempelnde und dröhnende Ur-Berliner, die Rabatten zertrampeln, Grabschmuck mopsen und in Hecken pinkeln, halt so, wie man sich als Lackaffe die Berliner vorstellt. Doch da hatte ich mich verlackafft. Geduldig und stille stand man in der langen Schlange, kein verrohtes, dummes Gesicht war zu sehen, keiner schlabberte an Limonadendosen. Die Leute kamen in Straßenkleidung, manche trugen schwarze Jeans, nur wenige Trauergewand. Ein Muskelmann hatte sich eine schwarze Binde um den Bizeps geschnürt, viele hatten eine Rose dabei, die ein bißchen aussah wie vortags in der Kneipe gekauft. *Paul Rindfleisch* und *Anna Schande* sind zu etwas Ruhm gelangt, denn jeder kam an ihren Gräbern vorbei und dachte: Schau, da hieß eine Anna Schande, und denk dir nur, hier liegt Paul Rindfleisch. Doch niemand lachte grell, und die paar Nachtgewächse, die angemalt und aufgrund eines berühmten Liedes mit Koffern auftauchten, standen an wie alle und störten überhaupt nicht. Nach zwei bis zweieinhalb Stunden war ein jeder dran mit Erdewerfen und bemerkte den Kranz der Alternativen Liste sowie den schäbigen der Knef: «Die hat ja nie Geld, die Arme. Musse nen schäbigen Kranz schicken, der aber sicher von Herzen kommt.» Schönes Wetter, keine Trauer, aber ein Hauch von Dank und Respekt. Prima war's am Grab des Stars.

Der raffgierige Enkel der Diva hat Photos ihrer Wohnung an die Zeitschrift ‹Bunte› verscherbelt. Man sieht den besudelten Teppichboden und ihr Telefon, das von Tesafilmstreifen zusammengehalten wird, so zertelefoniert ist es. Ich finde, bevor man stirbt, sollte man unbedingt seine Wohnung renovieren oder zumindest aufräumen, was natürlich bedeutet, daß man *rechtzeitig* sterben sollte und nicht erst, wenn es nicht mehr anders geht. Deswegen ist es auch taktlos, andere Leute zu ermorden: Man nimmt ihnen dadurch die Möglichkeit, gewisse Dinge beizeiten fortzuschaffen. Einem Bekannten von mir oblag es einmal, die Wohnung eines Verwandten zu entrümpeln, der von einem Auto totgefahren worden war, und da stand er nun vor zwanzig Jahrgängen der Zeitschrift ‹Sonnenfreunde› und ganzen Kisten voller Filmchen und Videos. Um Leser, deren sittliche Festigkeit noch unvollkommen ist, vor irritierenden Spezialdurchblutungen zu bewahren, würde ich auf Fragen wie «Was denn so für Filmchen?» nicht in Form farbiger Einzelheiten, sondern nur mit einem vagen «Na, was für Filmchen wohl?» antworten. Welchem Zweck sollte mein Bekannter sein problematisches Erbgut nun zuführen? Sollte er es etwa einfach wegwerfen? Nein, der Verwandte hatte ja offenbar sein gesamtes Einkommen in diese Anregungsmedien investiert, weshalb Wegwerfen praktisch der Vernichtung eines Lebenswerkes gleichgekommen wäre. Hätte meine Freund die heikle Habe mithin in eine Stiftung überführen und der Öffentlichkeit zugänglich machen sollen? Ein allzu kauziger Gedanke! Also schmiß er sie doch in den Container, nicht ahnend, daß er sich damit strafbar machte. In der Zeitung las ich nämlich mal, daß ein Herr am Tag vor seiner Hochzeit einige Eheersatzbildbände arglos in den Altpapiercontainer gab. Wühlende Kinder wühlten sie hervor und brachten sie zur Mama, welche daraufhin fauchend zum Polizeirevier stapfte. Der Mann wurde irgendwie ausfindig gemacht und mit einer hohen Geldstrafe belegt. Um die scheelen Blicke seiner Frau wollen wir ihn nicht beneiden.

Es müßte Diskretionscontainer geben, in welchen mechanische Teufelchen sitzen, die alles zerfetzen. Für mancherlei wäre so etwas gut. Ich besitze zum Beispiel noch ein großes Konvolut Jugendgedichte, die ich nie in den normalen Müll geben mochte, weil ich fürchtete, daß ein Herr von der Stadtreinigung sie hervorstöbern und sie veröffentlichen könnte, um sich in Talkshows als *Müllmann der Lyrik* feiern zu lassen.

Doch mit öffentlichen Aktenvernichtern wäre nicht nur mir sehr gedient, sondern auch den vielen Lebensmüden, die ihren mit der Wohnungsauflösung betrauten Angehörigen Schockerlebnisse beim Schubladenöffnen ersparen wollen. Ich sehe sie schon pilgern, all die Überdrüssigen mit Kisten und Tüten voll selbstverfaßtem Schund, wie sie geduldig, vielleicht betend vor dem Diskretionscontainer anstehen, in dessen unmittelbarer Nähe sich ein modernes Einschläferungsstudio mit gepolsterten und angenehm temperierten Kabinen befinden sollte. Ich empfinde es als eine gesamtgesellschaftliche Ungezogenheit, von erwachsenen Menschen, die ihre Lebenslust eingebüßt haben, zu erwarten, daß sie sich von Bürohochhäusern auf Gehwegplatten schmeißen, dabei auch noch Gefahr laufen zu überleben, weil sie, statt auf harten Stein, auf eine sofakissenweiche alte Dame fallen, oder daß sie widerliche Tabletten schlucken und infolgedessen, statt friedensreich hinwegzudösen, an ihrem Erbrochenen ersticken. Freilich müßte man Sorge tragen, daß in jenen kommunalen Einrichtungen, in denen man sein Leben auf einem angemessenen Niveau verkürzen kann, keine Teenager mit Liebeskummer eingeschläfert werden. Bis vierzig sollte es jeder aushalten müssen. Danach ist die Zeit für freies Entscheiden.

Ich stelle es mir so vor: Vor dem Eingang des, nennen wir

es: «Haus des sanften Lebensendes» – es könnte sich auf einer Flußbrücke befinden –, steht eine Psychologin in einem hübsch karierten Twinset. Ein bißchen abfedernde Zwangsberatung sollte schließlich sein. Die Psychologin sagt zu dem Lebensmüden: «Sehen Sie diesen garstig schmutzigen Fluß? Gäbe es unser Institut nicht, müßten Sie dort hineinspringen, und im Wasser würden Sie, trotz Todeswunsch, instinktiv nach Luft schnappen, und dann schwömme Ihnen ein todkranker Fisch mit scheußlichen Krebsgeschwüren in den Mund. An dem würden Sie ersticken, und Ihre Angehörigen müßten Sie später in der Leichenschauhalle mit dem Fisch im Mund identifizieren.» Sie reicht dem Kandidaten ein gräßliches Foto des kranken Fischs.

«Pfui Spinne», sagt der Lebensmüde.

«Na, sehen Sie?» spricht die Psychologin, «nun zeigen Sie mal Ihren Ausweis her. Haben Sie es sich wirklich reiflich überlegt? So schlimm kann Ihr Leben doch gar nicht sein! Sehen Sie dort, die lustigen Gimpel im Geäst, wie vortrefflich die zwitschern!»

«Doch, es *ist* so schlimm, und die Gimpel können mir nichts mehr geben.»

«Na, wenn das so ist! Dann jetzt hübsch rein mit Ihnen in die Polsterkabine …»

Jetzt hat die Dame mich erspäht.

Ich sage: «Ach gute Frau, ich habe nur eben meine Gedichte aus den siebziger Jahren dem Diskretionsteufelchen anheimgegeben, und nun wollte ich Ihnen ein wenig bei Ihrer sinnvollen Arbeit zusehen.»

Die Frau scheint nicht zu hören.

«Sehen Sie diese verschmutzte Kloake? Wenn es unser Haus nicht gäbe, müßten Sie da reinspringen und an diesem tumorüberwucherten Fisch ersticken, und Ihre Angehörigen würden Ihr Leichentuch vollspeien, und deshalb rein mit Ihnen und …»

«Nein, nein, ich möchte nicht sterben», unterbreche ich sie, «ich wollte nur mal gucken.»

«Das sagen sie alle», ruft sie und beginnt mir am Blouson zu zerren.

«Nein, ich will nicht, ich habe mir gerade einen Bademantel und ein Fax und einen Pürierstab gekauft, und ich will noch ganz viel im Bademantel herumlaufen, faxen und pürieren im Leben!»

Die Psychologin ist wie wild. Da nehme ich ihr das Fischfoto weg und zerreiße es.

«Sie haben meinen Motivationsfisch zerrissen!» plärrt sie. Ich verkrümele mich, und schon erörtern die Daseinslahmen, welche hinter mir angestanden haben, die Bestellung eines Sammeltaxis zum nächsten Fernmeldeturm.

Tja, so geht's, wenn gutes Recht in überforderte Hände gerät. Gerade eben war ich durchaus noch für Einschläferungsstudios, doch das böse Weib hat mir die Meinung geändert. Einst war ich für das Recht auf Abtreibung, dann war ich eines Tages dagegen, irgendwann war ich wieder dafür – ein Meinungshinundher ist das! Bin ich ein labiles Würstchen, das im Winde schwankt? Nein, wer seine Meinung ändern kann, der lebt noch gern und braucht sich nicht einschläfern zu lassen. Der Meinungswechsel gehört zum Leben, ebenso wie der Stimmungsumschwung. Zu diesem jedoch pflegen viele ein ungesundes Verhältnis. Kein Mensch hat Anspruch auf psychische Unversehrtheit und ein kalifornisches, d. h. stets besonntes Gemüt.

Kommen finstere Stimmungsepisoden angeschlichen, dann muß man sich mit ihnen arrangieren, und wenn einem mal drei Tage lang Selbstmordvisionen im Hirn umherfegen, dann hat man das gefälligst auszuhalten. Doch ach, die Menschen rennen gleich zu Psychotherapeuten und klagen gute Laune ein. Sie sollten beachten, daß so mancher Psychologe platt ist und von Seelen keinen Schimmer hat, er wollte nur irgendwas Nebliges studieren, und da es Astrologie als Studienfach zu seiner unfrohen Überraschung nicht gab, sagte er sich: «Na, *dann* nehm ich halt Psychologie.»

Der altersweise Differenzierer in mir besteht darauf, daß ich hier noch einen Satz nachschicke: Ich bin mir sicher, daß es einige Menschen gibt, denen von bestimmten Psychologen geholfen werden kann. Den allgemeinen Leser bitte ich nun zu prüfen, ob er in der geistigen und körperlichen Verfassung ist, die Auskunft zu verkraften, daß es mir leider nicht möglich ist, mich ähnlich gnädig über die Astrologie zu äußern. Wer Wert darauf legt, von mir für ein dummes Ding gehalten zu werden, braucht mich nur zu fragen, was ich für ein Sternzeichen sei.

Diejenigen, deren liebste Frage die nach dem Sternzeichen ist, haben aber auch noch eine zweitliebste. Die lautet: «Was is'n Ihr Lebensmotto?»

Ich wüßte nicht, wozu man ein Lebensmotto haben sollte. Das Leben ist viel zu kompliziert für ein Motto. Da man aber immer wieder danach gefragt wird, sollte man sich vielleicht gelegentlich eines ausdenken, damit man sich nicht dauernd über die dumme Frage echauffieren muß.

Na gut. Dann ist mein Lebensmotto eben: «Die Wüstenerbse ist die Staatsblume Südaustraliens.» Den Satz habe ich neulich in einem Naturkundemuseum gelesen, und ich halte ihn für ein recht praktikables Lebensmotto.

Es gibt allerdings eines, das noch ein bißchen besser ist. Vor einigen Jahren hat Maximilian Schell die alte Marlene Dietrich in ihrer Pariser Wohnung aufgesucht, um sie filmisch zu porträtieren. Da die Dietrich bekanntlich der Meinung war, daß man sie zu Tode fotografiert habe, ließ sie nur Tonaufnahmen zu, die Herr Schell später geschickt mit alten Filmausschnitten kontrastierte. Während der Interviews reagierte die Dietrich sehr genervt auf viele Fragen, besonders auf solche, die ihren Mythos, ihre Ausstrahlung, ihren Sex-Appeal betrafen. Ich weiß nicht mehr den genauen Wortlaut, mit dem sie sich dieses Themas annahm, aber sie sagte etwas in der folgenden Art:

«Mythos? Ausstrahlung? Sex-Appeal? Alles Quatsch! Hingehen – machen – wieder weggehen. Das ist es!»

Und genau das wäre tatsächlich ein akzeptables Lebensmotto: Hingehen, machen, wieder weggehen – und keine furchtbaren Fragen beantworten müssen.

Besser als Halme: Blutmagen, grob

Als ich hörte, daß dem 87jährigen Schauspieler Leon Askin, der nach 56jähriger Emigration in sein Heimatland Österreich zurückgekehrt ist, das «Silberne Ehrenzeichen der Stadt Wien» verliehen wurde, dachte ich: «Was für eine Gedankenlosigkeit!» Wohl kann man einen Menschen in mittleren Jahren silbern ehren, auf daß er dies als Ansporn verstehen möge, sich weiterhin verdient zu machen, damit ihm eines Tages die goldene Ehrung nachgereicht werde, aber einen Mann, der sicher nicht mehr viele Jahre leben wird, sollte man entweder gar nicht ehren oder erstrangig. Sonst klingt es wie: «Sicher, wir ehren Sie schon, aber so doll, wie wir manch anderen ehren, ehren wir Sie nun auch wieder nicht.»

Ehrwürdigkeit ist keine sportliche Disziplin, da sollte man mit der Vergabe minderer Metalle vorsichtig sein. Hoffentlich hat er das Abzeichen wenigstens vom Bürgermeister persönlich erhalten. Einmal las ich, daß jemandem irgendeine Ehrennadel von der «Ehefrau des Volksbildungsstadtrates von Berlin-Lichtenberg» ausgehändigt wurde. Warum nicht gleich von der zweitbesten Freundin der geschiedenen Ehefrau des stellvertretenden Volksbildungsstadtrates? Eine ebenso heikle Materie wie die ungeschickte Ehrung ist das eingeschränkte Lob. Man darf niemals zu einer Dame sagen: «Sie sehen einfach bezaubernd aus, aber durch Ihre schweren Ohrringe sind Ihre Ohrläppchen ganz ausgeleiert.» Zwar besteht die Dame zu höchstens einem Promille aus Ohrläppchen, aber der kleine Tadel macht das Lob, welches 99,9 % ihrer Körpersubstanz betrifft, vollkommen zunichte. Und was ist von jemandem zu halten, der zu jemandem nicht sagt: «Sie haben eine Haut wie ein Pfirsich», sondern: «Sie haben eine Haut wie Dosenpfirsiche»? Wir wollen hoffen, daß dieser Mann die gleiche Eigenschaft hat wie derjenige, der Käsebrote gegessen hat, am folgenden Tag weinend über der Toilettenschüssel hängt und ruft: «Oh, ihr armen Käsebrote! Wie dauert mich euer Zustand!» D. h. wir wollen hoffen, daß ein solcher Mensch nicht existiert. Es entsteht immer wieder Anlaß zu vorsichtiger Lebensfreude, wenn man sich vor Augen hält, was es alles nicht gibt und was es daher vielleicht auch niemals geben wird.

Doch hört man immer wieder sagen: «Es gibt schon alles, alles ist schon dagewesen.» Meist sagen dies Musiker, die rechtfertigen wollen, daß sie altes Terrain beackern. Es gebe ja nun mal nur soundso viel Töne. Ich meine, nicht jeder muß zu neuen Ufern aufbrechen. Auch an alten Ufern liegt noch manche ungeknackte Muschel. Aber in der Behauptung, es sei schlechterdings unmöglich, noch wesentlich Neues zu schaffen, kämpfen Selbstzufriedenheit und Feigheit um die Vorherrschaft. Erfahrene Beobachter werden auch Doofheit und Weichlichkeit mitkämpfen sehen. Solange es Menschen gibt, wird sich der Drang zur Veränderung behaupten. Keine Kunst ist je zu Ende und getan.

Auch die der Werbung nicht. Ich habe bemerkt, daß es im deutschen Fernsehen keine Werbung für Salz gibt. Es ist mir aufgefallen, als Freund Tex Rubinowitz mir schrieb, im österreichischen Fernsehen gebe es welche. Er hat mir den Spot auch geschildert. Ich verstehe ihn überhaupt nicht, aber er soll so gehen: Ein alter Mann schnipst mit dem Zeigefingernagel auf seinen Schneidezähnen das Lied ‹Hänschen klein›. Dann ertönt eine Stimme, und die sagt «Salz». Seit Tagen versuche ich, auf meinen Vorderzähnen ‹Häns-

189

chen klein› zu spielen. Ich glaube ja schließlich an den Fortschritt der Musik. Zuerst hat man den Eindruck, daß es wirklich so klingt wie das Lied, aber das ist eine Täuschung, weil man beim Schnipsen die Melodie immer mitdenkt. Meine Zähne wenigstens klingen alle gleich. Soll der Salz-Werbespot aussagen, daß einem bei tüchtigem Salzkonsum die Zähne so unterschiedlich groß wachsen, daß jeder einen eigenen Tonwert hat? Mich vermag dieser Gedanke nicht recht zu verführen.

Ich habe mir daher die Mühe gemacht, über bessere Salzkampagnen nachzudenken, leider war der Ertrag des Denkens nur ein matter Sechszeiler:

Gestern noch in der Saline,
Heut rieselt's dir auf die Praline.

Gestern noch im Meer versteckt,
Heut streust du dir es aufs Konfekt.

Boy, o boy, o boy, o boy,
Mit Salz schmeckt Schokolade neu.

Salz hat in Apotheken-Gratiszeitschriften lesenden Kreisen einen genauso schlechten Ruf wie Zucker. Ärzte erbleichen, müssen sich setzen, bitten um Riechsalz, wenn einer ihnen unterbreitet, daß er ohne Todesangst zum Salzstreuer greift. Gegen das Dickmach- und Zahnzerrüttungs-Image von Zucker hat es allerlei Werbefeldzüge gegeben, in denen es hieß, daß Zucker zaubere und Kalorien nur vom Hörensagen kenne. Den Salzfritzen ist derlei nicht eingefallen. Das ist verwunderlich, denn Salz hat wirklich keine Kalorien, und zaubern kann es auch. Es zauberte mir einmal einen fassungslosen Blick ins Gesicht. Ich hatte ein feines Süppchen gekocht, eine Spezialkomposition mit frischen Kräutern, zehnmal abgeschmeckt. Da erscholl von der Besucherpforte her ein Pochsound. Ein Gast wurde willkommen geheißen und gefragt, ob er von der Suppe wolle, was bejaht wurde. Ich füllte seinen Teller. Ohne die Suppe zu kosten, griff der Gast zum Salzstreuer und knallte schätzungsweise fünf Gramm Salz in meine ausgeklügelte Speise. Ich war fassungslos, beleidigt und wunderte mich darüber, daß ich mit Rohlingen Umgang pflege.

Man kann jemanden natürlich auch subtiler beleidigen. Im Radio hörte ich, wie eine Journalistin ein Buch eines prominenten Schinkenschreibers über den grünen Klee lobte. Das ganze Lob machte die Rundfunkdame aber wertlos, indem sie den Schriftsteller in einem Nebensatz als «Buchautor» bezeichnete. Sie tat dies wohl weniger aus Bösartigkeit als vielmehr versehentlich, aus Unkenntnis hinsichtlich gewisser Nuancen des Ausdrucks. Buchautor nennt man jemanden, den man auf keinen Fall als Dichter oder Schriftsteller durchgehen lassen möchte. Wenn z. B. Petra Schürmann ein Buch mit Schönheitstips herausgibt, dann ist sie Buchautorin. Ein Buchautor ist auch jemand, der Auskunft darüber erteilt, wie man mit einer bestimmten Krankheit besser zurechtkommt, und im Anhang Adressen von Selbsthilfegruppen aufzählt. Das kann durchaus lobenswert und nützlich sein, und für so jemanden ist die Bezeichnung Buchautor auch nicht zu beanstanden. Für einen geltungssüchtigen Epochalromancier wie den genannten Schinkenschreiber ist der Ausdruck die perfideste Beleidigung, die denkbar ist. Es ist etwa so, als ob man von einem Schauspieler sagt, daß er «schauspielere». Schauspielern – das tun Amateure. Echte Schauspieler *spielen*.

Ich spiele ebenfalls, und zwar mit dem Gedanken, meinesteils unter die Buchautoren zu gehen. Ich könnte einen Fotoratgeber verfassen. Es reicht aber vielleicht auch, wenn ich mir Zurückhaltung auferlege und mein Wissen kurzgefaßt unter die Leute peitsche. Das Wichtigste ist, daß die Kamera so klein ist, daß man sie immer dabeihaben kann. Wenn man eine schwere Ausrüstung hat und Streifzüge durch die Welt speziell zu dem Zweck unternimmt, Bilder zu machen, fotografiert man nur «poetische» Kalenderblätter. Unscharfe Halme mit scharfer, zerklüfteter Landschaft im Hintergrund oder, als kreative Alternative, vorn scharfe Halme, hinten unscharfe Gegend. Wenn man das mit 16 macht, ist das völlig okay. Man kann dann auch ein bißchen selber im Labor herumplanschen und seine eigenen Abzüge jungen Mädchen zeigen, falls man es versteht, solche herbeizulocken und zu beeindrucken. Die sagen dann, daß die Halm-Bilder sehr ausdrucksstark seien, «irgendwie beinahe poetisch», und fragen, ob sie vielleicht mal mit in die Dunkelkammer dürfen. Sie dürfen vielleicht. Wenn sie nett sind, dürfen sie die Abzüge auch mit der Entwicklerzange aus der Wässerungswanne holen und aufhängen. Beim gemeinsamen Beurteilen der aufgehängten Bilder kann man schließlich sehr dicht beieinanderstehen, und es wird eine «besondere Atmosphäre» herrschen, aus der sich vielleicht Nutzen ziehen läßt. Als Erwachsener gibt man seine Filme lieber ins Fotogeschäft.

Das größte Problem beim Freiland-Fotografieren sind die glotzenden Passanten. Sobald man etwas festhält, was keine Ähnlichkeit mit dem Kolosseum oder den Niagara-Fällen hat, bleiben sie stehen und denken, was fotografiert der denn da, fragen schlimmstenfalls sogar. Mir ist es sehr unangenehm, wenn Leute mir dabei zugucken, wie ich das in einem Fleischereischaufenster hängende Schild «Blutmagen, grob, 100 g 88 Pfennig» ablichte.

Praktisch ist es, wenn man jemanden dabeihat. Dann kann man so tun, als ob man den Begleiter knipst, während man in Wirklichkeit eine Frau verewigt, die gehend und Kinderwagen schiebend eine geräucherte Makrele verzehrt. Auf Reisen wird man oft von der aufdringlichen Erhabenheit des Pomps bombastischer Baulichkeiten gefangengenommen. Man wisse aber, daß der Pomp in der Kameralinse verdorrt. Kaum jemand schaut sich gern vor zwanzig Jahren selbstgemachte Fotos mit Kirchen und Schlössern an. Man muß immer darauf achten, daß noch etwas anderes mit aufs Bild kommt, weil man sonst keine Lust haben wird, die Fotos in späteren Jahren überhaupt mal anzugucken. Praktisch ist die Kirche Notre-Dame in Paris. Davor steht stets ein mit Souvenirs beladenes Eselchen. Dieses Eselchen ist mein heimlicher Freund. Es guckt genauso, wie ich gucke, wenn ich eine Bilanz meines bisherigen Lebens ziehe. Das Eselchen läßt sich auch gut fotografieren, denn man hat es, ähnlich wie mich, nehme ich an, mit Drogen vollgepumpt, um den Fluchtwillen zu ersticken. Die von den internationalen Glotzaugen erstaunlicherweise noch nicht weggeglotzte Kirche hinter ihm wird täglich von hunderttausend grünen Fickfröschen fotografiert, da muß man nicht der hunderttausendunderste sein. Bedauerlicherweise steht nicht vor jeder ranzigen Pißkirche ein süßes Eselchen. Ein einigermaßen akzeptabler Eselersatz ist der Reisegefährte. Wenn man keinen hat bzw. bereits 10 000 Fotos besitzt, wo der drauf ist, dann sollte man versuchen, mit der Kamera fremde Leute zu erhaschen, Frauen mit komischen Frisuren oder Männer, die sich bücken, wodurch auf ihrer Hinterseite das zum Vorschein kommt, was hie und da als «Klempnerfalte» bezeichnet wird. Wenn die Reisebranche in der Lage wäre, auf die Bedürfnisse des Marktes zu reagieren, gäbe es in der Nähe aller vielbesuchten Gebäude sogenannte Groteskpassantenvermietungen, wo man für zehn Mark abwegig gekleidete Personen mieten kann, notorische Sackkratzer mit Makrelen im Mund, Frauen mit nach Schubkarren schreienden Brüsten, Männer, deren Körperbehaarung wie rußiger Qualm aus Kragen und Ärmeln herausdringt, schmutzige Kinder mit fettigen Brillen, die durch Klebestreifen zusammengehalten werden. Wenn aber, wie es oft der Fall ist, keine solchen Leute da sind, dann sollten wenigstens Autos oder Müllbehälter mit aufs Kirchenfoto kommen. Dann kann man im Jahre 2020 neben seinem bis dahin wahrscheinlich völlig verrunzelten Lebenspartner sitzen und sagen: «Guck mal, das ist doch so ein typischer schriller Neunziger-Jahre-Mülleimer!» Über Fotos, auf denen nur eine Kirche zu sehen ist, kann man sich nicht unterhalten.

Andere Regeln sind zu beachten, wenn man auf einer Geselligkeit, möglicherweise gar einer alkoholisch geprägten, fotografiert. Falls man da nicht aufpaßt, schnappt sich irgendwer die Kamera und macht den ganzen Film mit irgendwelchen Sauffotos voll. Es gibt nichts Uninteressanteres als von Angetrunkenen geschossene Bilder mit entfernten Bekannten drauf, die einander zuprosten oder sich in den Armen liegen. Sehr wichtig ist es auch, darauf zu achten, daß auf keinen Fall notorische Abzugschnorrer mit aufs Bild kommen, also Gestalten, die dafür aktenkundig sind, daß sie von allem Abzüge wollen. «Davon will ich aber unbedingt einen Abzug! Ich bezahl ihn auch, wirklich!» Den Teufel werde ich tun und für irgend jemanden Abzüge machen lassen, es sei denn, ich komme selbst auf die Idee. Trifft man die Schnorrer auf der Straße, schreien sie einem schon auf zehn

Meter Entfernung entgegen: «Und? Wo bleiben meine Abzüge?» – «Deine Abzüge sind in Abrahams Wurstkessel, und dort bleiben sie auch!» muß man da entgegnen. «Wieso denn», wird gemeckert, «bei Fotos, wo ich selber drauf bin, habe ich ein Recht auf einen Abzug.» Quatsch! Wer Fotos will, soll selber einen Fotoapparat mitnehmen, wenn er auf ein Remmidemmi geht, und nicht andere bedrängen, sich mit Negativnummern abzuplagen.

Ich bin mir sicher, daß ich nun alles Wesentliche, was man über das Fotografieren wissen muß, genannt habe. Professionelle Fotokünstler werden das gern bestätigen und sich bei den zuständigen Stellen dafür einsetzen, daß mir dereinst von der Vizefriseurin des Staatssekretärs für Senioren und Reaktorsicherheit ein eiserner Ehrennagel in die Brust gerammt wird.

TEILWEISE NATÜRLICH SCHON.
AUCH. ABER NICHT NUR.
(MONOLOGE, SZENEN UND
DIALOGE)

Mini-Talk am Nachmittag

Eine Minute vor Sendebeginn. Die Talkshowbesitzerin drängelt sich durch die Gratispistazien essenden Zuschauer zur Moderatorin.

TALKSHOWBESITZERIN: Du, Dorchen, tut mir furchtbar sorry, aber wir müssen radikal umdisponieren. Die obdachlose Sexberaterin aus Frankreich, die das Buch ‹Obdachlos und trotzdem Sexberaterin› geschrieben hat, ist im Schneegestöber steckengeblieben, und der skurrile Typ, der von sich behauptet, ein Fan von Uwe Ochsenknecht zu sein, auch.

MODERATORIN: Oh, Fuck! Im gleichen Schneegestöber?

TALKSHOWBESITZERIN: Nein, Süßes. In separaten Schneegestöbern.

MODERATORIN: Fuck! Mit wem soll ich jetzt talken?

TALKSHOWBESITZERIN: Erstens mit der helgoländischen Kirschenkönigin. Die hat eine neue Theorie zur Müllbeseitigungsfrage entwickelt. Quetsch das Mädelchen mal ein bißchen aus. Zweitens: Mit dem griechischen Frauenkritiker Eglisios Retsidokularakis.

MODERATORIN: Eglisios wie bitte?

TALKSHOWBESITZERIN: Retsidokularakis. Merk dir das bitte.

MODERATORIN: Oh, Fuck, was soll ich den denn fragen?

TALKSHOWBESITZERIN: Du wirst das Kind schon schaukeln, Liebes. Horch, da ist die Talkshowbeginnrassel, gleich beginnt's.

Sprödes Rasselgeräusch

MODERATORIN: Guten Abend, meine Damen und Herren, wie Sie am spröden Klang der Talkshowbeginnrassel vielleicht gemerkt haben, beginnt nun unsere Talkshow. Die in den TV-Magazinen angekündigten Gäste sind leider in separaten Schneegestöbern steckengeblieben, doch wir haben natürlich für hochkarätigen Ersatz gesorgt. Rechts von mir sitzt die Helgoländer Kirschenkönigin, deren Namen Sie gleich von ihr selber hören werden.

KIRSCHENKÖNIGIN: Mein Name ist Kathrin Schäfer, ich bin 18 Jahre jung, ich bin unternehmungslustig, aber auch häuslich, ich mach gern Paragliding, was ich nicht mag, sind Intoleranz und ungepflegte, miefige Achselhöhlen bei Männern, und ein bißchen nervös bin ich schon.

MODERATORIN: Das wollt ich gerade fragen. Sind Sie nervös? Aber Sie sagten komischerweise ja schon, daß Sie nervös sind.

KIRSCHENKÖNIGIN: Ja, weil ich mir das dachte, daß Sie mich das fragen würden, ob ich nervös bin. Sonst hätte ich das nicht schon gesagt.

MODERATORIN: Woher wußten Sie denn, daß ich Sie das fragen würde?

KIRSCHENKÖNIGIN: Na ja, sieht man das denn nicht? Ich hab total schwitzige Hände und bin doch ganz rot im Gesicht.

MODERATORIN: Das wäre ja für eine Kirschenkönigin auch ganz passend, rot im Gesicht zu sein. Allerdings sind Sie weiß wie die Wand.

KIRSCHENKÖNIGIN: Wirklich? Ich dachte, ich wär total rot im Gesicht.

MODERATORIN: Nein, aschfahl. Aber zu meiner Linken,

der Gentleman, das ist einer, der allen Grund hätte, rot im Gesicht zu sein, vor Scham nämlich, der griechische Frauenkritiker Eglisios Retsidokularakis. Herr Retsidokularakis: Was in aller Welt gibt's denn an Frauen zu kritisieren?

RETSIDOKULARAKIS: Daß sie einem beim Tanzen immer auf die Füße treten.

MODERATORIN: Aber sonst haben Sie an Frauen nichts zu bemängeln?

RETSIDOKULARAKIS: Überhaupt nichts!

MODERATORIN: Das freut mich und auch die Zuschauerinnen und Zuschauer hier bei uns auf den Zuschauerbänken und natürlich auch diejenigen daheim in den Fernsehsesseln vor den Bildschirmen. Fräulein Schäfer, eine Frage, die ich eigentlich unserem ursprünglich vorgesehenen Gast auf den Leib konzipiert hatte, die ich aber genausogut Sie fragen kann: Wie fühlt man sich eigentlich als obdachlose Sexberaterin? Wie dividiert man das auseinander?

KIRSCHENKÖNIGIN: Als mich heute mittag Ihr Redakteur anrief, hat er mir aber nicht gesagt, daß ich hier eine Pennerin vertreten soll!

MODERATORIN: Hat er nicht? Das hätte er Ihnen fairerweise sagen sollen. Darüber hinaus: Was heißt hier Pennerin? Solche Ausdrücke dulde ich in meiner Talkshow nicht. Das ist die Sprache des Unmenschen, die Sprache derjenigen, die mit der Bierflasche in der Hand neben brennenden Häusern stehen und applaudieren.

RETSIDOKULARAKIS: Mit einer Bierflasche in der Hand applaudieren? Das müssen Sie mir mal vormachen!

MODERATORIN: Das geht schon, man muß die Bierflasche halt in die Achselhöhle klemmen.

KIRSCHENKÖNIGIN: Männer mit Bierflaschen in der Achselhöhle finde ich aber überhaupt nicht ästhetisch.

MODERATORIN: Da haben Sie recht. In Achselhöhlen haben Bierflaschen wirklich nichts zu suchen. Fräulein Schäfer, Sie haben eine neue Müllbeseitigungstheorie entwickelt. Wie kommt ein Mädchen in Ihrem Alter dazu, sich mit solchen im wahrsten Sinne des Wortes zum Himmel stinkenden Themen herumzuärgern?

KIRSCHENKÖNIGIN: Sie müssen wissen, daß ich bis vor zwei Jahren stark übergewichtig war, und ich hab dann festgestellt, daß man nicht soviel ans Essen denkt, wenn man ein spannendes Buch liest.

MODERATORIN: Das ist ja wohl eher eine Diät-Theorie.

KIRSCHENKÖNIGIN: Das würd ich nicht sagen. Teilweise natürlich schon. Auch. Aber nicht nur.

MODERATORIN: Ich glaube, wir versinken hier ein Stück weit in allgemeinem Geplänkel, deswegen will ich im Interesse der Zuschauer vielleicht mal ein bißchen bohrender fragen.

RETSIDOKULARAKIS: Sie fragen doch schon ganz schön bohrend. Respekt, Respekt, kann ich da nur sagen.

MODERATORIN: Danke, Herr Retsidokularakis, aber Sie waren ausnahmsweise eben mal nicht gefragt. Fräulein Schäfer! Bei aller Sympathie für einen unverbrauchten jungen Wirbelwind wie Sie: Man kann sich des schalen Eindrucks nicht erwehren, daß Sie von Müllbeseitigung, auf deutsch gesagt, keinen blassen Dunst haben.

KIRSCHENKÖNIGIN: Wir haben das in der Achten durchgenommen, aber das meiste ist natürlich weg.

MODERATORIN: Ja, das kenn ich von mir. Ich hatte sieben lange Jahre lang Französischunterricht, und mehr als «Le fromage, s'il vous-plaît» ist mir nicht geblieben.

KIRSCHENKÖNIGIN: Ja, wenn man das nicht ständig praktiziert, dann verflüchtigt sich das schnell.

MODERATORIN: Was eigentlich wirklich schade ist. Französisch ist so eine schöne Sprache. Diese ganze Sprachmelodie allein, da schwingt so viel elegantes Straßencafé-Flair mit.

KIRSCHENKÖNIGIN: Jaja, das find ich auch, die Franzosen, die haben so einen luftig-soften Singsang-Sound. Aber Italienisch find ich sogar noch ein bißchen schöner.

MODERATORIN: Die Sprache der Musik! Man sitzt zusammen vor der Haustür und lauscht den Gitarren, stundenlang. Die ganzen romanischen Völker, die haben ja sowieso einen ganz anderen Zeitbegriff. Zeit bedeutet den Menschen da unten nichts. Ein Essen, was nicht wenigstens sechs, sieben Stunden dauert, ist überhaupt kein Essen für einen Franzosen. Unsereins schaufelt sich doch mit der rechten Hand irgendwelche total verbrutzelten Kartoffeln in den Schlund, und mit der linken Hand blickt man verkrampft auf den Sekundenzeiger der Armbanduhr.

KIRSCHENKÖNIGIN: Mein Bruder, der war vor paar Jahren mal in Frankreich, und der sagt, in ganz Frankreich findet sich nicht ein einziges Restaurant, wo Uhren auf den Tischen stehen.

MODERATORIN: Das ist ja sowieso eine typisch deutsche Unsitte. Da haben uns die Franzosen eine Riesenportion Gelassenheit voraus. Zwischen den Gängen wird Gitarre gespielt, die Kinder werfen Gummibälle durchs Zimmer und toben unter den Tischen herum, getanzt wird, das ganze Dorf tanzt und tauscht Neuigkeiten und Zärtlichkeiten aus, die Kirchenglocken läuten, die Esel schauen wie selbstverständlich zum Fenster hinein, das stört keinen, ich hab das selbst erlebt, und auch die Alten, Gebrechlichen, die Todkranken werden nicht zum Sterben an den Stadtrand dividiert, sondern werden voll in das Essen integriert, verrichten auch noch leichte Arbeiten, Teppiche ausklopfen etc.

KIRSCHENKÖNIGIN: Für mich hat Essen auch wahnsinnig viel mit Sinnlichkeit zu tun, mit Lusterfahrung.

MODERATORIN: Richtig, mit Lust, mit Genuß, in gewissem Sinne auch mit Weiblichkeit. Was bei uns in viele Hirne einfach nicht reinwill, ist, daß Genuß ja auch Kultur ist. Bei den Franzosen schlägt das Herz auch in der Zunge und nicht, wie bei uns, nur in den Ellbogen.

KIRSCHENKÖNIGIN: Es gibt ja bei uns auch tiefgekühltes französisches Essen, aber das ist nicht das gleiche.

MODERATORIN: Richtig, aber deswegen sollten wir noch lange nicht die Tiefkühltruhen verteufeln.

KIRSCHENKÖNIGIN: Verteufeln nicht, aber auch nicht blind in den Himmel heben.

MODERATORIN: Da haben Sie auch wieder recht. Es kommt jetzt gleich die Talkshowbeendigungsrassel, aber eine Frage bleibt mir noch: Wieso eigentlich Helgoländer Kirschenkönigin? Seit wann gibt es denn auf Helgoland Kirschbäume?

KIRSCHENKÖNIGIN: Seit überhaupt nirgendwann.

RETSIDOKULARAKIS: Was? Ich erinnere mich aber, dort mit dem Motorrad stundenlang durch ausgedehnte Kirschfarmen gebraust zu sein.

KIRSCHENKÖNIGIN: Auf Helgoland? Da sind doch nicht mal Fahrräder zugelassen, geschweige denn Motorräder!

RETSIDOKULARAKIS: Nein? Ich entsinne mich aber, dort mehrere große Motorradwerke besichtigt zu haben!

MODERATORIN: Herr Retsidokularakis. Vielleicht können Sie wenigstens am Schluß der Sendung mal jemand anderes zu Wort kommen lassen. Ich hoffe, Sie können einmal in Ihrem Leben verkraften, daß jemand Sie kritisiert. Meine Damen und Herren, wir sehen uns morgen wieder mit Gästen, die hoffentlich genauso spannend sind wie die heutigen. Unser morgiges Thema wird sein – wo hab ich denn meinen Zettel – ach ja, hier stehts – unser Thema morgen wird Lederbekleidung sein.

Sprödes Rasselgeräusch

Schweres tragend

Ich spreche nicht gern davon.

Sie kennen Gisela aus Schwabing. Sie kennen ihren Leberfleck, der, stets umwölkt vom schwarzen Rauch von Gönnern hingeschobener Zigarren, ihr Markenzeichen ist. Sie lieben es zu hören, wie Gisela im «Arabella» singt; sie singt den Chrysanthemenblues wie kaum eine andere; sie singt den Slowfox ‹Harry Clark› von den Leuten abgewandt, um zu verbergen, daß es wahr ist, was sie singt. Sie wissen das und lieben das Klischee vermutlich.

Ihr Mann war ein Rumäne. Er hatte sie geschlagen, jeden Tag und jahrelang. Davon hat sie ihr Timbre. Ihre Eltern waren arm, sie zogen ständig um. Schulfreundinnen? Sie hat keine näher kennengelernt. So lernte sie den Blues. Sie wissen auch, ihr fehlt ein Finger. «Den hat mein Mann, der ein Rumäne war, mir abgehackt», sagt sie zu Radioreportern. Doch war es anders. Ich spreche nicht gern davon.

Es war vor mehr als zwanzig Jahren. Wir spielten, beide noch blutjung, in einem Nummernkabarett in der nicht eben besten Gegend. Viel sprang nicht dabei raus, wir ernährten uns von «Zwiebeln und Sinalco», falls Sie den Jargon verstehen, und wenn was übrigblieb, dann ging es drauf für … nun, ich will Gisela nicht in den Schmutz ziehen. Kurz, wir waren «körperlich am Ende und künstlerisch am Anfang», so ein interner Jokus damals, und immerhin: Es gab Applaus. Applaus für Giselas vom Bariton damals noch weit entfernte Stimme und auch für meinen Ausdruckstanz – zur Musik von Xylophon und Pauke tanzte ich das Werden des Menschen im Mutterleib; die damaligen Jahre verlangten Frivoles. Es fällt mir schwer, mich eitel hinzusetzen und zu sagen, Gisela verehrte mich. Doch so verhielt es sich, und eines Abends kam sie an und sprach von Ehe, ja sie leuchtete vor Kinderwunsch. Ich sagte: Gisela, das geht nicht, wegen Norbert. Sie weinte schwer verletzt.

Nun heiß ich lange nicht mehr Harry Clark, und Norbert – Gott im Himmel, wer war das? Doch oft, wenn ich Studenten sehe, die mit Luftballons durch Schwabing lärmen, denke ich, wie gut und angebracht das wäre, wenn dieses unsere Kinder wären, Giselas und meine, wenn ich damals nicht so töricht nur dem primitiven Trieb gehorcht; und wenn Gisela den Slowfox ‹Harry Clark› singt, sitzt jeden Abend in der letzten Reihe, schon seit Jahren, ein ausrangierter Ausdruckstänzer, der kein Pseudonym mehr braucht, und weint.

Was mit ihrem Finger ist, weiß ich nicht genau. Sie hatte schon früher nur neun. Vielleicht hat sie ihn schon als Kind verloren, bei einem Umzug, Schweres tragend. Sie sprach nicht gern davon.

Die Aschenbechergymnastik

Nun gut, ich erzähl's. Doch bin ich kein Fachmann in Sachen Aschenbechergymnastik. Gerade weiß ich mal so viel: Sie geht auf Maria Schlenz zurück, das war die mit den «Maria-Schlenz-Bädern», das waren badekundliche Wannenbäder, die man sich so vorstellen muß: Man lag in der kalten Wanne und ließ warmes Wasser nachlaufen bzw. umgekehrt: Man lag in der *kalten* Wanne und ließ *warmes* Wasser nachlaufen. Soviel zu Maria Schlenz.

Maria Schlenz war Schwarzwälderin, sie wurde dort Anfang des Jahrhunderts geboren, also zu einer Zeit, als es noch sehr viel Industrie im Schwarzwald gab. Die Luft war übel, die Frauen sahen aus wie ausgekotzt, was schon die noch ganz kleine Maria wurmte. Die Frauen hatten auch stark ekzembefrachtete Brüste – das ist ja auch heute noch eines der letzten Tabus aus dem körperlichen Bereich: die Brustverpickelung bei jungen Frauen zwischen 18 und 25 Jahren, insbesondere 25 Jahren. Das liegt an den hormonellen Fehlschüben in diesem Lebensabschnitt. In Herrenmagazinen sieht man indes nur glatte, gelblich-bräunliche, «normale», unverpickelte Brüste. Für die Fotosessions wird den Frauen nämlich feuchtes Löschpapier auf die Brüste gebügelt und dann wird das mit hautfarbenem Kunstspray aus der Dose fixiert. Daher der von den Tatsachen seltsam abweichende Eindruck, den man gewinnt bei Betrachtung der fotografierten Frauen.

Maria Schlenz war aber keine Frau des Symptomewegbügelns. Sie experimentierte mit den Frauen. Ermunterte sie, mit einer Knoblauchzehe zwischen den Brüsten zu schlafen oder ein Kehrblech mit brennenden Nadeln durch das Schlafzimmer zu tragen. Brennende Tannennadeln gab es zur Genüge im Schwarzwald, allein sie halfen nicht groß. Mehr Früchte trug da schon das Verfahren, sich die Brüste nach einem ausgeklügelten Stundenplan mit der Zahnbürste eines Homosexuellen abzuklopfen. Einen kleinen Durchbruch aber brachte erst die Aschenbechergymnastik, die nichts mit Rauchen zu tun hatte. Es ging um leere, gläserne Aschenbecher normalen Gewichts, es kamen also keine von diesen schweren Stammtischaschenbechern zur Anwendung, und für die Frauen hieß es nun, die Aschenbecher rhythmisch auf dem Körper auf und nieder zu schieben zu leiser Musik oder zu Paukenschlägen. Das führte zwar zu guten Erfolgen, aber die Schulmediziner schlugen die Hände über dem Kopf zusammen, woran Maria Schlenz mehrere Jahrzehnte später, ganz kurz vor ihrem Tod, innerlich zerbrach.

Man fragt sich natürlich, was Maria Schlenz, dieses kleine «balneologische Wunderkind», mitten im Schwarzwald mit Zahnbürsten von Homosexuellen am Hut hatte. Die dortigen Homosexuellen sind doch auch damals schon in die Metropolen gepilgert, um da was auszukundschaften, vor allem nach Berlin. Dort zog es sie in die Grünanlagen, und weil sie ja vom Schwarzwald her die Geräusche der Tiere alle kannten, fingen sie an, das Röhren der Hirsche nachzuahmen. Wenn also im Tiergarten oder der Jungfernheide ein Hirschröhren zu hören war, dann wußten die Männer: Ah, da ist einer wie ich, der die gleichen Empfindungen hat, ich gehe mal in dessen Richtung und überprüfe das. Wegen der allgegenwärtigen Hirschlaute sprach man auch von den «röhrenden zwanziger Jahren», eine Bezeichnung, die in ihrer englischen Übersetzung als «roaring twenties» noch ungemein populär wurde.

Das Gründungskonzert des Weltjugendnichtraucherorchesters

Eine Live-Reportage mit Musik

Man sollte vielleicht gleich zu Anfang betonen, um keine falschen Vorstellungen zu wecken, daß es sich bei den jungen Menschen, die sich zu diesem Orchester zusammengefunden haben, nicht etwa um ausgebildete Musiker – was ja ohnehin verwundern würde angesichts ihrer Jugend –, aber auch nicht um Musikstudenten handelt, sondern um reine Laienkünstler, Schüler, Studenten, Lehrlinge, außerdem um junge Menschen ohne Arbeitsplatz, die auf diese Weise nicht auf der Straße liegen, sondern in der Geborgenheit der Gruppe gemeinschaftlich etwas Schönes tun und damit auch noch anderen Menschen helfen wollen. Wir sollten daher dieses Konzert weniger als ein musikalisches Ereignis werten, sondern mehr als einen beachtenswerten Versuch, diesem neuen internationalen Gedanken des Nichtrauchens zu mehr Breitenwirkung zu verhelfen. Die jungen Männer tragen jetzt gerade ihre Instrumente herbei; junge Frauen sind auch unter ihnen auszumachen. Wahrscheinlich müssen sie erst einmal ein wenig stimmen, so daß mir noch Zeit bleibt, Ihnen einen kleinen Überblick über die Geschichte des Nichtrauchens zu geben. Der Ursprung dieser Idee liegt – wie könnte es anders sein – in den Vereinigten Staaten von Amerika, genauer gesagt im Bundesstaat Connecticut, wo 1912 eine junge Buchhändlerin ihren Vater, einen Priester, der als Kind mit seinen Eltern aus Deutschland in die USA ausgewandert war, in reglosem Zustand in der Sakristei vorfand – oh, ich hoffe, meine Damen und Herren, Ihnen diese übrigens nebenbei gesagt noch recht amüsant werdende Geschichte später noch zu Ende erzählen zu können, doch die Musiker haben ihre Instrumente erstaunlich fix gestimmt. Der Dirigent betritt das Podium. Ich habe leider keine persönlichen Daten über ihn vorliegen, doch ich habe in Erfahrung bringen können, daß das Internationale Jugendnichtraucherorchester aus jungen Menschen aus der Bundesrepublik Deutschland, Luxemburg und dem Irak besteht. Ah, die Musik beginnt. Genauere Informationen über das Stück habe ich leider nicht; alles, was durchgesickert ist, ist, daß es sich um einen nichtrauchenden Komponisten handelt, doch sollte man deswegen keine vorschnellen Urteile fällen. Bleiben Sie bitte noch ein wenig an den Apparaten. Lassen Sie uns doch erst einmal ein wenig zuhören. Ja ... ja ... Natürlich, man hört es schon ein wenig, aber soweit man mich unterrichtet hat, stammt das nächste Werk aus der Feder eines Rauchers. Warten wir also ab. Es hat ja im Vorfeld manche Unstimmigkeiten gegeben: Man schrieb einen Kompositionswettbewerb aus, und zuerst war vorgesehen, nur nichtrauchende Komponisten zu berücksichtigen, doch nachdem die Jury die ersten Einsendungen gesichtet hatte, wurde allen bald klar, daß man zum Zwecke der Durchführbarkeit dieses Konzerts wohl auch rauchende Tonschöpfer zulassen müssen würde. Jetzt beginnt schon das zweite Stück. Ja, das hört sich schon ein wenig anders an! Wie ich inzwischen herausgefunden habe, ist der Dirigent ein einundzwanzigjähriger angehender Versicherungskaufmann aus Köln, seine Freundin spielt Pikkoloflöte. Er trägt ein weißes, ganz eng anliegendes Trikot; überhaupt tragen alle Musiker diese hautengen, schulterfreien Stretchstoff-Trikots – alle ganz in Weiß. Doch da hinten sehe ich zwei schwarze Flecke: Es ist der junge Paukist aus dem Irak. Er hat die Arme hochgehoben; offenbar erwartet er seinen Einsatz. Haben Sie schon einmal so tiefschwarz behaarte Achselhöhlen gesehen? Gleich wird er zuschlagen – das ist ja unglaublich, diese schwarzen Haarmassen inmitten all der weißen deutschen Bläser und Streicher – wie zwei Kohlengruben im Schnee! Schön wäre es, wenn jetzt die Kamera an diesen kleinen arabischen Derwisch noch ein wenig näher heranfahren könnte! Er bäumt sich auf mit seinen Schlegeln in der Hand, seine gewaltigen Pauken stehen beinahe flehend vor ihm, ja, jetzt wird er zuschlagen! Wenn die Kamera doch noch ein wenig – oh, die Kamera macht einen Schwenk – ja, sicher, die jungen deutschen Geigerinnen mit ihren Pferdeschwänzchen sind sicher auch nicht ganz unattraktiv. Aber, meine Damen und Herren, dieser junge irakische Paukist war doch der unbestrittene Höhepunkt bislang, und wir werden später hoffentlich noch einige seiner urkrafterfüllten Paukenschläge zu hören bekommen. Jetzt ist wieder eine Arbeit eines nichtrauchenden Komponisten an der Reihe – bei aller berechtigten Kritik darf man natürlich nie den Anlaß dieses Konzertes aus den Augen verlieren. Es ist natürlich verständlich, daß zu wirklich großem künstlerischem Schaffen ein Mehr an Anregung gehört, als sie der ja doch nun einmal farblose und ereignisarme Alltag eines Nichtrauchers bieten kann, aber angesichts des guten Zweckes sollte man hier beide Augen bzw. Ohren zudrücken und allen Werken die gleiche vorurteilsfreie Aufmerksamkeit zuteil werden lassen. Die Musik scheint sich noch nicht dem Ende zuneigen zu wollen, wohl aber unsere Sendezeit, und deshalb möchte ich Sie bitten, sich Papier und Schreibwerkzeug zurechtzulegen, um die Nummer des Spendenkontos zu notieren – Sie wissen, jede Mark hilft: Postgiroamt Hamburg, Konto-Nr. 333555, Kennwort «Klassik ohne blauen Dunst». Ich gebe zurück an Margit Voigt in Hamburg.

Brillenputztücher

Es sitzen zwei im Park

FRAU: Hätten Sie vielleicht mal ein Brillenputztuch?

MANN: Ja, bitteschön, bedienen Sie sich. Sie lassen die Brille
beim Putzen auf der Nase? Ich nehme sie immer ab.

FRAU: Wozu soll denn das bitteschön gut sein?

MANN: Dann kann man auch die Innenseite der Gläser säu-
bern, wo sich das sogenannte Blickfett ablagert.

FRAU: Das Blickfett. Nun gut. Ich versuch's mal. Ich hab
natürlich ein bißchen Angst, daß ich die Brille falsch put-
ze oder sogar zerquetsche, wenn ich sie abnehme, und infolgedessen nicht richtig sehe. Das, was man putzt, will
man ja meistens auch ganz gerne sehen.

MANN: Ja, klar, man bindet sich ja auch nicht die Augen zu,
wenn man seine Fenster putzt. Was meinen Sie? Putzen
Blinde ihre Fenster?

FRAU: Da müßte man einen Blinden fragen. Aber ich fürchte, das ist so eine Frage, bei der man, wenn man eine Million Leute fragt, eine Million verschiedene Antworten bekommen würde. Fragen wir also keinen Blinden.

MANN: Und putzen Taube wohl ihre Radios? Doch Vorsicht, das ist ein bißchen eine Fangfrage.

FRAU: Auf die ich aber nicht reinfalle! Taube putzen nämlich
sehr wohl ihre Radios, denn die sind ja nicht blind und sehen daher die häßlichen Staubmäuse auf ihren Radios.

MANN: Haha, Sie sind doch darauf reingefallen. Taube haben doch gar keine Radios. Die können doch nichts hören.

FRAU: Ja, daß sie nichts hören können, das ist allgemein bekannt. Aber sie haben vielleicht einen Sinn für Ironie, eventuell sogar eine heitere Neigung zur Verschrullung des eigenen Gebrechens. Ich bin mir sicher, daß Taube erstens Radios besitzen und daß sie zweitens pfleglich mit ihnen umgehen. Ich glaube sogar, neulich in einem Fachgeschäft für Gehörlose ein großes Sortiment spezieller Radiobürsten gesehen zu haben. Und ich will auch das Phänomen der Synästhesie in Erinnerung bringen. So nennt man es doch, wenn Leute z. B. Farben hören. Gehörlose sind daher möglicherweise in der Lage, Musik, aber auch Nachrichten, Eintrittskartenverlosungen und Wettervorhersagen zu schmecken.

MANN: Sie steigern sich da, glaube ich, in eine Kuriosität hinein. Synästhesie! Wenn es neben den Zeitschriften ‹Bravo Girl› und ‹Bravo Sport› auch ‹Bravo Wissenschaft› gäbe, dann wäre Synästhesie sicher ein beliebtes Thema in ‹Bravo Wissenschaft›.

FRAU: Jaja, oder in ‹Peter Moosleitners interessantes Magazin›.

Doch daß Blinde ihre Fenster putzen, glaube ich schon. Nicht für sich selbst, aber für den Besuch. Da kommt ja öfter mal einer vorbei, der was will, z. B. von der Hörspieljury der Kriegsblinden, und der soll schließlich nicht sagen: Wie sieht's denn hier aus?

MANN: Das wäre aber auch eine blöde Frage. Der Blinde weiß doch nur vom Hörensagen, wie es in seiner Wohnung aussieht. Zu dem Thema hab ich mal ein Radiofeature gehört. Wenn ein Sehender einen Blinden besucht, geht das nämlich folgendermaßen vor sich: Es wird Kuchen auf den Tisch gestellt, der Blinde nimmt seine Kuchengabel und klopft damit, ping ping ping, an seine Kaf-

feetasse und sagt mit Grabesstimme: «Bitte beschreiben
Sie mir mein Wohnzimmer.»

FRAU: Mit Grabesstimme?

MANN: Die Grabesstimme habe ich zu dramaturgischen
Zwecken dazuerfunden. Aber die Radiosendung war
schon aufschlußreich. Wenn ein Blinder mit einem Sehenden an einer Bushaltestelle steht und plötzlich kommt ein
Bus, dann sagt der Blinde zu dem Sehenden: «Ping ping
ping. Beschreiben Sie mir bitte den Bus.»

FRAU: Hmhm. Wissen Sie noch die Farbe der Sitze in den
Bussen Ihrer Kindheit?

MANN: Dunkelgrün. Und fanden Sie es auch immer so
«süß», wenn an einer bestimmten Stelle in der Stadt der
eine Busfahrer ausstieg und ein neuer einstieg? Der eine
zog seine Jacke an, der andere zog seine Jacke aus, ein
kurzes kollegiales Mümmeln, und ruckzuck karacho ging
es weiter.

FRAU: Ja, das ist auch eine meiner schönsten Kindheitserin-
nerungen, zusammen mit meinen Erinnerungen an weih-
nachtliche Toilettenbesuche. Einerseits der totale Aus-
nahmezustand im Wohnzimmer, das Leuchten, die
Nüsse, die Musik, und andererseits, nur wenige Meter
weiter, die ungeschmückte Normalität im Badezimmer,
die vom menschlichen Drang nach Höhepunkten unbe-
eindruckte Kontinuität der Körperfunktionen. Ich habe
diesen Stimmungswechsel als Kind immer als sehr dramatisch empfunden, als ereignishafter als die eigentliche
Schenkerei, insbesondere bei der Rückkehr vom kargen
Alltag der Toilette in die rituell aufgeputschte Familie.

MANN: Das ist ein bißchen so, wie wenn man nach einer
längeren Reise in seine Wohnung zurückkehrt: Die Farben der Möbel erscheinen einem so intensiv leuchtend,

und die Zimmer scheinen größer zu sein, als sie sind. Haha, da fällt mir was ein: Während meiner letzten USA-Reise kaufte ich mir bei Bloomingdale's eine Sonnenbrille, und zum Abschied sagte die Verkäuferin: «Enjoy your glasses.» Stellen Sie sich das mal vor: Genießen Sie Ihre Brille!

FRAU: Och, Spaß haben wir Brillenträger ja sowieso immer reichlich. Sie haben sich doch früher sicher auch immer Kirschen über die Brillenbügel gehängt.

MANN: Ja, wunderbar! Oder Streifen von Schweinefleisch drüberhängen und warten, bis das abfault.

FRAU: Ja, was man alles so macht, wenn man noch jung ist. – So. Meine Brille ist jetzt aber wirklich geputzt. Gucken Sie mal: Das Brillenputztuch ist ganz schwarz. Nehmen Sie sich auch bei jeder Brillenputztuchpreiserhöhung vor, sich das Geputze endlich abzugewöhnen?

MANN: Ja, jedesmal – man sitzt im Sessel, wild entschlossen wie der Eiserne Kanzler, aber es dauert nicht lang, und man läuft um den Tisch herum und trinkt literweise Mineralwasser, und spätestens um sechs rennt man runter zum Automaten.

FRAU: Wir sind halt alle kleine Sünderlein. Können Sie sich noch an Ihr erstes Brillenputztuch erinnern?

MANN: Ja klar, ich war 16, und das gab's beim Optiker gratis zur Brille dazu. Ich hab's ins Regal gelegt und gesagt: Ich brauch so was nicht. Aber nach drei Wochen sah die Brille aus wie ein Schweinestall, und ich schoß aus dem Sessel hoch und sagte: Mensch, du bist halt auch nur ein Stück Fleisch mit ultraprimitiven Bedürfnissen, und schon stürzte ich mit dem Putztuch auf meine Brille zu und putzte, als ob ich den Allerwertesten im Leibe hätte, ich meine natürlich den Leibhaftigen.

FRAU: Viele putzen ja die Brille auch einfach an ihrem Pullover ab.

MANN: Och – bitte sagen Sie so was nicht. Mit dem schmutzstarrenden Lumpen die Brille putzen, das ist doch abstoßend.

FRAU: Schweine sind wir letztlich alle. Nehmen Sie mal alle Brillenträger des Landes, addieren Sie sämtliche Brillenputzpausen und stellen Sie sich vor, was für ein enormer volkswirtschaftlicher Schaden dadurch entsteht!

Wenn unsereins nicht wär: Der Transrapid könnte schon längst fertig sein. Oder wenigstens die Gondelbahn zur Gruga-Halle.

MANN: Ach, die hat sich mein Vater immer so gewünscht. Der hat sich immer die Rockkonzerte in der Gruga-Halle angesehen und gesagt: «Die Rockmusik könnte noch einmal so schön sein, wenn man da mit einer Gondelbahn hinfahren könnte.»

FRAU: Das stimmt. Da hat Ihr Vater was Kluges gesagt.

Aus Herrn Eibuhms Badezimmerradio

Herr Eibuhm, der neuerdings ein Radio im Badezimmer hat, beginnt mit der Rasur und hört dabei auf einem Real-Life-Sender folgende Direktübertragung aus einer Sado-Eso-Kaschemme:

JEMAND: Ich möchte mich erst einmal vorstellen: Ich bin der Thommy, und ich freue mich riesig, daß ihr auf meine Anzeige geantwortet habt und daß ihr Interesse habt, mit mir über erotische Fantasien zu sprechen. Es ist ja nun mal so: Man hockt im stillen Kämmerlein, es fällt einem die Decke auf den Kopf, und man denkt: Mann, das wäre riesig, wenn man jemanden hätte, dem man das alles erzählen könnte. Ich schlage vor, daß ihr euch alle erst einmal vorstellt. Vielleicht fängst du mit der tollen gelben Jacke an.

DIE MIT DER TOLLEN GELBEN JACKE: Ja, okay, mein Name ist Antje Tengelmann, ich bin 26 und studiere noch, und ich kann eigentlich nicht sagen, daß mir abends die Decke auf den Kopf fällt. Ich dachte nur, daß es toll wäre, mal wieder neue Leute kennenzulernen.

JEMAND DRITTES: Ich heiße David, bin 39, ich habe eine Ferienfahrschule, und ich kann mich eigentlich nur dem anschließen, was Thommy gesagt hat, nämlich daß man abends dasitzt, ausgepowert, im Fernsehen ist nichts, und es fällt einem die Decke auf den Kopf.

JEMAND VIERTES: Ich bin Monika Voss und möchte den Vorschlag machen, daß hier, denk ich mal, nicht geraucht wird, weil: Ich war letzte Woche beim Elternstammtisch, und ich hatte am nächsten Tag soo einen Kopf. Ich habe eine Tochter, die Anne, und deren Vater hat sich vor acht Monaten buchstäblich aus dem Staube gemacht, und seitdem muß ich schon sagen, daß mir manchmal die Decke auf den Kopf fällt.

ANTJE: Mir aber nicht.

THOMMY: Ich denke mal, daß wir Monikas Vorschlag beherzigen können, ich selber rauche sowieso nicht. Wie sollen wir nun vorgehen? Früher sagte man «Ladies first», aber ich denke, wir gehen ja wohl alle konform, daß diese angestaubten Kavaliersgesten sowieso nur den Zweck haben, den Frauen den Blick auf ihre oft ziemlich beschissene Situation zu vernebeln, und deshalb würd ich mal sagen: David, schieß los.

DAVID: Ja, gut – meine Lieblingsphantasie ist, daß ich mit einer 200-Kilo-Negerin – also, in der Realität würde ich nicht unbedingt Negerin sagen, aber in der Phantasie ist das ja anders –, und diese 200-Kilo-Frau, die sich schon eine Weile nicht gewaschen haben sollte, würde ich gern ganz dick mit Gänseschmalz einreiben und es mit ihr auf dem Altar des Göttinger Doms treiben, und dann sollen 70 Neonazis kommen und die Kirche anzünden.

THOMMY: Danke, David, ich merke schon, daß das eine tolle Idee war, daß du dich auf meine Anzeige gemeldet hast, und ich bin schon extrem gespannt, was uns die Antje gleich erzählen wird.

ANTJE: Also, ich stelle mir ganz oft vor, daß ich ein schwuler Mann bin, schon etwas älter, der aber trotzdem noch bei seiner Mutter wohnt, und die ist so ein richtiger Dragonerdrachen wie die Mutter in dem einen Film von Loriot.

MONIKA: Oh, dieser Film ist so witzig, ich krieg immer regelrecht Krämpfe, wenn ich an diese Mutter denke. Oder das mit der Nudel! Entschuldige Antje, ich hab dich unterbrochen.

ANTJE: Ja, und dann hole ich mir immer wahnsinnig junge Männer ins Haus, und die übernachten dann möglichst lautstark bei mir, und was mich daran am meisten erregt, ist das dauergekränkte, mühsam beherrschte Gesicht der Mutter am Frühstückstisch, wenn der junge Mann mir die Hand aufs Knie legt.

THOMMY: Klasse. Und stellst du dir dabei deine eigene Mutter vor oder irgendeine Phantasiemutter?

ANTJE: Nee, nicht meine eigene Mutter. Die ist ja eine wahnsinnig tolle Frau, die ist letztes Jahr mit drei anderen älteren Damen nach Kairo geflogen, die reitet total tough auf Kamelen und gibt Selbstverteidigungskurse für Immigrantinnen. Die Mutter in meiner Phantasie ähnelt mehr einer Offizierswitwe, die ihren Ara ausschimpft, wenn er auf ihre Usambaraveilchen kackt.

THOMMY: Das ist ja witzig. Monika, jetzt bist du dran.

MONIKA: Also, nach den wilden Sachen, die Antje und David erzählt haben, trau ich mich fast gar nicht. Meine Phantasie ist so normal.

THOMMY: Normal oder nicht normal, ich denke mal, das sind Kategorien, die uns von außerhalb aufoktroyiert werden. Erzähl ruhig.

MONIKA: Na ja, gut, okay. Ich stelle mir immer vor, daß ich mit 15 auf Klassenreise bin, in der Jugendherberge von Goslar, und versehentlich in die Jungensdusche gehe. Es sind aber keine Jungens da, ich merke also gar nicht, daß ich in der Jungensdusche bin, und dann dusche ich da also, und dann kommt der Herbergsvater an und sagt: «Mädchen, du weißt schon, daß das hier die Jungensdusche ist», und dann meine ich so ganz frivol: «Ach ja, wirklich? Wenn das hier die Jungensdusche ist, warum duschen Sie dann nicht, Sie sind doch ein Junge?» Worauf dann der Herbergsvater meint: «Wieso soll ich denn jetzt duschen, ich hab doch schon heute morgen geduscht», und da meine ich: «Na, das ist doch kein Grund», und darauf der Herbergsvater: «Da haben Sie auch wieder recht, aber das Ausziehen der Uniform ist so anstrengend», und da sage ich: «Och, da tät ich ihnen schon helfen bei», na ja, und dann knöpf ich dem also die Herbergsvateruniform auf, na ja, und dann geht das halt so weiter.

ANTJE: Wart ihr etwa auch auf Klassenreise in Goslar?

MONIKA: Du etwa auch?

ANTJE: Allerdings. Einmal Goslar und einmal Hildesheim bei diesem bescheuerten Rosenstock.

MONIKA: Hildesheim? Nee, wir waren in Goslar und in München.

ANTJE: Oh, ihr habt's gut gehabt. Nach München wärn wir auch lieber gefahren. Na ja, immerhin waren wir in Berlin.

MONIKA: Nach Berlin mußten ja alle. Die Klassenreisen nach Berlin wurden ja damals wie wild bezuschußt vom Ministerium für gesamtdeutsche Angelegenheiten.

THOMMY: Ich find's wirklich toll, daß ihr so offen seid, aber ich habe noch eine Frage an Monika: Streichelst du dich dabei, wenn du an deine Klassenreise nach Goslar denkst, oder kommen dir die Phantasien auch beim Einkaufen, in der U-Bahn, bei der Arbeit?

MONIKA: Ich denke da in allen möglichen Situationen dran, auch im Bett, wenn mein Freund sexuell mal wieder nicht zu Potte kommt.

ANTJE: Ich find es schon reichlich strange, daß du, wenn du mit einem Typ zusammenbist, an deine Klassenreise nach

221

Goslar denkst. Ich denke mal, daß du ganz tief drinne ein total einsamer Mensch sein mußt.

MONIKA: Ach, ach, ach! Aber Papageien, die auf Usambaraveilchen draufmachen. Selber total einsamer Mensch ganz tief drinne! Aber ohne Streit: Ich finde, daß eure erotischen Phantasien ganz schön konstruiert klingen, irgendwie nicht ehrlich, insbesondere die Story von David mit seinen siebzig Nazis. Wieso denn ausgerechnet siebzig? Hast du die nachgezählt? Ich trau ja Männern einiges zu, aber daß sie beim Wichsen Nazis zählen, das wäre mir neu. Und wo wir schon mal dabei sind: *Wieso* zünden die die Kirche an?

THOMMY: Bei einer Phantasie kann man, denke ich mal, nach «wieso» nicht wirklich fragen. Dieser Zwang, sich zu begründen, würde wie eine Sackgasse in die Selbstzensur wirken. Aber eins interessiert mich schon: David, *wie* zünden denn deine Nazis den Dom an? Weil nämlich: Zünd mal 'nen Dom an, da siehst du ganz schön alt aus, wenn du kein Konzept hast. Dome anzünden ist nämlich gar nicht so einfach.

DAVID: Da hab ich mir nie Gedanken drüber gemacht. Mit Streichhölzern vielleicht.

ANTJE: 'n Dom! Mit Streichhölzern! Gott, ist der naiv.

MONIKA: Ich finde, wir sollten den armen David jetzt nicht auf diese Streichhölzchenangelegenheit festnageln. Nicht, daß ich David seine Phantasienazis nicht herzlich gönne, aber ich möchte verdammt noch mal wissen, warum die diese gottverdammte Kirche anzünden.

DAVID: Ja, weiß nicht, vielleicht weil die Frau, denk ich mal, mit der ich auf dem Altar unterwegs bin, Ausländerin ist. Ich weiß es nicht.

ANTJE: Wär das nicht geiler, wenn die mitmachen würden, statt die Kirche anzuzünden?

MONIKA: So wie ich David einschätze, müßten das dann aber Neonaziinnen sein. Allerdings sind siebzig wirklich zuviel, das ist überhaupt nicht realistisch durchführbar.

THOMMY: Das erinnert mich ein bißchen an gewisse Eintragungen ins Guinness-Buch der Rekorde: Wie viele Amerikaner passen in eine Telefonzelle? Wie viele Leute lassen sich in einen VW Käfer oder Passat quetschen? Wie viele Neonazis passen auf einen Altar?

ANTJE: Ich denke schon, daß mehr Faschos auf einen Altar passen als Amerikaner in eine Telefonzelle. Die sind doch so fett.

THOMMY: Bei allen Vorbehalten, die ich gegenüber der Geisteskraft und überhaupt der ganzen Lebensweise von Amerikanern habe, denk ich aber doch, daß man da nicht …

DAVID: Faschos sind genauso fett.

ANTJE: Nicht alle.

MONIKA: Ach hör doch auf! Außerdem gibt's in Amerika gar keine Telefonzellen. Da muß man doch immer im Straßenlärm stehen an so Dingern, die kein Dach haben.

ANTJE: Ob es in Amerika Telefonzellen mit oder ohne Dach gibt, ist mir momentan so was von gleichgültig. Was mich an Davids Sexphantasie erheblich mehr stört, ist, daß es in Göttingen gar keinen Dom gibt. Ist euch das nicht aufgefallen?

THOMMY: Jetzt, wo du's sagst, schon. Ich denke, da müßten die Nazis den Dom erst mal bauen, bevor sie ihn anzünden.

MONIKA: Irgendwie poetisch: Man verkehrt mit seinem Partner, und Nazis bauen währenddessen einen Dom um einen herum.

ANTJE: Also ich denke nicht, daß Leute, die einen Dom mit

Streichhölzern anzünden wollen, vom Konstruktions-Know-how her in der Lage sind ...

Herr Eibuhm stellt sein Radio aus. Sein Waschbecken ist voller Bartstoppeln. Da Herr Eibuhm heute keinen Besuch erwartet, spült er das Becken nicht sauber; das macht er nur an den Tagen, an denen er Besuch bekommt. Trotzdem kann man nicht von Verwahrlosung sprechen. Immerhin rasiert er sich ja noch für sich selbst.

Babypflegestäbchen

HERR *sehr aufgebracht:* Babypflegestäbchen. So nennen es
die Schweine. Anfangs hießen sie ja mal Ohrreinigungs-
stäbchen, doch dann protestierten die Ohrenärzte und
meinten, die Benutzung der Dinger sei irgendwas zwischen sinnlos und gefährlich. Seitdem heißen sie also Babypflegestäbchen. Aber welchen Körperteil eines Babys
soll man denn damit pflegen? Soll man ihm damit im Popo
herumstochern? Ich könnte schreien bei dem Gedanken.

DAME *ganz ruhig:* Sie brauchen nicht zu schreien. Niemand nennt die Dinger Babypflegestäbchen. Sie heißen
Q-Tips.

HERR *überrascht:* Ach, die heißen gar nicht Babypflegestäbchen? Dann hab ich das wohl mit Fischstäbchen verwechselt.

DAME *plötzlich ganz wütend:* Mit Fischstäbchen? Soll man
denn ihrer Ansicht nach den Babys mit Fischstäbchen im
Popo herumstochern?

HERR *völlig entsetzt wegen des scheußlichen Gedankens:*
Nein! Um Gottes willen – wie können Sie so was auch
nur ansatzweise denken? Die sind doch so fettig und
weich, das ginge doch überhaupt nicht.

DAME *herrisch beharrend:* Wenn die Fischstäbchen gefroren sind, geht das schon.

HERR *ganz langsam, leise, aber überdeutlich, wie einer, der
gerade einem schrecklichen Geheimnis auf die Spur zu
kommen glaubt:* Woher wissen Sie das?

DAME *pampig:* Erwarten Sie von mir wirklich, daß ich Ihnen darauf eine ernsthafte Antwort gebe?

HERR *eingeschnappt:* Sie können von mir aus auch miese-petrig auf ihren überfüllten Aschenbecher starren, wie Sie es getan haben, bevor wir ins Gespräch kamen. Das stört mich gar nicht.

DAME *tonlos knapp:* Das ist nicht mein Aschenbecher. Der gehört hier zur Einrichtung.

HERR *auch knapp:* Ist gebongt. *Nach einer Pause, in merkwürdig flehendem Tonfall auf die* DAME *einredend:* Aber hören Sie mal: Die Panade von den gefrorenen Fischstäbchen wirkt doch wie Schmirgelpapier. Das weiß doch jeder, der schon mal seine Hornhaut wegraspeln wollte und gerade keine Hornhautraspel im Haus hatte.

DAME *nicht mehr so unfreundlich:* Ja, meinen Sie, das weiß ich nicht? Ich bin Fußpflegerin!

HERR *erleichtert:* Ach so, na dann, dann erübrigt sich ja die ganze Aufregung! Trinken Sie noch ein Gläschen mit?

DAME *arglos:* Sehr gerne sogar!

Zischelnde Mädchen im deutschsprachigen Teil Belgiens

Eine Schule im deutschsprachigen Teil Belgiens. Schöne kräftige Gymnasialmädel werden wir jetzt kennenlernen. Die Mädchen schlürfen Instant-Kaffee mit Amaretto-Aroma aus Steingutkrügen, auf denen «Exekutive der deutschsprachigen Gemeinschaft» steht. Sie tuscheln stark, denn der neue Klassenlehrer, den sie erwarten, soll angeblich einen «süßen Hintern» haben.

TONIA: Mein Vater hat gesagt, unser neuer Lehrer hat einen süßen Hintern.

MELANIE: Was hast du denn für einen komischen Vater?

TONIA: Nicht, was ihr denkt. Mein Vater hat das so gesagt: Euer neuer Lehrer hat, wie ihr jungen Mädchen das vermutlich ausdrücken würdet, einen unheimlich süßen Hintern.

MELANIE: Was machen wir, wenn er sich ans Lehrerpult setzt und die ganze Zeit da sitzen bleibt?

FABIENNE: Wir müssen ihn öfter mal bitten, was an die Tafel zu schreiben.

TONIA: Au ja, an die Tafel schreiben, an die Tafel schreiben soll er viel! Dann können wir Mädchen immer seinen Po sehen!

SOPHIE *verträumt mit ihren Stirnfransen spielend:* Der männliche Po steht im weiblichen Unterbewußtsein für männliche Sprungbereitschaft.

MELANIE: Das ist uns allen klar, Sophie. Aber wie begrün-

den wir bitteschön, daß er immer mit in unsere Richtung
zeigendem Po was an die Tafel schreiben soll?

FABIENNE: Wir sagen einfach, daß wir es mit den Ohren
haben und eher graphisch-visuell ansprechbar sind. Oha!
Es hallen schwere Schritte durch die Korridore. Wohl unser neuer Lehrer!

DER NEUE LEHRER, STUART, *tritt ein, setzt sich an sein
Pult und sagt:* Guten Morgen!

FABIENNE: Würden Sie das bitte an die Tafel schreiben?
Wir haben es allesamt mit den Ohren.

TONIA *zischelnd zu Fabienne:* Das hat doch keinen Zweck.
Er trägt ein Jackett! Das hängt doch drüber.

FABIENNE *zischelnd zu Tonia:* Laß mich mal machen!

STUART: Wenn die Damen fertiggezischelt haben, werde ich
gern Ihrer Bitte entsprechen und «Guten Morgen» an die
Tafel schreiben. *(Schreibt «Guten Morgen» an die Tafel.)*

FABIENNE: Ihnen ist die Kreide runtergefallen!

STUART *in einem trotz der gezierten Wortwahl ganz uniro-
nischen Ton:* Aber nein! Hier: Die Kreide ruht fest verankert in einer prächtigen Männerpranke, der nur selten
Schreibwerkzeuge entgleiten.

FABIENNE: Wir haben es aber genau gesehen, wie Ihnen
die Kreide entglitten ist! Wir sind visuell-graphisch ver-
anlagt und sehen solche Sachen. Bitte bücken Sie sich
doch mal!

DIE ANDEREN MÄDCHEN: Ja bitte bitte bücken! Bitte
bitte bücken!

*Die deutschsprachigen Belgierinnen betrachten begeistert den
sich bückenden Lehrer. Fabienne tanzt gar auf dem Tisch!*

STUART: Hier liegt keine Kreide! *(Richtet sich auf und
sieht Fabienne auf dem Tisch tanzen.)* Mit Ihnen *(verschärft seinen Tonfall und deutet auf die tanzende Fa-*

bienne) – mit Ihnen würde ich mich gerne mal separat unterhalten. Ich mache jetzt mal eine Durchsage für alle Mädchen außer Fabienne: Lassen Sie mich doch bitte mit Fabienne alleine. Gehen Sie doch bitte für eine nicht allzu knapp bemessene halbe Stunde auf die Toilette.

Zischelnd verlassen die jungen Frauen das Klassenzimmer.

FABIENNE: Wollen Sie eine von diesen leckeren internationalen Kaffeespezialitäten, wo in einer Schachtel immer zehn Beutelchen sind? Ich hätte anzubieten: Hazelnut, Irish Cream, Canadian Peppermint, Fudge, Amaretto und, das ist jetzt was ganz Tolles direkt von Trader Joe's in Los Angeles: A Morning in Montreal.

STUART: Ja, einen Morgen in Montreal probier ich gerne mal, obwohl ich meine, so richtig gut schmecken diese Instantbeutelchen-Aromakaffees nicht.

FABIENNE *gießt heißes Wasser auf das Pulver und sagt sehr ernst:* Nein, natürlich nicht. Hören Sie, wir jungen Mädchen im deutschsprachigen Teil Belgiens sind nicht doof. Wir sind lediglich etwas ... verspielt. Aber glauben Sie nicht, wir würden auf der Schulmädchensex-Retrowelle surfen. Sie haben es auf diesem Institut nicht mit Konsumdummchen zu tun. Wir sind selbstbewußte junge Frauen, die ein eigenes Verhältnis zum Begriff Elite haben. Wie gefällt es Ihnen im deutschsprachigen Teil Belgiens?

STUART: Och, ganz gut bislang. Aber wieso gibt es eigentlich einen deutschsprachigen Teil Belgiens? Das ist die totale Hirnrissigkeit in meinen Augen.

FABIENNE: Fragen Sie mich was Leichteres. Genausogut könnte man fragen: Wieso gibt es Kanada? Kanada mit seinen paar Einwohnermänneken könnte doch wirklich ein Teil der USA sein. Da nun extra einen Staat zu gründen für! Nur wegen der paar Riesenseen und Eisbären einen eigenen Staat zu gründen ist doch oberabwegig!

STUART: Stichwort Eisbären! Da fühle ich mich an meine letzte Schule erinnert. Wir nahmen eine russische Meistererzählung durch, in welcher Braunbären sich über eine vom Präfekten bei einem Picknick im Ural vergessene Wanne voller Süßkirschen hermachten. In ihren Resümees schrieben die Schüler aber nur: «Bären aßen Kirschen.» Dieser Mangel an Präzison machte mich krank, so krank, daß ich die Schule wechseln mußte. In der Formulierung «Bären aßen Kirschen» liegt ja auch die Möglichkeit verborgen, daß Eisbären sich über Sauerkirschen hermachen. Bei allem gebotenen Respekt: Wie bitteschön sollen Eisbären an Sauerkirschen herankommen? Die kennen Sauerkirschen doch allenfalls vom Hörensagen.

FABIENNE: Im Zoo haben Eisbären schon Kontakte mit Sauerkirschen, aber Zoos sind ja eh mit das Abartigste.

STUART *popelt mit seinem rechten Zeigefinger in seinem Krawattenknoten herum und räuspert sich pikiert.*

FABIENNE: Und kennen Sie den *Berliner* Bären? Der jedenfalls würde mit Sauerkirschen im Maul auch ungut rüberkommen.

STUART: Stimmt. Süßkirschen wirken schon etwas staatstragender im Maul eines Wappentieres. Kennen Sie eigentlich den Film ‹The grapes of wrath› mit Henry Fonda? Zu deutsch ‹Die Weintrauben des Zorns› mit Henry Fonda.

FABIENNE: Ganz guter Titel, aber den Film kenne ich nicht. Es gibt auch einen Film, der heißt ‹Die Regenschirme von Cherbourg›, aber den kenne ich auch nicht.

STUART: Jaja. Woher sollte eine doch sehr junge Frau wie Sie auch solche Filme kennen? Hier in Eupen gibt es doch sicherlich kein Reprisenkino.

FABIENNE: Nein, wir haben hier leider kein Reprisen-kino.

STUART *voll väterlichem Trost:* Es gibt aber auch manch andern Orts kein Reprisenkino.

FABIENNE: In Brüssel gibt es schon welche.

STUART *entrückt:* Jaja, Brüssel, das ist ja auch, das ist ja … ich bin ja nur ein einfacher reisender Mädchenlehrer, aber Brüssel, das ist ja, da gibt es ja …

FABIENNE *allem Hauptstadtwahn abhold:* Wir wollen mal nicht übertreiben.

STUART: Ein Reprisenkino neben dem andern!

Geräusch von scharrenden Mädchen an der Tür.

STUART: Ich meine, wir haben jetzt alles unbedingt Nötige besprochen. Die anderen Mädchen scharren schon an der Türe.

Mädchen strömen munter zischelnd ins Klassenzimmer.

STUART: Jetzt kommt aber der Unterricht, Mädchen! Stellt mal eure Lauscher auf Empfang. Also: Ihr habt ja sicher gelesen, daß in Kalifornien gerade der Verzehr von Pfer-defleisch verboten wurde. Hier in Belgien ist das ja an-ders. Hier und in Luxemburg werden pro Kopf und Jahr immerhin 2,5 kg davon verzehrt. In Deutschland sind es unter 50 g! Eine Ausnahme aber gibt es: die Stadt Solin-gen. Solingen ist die deutsche Hauptstadt des Pferde-fleischverzehrs, insbesondere des Verzehrs von Pferde-sauerbraten. Das stimmt wirklich!

SOPHIE: Man muß sich das aber nicht so vorstellen, daß die Menschen dort Tag und Nacht ihre Mäuler in Pferdekeu-len rammen. So wie bei uns.

TONIA: Sicher nicht, Sophie, sicher nicht.

FABIENNE: Verzeihen Sie, Stuart! Sophie hat häufig ver-drehte Gedanken. Ihre Mutter ist leidend. Außerdem hat sie ein Pferd. Noch von ihrer Mutter her. Mütterlicherseits also.

SOPHIE *den baldigen Tod der Mutter verdrängend:* Ja, das ist schon uralt und hängt in der Mitte durch. Das stirbt wahrscheinlich irgendwann mal.

STUART: Kennen Sie eigentlich das Lied ‹Ein Pferd klagt an› von Brecht? Wo das tote Pferd singt: Plötzlich lagen nur noch meine Knochen auf der Straße?

SOPHIE *versunken, irreal murmelnd:* Ja, das summt meine Mutter immer vor sich hin, wenn wir mit dem Pferd spazierengehen. Draufsetzen kann man sich ja nicht mehr.

FABIENNE *des heiklen Themas überdrüssig:* Ganz schön trockene Luft hier. Ich glaube, ich mach uns mal allen einen schönen aromatisierten Beutelkaffee.

STUART: Für mich bitte nicht. Ich gerate davon immer so ins Schwitzen.

TONIA: Ja, dann ziehen Sie doch einfach ihr Jackett aus! Schauen Sie doch mal: Direkt neben der Tafel steht ein Lehrerjacken-Ständer im Kaffeehaus-Stil, der ist nur für Lehrerjacketts.

STUART: Ich beginne allmählich, mich in den deutschsprachigen Teil Belgiens zu verlieben. Aber ohne Jackett friere ich irgendwann mal.

ALLE MÄDCHEN *zischelnd im Chor:* Ein Mann sollte nicht zugeben, daß er friert. Ein Mann, der sagt, daß er friert, signalisiert einen Mangel an männlicher Sprungbereitschaft. Zu frieren, und zwar aufdringlich und theatralisch, muß ein exclusives weibliches Druckmittel bleiben! Das lassen wir uns nicht nehmen!

STUART: So. Jetzt hab ich mich in den deutschsprachigen Teil Belgiens fertigverliebt.

Ein Leben auf der Flucht vor der ‹Koralle›

MODERATOR: In meinen Händen, meine Damen und Herren, halte ich ein dickes Buch, und mir gegenüber sitzt die, wenn ich das sagen darf, unerwartet schlanke Autorin des dicken Buches. Es ist nicht nur eine Frau, sondern *die* Frau: Ich freue mich von ganzem Herzen, die Schauspielerin Ruth Frau begrüßen zu dürfen.

RUTH FRAU: Ich freue mich auch. Das haben Sie ganz lieb gesagt.

MODERATOR: Ruth Frau, Sie haben zwanzig Jahre lang jedes Interviewbegehren brüsk zurückgewiesen, Sie ließen sich in nicht einer Talkshow blicken, es hieß, Sie seien verbittert, und nun sitzt hier im Studio ein strahlendes Bündel Schalk und Lebenswillen, bereit zu jeder Auskunft. Warum haben Sie sich all die Jahre verweigert?

RUTH FRAU: Ach, wissen Sie: Schon als blutjunge Schauspielerin war ich der Auffassung, daß es doch eigentlich schöner wäre, wenn man einfach seine Arbeit machen könnte, ohne sich ständig rechtfertigen zu müssen oder danach gefragt zu werden, ob man an Horoskope glaube oder was man macht, um schlank zu bleiben, aber mir ist halt immer von denen, die es angeblich gut mit mir meinten, eingetrichtert worden, die Intervieweiei sei Bestandteil meines Jobs, und ich sei auf die Presse angewiesen usw. Ich fand es eigentlich immer höchst unpassend, wildfremden Menschen Rede und Antwort zu stehen, aber ich hab es halt gemacht und mußte natürlich auch mit den daraus resultierenden Artikeln leben. Man merkt ja erst, wie schludrig manche dieser Leute arbei-

ten, wenn man selber Gegenstand der Berichterstattung
ist.

MODERATOR: Können Sie ein Beispiel nennen?

RUTH FRAU: Ja, ja, gern. Ein Beispiel aus allerfrischester
Zeit: Vorgestern bekam ich vom Verlag die ersten vier Rezensionen meines Buches zugeschickt. Ich will auf die
nicht inhaltlich eingehen, aber, wie Sie wissen, wird ja am
Ende der Kritik immer noch mal Titel des Buches, Verlag,
Seitenzahl und der Preis genannt. Und in dreien der vier
Fälle waren weder die Seitenzahl noch der Ladenpreis
korrekt wiedergegeben. Wenigstens das sollte man doch
hinkriegen.

MODERATOR: Sollte man meinen.

RUTH FRAU: Und mit solchen Leuten soll man über private Dinge reden, ich bitte Sie! Und um nun endlich mal der
absurden Situation ein Ende zu bereiten, daß ich in einem
Interview erkläre, warum ich keine Interviews gebe,
möchte ich noch eine kleine Sache erzählen. So um 74/75
hatte ich eine Person von irgendeinem Wald-und-Wie-
sen-Blatt bei mir zu Haus – die glauben ja auch immer
gern, sie hätten ein Anrecht darauf, einen zu Hause heim-
zusuchen, und diese Person war, ich sag so was Häßliches
gar nicht gern, ein Dummchen par excellence. Sie hangel-
te sich von einer unausgegorenen Frage zur nächsten, und
um ihre Hilflosigkeit zu kaschieren, hatte sie sich auf die
Masche kapriziert, ihrem Gesprächs…opfer private Be-
griffsdefinitionen abzuverlangen. Also: Ich verwendete in
einer Antwort den Begriff Liebe, und da fragte sie: Was
bedeutet Liebe für Sie? Ich sprach vom Berufsethos, und
prompt kam die Frage: Wie würden Sie Berufsethos defi-
nieren? Irgendwann erwähnte ich den Begriff Kultur, und
als sie dann fragte: Was verstehen Sie unter Kultur?, da

bin ich schließlich in die Luft gegangen und sagte: Herzchen, wenn Sie nicht wissen, was Kultur ist, dann schauen Sie bitteschön im Lexikon nach, statt mir hier auf die Nerven zu fallen. Ihr Artikel troff natürlich vor beleidigter Leberwurst und gipfelte schließlich in der Frage: Wenn Ruth Frau nicht in der Lage ist, mit Journalisten zusammenzuarbeiten, warum läßt sie es dann nicht einfach bleiben und strickt Strümpfe? Und ich dachte: Danke, Dummchen, das ist die Idee des Jahrhunderts, ich lass' es bleiben und stricke zwar nicht Strümpfe, aber, Sie wissen schon. Und es ist mir bestens bekommen!

MODERATOR: Aber Sie sind ja gerade dabei, mit Ihrer liebgewonnenen Tradition der Interviewabstinenz zu brechen.

RUTH FRAU: Warum, das erklärte ich Ihnen ja am Telephon.

MODERATOR: Die Zuhörer wissen aber nicht, was wir zwei beiden Hübschen am Telephon bekakelt haben.

RUTH FRAU: Natürlich nicht. Wir unterhalten uns hier so nett, daß ich ganz vergessen hab, daß uns jemand zuhört. Es geht mir nicht darum, das Buch zu promoten, wie man heute sagt. Es soll überhaupt nicht so sehr um mich gehen; ich halte mich nicht für so weltbewegend! Es soll hier gehen um David de München, meinen vorletzten Ehemann, von dem die Öffentlichkeit ja ein entsetzlich verzerrtes Bild hat. Zum zehnten Todestag von David habe ich eine CD mit bislang unbekannten Gesangsaufnahmen von ihm herausgebracht. Und für diese CD setze ich mich in die Radiosessel und sogar Talkshowsessel, für David tu ich's, nicht für mich!

MODERATOR: Von der CD würden wir natürlich liebend gerne etwas hören – zu dumm, daß Sie sie zu Hause vergessen haben, was uns aber wiederum Gelegenheit verschafft, um so mehr über Sie zu erfahren. Ruth Frau – ein ungewöhnliches Leben, viel bergauf, viel bergab, viele Ecken, Kanten, Kurven, Widerborsten – und jetzt die Memoiren. Achthundert Seiten, sicher, Sie haben viel erlebt; der Titel ‹Das Waschbecken› dürfte eher eigenwillig für die Erinnerungen einer Schauspielerin sein. Der Titel spielt ja sicher nicht nur auf die leidige Waschbeckenaffäre an, auf die wir auch noch zu sprechen kommen werden, sondern steht ja auch für einen Selbstreinigungsprozeß. Was sagt Ruth Frau dazu?

RUTH FRAU: Selbstreinigung ja, aber nicht schmutzige Wäsche waschen in der Öffentlichkeit, was man von einigen unrühmlichen Ausnahmen unter den Kollegen ja leider sagen muß.

MODERATOR: Ruth Frau – Sie haben nicht Ihr Leben lang auf Seidenkissen gesessen. Erst gefeierte Ikone der Adenauerjahre, dann der große Rutsch nach unten. Nach ganz, ganz unten, in die Hölle, wenn man so will.

RUTH FRAU: So direkt in Richtung Hölle ging's natürlich nicht. Es kam erst mal die Zeit, in der der deutsche Film darniederlag. Da gab es nur noch Filme, wo man sich als Schauspielerin ebenfalls darniederlegen mußte. Sie wissen, was ich meine.

MODERATOR: Das ist das Wunderbare an Ihnen: Immer wieder blitzt die bissige Berlinerin hervor, die natürlich seit langem Wahlmünchnerin ist. Aber weiter: Der Film lag darnieder. Was taten Sie?

RUTH FRAU: Ich machte natürlich bei diesen Machwerken nicht mit. Ich hielt mich mit den üblichen Brecht-Abenden über Wasser, sagte im Saarland das Wetter an.

MODERATOR: Sie gelten aber als giftigste Brecht-Interpretin aller Zeiten.

RUTH FRAU: Ach ja, giftig, giftig. Mir sind diese Brecht-Lieder nach einiger Zeit einfach dermaßen auf die Nerven gegangen, daß ich meine Aggressionen an ihnen ausgelassen habe. Was von anderen als besonders gallige Interpretation ausgelegt wurde, war einfach nur schlechte Laune. Nein, da habe ich schon lieber im Saarland das Wetter angesagt. Während dieser Zeit bekam ich übrigens das bezauberndste Kompliment meines Lebens. Ein Mann schrieb mir: Wenn es in Saarbrücken regnet, ist das immer noch besseres Wetter, als wenn in Berlin die Sonne scheint, denn bei uns wird auch das schlechte Wetter von Ruth Frau angesagt. Ist das nicht rührend?

MODERATOR: Rührend in der Tat. Aber trotzdem: Alkohol, Tabletten. Warum? Eine Leinwandkollegin, die sicherlich zu den von Ihnen erwähnten unrühmlichen Ausnahmen zu rechnen ist, hat ebenfalls Erinnerungen zu Papier gebracht und schreibt – ich zitiere wörtlich: Wenn man in jenen Jahren der pikanten Versuchung nicht widerstehen konnte, Ruth Frau und ihren – über den Daumen gepeilt – vierten Mann – Mann ist hier in Gänsebeinchen gesetzt –, also Ruth Frau und ihren Mann David de München, einen erfolglosen Popsänger, den alle nur Ventilatorsäckchen nannten, zu sich zu bitten, konnte man sicher sein, daß sich auch der harmloseste Fünf-Uhr-Tee in ein dröhnendes Desaster verwandelte, wo ein beunruhigender Cocktail aus Martinis, Tränen, Wahnsinn und Witzen gereicht wurde, bei denen sich alle Anwesenden nichts sehnlicher als ein Paar Ohrenstöpsel wünschten.

RUTH FRAU: Ja, und ich wünsche dieser Kollegin, die ich übrigens einmal heulend in einem Palmenkübel auf der

Dachterrasse des Hamburger Hilton liegen gesehen habe, viel Erfolg mit ihrem reizenden Buch, falls das ethisch drin ist, jemandem für 960 lähmende Seiten Bettgeschichten, Neid und Frust Glück zu wünschen. Ehrlich: Früher hätten mich solche Anfechtungen sehr getroffen, aber heute lach ich nur. Kennen Sie den Witz über mich aus dieser Zeit?

MODERATOR: Ein Witz? Nein, erzählen Sie.

RUTH FRAU: Was ist der Unterschied zwischen einem Chow-Chow und Frau Frau?

MODERATOR: Der Chow-Chow bellt und Frau Frau beißt?

RUTH FRAU: Ach was! Chow-Chows bellen doch gar nicht. Das sind wunderbare Etagenhunde. Nein. Der Unterschied ist: Beim Chow-Chow ist nur die Zunge blau.

MODERATOR: Ui ui ui, das ist ja ein ganz schöner Klops. Gut, daß Sie heute darüber lachen können. Ich für meinen Teil mußte, das gebe ich zu, ziemlich lachen, als ich das erste Mal die Sache mit Ventilatorsäckchen las. Was hatte es damit auf sich?

RUTH FRAU: Nun, der große Pianist und Sänger David de München, mein nicht nur über den Daumen gepeilt, sondern tatsächlich vierter Mann, war immer ein bißchen sensibler als andere. Er litt Höllenqualen, wenn er in der Öffentlichkeit ein verschwitztes Gesicht hatte. Also fächerte er sich, wenn wir in Gesellschaft waren, immer mit einem Fächer Luft zu. Doch vom vielen Fächern bekam er eine Sehnenscheidenentzündung, und die Ärzte sagten, Herr de München, das Fächern können Sie vergessen. Das war ein unglaublicher Schock für ihn. Die Welt war erst wieder in Ordnung, als ich ihm so einen batteriebetriebenen Taschenventilator schenkte. Die

239

Dramen, die sich abspielten, wenn ich mal keine Ersatz-batterien dabeihatte, können Sie sich nicht vorstellen. Es gab natürlich auch Situationen, wo er den Ventilator nicht benutzte, z. B. bei heftigem Wind oder während der heiligen Messe. Er war ja sehr religiös, fast schon grotesk religiös. Und zu solchen Gelegenheiten bewahr-te er seinen Ventilator in einem mit Commedia dell'arte-Motiven bestickten Brokatbeutel auf. Einmal waren wir bei Hilde Guffy eingeladen. Hilde Guffy – Sie wissen schon, die Tochter des tanzenden Röntgenologen Dr. Kosmas Guffy und der singenden Rennfahrerin Karlie Wausch. Es war schon spät, und David ging allein in den Garten, um den Mond zu beobachten. Und da fiel ihm der Brokatsack ins Wasser.

MODERATOR: In was für Wasser denn?

RUTH FRAU: In Swimmingpool-Wasser. Und was er dann tat, ist nicht leicht zu verstehen. Statt mich zu rufen, ging er in all seiner Sensibilität zum Telephon, wählte die Nummer der Polizei und sagte: Kommen Sie sofort, es ist etwas Furchtbares geschehen. Wenig später schellte es, die Guffy sagte: Nanu, Polizei, und David umklammerte den ersten eintretenden Beamten und schrie: Mein Ventilator-säckchen ist ins Wasser gefallen, aber für mich als Katho-liken ist das leicht zu verkraften. Sehen Sie doch, wie leicht ich es verkrafte. Und dann zerrte er dem Polizisten an der Jacke, versuchte ihn zum Katholizismus, zu seiner ganz privaten Spielart davon, zu bekehren, und hatte na-türlich seinen Spitznamen weg.

MODERATOR: Ich finde es wunderbar, wie frank und frei Sie hier über diese doch auch etwas peinlichen Angele-genheiten sprechen, und ich hätte Ihnen deswegen auch gerne Gelegenheit gegeben, diese CD namens ‹Der andre

David de München› vorzustellen, doch die liegt ja leider zu Hause auf Ihrem gotischen Stollentisch.

RUTH FRAU: Ja, da liegt er gut, der «andre David de München», welcher allerdings der wahre David de München ist. Der wahre David de München ist nicht derjenige, der in der Drehscheibe in giftgrünen Knautschsamthosen unter einer Glitzerkugel hopste und Lieder im sogenannten Westerland-Sound trällerte. David hat den Westerland-Sound gehaßt wie ich meine Brecht-Abende, die Wedekind-Abende, Tucholsky-Abende, wie habe ich das alles gehaßt! Und was meinen Sie, wie weh es tut, wenn jetzt Studenten hier in München, Studenten mit einem ganz und gar fragwürdigen Sinn für Ironie, sogenannte Westerland-Parties veranstalten, wo Davids Platten rauf und runter gespielt werden und für die in Spots beim Lokalradio geworben wird mit: «Grumpf! The crazy sound of green velvet.» So was trifft mich wie ein Axthieb! Zur Ehrenrettung Davids habe ich nun halt diese CD herausgebracht, die den bis in die Haarspitzen empfindungsvollen Interpreten von Klassikern der gehobenen Song-Unterhaltung, der sich selbst meisterhaft und eigenwillig an seinem weißen Konzertflügel begleitet, vorstellt.

MODERATOR: Gut. Schön. Können wir leider nicht hören. Kehren wir noch einmal kurz in Ihre schlimme Zeit zurück, kommen wir zur Waschbeckengeschichte, die Sie ja für einige Jahre, das muß man sagen, vollkommen ins gesellschaftliche Jenseits befördert hat, zu Unrecht, wie wir heute wissen. Für lange Zeit aber wurden Sie in den Medien als absinthsüchtiges, bisexuelles Monstrum gehandelt, als cholerische Zechprellerin, deren Tochter bei einer Sekte ist, die Toilettenfrauen ohrfeigt und mit verrutschter Synthetikperücke und verschmiertem Lippenstift in drittklassigen Hotelzimmern die Armaturen und die Waschbecken aus den Kacheln reißt und aus dem Fenster wirft.

RUTH FRAU: Tja, das war mein Ruf.

MODERATOR: Sie sagen das sehr nachdenklich. Schmerzen die Narben den ehemaligen Trümmerhaufen der Nation, als der Sie ja immer wieder apostrophiert wurden? Aber sagen Sie nichts! Ich sehe Ihren Augen an, daß da Wunden sind, Wunden aber, die Sie mit der Schreibmaschine so wunderschön zuzunähen versuchten, wie Ihr Buch ja belegt. Gerade das Waschbeckenkapitel ist Ihnen besonders gut gelungen. Würden Sie es für unsere Zuhörer noch einmal nacherzählen?

RUTH FRAU: Gerne. Ich hatte in Düsseldorf einen Auftritt bei einer Jubiläumsfeier eines Haushaltsgeräteherstellers. Ich konnte in diesen Jahren nicht zimperlich mit Angeboten umgehen, aber das war noch einen Zacken schlimmer als die Brecht-Abende. Auf dieser Feier wurde eine neue Topf-Kollektion lanciert, und Frau Polte, die Gattin des Firmeninhabers, hatte Lobesverse auf ebendiese Töpfe geschrieben, die ich zur Klavierbegleitung der Tochter deklamieren mußte. Das Entsetzliche war, daß man mich dabei gar nicht sah, da ich mich in einem zwei Meter hohen Kochtopf aus Pappmaché befand. Ich mußte dabei einen Besenstiel hochhalten und die ganze Zeit im Kreis rumgehen – das sollte den umrührenden Kochlöffel darstellen. Es waren über vierhundert Verse, einen weiß ich sogar noch: «Ob Schwein, ob Rind, ob Flügeltier / im Polte-Topf gelingt es dir.» Und alles andere war auch in dem Stil. Nach zwei Stunden holte mich die Tochter aus dem Topf, weil die Gäste längst auf die Terrasse gegangen waren. Kein Applaus, keine Blumen –

nichts. Die Gage mußte ich mir in der Küche abholen! Ich dachte: Nee, vor zehn Jahren bist du noch mit Rainer Birkendorf, Hilde Himberti, Fritz Weiterkopf, Ira Sriftsetzer, Heidemie Bruder, Hektor Maria Schlaf, Godl Trümmerwein, Werner Grolle, Marie-Aprilette Hellerfors, mit allen großen Namen, mit Barbara Milram, Heidrun Danone, Yvette-Kathrinchen Ehrmann, Wolf-Adam Onken und, wie hieß sie noch, Mia Martina Tenor, Paul zur Brücke, Hasso Schacht, Sharon Brutannahan, Coco Vaternahm und Whis Wichtkatz, mit all diesen Namen bist du vor der Kamera gestanden, und jetzt bist du ein Kochlöffel und kriegst von einer grinsenden Abwaschhilfe einen Briefumschlag hingeschoben. Ich setzte mich in ein Taxi und beging dann den großen Fehler, mich in ein Lokal in der Innenstadt fahren zu lassen, das ich von einer Premierenfeier her kannte. Ich stellte mich an die Bar, und Ihnen dürfte klar sein, was ich dort tat. Ich war schon ziemlich dabei, dem Witz, den ich Ihnen vorhin erzählte, alle Ehre zu machen, da fühlte ich mich einem Blitzlichtgewitter ausgesetzt. Es waren Reporter von der ‹Koralle›, die mich schon in ihrer letzten Ausgabe mit meinem zu Schrott gefahrenen Karmann Ghia auf der Titelseite gehabt hatte. Ich sah keine andere Möglichkeit, als auf die Toilette zu flüchten, um dort aus dem Fenster zu kriechen. Doch da war diese renitente Toilettenfrau. «Nee, Frau Frau, auch wenn's mit dem Filmgeschäft nicht mehr so klappt bei Ihnen, aus dem Fenster gekrochen wird bei mir nicht!» Da ist mir eben die Hand ausgerutscht, und die ist natürlich postwendend zu den ‹Koralle›-Reportern gerannt, und ich bin ausgebüxt. Im Hotel wollte ich mir dann die ganzen Demütigungen ausschwitzen, aber im Badezimmer wurde mir plötzlich ein wenig mau, so daß ich mich am Waschbeckenrand abstützte. Da riß das blöde Ding aus seiner Halterung und fiel runter. Ich war darüber so wütend, daß ich mir das Waschbecken griff und zum Fahrstuhl ging, um es dem Nachtpförtner auf den Tresen zu knallen. Da kam halt die Berlinerin in mir wieder zum Vorschein. Im Fahrstuhl aber überkamen mich dann solche Selbstzweifel und Ängste – ich dachte: Ich, die Ikone der Adenauer-Ära, stehe mit einem Waschbecken im Lift eines nicht gerade erstklassigen Hotels, gnädiger Gott im Himmel, das darf doch nicht sein! Und wenn jetzt die ‹Koralle›-Fritzen kommen – ich mit einem Waschbecken auf der Titelseite! Ich konnte gar nicht mehr klar denken, ich mußte bloß dieses verdammte Waschbecken loswerden. Ich stieg im zweiten Stock aus und schmiß es schreiend durch die nächstgelegene Fensterscheibe. Danach war ich wie gelähmt.

MODERATOR: Ja, das haben Sie in Ihrem Buch so schön beschrieben: «Das Blut hämmerte mir im Kopf.» Ich glaube, so treffend hat bisher kaum jemand das Gefühl von Ohnmacht, Verzweiflung, Lähmung in Worte gefaßt: «Das Blut hämmerte mir im Kopf.» Darf ich Ihnen sagen, daß die große Schauspielerin Ruth Frau auch eine große Schriftstellerin ist? Gibt es Pläne für ein zweites Buch?

RUTH FRAU: Nun, auf meinem gotischen Stollentisch steht meine alte Triumph-Adler, und ich sitze gern an meinem gotischen Stollentisch, und Däumchendrehen ist nicht meine Lebensauffassung.

MODERATOR: Wir freuen uns schon. Aber wir sollten die chronologische Folge einhalten. Nach der Waschbeckenaffäre sind Sie ja durch einen regelrechten Hagelsturm von Erniedrigungen und Schicksalsschlägen gegangen. Eine von sämtlichen Beobachtern und, wie Sie im Buch ja jetzt zugeben, auch von Ihnen als äußerst problematisch empfundene Ehe mit einem viel jüngeren morbiden, überempfindlichen Musiker, der nicht auf deutsch sagen konnte, daß er zur Toilette gehen muß …

RUTH FRAU: Ja, er sprach über körperliche Dinge nur auf französisch, aber dazu möchte ich später noch etwas sagen.

MODERATOR: Gern. Also diese letztlich gescheiterte Ehe, gescheiterte Comebacks, gescheiterte Operationen, und ein kluger Kopf hat ja mal nachgerechnet, daß Sie doppelt so viele Autounfälle wie Filmrollen hatten. Wie verkraftet ein einzelner Mensch das?

RUTH FRAU: Überhaupt nicht. Ich hab nichts verkraftet. Erst die unerschütterliche Liebe meiner Kinder und die jungen Filmregisseure, die mit mir in den siebziger Jahren wieder zu arbeiten begonnen haben, brachten mich wieder auf die Beine.

MODERATOR: Ja, die jungen Regisseure. Mit den Kindern gab es doch aber eine Zeitlang auch nur schreckliche Schlagzeilen. Daß Sie Ihren damals vierzehnjährigen Sohn Bengt-Alexander für ein Wochenende an einen homosexuellen Journalisten verliehen haben sollen, damit er nichts über die Ladendiebstähle Ihrer Tochter schreibt, ist bestimmt nur eine üble Verleumdung gewesen, aber …

RUTH FRAU: O nein nein, das stimmt. Die beiden haben geflippert, gekickert und Bugs-Bunny-Filme geschaut. Mein Sohn hat noch lange davon geschwärmt. Zu Hause hatte er ja keinen Flipper. Ich flippere nicht gut.

MODERATOR: Oh, Sie auch nicht! Ich flippere auch schlecht.

RUTH FRAU: Das ist immer schön, wenn man mit anderen Menschen etwas gemeinsam hat. Aber ich möchte noch etwas zu meiner Ehe mit David sagen. So problematisch

245

war die gar nicht. Sicher, er ging französisch sprechend auf den Lokus und war z. B. stolz darauf, daß ihn seit seinem achtzehnten Lebensjahr, seit der Ausmusterung nämlich, kein Mensch je nackt gesehen hatte. Doch mich kratzten diese Spleens nicht weiter. Er machte nie Anstalten, mich umzukrempeln. Ich konnte, auf deutsch gesagt, voll wie ein Nachttopf sein, er behandelte mich eher wie eine jener Marienerscheinungen, die er ständig gehabt haben wollte.

MODERATOR: Oh, das muß sonderbar sein, man hat eine Marienerscheinung, und Maria ist betrunken.

RUTH FRAU: Richtig. Ich hab ihm seine Erscheinungen aber nie abgenommen, was ich ihm allerdings nie gesagt habe. Nur als er dann in seinem religiösen Temperament, wenn nicht sogar religiösen Wahn, meine Tochter Katharina allzusehr zu beeinflussen begann und sie sogar in eine Sekte trieb, da hab ich ihn vor die Tür gesetzt.

MODERATOR: Ich weiß nicht, ob es Ihnen recht ist, wenn wir die abscheuliche Sektengeschichte Ihrer Tochter noch mal etwas ausführlicher aufwärmen, aber Sie schreiben ja auch ganz offen davon.

RUTH FRAU: Weil glücklicherweise alles gutgegangen ist. Die Streichhölzer sind ja vom Benzin durchweicht gewesen.

MODERATOR: Von vorn: Ihre Tochter war Mitglied einer fürchterlichen Sekte, und eines Tages stellt sie sich auf den Stachus hier in München, übergießt sich mit Benzin, stellt Transparente auf, daß sie mit ihrer öffentlichen Selbstverbrennung gegen den Mord am ungeborenen Leben protestieren will. Dann waren aber die Streichhölzer aufgeweicht. Mich packt aber noch immer der Zorn, wenn ich an jene niederträchtige Karikatur in der

‹Koralle› denke, die Ihre auf dem Stachus stehende, benzintriefende Tochter zeigt mit einer Sprechblase, in der steht: «Hat mal jemand Feuer? Meine Mami braucht eine Schlagzeile.»

RUTH FRAU: Das ist vorbei und vergessen. Die Katharina lebt, ich lebe, durch mein Haus toben und turnen scharenweise quietschfidele, kerngesunde Enkelkinder, und die ‹Koralle› kennt heute kein Mensch mehr.

MODERATOR: Aber gestern fiel doch ein kleiner Wermutstropfen in Ihr neues Glück. Sie hatten am Abend bei Hugendubel aus Ihren Memoiren gelesen, und als Sie dann nach Hause kamen, mußten Sie feststellen, daß Einbrecher aus Ihrem berühmten gotischen Stollentisch über 20 000 DM entwendet hatten.

RUTH FRAU: Ja, das ist mir völlig unbegreiflich. Nichts war durchwühlt, die Täter müssen ganz gezielt auf den Stollentisch zumarschiert sein.

MODERATOR: Davon sollten Sie sich Ihren Erfolg aber nicht verderben lassen. Gestern bei Hugendubel trat sich das Publikum ja gegenseitig auf den Füßen herum. Nur einmal habe ich beobachtet, wie Sie etwas irritiert aufblickten, als zwei junge Männer in Lederjacken mitten während Ihres Vortrags die Buchhandlung verließen.

RUTH FRAU: Ja – ich habe mich gewundert, daß sie ausgerechnet beim schönsten Kapitel meines Buches gingen. Aber junge Leute haben abends immer noch etwas zu erledigen.

MODERATOR: Ruth Frau, würden Sie den Hörern und mir das Vergnügen bereiten, dieses Kapitel, das nicht nur Sie als das schönste empfinden, noch einmal für uns vorzulesen?

RUTH FRAU: Selbstverständlich gern: «Ein Rotkehlchen hatte es sich auf der Fensterbank gemütlich gemacht. Seine kleinen Knopfäuglein schienen gleichsam verständnisvoll wie fragend auf das Tohuwabohu zu blicken, das am Sonntag sieben quietschvergnügte, kerngesunde Enkelkinder in meinem Wohnzimmer hinterlassen hatten. Ganz vorsichtig näherte ich mich meinem gefiederten Gast. ‹Tschilp, tschilp, tschilp›, sagte ich, ‹willst du ein paar Krümel?› Der kleine Rabauke schüttelte den Kopf. ‹Was? Und ob du ein paar Krümel willst! Die liebe Tante Ruth wird gleich mal nachgucken, ob in der Küche ein paar Krümel liegen!› Auf Zehenspitzen schlich ich in die geräumige Küche meines Hauses in der Griechenstr. 23, strich vom Tisch ein Häufchen Krümel auf meinen Handteller und rief: ‹Tschilp, tschilp, tschilp, hier kommt die Tante Ruth mit deinen Krümeln!› Aber mein kleiner Besucher war schon davongeflogen. Hatte vielleicht noch ein halbes Würmchen im Magen. So ein Vogelbäuchlein darf man auch nicht so vollstopfen. – Die Sonne dieses harmonischen Septembervormittags tauchte den bordeauxfarbenen Barocksessel, ein Geschenk meines dritten Mannes, des leider viel zu früh verstorbenen Bundesverdienstkreuzträgers und bedeutenden Atemtherapeuten Dr. Hannes Conradi, in einen beinahe überirdischen Glanz. Ich war wunschlos glücklich und setzte mich hinein. Eben hatte meine liebe Freundin Jeanne Moreau aus Paris angerufen, um mir für meine, wie sie meinte, umwerfend körperliche Darstellung der Elisabeth in ‹Freiheit oder: Der Regenbogen ist unteilbar› zu gratulieren. Die gute Jeanne! Hat auch viel durchgemacht bei sich in Frankreich! Mein Blick fiel auf den gotischen Stollentisch, den ich mir von einer meiner ersten Gagen bei dem bekannten Hamburger Antiquitätenhändler Herbert Grimm gekauft hatte, dessen Tochter Sonja vor sechzehn

Jahren bei einem Wassersportunglück in der jetzt nach Unabhängigkeit strebenden kanadischen Provinz Quebec das Augenlicht einbüßen mußte, was sie aber nicht daran hinderte, das Geschäft des Vaters zu übernehmen. Sie gleicht, wie viele Blinde übrigens, viel mit Tastsinn aus. Es ist schön, sie dabei zu beobachten, wie sie mit ihren Händen den schöpferischen Reichtum längst vergangener, aber durch die alten Gegenstände doch noch lebendiger Jahrhunderte ertastet. Sie soll die einzige blinde Antiquitätenhändlerin Hamburgs sein, aber ihre Kompetenz ist unumstritten. Und wie ich so dasaß und die sich auf meinem Stollentisch türmenden lieben Briefe von so vielen lieben Menschen aus ganz Deutschland betrachtete, stürzte Bengt-Alexander, meine breitschultrige Sportskanone von Sohn, zur mit schönen spanischen Spiegeln vertäfelten Wohnzimmertür herein. Wir küßten uns stürmisch. Seit dem Selbstverbrennungsversuch Katharinas gehen wir in unserer Familie eher verschwenderisch als sparsam mit Zärtlichkeiten um. Eine ‹Koralle›, die hinter der Gardine lauert und Dreck schleudert, gibt es ja nicht mehr. ‹Liebste Muttimaus›, rief Bengt – er ist so zärtlich –, ‹ich und ein paar Freunde möchten auf unseren Motorrädern gern durch den indonesischen Regenwald donnern. Ich hab aber mein ganzes Geld verjubelt.› – ‹Macht doch nichts, mein süßer Sohnemann, in deinem Alter habe ich auch alles verjubelt und versoffen.› Ich ging zu meinem gotischen Stollentisch, und da erhellte schon ein breites Jungenlächeln Bengt-Alexanders Gesicht. Er wußte natürlich, daß in einem Fach rechts unter der Schreibfläche eine Kassette ist, in welcher ich immer etwas Bargeld für unerwartete Fälle habe. Katharina, die seit ihrem Selbstverbrennungsversuch ein Inbegriff von Vernünftigkeit ist,

249

hat ja immer gemeint, ich solle da ein Sicherheitsschloß
einbauen lassen, aber ich habe es nie fertiggebracht, diesem wunderbaren Möbelstück auf diese Weise seine Würde zu nehmen...»

MODERATOR: Wenn ich Sie mal ganz kurz unterbrechen
darf: Genau an dieser Stelle haben die beiden Männer die
Buchhandlung verlassen!

RUTH FRAU: Ja, sonderbar, nicht? Aber Sie gestatten doch
sicher, daß ich das Kapitel noch zu Ende lese. Es sind nur
noch wenige Zeilen.

MODERATOR: Entschuldigen Sie bitte die Unterbrechung.
Lesen Sie bitte weiter!

RUTH FRAU: «Ich gab Bengt 10 000 Mark in seine kräftige
Männerhand. ‹Du bist die beste Mutti auf der Welt!› rief
er, und wir balgten uns scherzhaft ein wenig auf dem
schönen Vogelmusterteppich, den ich 1957 von Drehar-
beiten zu einer ziemlich schlechten Schmugglerkomödie
aus Bombay mitgebracht hatte. Ottokar Schneemann
führte Regie. Meine Rolle hatte zuerst Mara von Berlepsch übernehmen sollen, aber die Produktionsfirma hat
sich quergelegt, weil die Berlepsch sich zunehmend als
Kassengift erwiesen hatte. ‹Fahr vorsichtig, Junge, und
komm gesund zurück›, rief ich Bengt nach, als er mit den
Geldscheinen winkend zu seinem saharabeigen Mercedes
ging. Und er kam zurück! Ein bißchen abgemagert von
den üblichen Durchfällen, aber braungebrannt und lachend wie immer. Ich bin stolz auf meinen Sohn!»

MODERATOR: Danke, Ruth Frau! Danke für alles! Danke,
daß es Sie gibt!

Das Sandwich mit der Dietrich

Jetzt soll ich schon wieder über das Sandwich mit der Dietrich Auskunft erteilen. Allmählich nervt das, immer wieder auf eine so lang zurückliegende und absolut folgenlose Operation angesprochen zu werden. Ich fühle mich fast schon darauf reduziert. Ich habe Universitäten gegründet, war Primzahljäger, bin an Hunderttausenden von Reihenhäusern vorbeigegangen, aber immer heißt es: Ah, der mit dem Sandwich unter dem Eiffelturm. Sogar im Brockhaus steht über meine Person nichts außer folgendem: «Zusammen mit seinem Kumpel Keiler ‹Beule› Stopfer soll er die Dietrich direkt unter dem Eiffelturm gesandwicht haben, und das, was lediglich der Makabrezza halber hier eingefügt werden wolle, noch zu Lebzeiten der Diva.»

Was soll denn das mit: zu Lebzeiten? Logo zu Lebzeiten. Keiler und ich waren definitiv *bad boys,* wir ließen untenrum *niemals* etwas anbrennen, wir hatten *immer* den Finger am Abzug, wir waren *wirklich* anmaßend, echte Confrères und Cross Bomber. Das heißt aber noch lange nicht, daß wir eine Leiche gesandwicht hätten. Okay, wir kannten Typen, die so etwas taten, wir tranken jede Nacht mit solchen Typen, aber «Wes Trank du trinkst, des Lied du singst», das galt in diesem Falle nicht.

Es war September 1985. Wir hatten gerade ein schönes Täßchen Kaffee getrunken, und für die Sonne war Erbarmen ein böhmisches Dorf mit sieben Siegeln. Wir hatten enorme Beulen in der Hose, echte Repräsentationsbeulen. «Das ist Rock'n'Roll», sagten wir, und so war es, Mädchen, es waren knallharte Rock'n'Roll-Beulen, die sich in unsern mit Whiskyflecken übersäten Ready-Steady-Go-Hosen wölbten. «Mir platzt gleich der Samenleiter», brüllte Keiler in seinem schrecklichen rheinischen Dialekt über den Boulevard, und eine Gruppe von deutschen Gymnasiasten, die eben noch in großer Lautstärke über die Gerechtfertigung des Preisunterschiedes zwischen stehend und sitzend getrunkenem Bier stritt, versank in Apathie. «Dann laß uns zum Eiffelturm gehen», schlug ich vor. «Yeah, Confrère, möge dort das Sperma aus uns heraussprudeln wie aus einem modernen Brunnen.»

Wir konnten kaum gehen, denn unsere Ständer waren hart wie südafrikanische Industriediamanten, und laß dir das versichern, Mädchen, südafrikanische Diamanten sind härter als Rock'n'Roll in der Hölle. Der Weg zum Eiffelturm war weit. Zwischendurch tranken wir immer wieder ein schönes Täßchen Kaffee. Als wir beim Turm ankamen, waren unsere Herrenunterhosen schon ganz eingeglibbert mit Vorfreudeschmier, welcher den Ständer flutschig macht. Da sahen wir die Dietrich. Sie saß auf einem Memoirenstapel in der Mitte des Platzes und starrte unentschlossen vor sich hin.

«Los, die sandwichen wir!» rief Keiler. «Mann, die ist mindestens 80 Jahre alt!» wandte ich ein. «Scheiß drauf! Sie ist eine Legende!» brüllte mein Kumpel und zog mich zu der Alten hin. Also sandwichte man die Legende. Die Diva gab keinerlei Senf dazu ab. Abschließend und wie zu erwarten war, sprudelte das Sperma stilsicher aus uns heraus wie aus dem modernsten Brunnen von Paris, und glaube mir, Mädchen, Paris hat sehr moderne Brunnen. Das Bemerkenswerteste bleibt aber, daß von den Tausenden von Leuten, die in den vier Fahrstuhlschlangen standen, keiner irgendein Aufhebens machte. Niemand hat auch nur hingeguckt. Die Leu-

252

te dachten vermutlich, wir gründen die Universität von Padua oder bombardieren das chinesische Verteidigungsministerium. Der Rummel kam ja erst viel später, als Keiler durch sein Fachgeschäft für medizinische Peitschen berühmt wurde und mit der Sandwicherei in Talkshows herumprahlte.

Ich bin so unglaublich weit weg von all dem.

*Es folgt ein Stück aus dem Frühjahr 1990, das unter dem
Eindruck des Systemzusammenbruchs in der DDR entstand
und in einer inzwischen vergangenen Zukunft spielt, ungefähr 1995.*

Die legendäre letzte Zigarette

Jingle.

FRAUENSTIMME: Berufstip für Mädchen.

ER: Ich möchte Ihnen heute Frl. Daniela Fricke vorstellen,
sie ist 25 Jahre alt, Berlinerin, und auf den ersten Blick
wirkt sie wie eine ganz normale, moderne junge Frau, die
gerne tanzen geht. Stimmt das?

SIE: Ja, das stimmt, ich gehe unheimlich gern tanzen.

ER: Aber wenn Sie dann in der Discothek mit anderen jungen Menschen ins Gespräch kommen und Sie dann nach
Ihrem Beruf gefragt werden, dann scheuen Sie sich doch
erst einmal, unverblümt Antwort zu geben.

SIE: Ich falle natürlich nicht gleich mit der Tür ins Haus.
Entweder ich erfinde irgend etwas oder sage das, was ja
auch tatsächlich in meine Steuerkarte eingetragen ist.

ER: «Justizbeamtin» ist da offiziell eingetragen.

SIE: Justizbeamtin.

ER: Worunter man sich ja gemeinhin eines jener grauen
Mäuschen vorstellt, die bei Gerichtsverhandlungen das
Protokoll führen. Wir wollen jetzt aber nicht länger
um den heißen Brei herumreden, so heiß ist der Brei
ja auch nicht; wir wollen die Zuhörer also nicht weiter
auf die Folter spannen, wobei in Ihrem beruflichen
Zusammenhang von Folter zu sprechen vielleicht ein

klein bißchen makaber ist, ich bitte das zu entschuldigen, Frl. Fricke: Sie sind von Beruf Hinrichtungshostess.

SIE: Ja, obwohl: Eigentlich heißt es gar nicht «Hinrichtungshostess», sondern «Assistentin bei der Vollstreckung der Höchststrafe», aber das klingt so blöd ...

ER: Wie? Assistentin bei der Vollstreckung der was ...?

SIE: Der Höchststrafe. Das klingt blöd, nicht?

ER: Nicht nur blöd, das ist ja wieder einmal eine grausame Bürokratenstilblüte. Wer auf so was bloß immer kommt! Das erinnert mich an jene städtische Behörde – welcher Stadt, will ich hier höflich verschweigen –, die Abfallgebührenbescheide verschickte und die Empfänger darin anredete mit: Sehr geehrter Abfallgebührenbescheidempfänger!

SIE: Abfallgebührenbescheidempfänger! Das ist ja noch schlimmer als: Sehr geehrter Steuerbürger!

ER: Ja, dieses Amtsdeutsch ist eine Pest, gegen die wir hoffentlich nicht mehr lange machtlos sind. Aber zurück zu Ihnen, Frl. Fricke: Wie sieht eigentlich der Alltag einer Hinrichtungshostess aus?

SIE: Och, ganz normal. Um halb acht klingelt der Wecker, mein Freund kocht mir Tee, holt frische Schrippen ...

ER: Ihr Freund weiß, was Sie beruflich machen?

SIE: Natürlich weiß er das!

ER: Und da gab's nie Probleme?

SIE: Als ich's ihm sagte, mußte er natürlich schon kurz schlucken, aber da kannten wir uns ja schon eine Weile. Als ich ihn kennenlernte, das war nach einem Konzert, der Robby, also mein Freund, ist Rockmusiker, da hab ich natürlich noch «Justizbeamtin» gesagt. Aber inzwischen ist das kein Problem mehr. Ich kann mit dem Robby wirklich über alles reden. Der hat total gute Ansichten.

ER: Also, Ihr Freund holt Ihnen frische Brötchen und dann ...

SIE: Dann fährt er mich zur JVA.

ER: Das heißt «Justizvollzugsanstalt».

SIE: Ja, aber das klingt so blöd. Wir sagen immer nur JVA. Und da zieh ich mir dann meine Uniform an ...

ER: Sie haben mir ja vorhin ein Photo gezeigt. Eine sehr hübsche Uniform ist das.

SIE: Das ist Ansichtssache. Ich find sie ein bißchen ordinär. Von mir aus müßte der Rock z. B. nicht so extrem kurz sein.

ER: Och, Sie können doch so etwas tragen.

SIE: Ja, aber z. B. meine Kollegin Dagmar, die wiegt 115 Kilo, die kommt sich schon ein bißchen bescheuert vor. Die ist neulich von einem Exekutanten auch ganz übel angemacht worden, die war den ganzen Tag total sauer.

ER: Wie viele Kolleginnen sind Sie denn inzwischen?

SIE: Wir sind jetzt 21. Zwei in Berlin, und der Rest ist so verteilt. Nur das Saarland und Mecklenburg-Vorpommern haben noch keine. Die sind noch händeringend am Suchen.

ER: Nanu, wieso denn? Es gibt doch auch in Mecklenburg sehr hübsche Mädchen, und selbst im Saarland müßte doch irgendwas Properes aufzutreiben sein. Aber das sind wohl deren regionale Probleme. Nun erzählen Sie uns doch bitte ein bißchen von Ihrem Berufsalltag.

SIE: Den muß man sich nicht so aufregend vorstellen. Das meiste ist Papierkram. Todesurteile fotokopieren, Sterbeurkunden versandfähig machen und pipapo. Hinrichtungen haben wir momentan nur ca. zwei am Tag, und bei denen haben wir die Aufgabe, den Verurteilten auf seinem letzten Weg zu begleiten, ihm das letzte Lächeln zu schenken, obwohl das jetzt ein bißchen blöd klingt.

ER: Das find ich gar nicht. Das klingt doch sehr poetisch: das letzte Lächeln!

SIE: Na ja, das hat sich der Gesetzgeber ja auch so gedacht, daß den Menschen der letzte Gang leichter fällt, wenn sie dabei von einer jungen Frau angelächelt werden.

ER: Das finde ich auch einleuchtend. Aber andererseits erwähnten Sie ja vorhin kurz Ihre 115-Kilo-Kollegin. Ich weiß ja nicht, ob das nun so ein trostreicher Anblick für einen Todeskandidaten ist ...

SIE: Die Bemerkung finde ich jetzt aber ein bißchen gemein von Ihnen. Ich weiß, das klingt jetzt blöd, aber als die Daggi anfing, war sie noch total schlank, aber irgendwann hat sie dann diese furchtbare Drüsenkrankheit bekommen, und man kann doch keinen entlassen, nur weil seine Drüsen nicht richtig funktionieren.

ER: Ach so, wenn es eine Drüsengeschichte ist, dann tut es mir natürlich leid, Frl. Fricke. Außerdem kann selbstverständlich auch eine Frau von Rubens-Format Anmut ausstrahlen, der heutige Schlankheitskult ist ja sowieso so eine Sache. Aber lassen Sie uns von etwas anderem reden: Sie haben doch sicher auch die Aufgabe, dem Hinzurichtenden diese legendäre letzte Zigarette zu reichen ...

SIE: Ja, wahlweise eine Zigarette oder einen Schokoriegel. Es gibt doch auch sehr viele Nichtraucher. Einmal hatten wir sogar einen, der beides wollte.

ER: Die Zigarette und den Schokoriegel? Na, und wie haben Sie da reagiert?

SIE: Na, erst mal war ich baff. Das kam in der Ausbildung überhaupt nicht vor. Aber dann hat mich der Scharfrichter so angegrinst, und dann dachte ich, na ja, in so einem

Augenblick sollte man vielleicht auch mal fünfe gerade sein lassen. Man muß auch ein bißchen locker sein können.

ER: Sie scheinen ja auch ganz originelle Geschichten bei Ihrem Job zu erleben. Erzählen Sie doch mal: Was war denn bislang Ihr aufregendstes Erlebnis?

SIE: Na, das war natürlich die Hannelore-Kohl-Hinrichtung. Das war sowieso ein etwas wüster Tag, den werd ich nie vergessen: Ich machte gerade die Hinrichtungssteuer, und Daggi stand am Telefax und faxte Todesurteile nach München. Sie war damals noch ganz schlank. Und plötzlich ging das Telefon, und es hieß: Hannelore Kohl muß sofort hingerichtet werden. Sie sei gerade im Grunewald aufgegriffen worden. Und keine fünf Minuten später war sie da: Vier Polizisten waren bei ihr und hatten Mühe, sie festzuhalten, die gebärdete sich ja wie ein Tier, sie trat, fauchte, schrie, schlug um sich, und sie war völlig nackt, sie war zwar in so einen Polizeischlafsack gehüllt, aber der fiel ständig runter, weil sie so wild herumtobte, und das, obwohl sie ja gerade zehn Tage nackt und ohne Essen durch den Grunewald geirrt war.

ER: Ja, die Kondition dieser Frau war ja berüchtigt.

SIE: Das kann man wohl sagen. Ich war total nervös, aber ich mußte sie ja natürlich fragen, ob sie eine Zigarette oder einen Schokoriegel will, und da schrie die mich an, also ich hab meinen Ohren nicht getraut, also erst jahrelang im Fernsehen die feine Dame markieren und dann so was ...

ER: Was hat sie denn geschrien?

SIE: Ach, sie hätte in ihrem Leben nie geraucht, und den Schokoriegel, den könnt ich mir ... also das kann ich beim besten Willen nicht wiedergeben, das konnte ich noch nicht mal dem Robby, also meinem Freund, erzählen. Das waren unvorstellbare Ausdrücke ... aus dem Unterleibsbereich. Der Daggi ist auch total schlecht geworden, das war so schlimm, daß sie sich übergeben mußte, und zwar, ich meine, das klingt jetzt blöd, aber sie hat sich ins Telefax übergeben, das Gerät war ruiniert, es kamen merkwürdige Anrufe aus München, was denn das nun wieder zu bedeuten habe, und kurze Zeit später fing das mit ihrer Drüsengeschichte an. Deswegen fand ich Ihre Bemerkung vorhin ja auch so gemein.

ER: Ja, wenn ich die näheren Umstände gekannt hätte, hätte ich mir natürlich auf die Zunge gebissen.

SIE: Ach, Schwamm drüber. Die Hinrichtung selber ist dann übrigens ziemlich sang- und klanglos über die Bühne gegangen. Ich habe mir ehrlich gesagt auch nicht mehr groß Mühe gegeben, freundlich zu sein, jedenfalls gelächelt habe ich nicht, das können Sie mir glauben.

ER: Das glaube ich Ihnen auch, nach dem, was man jetzt über die feine Dame weiß. 3000 Paar Schuhe, das muß man sich mal vorstellen.

SIE: Ach, wenn ich bloß an diese angeblichen militärischen Sperrgebiete denke ...

ER: Na, in einem wurde doch gerade vor ein paar Wochen wieder eine Villa mit 40 Paar Schuhen und fünf fabrikneuen Videorecordern gefunden, die waren noch originalverpackt ...

SIE: Wir sind doch jahrelang systematisch betrogen und belogen worden!

ER: Wenn wir doch damals bloß etwas geahnt hätten! Aber jetzt ist der Spuk vorbei, und wir können wieder frei atmen. Aber wir sollten jetzt wieder zu Ihnen, Frl. Fricke, kommen. Eine Frage noch: Was für ein Verhältnis haben

Sie denn eigentlich zu den Scharfrichtern, zumal das ja meines Wissens durch die Bank Männer sind ...

SIE: Meine ganz persönliche Meinung ist, daß das auch nichts für eine Frau ist, obwohl es ja in anderen Ländern durchaus auch Scharfrichterinnen gibt, z. B. die Anita Chuan aus Singapur, die hat mal bei uns in der Ausbildung ein Referat gehalten, allerdings auf englisch, ich hab eigentlich nur verstanden, daß sie auch wahnsinnig gerne tanzen geht, insofern war sie mir ganz sympathisch, und was unsere deutschen Scharfrichter angeht, muß ich sagen, daß der eine oder andere mir natürlich anfangs schon etwas unheimlich war, aber das gibt sich dann, wenn man die privat kennenlernt. Die meisten sind in den Job ja auch nur so reingeschliddert, viele waren vorher Lehrer oder irgend etwas anderes gewesen.

ER: Also, Sie selber könnten sich nicht vorstellen, als Scharfrichterin zu arbeiten?

SIE: Nee, eigentlich nicht, also, ich weiß, das klingt jetzt blöd, aber ich könnte das irgendwie nicht.

ER: Wie wird man eigentlich Hinrichtungshostess?

SIE: Man muß über 18 sein, braucht Realschulabschluß, und einigermaßen aussehen sollte man schon. Die Bewerbungsunterlagen kann man direkt an das Deutsche Justizministerium in Berlin schicken.

ER: Die Zeit rennt, wenn Sie uns jetzt vielleicht zum Abschluß noch eine besonders witzige oder skurrile Begebenheit aus Ihrem Berufsalltag erzählen könnten ...

SIE: Na ja, was direkt Witziges hab ich nicht, eher was Skurriles, würde ich mal sagen. Wir hatten da mal einen Studenten hingerichtet, na ja, und der war, hm, der war so ... also ich weiß, das klingt jetzt blöd, aber ich kann das irgendwie nicht laut sagen ...

ER: Nur zu! Sie brauchen bei uns kein Blatt vor den Mund zu nehmen.

SIE: Kann ich's Ihnen vielleicht ins Ohr flüstern?

ER: Ja, von mir aus.

SIE: Bs, bs, bs …

ER: Ach so! Sie meinen, der Herr Student war das Gegenteil von einer kalten Schwester!

SIE: Ja, genau.

ER: Ja, Frl. Fricke, ein Blick auf die Uhr sagt mir, daß es Zeit wird, mich für Ihr Kommen zu bedanken …

SIE: Ja, warten Sie, das Skurrile kommt doch erst noch: Den hattense nämlich im Tiergarten in der Nähe der Siegessäule aufgegriffen, im Gebüsch kniend, ein anderer war auch noch mit dabei, aber der ist entwischt, und der, der da im Laub gekniet hatte, der wurde uns direkt zugestellt, das ging ganz schnell, der wollte weder rauchen noch einen Schokoriegel, der hatte es geradezu selber eilig, und wie er dann so in der Schlinge hing, da kam dem dann so eine weißliche klebrige Flüssigkeit aus dem Mund …

ER: Frl. Fricke!

SIE: Also Spucke war das nicht …

ER: Vielen Dank für Ihr Kommen.

DIE ERDERWÄRMUNG

Der Sommerverächter

«Was machen jetzt all die Insekten? Ob die sich unter die parkenden Autos setzen und warten, bis alles vorbei ist?» denkt sich der Sommerverächter, wie er aufgrund eines Wolkenbruches das Zimmerfenster schließt, was ihm gut paßt, denn so hört er nicht das Gekreisch der halbnackten Menschen auf den Nachbarbalkonen, die Bier und Gebäck in Sicherheit bringen. Während er also nur angenehmes Prasseln und Platschen vernimmt, fällt sein Blick noch einmal auf die Postkarte, die ihm seine Freundin aus ihrem Urlaubsort im hohen Norden zugeschickt hat, und er beschließt, ihr mit einem kleinen Brief zu antworten, setzt sich auf seinen Balans-Stuhl und schreibt: «Meine Liebe! Ich hätte jetzt gern einen Mantel an. Am liebsten den beigen Dufflecoat, den wir in Shetland gekauft haben, den mit den großen Taschen, in die das Telephonbuch einer kleinen Großstadt und noch mehr reinpaßt. In der Welttemperaturentabelle der ‹Neuen Zürcher Zeitung› habe ich gelesen, daß es in Reykjavik nur sieben Grad hat. Wie ich Dich beneide! Ich habe mir heute ein elektronisches Thermometer gekauft, mit Zehntelgradanzeige. Zwischen 18.00 und 22.30 (jetzt) ist die Temperatur in der Wohnung nur von 27,4° auf 27,2° zurückgegangen. Wenigstens regnet es. Weißt Du eigentlich, was Mücken bei Regen machen? Ich meine, wenn eine Mücke von einem dieser riesigen Regentropfen getroffen wird, müßte sie doch eine Gehirnerschütterung bekommen. (Macht die Hitze mich geckenhaft reden?) Alles Liebe, bis zum Herbst, Dein Sommerverächter.»

Er geht zum Kleiderschrank, holt seinen Dufflecoat heraus, nimmt ihn in den Arm, ja: Er umarmt seinen Mantel, der ein wenig muffig riecht und längst mal wieder ins Freie müßte. Er zieht den Mantel an, stellt sich vor den Spiegel, erschrickt wie immer ein wenig über sein rotes Schweißantlitz und denkt: «Am besten seh ich aus, wenn ich ein wenig friere. Auch frierende Frauen sind hübscher. Habe ich nicht einmal zwei frierende junge Spanierinnen mit gelben Rucksäcken fotografiert?»

Der Kasten mit den Fotos seiner vielen Nordlandreisen müßte im Buchregal stehen. Der Sommerverächter geht hin, und ihm fällt ein zerlesener kleiner Band in die Hand, Adalbert Stifters berühmte Schilderung eines Schneesturms im Bayerischen Wald. Er steckt sie sich in die Manteltasche; vielleicht wird er sie heute noch einmal lesen. Herrlich, was alles in den Mantel hineinpaßt! Alles: Geldbörse, Zigaretten, Einkaufsbeutel, Notizbuch und Lektüre für den Bus. Wohin damit im Sommer, zur mantellosen Zeit? Gute Taschen und Beutel gibt es nicht. In die kleineren paßt nichts hinein, und in den großen ist man ständig am Kramen, weil alles darin verschwindet. Die Menschheit wird niemals in Frieden leben. Das ist sicher.

Aber genauso sicher ist, daß die Menschheit niemals eine anständige Tasche, eine sowohl praktische und unverwüstliche als auch geschmacklich ansprechende, zustande bringen wird. Es lebe daher die Manteltasche! Und nieder mit dem Sommer! Derlei denkend oder murmelnd, knöpft sich der Sommerverächter den Dufflecoat zu, geht runter auf die Straße und tritt in ein Lokal. Die Gespräche der Gäste verstummen. Man betrachtet ihn mit Argwohn, stellt Fragen, erhält keine Antwort, und schließlich wird gejohlt. Der Sommerverächter trinkt hastig ein Bier; Schweißtropfen brennen wie Kräutershampoo in seinem hundemüden Augenpaar. Er wirft dem kaum bekleideten Gastwirt ein Geldstück hin und geht. Wieder zu Hause angekommen, schreibt er einen weiteren Brief. Er weiß noch nicht, an wen:

«Als ich das letzte Mal eine Freiheit genoß, gab ich mich verschlossen gegenüber welchen, die Auskunft erbaten. Die Freiheit bestand darin, ohne was zu reden, Gewagtes schamlos zu behaupten. Diejenigen, die Auskunft verlangten, waren einerseits Frauen mit dreieckigen Ohrringen und andererseits Männer, deren Berufe direkt oder indirekt von der Autoindustrie abhängen, Menschen also, denen sich Gewagtdenker gern mal verschließen. Nun aber sitze ich hier, wo Dreieckigkeit und Autofabrikation kaum je eine Chance hätten, nennenswerten Applaus zu ernten, d. h. in meiner Wohnung: Hier kann ich es wagen, genannte schamlose, aber deswegen keinesfalls kurzsichtige oder obszöne Behauptung zum Klingen zu bringen und so zur Diskussion zu stellen.

Die Behauptung lautet: Viele Menschen hassen den Sommer. Doch niemand ist verpönter als einer, der den Mut besitzt, sich und andern einzugestehen, daß er dem Sommer nicht nur persönlich keine gute Seite abgewinnen kann, sondern ihn regelrecht haßt und ihm den Vorwurf macht, an Übellaunigkeit und Antriebsschwäche schuld zu sein.

Dabei hat auch der Sommer durchaus schöne Tage, an denen es nur 15 Grad hat, ein freundlicher Wind die Windjacken wölbt und der Himmel die durstige Schöpfung labt. Dann aber wird gemault und gejammert, und die Medien überbieten einander mit langweiligen, leutseligen Wetterbedauerungen.

Doch freilich sind's die heißen Tage, die uns Sommerverächtern am meisten auf die Nerven gehen. Die Leute reißen sich schlankweg die Kleider vom Leibe und finden es offenbar völlig normal, in Unterwäsche Kunden zu bedienen, Kinder zu unterrichten oder Kirchen zu besichtigen. Das Geld, das sie an der Kleidung sparen, wird dann für Urlaube in bratpfannenheißen Ländern ausgegeben. Mit verkohlten Visagen kehrt man zurück, sieht aus wie die Kinder von Seveso, hält aber genau das für erstrebenswert: wie Opfer einer Giftgaskatastrophe auszusehen.

Die Unverkohlten werden getadelt: Man solle mal an die Sonne gehen und wie man bei so schönem Wetter in der Bude sitzen könne! Wagt man es dann, kleinlaut darauf hinzuweisen, daß Sonnenbäder die zweithäufigste Krebsursache nach dem Rauchen darstellen und daß man da doch lieber rauche, wird man zum Miesepeter und Sonderling erklärt. Rauchen kann man, wenn man im Sommer unterwegs ist, sowieso nicht. Wo soll man die Zigaretten denn hintun? Tut man sie in die Gesäßtasche, werden sie zerquetscht. Trägt man sie aber in der Brusttasche des Hemdes, sieht es aus, als habe man einen Busen. Und sonst? Was ist dran an wespenumschwirrten Abfallbehältern, schokoladeneisverschmierten Kindermündern oder öffentlichen Bädern, wo einem Kinder auf den Kopf springen und man Menschen beobachten kann, die nicht wissen, wie man im Liegen raucht?

Doch es sind nicht solche kleinen Unerfreulichkeiten, die einen zum Sommerverächter werden lassen, sondern die kopflose Sommereuphorie, die nichts anderes als sich selber duldet und schon so viele, die an ihr nicht teilhaben konnten, in den Tod getrieben hat. Daß hierzulande die Selbstmordrate keineswegs im November, sondern im Mai, Juni und Juli am höchsten ist, muß direkt jenen angelastet werden, die in buntgeschürzten Gruppen munter schwatzend mit Sportgerät und Laken den Parkanlagen entgegenstreben. Wer wagt es schon, einer solchen frohen Meute entgegenzurufen: Ich bin anders als ihr! Kaum einer. Die meisten fügen sich, nur um nicht abseits zu stehen, dem sommerlichen Irrsinn, lassen sich, heimlich leidend, den Leib verbrennen, machen also, wie es heißt, gute Miene zum bösen Spiel. Andere resignieren und sterben. Hier gilt es, Mut zu zeigen und Hilfe zu leisten.»

Der Sommerverächter hält inne, denkt nach, versieht das Geschriebene mit dem Postskriptum: «Diese Zuschrift soll als Aufruf zur Gründung einer Selbsthilfegruppe verstanden werden», steckt den Brief in einen Umschlag und schickt ihn an eine große Zeitung. Da gerade das Sommerloch das Sagen hat, Ereignisse also zu faul sind, sich zu ereignen, wird der Brief prompt abgedruckt. Tausende Zuschriften folgen im Nu. Rasch wird ein Verein gegründet, ein Clubhaus wird gebaut an einem kühlen Ort, wo regelmäßig Geselligkeiten und Ingmar-Bergman-Retrospektiven stattfinden. Prominente Sommerverächter sind jetzt gerngesehene Talkshowgäste, da sie meist geistreich sind und kaum jemals Berufe haben, die direkt oder indirekt von der Autoindustrie abhängen. Sommerverächter emanzipieren sich landesweit, und alles wird besser. Vereinzelt hört man sogar von Mischehen, die aber naturgemäß Ausnahmen bleiben werden.

Gemeine Gentechniker wollen
Ute Lemper wegen der Hitze
in eine Euterpflegecreme-Fabrik
auf Helgoland verwandeln

Heute früh ereignete sich ein Zwiegespräch zwischen mir und der Hitze. Ich sagte: «Liebe Hitze! Ich muß heute kolumnieren, und daher bitt ich dich: Würdest du so umgänglich sein und wenigstens für einen Tag mit dem Brüten und Braten innehalten, damit ich meinem Kopf einige überraschende Gedanken bzw. blumige Sentenzen abtrotzen kann?»

Die Hitze antwortete: «Was hat dich enthemmt, daß du mir mit Forderungen kommst? Wenn es mir behagt, im Verbund mit meiner hageren Schwester, der Trockenheit, die Landwirtschaft Dänemarks zu ruinieren, dann werd ich wohl kaum zögern, dein Hirn zu Dörrobst zu machen. Einen Rat mag ich dir jedoch geben: Wenn Flottschreibern nichts einfällt, dann schreiben sie entweder über Eisenbahnfahrten oder über Ute Lemper. Tu es ihnen gleich!»

«Ich bin aber kein Flottschreiber», rief ich noch. Doch die Hitze schwieg.

Nun denn: Ute Lemper. Zu dieser Frau fiel mir jüngst ein treffender Vergleich ein: *Ute Lemper ist wie Heidelberg*. Heidelberg ist in Deutschland deswegen berühmt, weil es von allen Amerikanern und in ihrer Folge auch von allen Japanern aufgesucht wird, und das liegt nicht daran, daß die Stadt irgendwelche einzigartigen Schönheiten aufzuweisen hat, sondern daran, daß sie vom Frankfurter Flughafen aus günstig zu

270

erreichen ist. Außerdem hat es irgendwann einmal eine in Amerika populäre Operette gegeben, die im Heidelberger Studentenmilieu spielte, und fortan dachte man in den USA, daß Heidelberg wohl etwas Besonderes sein müsse. Bei Ute Lemper ist es nicht viel anders. Sie ist in Deutschland nicht wegen künstlerischer Leistungen berühmt geworden, sondern weil sie angeblich im Ausland berühmt ist, obwohl sich wahrscheinlich nie jemand die Mühe gemacht hat nachzuprüfen, ob das nicht nur ein Trick ist. Inzwischen ist Ute Lemper noch zusätzlich dafür berühmt, daß sie der Ansicht ist, in Deutschland nicht berühmt genug zu sein. Selbstverständlich ist Ute Lemper auch gut vom Flughafen aus zu erreichen.

Nun zur Bahn. Diese gibt einem bisweilen Gelegenheit, Sonderlingen ins Auge blicken. Neulich setzte sich ein Mann mit schrundiger Haut mir gegenüber an einen Großraumwagen-Tischsitz. Er hatte nichts als einen Plastikbeutel dabei, aus welchem er eine riesige Tube holte, mit deren Inhalt er sich schnaufend Arme und Hals einrieb. Auf der Tube las ich: HAKA EUTERPFLEGE – *Spezialemulsion zur Pflege des Euters und der Zitzen.* Da mußte ich schon all meine menschliche Reife bündeln, um mein Grinsen so zu gestalten, daß man es gerade noch als freundliches Lächeln interpretieren konnte. Dann kaufte sich der Mann beim Minibarmann ein in Plastik eingeschweißtes Stück Marmorkuchen. Er kriegte aber die Tüte nicht auf, und da ich ja die ganze Zeit so «freundlich lächelte», bat er mich, es mal zu versuchen; er habe sich soeben eingecremt und daher fettige Hände. «Jaja, ich hab's gesehen, mit Creme für Kühe», hütete ich mich zu sagen und machte ihm den Kuchen auf. Nach vollzogenem Imbiß strich er die Krümel vom Tisch in die Marmorkuchentüte, fügte auch meine Kaffeesahnenäpfchen hinzu, worauf er auf den gesäuberten Tisch deutete und beglückt rief: «Appetitlich frei, appetitlich frei!» Nun wurde der Mann müde und machte es sich auf der soeben freigewordenen gegenüberliegenden Vierergruppe zum Schlafen bequem. Seine Tube aber ließ er vor mir auf dem Tisch liegen.

Bald gesellte sich ein anderer Reisender zu mir. Der blickte auf die Eutercreme, dann auf mich. Blickte lange auf mich. Stellte Beziehung zwischen mir und der Creme her. Ich schwieg. Er blickte. Dann griff er sich seine Tasche und setzte sich woandershin, und zwar dem schlafenden Schrundigen gegenüber. War mein Lächeln vor kurzem auch noch breit wie Österreich gewesen, schien meine Lebensfreude nun schmal wie Chile. (Ein Vergleich für Leute mit Globus.) Immer wieder stelle ich verwirrt, verärgert, manchmal auch zufrieden fest, daß ich offenbar empfindlich bin. Darf man empfindlich sein? Menschen, die Verständnis dafür haben, daß ich nicht rufen mochte: «Das ist doch dem da seine Zitzensalbe!» reiche ich gern eine warme und dankende Hand.

Noch mehr Eisenbahnerlebnisse? Gut, die Hitze ist die Herrin. Einmal, als ich im Zug saß, unterhielten sich zwei ältere Damen über Gentechnik. Ich will mich darauf beschränken, zwei besonders schöne Sätze aus ihrer Konversation kommentarlos, aber unbedingt zustimmend weiterzuleiten.

«Also, wer einen lila Apfel kauft, ist aber selber schuld.»

«Was soll denn das? Schokolade aus Federn! Das will doch kein Mensch!»

Von Äpfeln könnte auch Heidelberg ein Lied singen, allerdings nicht von «lilanen», sondern von zerstampften. Helmut Kohl tafelt gern in Gesellschaft ihm wohlgesonnener Journalisten, und es heißt, er würde dabei stets eine bestimmte Anekdote erzählen: wie er nämlich während seiner Studienzeit in Heidelberg bei Sonnenuntergang oftmals auf der «Alten Brücke» über dem Neckar stand und Büchsen mit Apfelmus (oder, wie er es nennt, «Apfelbrei») auslöffelte. Die Büchsen habe er dann einfach in den Neckar geworfen.

Nun wird schon wieder etwas über Ute Lemper verlangt? Aber wenn ich mich ständig über sie äußere, sieht es ja aus, als ob mich diese Dame emotional spaltet oder verquirlt, und das ist überhaupt nicht wahr, denn die exportierte Talentrakete hat nicht die geringste Macht über mich, wohl aber die Hitze, deren thematischen Befehlen ich einfach nicht ausweichen kann. Dabei weiß ich gar nichts über Ute Lemper! Ich habe allerdings gehört, daß sie in New York bei manchen Menschen tatsächlich beliebt ist, wenn auch leider aus ungünstigen Gründen. Ihre Gesangskunst wird von den Fans dort als besonders inhuman und stählern gerühmt, als «hübsch seelenlos ehrgeizig» bei größtmöglicher Entfaltung teutonischer Blondinenhärte. Ist sie überhaupt blond? Keine Ahnung. Jedenfalls gelten die eben genannten problematischen Vorzüge in gewissen amerikanischen Kreisen als «camp». Was «camp» ist? Ach, das ist so eine Art edelironischer Luxustrash. Nein, das ist nicht gut gesagt. Wer nicht weiß, was «camp» ist, der soll doch Susan Sontags berühmten Essay über «camp» lesen. Der ist schon dreißig Jahre alt, aber wenn man ihn kennt, kann man sich sämtliche popkulturellen Diskurse von heute ersparen.

Und wenn ich schon mal dabei bin, will ich auch noch die Geschichte mit der heiseren Minibarkellnerin loswerden. «Wenn Sie bei was schon mal sind?» wird dazwischengefragt, «Ute Lemper ist doch keine heisere Minibarkellnerin!»

Ich antworte: «Ich bin ja auch gar nicht bei Ute Lemper, sondern wieder bei der Eisenbahn.» Also: Normalerweise rufen Minibarkellner immer: «Heiße Würstchen, Kaffee, Cola,

Bier», wenn sie ihren Karren durch den Gang rollen. Eine Kollegin war aber mal heiser, und man hörte sie nur «Minibar, Minibar» krächzen. Als sie an meinem Sitz angelangt war, sprach sie: «Mini-» – es folgte ein ausgesprochen undamenhaftes, explosionsartiges Räuspergeräusch, das an eine ausspuckende chinesische Straßenkehrerin erinnerte –, und dann sagte sie: «-bar, Entschuldigung, Minibar, Frosch im Hals!»

Nun aber Schluß mit der Eisenbahn. Laßt uns auf das Schiff zum legendenumspülten Pollenallergiker-Paradies *Helgoland* gehen. Ich kenne schon die Erfrischungsstände auf der Zugspitze, am Deutschen Eck, in Friedrichsruh, bei den Externsteinen und allerlei anderen deutschen Identifikationsstätten. Helgoland fehlte mir noch in meiner Sammlung von Besuchen klassischer Ausflugsziele, und mich reizte der Mythos des Ausgebootetwerdens. Als Kind hatte ich im Verwandtenkreis mehrmals mit aufgerichteter Armbehaarung Erzählungen gelauscht, wie man mitten auf tosender See von lederlaunigen Matrosen in winzige Ruderboote geworfen wird, und wem dort dann schlecht wird, den halten sie an den Beinen über das Meer, und sieh: Die Groschen aus dem Säckel, die vertaumeln in der Gischt.

In Wirklichkeit freilich verlief alles gemächlich. Zahlreiche Greisinnen und Rollstuhlfahrer quietschten froh und nahmen keinen Schaden, und ich genoß mein erstes Frieren seit drei Monaten. Es scheint mir viel schrecklicher, drei Monate nicht frieren zu dürfen, als z. B. drei Monate dem Geschlechtlichen zu entsagen, und so schloß ich die Augen und fror wie ein rechter Temperaturen-Feinschmecker. Nach der Anladung nahm ich mit meiner Begleitung im «Haus Stranddistel» Logis, da ich der grundsätzlichen Auffassung bin, daß man auf schroffen Felsen, wenn man da schon unbedingt hinmuß, auch übernachten sollte.

Im Atlantik etwa, weit jenseits der Hebriden, gibt es das Inselchen *St.-Kilda*, auf dem es nichts Interessantes gibt außer dem endemischen *St. Kilda-Zaunkönig*. Da die Insel unbewohnt und abgelegen, gilt es unter britischen Männern, insbesondere solchen von Geblüt, als höchste aller Initiationen, dort eine Nacht zu verbringen, und wer das geschafft hat, wird Mitglied im exklusiven *St. Kilda Club,* wo man sein Lebtag tief in sich verankert vorm Kamin seine Taschenuhr mit Zigarrenrauch bepusten darf. Gern wüßte ich, ob es einen entsprechenden Helgoland-Club gibt. Ich hätte nichts dagegen, mich einmal im Monat mit einigen alten Haudegen in einem Freimaurer-Logenhaus zu treffen, um, einen Feldstecher in der einen Hand, einen Säbel in der anderen, bald friesisch, bald lateinisch brabbelnd, durch die Gänge zu fegen. Allerdings läßt ein Hotel, wo auf der Zahnputzbecherkonsole eine Gratisprobe Feuchtigkeitscreme für die Haut über 40 liegt, nicht auf eine besonders dramatische Übernachtung hoffen. Auch kreiste kein Rettungshubschrauber über unseren Betten, bereit, drei bibbernde, in Decken gehüllte Elendshäufchen zu bergen, welche von Mut und Mannesstolz im Stich gelassen. Wir ratzten festländisch konventionell durch. Viel außer Schlafen, dem Inhalieren von trotz zahlreicher blühender Pflanzen angeblich pollenfreier Luft und stundenlangem Ansichtskartenschreiben bleibt einem aber auch nichts zu tun, denn es gibt auf Helgoland keine Eisenbahn, kein Gestüt und kein Geblüt und schon gar kein Fliewatüt.

Apropos Gestüt, Geblüt und Fliewatüt:

Die Franzosen sprechen den Vornamen von Ute Lemper «Üt» aus.

Und wie tun's die Amerikaner? Vielleicht «Juti». «Juti» sagen auch manche Berliner, wennse wat jut finden. Die

Hitze ist auch Berlinerin, denn sie sagt mir gerade: «Laß juti sein. Kannst dein Text beendijen.»

Danke, liebe Hitze. Dank auch an «Üt». «Üt» ist okay, glaube ich. Vielleicht ist sie nur etwas unsicher.

Die rot-blaue Luftmatratze

Irgendwo im Lande gibt es eine Werbeagentur, die beschlossen hat, Wege zu gehen, die man nicht nachvollziehen kann. Die Firma, die das Parfüm ‹Vendetta› herstellt, hat dieser Agentur einen Auftrag erteilt. Resultat ist der Werbespruch: «Wenn Liebe und Leidenschaft ins Unerträgliche wachsen». Ist das denn werbewirksam? Die Liebe ist doch eigentlich nur dann schön, wenn sie erträglich ist, unerträglich wird sie in Fällen, in denen sie nicht erwidert wird. Welche Frau möchte denn nach aus Liebeskummer durchweinten Nächten riechen? Die Firma «Butter-Lindner» scheint sich der Dienste derselben Agentur bedient zu haben. Seit einiger Zeit prangen an den Verkaufstheken ihrer Filialen Aufkleber folgenden Wortlauts: «Nichts findet man schwerer wieder als verlorenes Vertrauen», und auf den Milchkartons sieht man das Bild eines Saxophonspielers, unter dem steht: «Jeder von uns steht manchmal vor Problemen, die unlösbar erscheinen.» Möchte man daran etwa schon beim Frühstück erinnert werden? Richtig ist der Satz gewiß. Am eigenen Leib erfuhr ich es neulich: Ich öffnete die Haustür, und vor mir stand, wie von einer unbekannten Macht dorthin projiziert, ein äußerst ungepflegter Mann. Hätte er noch fünf Zentimeter näher bei mir gestanden, wäre das einem Kuß gleichgekommen. Sein fauliges Mundwerk grunzte: «Na, heute mal ohne Perücke?»

Ich wußte absolut nicht, was ich machen sollte. Ich trage nie Perücken. Mein Haar ist so füllig und seidig, daß ich, wenn der verdammte Rest nicht wäre, zum König des Laufstegs taugte. Nach Schicksalsekunden des Haderns ging ich finster blickend fort von dem Mann und vergaß ihn nicht den lieben langen Tag lang. Vielleicht hätte ich ihm entgegnen sollen, was einst Herbert Wehner im Parlament einem Christdemokraten an den Kopf warf: «Sie sehen ungewaschen aus. Waschen Sie sich erst mal!» Problem: Die Menschen wissen heute nicht mehr, wie man sich wäscht. Bis vor fünf Jahren wußte ich es auch nicht, doch dann war ich in der DDR und lernte dort diverse Personen kennen. Sie hausten in verfallenen Bauten aus der Kaiserzeit; Duschen und Wannen gab es keine. «Wie wascht ihr euch denn?» fragte ich. Man erklärte es mir, und ich werde dieses Wissen im weiteren Verlauf meiner Ausführungen ohne Scheu verbreiten, weil es wichtig ist.

Duschen oder gar baden sollte man ohnehin nur vor Arztbesuchen, wenn man bei einer neuen Liebschaft antritt, vor kirchlichen Feiertagen oder einer militärischen Musterung. Wer es öfter tut, frönt dem Laster der Verschwendung und riskiert Erkrankungen der Haut. Was nämlich viele Hautärzte noch immer nicht wissen bzw. zwar wissen, aber den Patienten nicht weitererzählen, ist dies: 50 Prozent, wenn nicht 70 bis 75 Prozent, wahrscheinlich sogar 90 Prozent, in einigen Regionen sogar 95 Prozent aller Hautkrankheiten haben ihre Ursache in der verweichlichten Unsitte des täglichen Badens oder Duschens. Zahlreich sind die Körperstellen, aus denen kaum jemals Sekrete quellen. Es existiert kein Ellenbogenschmalz, der Rücken gibt keine Exkremente von sich, und die Schweißabsonderung von Waden und Oberschenkeln ist normalerweise gering. Es ist folglich absurd, diese Körperteile ständig einzuweichen und mit aromatisierten Schmierseifen zu behandeln. Was ist zu tun? Hier mein Vorschlag:

Es ist sechs oder sieben in der Früh, je nachdem, ob man

ein fleißiges Bienchen ist oder ein fauler Sack. Abrupt beendet der Radiowecker die Schlafenszeit mit penetranten Rock-Schlagern oder dösigem Gebratsche, je nachdem, ob man ein verblödeter Konsument oder ein vertrocknetes Bürgerlein ist. Vergnügt entsteigt man dem Schlafanzug, denn Umweltengel schlafen nicht nackt, weil man sonst die Bettwäsche zu häufig waschen muß. Im Badezimmer grinst einem die Badewanne frech entgegen. Man denkt jedoch: «Nein, nein, bis Weihnachten sind es noch fünf Monate, das Vaterland ruft nicht, und eine neue Liebe ist zwar laut Jürgen Marcus wie ein neues Leben, aber leider nicht in Sicht, und außerdem hab ich ja noch mein altes Leben, und das ist gut genug für einen wie mich. Daher werde ich nicht baden.»

Der Menschheit Erfahrungsschatz lehrt, daß es lediglich vier Körperstellen gibt, die einen Hang zu vorauseilendem Stinken haben. Hat man längere Zeit enge Schuhe getragen, erhöht sich die Anzahl auf sechs. Nur diese Stellen muß man regelmäßig reinigen, und damit auch Hinterwäldler wissen, was gemeint ist, möchte ich diese Stellen nun aufzählen: Achsel (links), Achsel (rechts), Fuß (links), Fuß (rechts) und dann noch zwei.

Apropos «noch zwei». Ein Freund versuchte neulich, mich von den Vorteilen des Putenfleisches zu überzeugen. Er sagte: «Eine Pute hat sieben Sorten Fleisch. Helles, dunkles, saftiges, trockenes und noch drei.» Ist das nicht süß?

Mit meinen Ratschlägen zur sowohl öko- als auch dermatologisch sinnvollen Körperpflege möchte ich fortfahren, indem ich ein nützliches und preiswertes Requisit der drohenden Museumsreife entreiße. Waschlappen heißt das Gerät. Zuerst befeuchtet man die Achseln, schmiert etwas Seifenschaum rein, und dann kommt der Waschlappen. Desgleichen verfährt man mit den Körperstellen, denen ich vorhin mit «noch zwei» die Vorzüge diskreter Ummantelung angedeihen ließ. Erst vorne, dann hinten. Das Ganze dauert zwei Minuten, und man hat gerade zwei Liter Wasser verbraucht. Immer bedenke man: Nur Wasser, das die Ahnen nicht verduschen, kann die durstigen Kehlen der Enkel befeuchten.

Diese Waschmethode, die vom Duschwahn Befallene als «Katzenwäsche» diffamieren, hat noch andere Vorteile. Man stelle sich mal zwei arme Arbeitslose vor. Der eine duscht, der andere ist mit dem Waschlappen zugange. Da klingelt das Telephon. Karl Lagerfeld ist am Apparat. Nein, nicht der berühmte Modeschöpfer, den ich verehre, seit er in ‹Wetten, daß?› einmal keine Miene verzog, als der neben ihm sitzende Otto Waalkes Grimassen schneidend seinem Gewerbe nachging, sondern sich von einem ebenfalls in die Runde geladenen und um Volkstümlichkeit bemühten Politiker aufs beachtlichste unterschied, indem er wie versteinert dasaß und wartete, bis der Spaß vorbei war. Nein, ein anderer halt, der zufällig auch Karl Lagerfeld heißt. Purer Zufall, kann er ja nichts für. Dieser Mensch hat einen Posten im Aufsichtsrat einer Putenbrustfarm über. Wer kriegt den Job? Der Waschlappenmann! Er kann seine Toilette in Sekundenschnelle unterbrechen und zum Telephon jagen. Bis der Duschmann unter seiner rauschenden Brause das Klingeln gehört und den Hahn abgestellt hat, anschließend fluchend, tropfend und unter dem Risiko des Ausrutschens zum Telephon gekommen ist und eine Pfütze auf der Auslegeware erzeugt hat, sind die Puten längst über alle Berge.

Nun ist man korrekt gewaschen, und es stellt sich die Frage: Was zieht man an? Früher wurde diese Frage durch Standeszugehörigkeit und Konventionen eindeutig geregelt. In der heutigen, die freie Entfaltung des individuellen Willens bevorzugenden Zeit sind Moderegeln allenfalls noch innerhalb kleinerer sozialer Verbände und Subkulturen bindend. Die Menschen sind vollkommen ratlos. Es gibt aber noch Leitsätze. Einen solchen, der gerade für die jetzige Sommerzeit von Bedeutung ist, äußerte einmal Coco Chanel, womit ich jetzt wirklich die berühmte Modezarin meine und nicht jemanden, der zufällig genauso heißt und den ich verehre, weil er mürrisch dreinsah, als neben ihm ein Komiker amtierte. Coco Chanel sagte: «Das Häßlichste an einer Frau sind ihre Kniekehlen.» Dem pflichte ich unbedingt bei, ergänze aber: «Bei Männern ist's nicht anders.»

Daraus muß man folgern: Miniröcke und Shorts sind reine Kinder- und Teenagerkleidung. Sicherlich: Wir respektieren die neuseeländische Kultur, die es sogar Bankdirektoren erlaubt, kurzbehost zur Arbeit zu gehen. Eine andere Kultur glaubhaft respektieren kann aber nur der, der auch seine eigene akzeptiert und respektiert. Und unsere Kultur bedeutet: lange Hose, Rocksaum handbreit unterm Knie. Denjenigen, die dagegen verstoßen, sollte man zwar nicht gleich mit Strafen drohen. Man sollte ihnen sagen, daß sie sehr, sehr seltene Ausnahmen von der berühmten Coco-Chanel-Regel darstellen, da sie ungewöhnlich schöne Kniekehlen hätten. Man muß dabei aber so gucken, daß die Angesprochenen haarscharf mitkriegen, daß man aus pädagogischer Durchtriebenheit lügt.

Nicht nur die Länge von Hosen, auch ihre Farbe kann Gegenstand erzieherischer Ratschläge sein. Weiße Hosen zu tragen, wie es seit einigen Sommern insbesondere bei jungen Männern mit ausgeprägter Sprachmelodie üblich ist, ist eine ökologische Untat. Jeder kann meine Behauptung daheim mit einem kleinen Experiment überprüfen. Man lade zwei Freunde zu sich ein, egal, ob Kopte, Siebentagsadventist oder sonst was Wildes. Wichtig ist, daß einer eine weiße Hose und der andere eine dunkle trägt. Man öffne eine Flasche roten Weines. «Hm, lecker Weinchen», frohlocken die Geladenen. Dann aber sagt man: «Der ist nicht zum Trinken, den kippt ihr euch über die Beine!» Es murren zwar die Freunde, doch schließlich tun sie wie geheißen. Und nun sei man hellwacher Zeuge eines Unterschiedes: Der Weißbehoste entledigt sich zeternd seines Beinkleides, knüllt es in die Waschmaschine und kündigt an, leider hier übernachten zu müssen; im Wandschrank sei doch noch diese rot-blaue Luftmatratze, die reiche ihm als Notlager. Der andere ist fröhlich und ruft: «Bei mir sieht man den Fleck gar nicht! Die Hose kann ich locker bis zum Herbst weitertragen. Und übernachten muß ich hier auch nicht. Tschüs, ihr beiden!» Da steht man nun da mit dem Barbeinigen. Hoffentlich ist er nicht Siebentagsadventist. Mit denen läuft außer Halmaspielen bestimmt nichts. Apropos sieben Tage: Ein Freund erzählte mir neulich von Puten. Er sagte: «Eine Pute hat sieben Sorten Fleisch. Saftiges, trockenes, helles, dunkles und noch drei.» Ist das nicht reizend?

Es ist also sinnvoll, in langen, dunklen Gewändern durch den Sommer zu stiefeln. Doch im Ernst: Was der Umwelt dienlich ist, sind nur in zweiter Linie Waschmittel, auf deren Verpackungen Störche, Frösche oder andere Sympathietiere abgebildet sind. Wichtiger wäre es, den Menschen ihre krankhafte Etepetete-Hygiene abzuerziehen. Wer kennt nicht die grausamen Eltern, die ihrem Kind verbieten, bestimmte Sachen in die Hand zu nehmen, mit dem Argument: «Wer weiß, wer das schon alles angefaßt hat!» Man denke auch an die Millionen Tonnen von Reinigungsmitteln, die Damen verschwenden, denen von «Hausfrauenverbänden», welche in Wirklichkeit verkappte Lobbys der chemischen Industrie sind, eingeredet wurde, ihr Dasein sei ein vollwertiger Beruf, und die infolgedessen alle fünf Minuten die Fenster putzen, Kacheln polieren und mit schaumversprühenden Dampfwalzen auf ihren Teppichen herumfahren. Die Öko-Spots im Fernsehen brauchten durchaus nicht zu zeigen, daß man keine Kühltruhen in den Wald wirft: Das ist so, als ob man Spots darüber zeigt, daß es sich nicht gehört, Leute zu erschießen. Was Öko-Spots vermitteln sollten, ist vielmehr, daß jeder, der z. B. täglich seine Unterwäsche wechselt, ein Ferkel ist, das sich schämen sollte. Es mag einige unten undichte und stark sekretierende oder körperlich schwer arbeitende Außenseiter geben, bei denen sich ein Leibwäschewechsel nach zwei Tagen empfiehlt, beim normalen Menschen dagegen ist er eindeutig erst nach vier Tagen geboten, denn bis zum fünften Tag riecht es nicht durch die Oberbekleidung durch. Fazit: Kleiderwechsel erst kurz vor der Stinkschwelle! Und es dauert sehr lange, bis eine Jeans stinkt! Bei einem verschwitzt riechenden Oberhemd reicht es oft schon, es zwei Tage zu lüften, um den Geruch loszuwerden.

Aber solche Selbstverständlichkeiten sind heute in so große Vergessenheit geraten, daß es Epikureer geben mag, die es komisch finden, wenn man an sie erinnert; dennoch ist es notwendig. TV-Prominenz sollte hier vorreiten. Musical- und Serienhelden halten es offenbar für mutiges, politisches Engagement, in Interviews Lebensanfängerauffassungen nachzusprechen, wie z. B. daß die Biedermänner und die Brandstifter in Bonn* zu finden seien, eine Auffassung, die sie wohl aus der Zeitschrift ‹Bravo-Girl› haben. Da stand

---

* Mit diesem in der ersten Hälfte der neunziger Jahre ubiquitären Spruch wurde die Meinung vertreten, die Politik der Regierung sei verantwortlich für von rechtsradikalem Pöbel verübte Mordanschläge.

das nämlich auch mal drin. Ich fände es mutiger und weiß
Gott auch politischer, wenn sie sich in schmutzigen Hosen
in eine Talkshow setzten und begründeten, warum sie das
tun. Es wäre ein heilsamer Schock für die desinfektions-
süchtige Gesellschaft. Einer Hausfrauenzeitschrift war es
jüngst ja auch eine Schlagzeile wert, daß die ‹Lindenstraße›-
Schauspielerin Marie-Luise Marjan ihre Bettwäsche nur
fünfmal im Jahr wechselt.

Nun habe ich Stellung bezogen zu Fragen der sommerlichen Körperpflege und Kleidung. Menschen, die nicht starr-
köpfig sind, sondern sich zu ihrer Hilfebedürftigkeit beken-
nen, werden es mir danken. Ansonsten darf man, wenn es
heiß ist, seinen Teller nicht mit sämigen Soßen beladen, sondern nur mit superleichten Dips und Dressings. Immer
schön dippen! Sonst kippt man um. Und tüchtig trinken
muß man. Auch hier gibt es eine Regel: Alkohol erst, wenn
es dunkel ist. Dies ist aber bloß so eine Nun-ja-Regel, und
selbst Menschen, die gewohnt sind, an die Grenzen des Men-
schenmöglichen vorzudringen, werden mit mir einig sein,
daß es im Hochsommer unmöglich ist, sich an sie zu halten.

Man sieht zur Zeit viele Häuser und Wohnungen mit her-
untergelassenen Jalousien, und viele denken sich: «Ach, die
Leute sind halt in Urlaub.» Das ist eine Irrinterpretation. In
Wirklichkeit befinden sich in diesen verdunkelten Häusern
Menschen, die nicht wissen, daß die genannte, den Alkohol-
konsum zeitlich eingrenzende Regel eine reine Winterregel
ist. Im Sommer darf man sowieso nicht alles so bierernst
nehmen. Man muß sich zurücklehnen und «die Seele baumeln lassen», wie seinerzeit unser verehrter Tucho, oder wie
John Lennon. Wie schön wäre es, wenn die beiden gemeinsam ihre Seelen hätten baumeln lassen können! Wenn die
noch immer beißend aktuellen Texte unseres Tucho auf die

herrlichen Melodien der Beatles geprallt wären! Es wäre mindestens etwas so Grandioses wie die Kinks oder die Erste Allgemeine Verunsicherung dabei herausgekommen. Doch das sind weltfremde Phantasien eines hitzekollapsgefährdeten Luftikus. Tucholsky und Lennon war es nicht vergönnt, zur gleichen Zeit zu leben. Jeder von uns sollte nun seinen Partner in den Arm nehmen und ihm sagen: «Duhu, ich glaube, es ist ein ganz persönliches Geschenk der Schöpfung an uns beide, daß wir zur gleichen Zeit leben. Laß uns kreativ mit diesem Geschenk umgehen! Laß uns den Waschlappen nehmen!»

Man sollte dem Himmel viel öfter danken, daß man gleichzeitig mit anderen Menschen leben darf, daß nicht jeder allein in seiner eigenen Zeit existiert. Nur deshalb kann man Freunde haben. Apropos Freund: Ein Freund sagte neulich zu mir: «Eine Pute hat sieben Sorten Fleisch. Saftiges, trockenes, helles und dunkles und noch drei.» Ist das nicht niedlich?

Sommerzeit ist auch Reisezeit. Der gute alte Brahmwald ruft. Zum Beinevertreten ist er wie maßgeschneidert. Ähnliches ließe sich ohne Not vom unverwüstlichen Fichtelgebirge behaupten. Auch Braunlage, das pulsierende Herz des Harzes, lockt mit Fürst-Pückler-Eis und gut beschildertem Wegenetz. Hat man größere Geldmengen zusammengerafft, sollte man sein Reisesparschwein mit Rücksicht auf den Kreislauf statt Richtung Süden lieber gen Norden grunzen lassen, wie weiland unser Tucho. Und auf keinen Fall die Jalousien runterlassen! Erstens wünscht das die Kripo nicht, und zweitens denken sonst alle: «Die sind gar nicht verreist. Die sitzen da drinnen und saufen.»

Wie gern würde ich die lieben Leser mit heiteren Schluß-bemerkungen in Urlaubstage voll unbeschwerter Beschwingtheit entlassen. Doch ich muß ernste Wörtchen auftischen. Zum Weihnachtsfest meint so mancher seinen lieben Anverwandten eine Freude zu machen, indem er ein Tier verschenkt. Sicherlich: Anfangs ist die Freude groß über die kindchenhaften Geschöpfe. Aber die Tiere wachsen heran, ihr Fell wird stumpf und talgig, und aus den Mäulern hängen ihnen wenig gesellschaftsfähige Schleimfäden. Plötzlich ist der Hund lästig, der Hamster nicht mehr goldig, denn er beißt und nervt von spät bis früh, und auch die Pute ist gar nicht mehr so putzig, sondern starrt einen bei der morgendlichen Reinigung der Analfalte hinterhältig an. Tja, und dann kommt die Urlaubszeit. Was tun Tausende von miesen Bürgern? Sie tun die Tiere in die Parkanlage, sie pfeffern sie in die Kiesgrube.

Traurig stehen Hund und Hamster und Pute im Park und kuscheln sich aneinander. Über ihren Köpfen hat sich eine Denkblase eingefunden, in welcher steht: «Wenn Liebe und Leidenschaft ins Unerträgliche wachsen.» Tiertypisches Gedankengut ist das nicht, aber der Text erhält auf diese Weise einen zyklischen Aufbau, und auf zyklische Aufbauten, das pfeifen die Spatzen von den Dächern, fahren die Leser total ab.

Ich will wissen, ob die Schwester von Claudia Schiffer schwitzte (In Unterhose geschrieben)

Ein noch nicht altes Phänomen ist es, daß Photomodelle Namen haben und interviewt werden. Als ich noch klein war und Mineralwasser «Brause ohne Geschmack» genannt wurde und die Models noch Mannequins hießen, waren diese nicht mehr als mobile Bügel aus Fleisch und Blut. Wie sie hießen und was sie so meinten, wollte niemand wissen. Vereinzelt gab es Ausnahmen, z. B. wenn die schöne Dame ein Poussierverhältnis mit einem von Boulevardzeitungen für wichtig gehaltenen Künstler hatte. Man denke an Jerry Hall. Andere hatten einen Namen, weil sie in ihrer Freizeit zum Mikrophon griffen, dies an ihre Lippen führten und teils gar nicht mal so üble Laute ausstießen: Grace Jones und Amanda Lear. Dann gab es noch Margaux Hemingway, die einen wirkungsvollen Namen hatte, weil ihr Opa ein bekannter Schriftsteller war. Welcher, fällt mir gerade nicht ein. Ich glaube, Bertolt Brecht oder Franz Kafka. Einer von den zwei beiden Hübschen wird es wohl gewesen sein.

Heute hat jede hübsche junge Frau einen Namen. Ich könnte mehr Namen von Top-Models herunterrasseln als Namen von Atomphysikern. Hübsche junge Männer haben noch nicht so häufig Namen. An männlichen Models könnte ich nur Marcus Schenkenberg runterrasseln, aber wer «Marcus Schenkenberg»-Sagen für Runterrasseln hält, der hat ja wohl ein ziemlich fragwürdiges Verständnis vom Sinn des Wortes «Runterrasseln» und eine unterentwickelte Runterrasselkultur. Ich habe auch noch kein Interview mit einem Männermodel gesehen. Vielleicht verhindern deren Agenten solche Gespräche, weil der erotische Reiz, den ein Mann auf Frauen ausübt, erheblich sinken kann, wenn er eine Quäkstimme hat oder ungeschickt formuliert, da kann er noch so schön sein. Männer sind da weniger kompliziert. Angesichts der Schönheit einer Frau nehmen sie Stimmen wie rostige Türen in Draculaschlössern in Kauf, und es mindert ihre Begeisterung auch nicht, wenn die Bewunderte «Advocado» statt «Avocado» sagt und «Lampignon» statt «Lampion». Was die jungen Damen sagen, ist daher bestens dokumentiert. Sie sagen folgende Sätze:

«Ja, es ist schon wahnsinnig anstrengend, immer so früh ins Bett zu gehen und nie das essen zu können, worauf man Lust hat. Ja, meine Familie ist für mich total wichtig. Meine Familie gibt mir sehr viel Halt. Ohne meine Familie würd ich das nicht aushalten. Ich find natürlich auch, daß Models überbezahlt sind. Verglichen damit, was ein Arbeitsloser zur Verfügung hat, ist das natürlich schon absurd, was wir verdienen. Mit Karl (bzw. Gianni, Wolfgang, Gianfranco etc.) zusammenzuarbeiten ist immer total spannend. Er ist wirklich einer der ganz Großen. Kinder ja, aber nicht jetzt. Ruhig mehrere Kinder. Natürlich sündigen wir auch mal, wir sind ja keine Disziplinmonster, obwohl Disziplin natürlich schon wichtig ist. Ich gehe schon manchmal mit meinen Freunden von früher ein Bier trinken, leider natürlich viel zu selten. Es ist schon sehr interessant, interessante Länder und interessante Menschen kennenzulernen. Natürlich sind wir privilegiert, aber privilegiert heißt nicht automatisch abgehoben. Sorgen um meine persönliche Zukunft mache ich mir nicht, aber wenn ich sehe, was in Bosnien oder Ruanda passiert, wird mir echt schlecht. Natürlich hab ich manchmal einen Pickel. Wann ich das letzte Mal eine Cremeschnitte gegessen hab, weiß ich nicht mehr, aber letzte Woche habe ich ein Stück Pflaumenkuchen gegessen.»

Ich habe dieses Top-Model-Antwortendestillat ohne fremde Hilfe aus meinem Gedächtnis destilliert. Das hab ich gut gemacht, oder? Wenn einer sagt: «Das haben Sie gar nicht gut gemacht», bin ich aber auch nicht böse. Es kommt jeder zu Wort in einem freien Land. Claudia Schiffer, der bekannteste mobile Fleisch-und-Blut-Bügel Deutschlands, sagte neulich etwas, was über meine Auflistung von Top-Model-Phrasen hinausging. Es gibt in Berlin einen TV-Sender namens «IA»*. So wie der Esel macht. Ein Mitarbeiter dieses Senders fragte die reiselustige Klatschspalte, ob sie denn jetzt, wo sie schon soviel erreicht habe, noch Träume habe. Da sagte Claudia Schiffer: «Ja, ich bereite gerade den Claudia-Schiffer-Kalender für 1996 vor.» Ich muß indes einräumen, daß der Eselsschreisender-Journalist sie an einem sehr lauten Platz interviewte; Arbeiter zersägten ein Betonrohr, oder Gewitterlesben zankten sich. Weiß nicht, woher der Lärm kam. Wahrscheinlich hatte Claudia Schiffer die Frage akustisch nicht verstanden. Es ist nämlich nicht meine Meinung, sondern die Meinung von Menschen, die anderer Meinung sind als ich, daß schöne Menschen dumm sind. Im Gegenteil: Schöne Menschen sind im Durchschnitt intelligenter als häßliche, weil sie mehr geliebt und gelobt werden und leichter mit anderen Menschen in Kontakt kommen. So was fördert das geistige Fortkommen. Das haben Wissenschaftler, denen niemand verboten hat, Sachen herauszufin-

---

* Eigentlich hieß die Station «1A». Wegen ihres ungeschickt gestalteten Senderkennzeichens wurde sie von den Zuschauern aber oft «IA» genannt.

den, bei denen jeder denkt, warum in Gottes Namen erforscht jemand das, herausgefunden.

Claudia Schiffer war neulich mit ihrer Schwester in Berlin, um sich eine Musicalaufführung anzusehen, und gewisse Medien berichteten darüber wie über einen Staatsbesuch. Auch die Schwester wurde interviewt. Sie sprach: «Also ich könnte das nicht, immer so früh aufstehen und nie das essen, worauf man Appetit hat.» Daneben wurde auch vermerkt, daß Claudia Schiffer trotz Jahrhundertsommerhitze nicht schwitzte. Zu melden, ob die Schwester schwitzte, wurde leider seitens der Medien verschwitzt; die Hitze mindert eben auch die Schaffenskraft von Journalisten. Ich meine aber, es gehört zu den Aufgaben gewisser Medien, zu verkünden, wer schwitzt und wer nicht. Ich will mit gutem Beispiel vorangehen, indem ich gestehe, daß ich in diesen Tagen durchaus ein wenig Nässe produziere. Das macht mich sehr unsympathisch. Wenn Frauen, die schlechte Erfahrungen mit Männern gemacht haben, interviewt werden, sagen sie gern, daß Männer so eklig schwitzen. Besonders beanstandet werden Schweißperlen auf der Oberlippe. Solche Männer sind immer gleich Vergewaltiger. Zur Zeit ist es so heiß, daß sogar die Fußgängerzonen-Indios ihre Ponchos ausgezogen haben und im T-Shirt flöten. Allerdings tragen sie ihre Ponchos auch im Herzen, und das ist schlimm genug. Vielfältig sind an heißen Tagen die Gelegenheiten, weniger wertvolle Erfahrungen zu sammeln, z. B. in der U-Bahn den Geruch der andern Leute wahrzunehmen und zu denken: *So rieche ich vermutlich auch.* Es gab mal den Werbespruch «Ein Duft, der Frauen provoziert». Das war, soweit ich mich erinnere, der Slogan für irgendein Körpersäuberungs-Gelee für 3 Mark 95. Der Spruch «Ein Körpersäuberungs-Gelee für 3 Mark 95, das Frauen provoziert» ist keinem Werbetexter eingefallen, aber mir. Das will besagen: Als Werbetexter wäre ich ebenso chancenlos wie ein Freund von mir, der mal in einer Agentur arbeitete, die einen Auftrag zu einer Imageverbesserungskampagne für den Flughafen Wien-Schwechat erhalten hatte. Mein Freund entwarf ein Plakat mit der Inschrift: FLUGZEUGE STÜRZEN AB. FLUGHÄFEN NIEMALS. Da half ihm der Werbechef in den Mantel und wies ihm den Weg in die Freiheit.

Wenig erforscht ist bislang, was Autoren anhaben, wenn sie etwas schreiben. Es heißt, italienische Schriftsteller würden Wert darauf legen, perfekt angezogen an der Schreibmaschine zu sitzen, weil das dem Selbstrespekt und infolgedessen auch der Qualität des Textes diene. Ich erwähne dies, weil ich beim Meißeln dieser Zeilen mit nichts anderem bekleidet bin als mit einer blütenweißen Herrenunterhose mit Eingriff. Eingriff heißt das wohl, weil manches Früchtchen manchmal möchte, daß da jemand reingreift. In meiner Kindheit hieß das anders, da sagte man «Schlüpfer mit Schlitz», und Mineralwasser hieß «Brause ohne Geschmack». Bei Kindern sagt man nicht «Eingriff», denn wenn da jemand reingreift, ist das ein Eingriff in die kindliche Entwicklung, und man ist ja kein Unmensch, der so was befürwortet. Wissen tät ich gern, ob es einen Leser abstößt, wenn er weiß, daß ein Werk von einem Autor in Unterhose verfaßt wurde. Vielleicht war es auch sehr heiß, als Paul Celan die ‹Todesfuge› dichtete? Vielleicht trug auch er nur einen Schlüpfer? War der wenigstens sauber? Das will man hoffen als Leser. Hatte er einen Eingriff? Hat jemand reingegriffen? «Nicht jetzt, Darling, ich sitze gerade an der ‹Todesfuge›!» Ich will jetzt mal eines der letzten großen literarischen Experimente des 20. Jahrhunderts wagen: Den folgenden Absatz werde ich nackicht schreiben! Es ist der 4.8.1994, eine Viertelstunde vor Mitternacht, und ich ziehe meine Unterhose aus! Hier nun der nakkicht geschriebene Absatz:

Donald Weatherfield bog mit seinem Range-Rover in seine Hazienda ein. Die Abendsonne von Süd-Michigan versank hinter der frisch verchromten Pergola, und irgendwo in der Ferne schien ein dunkelhaariger junger Mann Xylophon zu spielen.

«Pamela, Pamela, etwas Schreckliches ist geschehen», rief der attraktive Holzhändler.

Eine phlegmatische Blondine lag majestätisch in der Hängematte, sog pedantisch an ihrer Zigarette und sagte sarkastisch: «Jaja, ich weiß, unsere Pergola ist verchromt worden. Darüber hinaus bin ich nicht Pamela. Ich bin Margaux. Deine Putenfleisch-Minifrikadellen hat der Pergolaverchromer gegessen. Es ist aber noch Puten-Mortadella da und Rotkäppchen-Käse.»

«Ich kenne keine Margaux», dachte der wirklich TipTop – ja, wir schreiben «tiptop» heute mal wie HipHop – aussehende, übrigens nicht nur Holz-, sondern auch fertige Möbelhändler, «aber Rotkäppchen-Käse kenne ich. Die Menschen auf den Boulevards der volkreichen Metropolen raunen einander zu, er sei der Marktführer.»

Nun habe ich meine Unterhose wieder angezogen. «Der im Adamskostüm verfaßte Abschnitt gefällt uns aber nicht!» bellen und miauen jetzt die Leser. Womit bewiesen ist: Nackicht geschriebene Werke mögen die Leser nicht. In Unterhose darf man, aber nackicht nicht.

Ich möchte, weil es zur Hitze paßt, nun noch einige Worte über Milchspeiseeis aus mir herauspressen. Ich muß heute tatsächlich etwas pressen, denn wenn die Worte aus mir herausrönnen wie die Schweißtropfen, wäre ich fein raus. Milchspeiseeis besteht weitgehend aus gefrorenem Fett, und in

Vanilleeis, so habe ich gehört, sind sogar Rindernasen enthalten. Ich bevorzuge daher Wassereis. Ein besonders beliebter Gefrierfettbatzen ist ein Eis namens «Magnum». Über dieses Produkt habe ich gelesen, es sei ein «Kult-Eis». Da Magnum aber auch der Marktführer ist, besteht Anlaß, zu untersuchen, ob das Wort «Kult» in letzter Zeit einen Bedeutungswandel erfahren hat. Früher war es ein Kult, wenn eine kleinere, aber nicht allzu kleine Gruppe von Menschen um irgendwas ein geheimbündlerisches, protoreligiöses Brimborium veranstaltete. Eine typische Kultgruppe war (und ist) XTC, eine Band, die von der breiten Masse weitgehend ignoriert wird, aber seit vielen Jahren eine ergebene Verehrerschaft hat, die Zeitschriften herausgibt und sich auf Kongressen trifft, wo sie Texte interpretieren usw. Ein sicheres Kennzeichen von Kult war dabei, daß die meisten Bürger, die nicht an dem Kult teilnahmen, auch noch nie von der Existenz des Kultes gehört haben. Um an einem Kult teilzunehmen, waren früher überdies gewisse Anstrengungen notwendig, größere jedenfalls, als in eine Gefriertruhe hineinzugreifen.

Heute scheint alles Kult zu sein. Die Bürger beißen in «Magnum» und lauschen den Songs von Kult-Star Elton John. «Du, Tobias, der hat schon über 100 Millionen Schallplatten verkauft. Der Typ ist echt Kult.»

Doch ich will nicht weiter absurde Beispiele zimmern. Wahrer Kult ist schwer zugänglich und denen, denen er nicht zugänglich ist, auch unverständlich. Wenn ein Kult volkstümliche Dimensionen erlangt, kann man sicher sein, daß es sich um etwas Mattes und Grobes handelt wie z. B. um die ‹Rocky Horror Picture Show›. Das meiste, von dem heute behauptet wird, ihm hafte Kultstatus an, setzt sich aus fließbandmäßig hingeschusterten Plattheiten zusammen. Man denke nur an die ganz und gar nicht überdurchschnitt-

293

liche Comedy-Serie mit dem Schuhverkäufer und seiner zotigen Frau. Da wird immer die gleiche Masche verfolgt, nie gibt es eine Überraschung. Ein noch drastischeres Beispiel stellen die MTV-Figuren ‹Beavis and Butthead› dar. Die Geräusche, die diese von sich geben, sind nicht länger als eine halbe Minute lang von Interesse.

Vor einigen Jahren haben mal einige Leute alle berühmten Kultfilme analysiert und anhand ihrer Ergebnisse den grauenhaften Film ‹Delicatessen› gedreht. Da stand sogar schon auf den Verleihplakaten, daß es sich um einen «Kultfilm» handele. Das Publikum ist leider prompt darauf reingefallen. «Kultstatus» ist heute nur noch ein Blubberwort einfältiger Medienmacher und -konsumenten, also derjenigen, die auch jeden Mist «spannend», «witzig gemacht», «genial» und «schräg» finden. Daher sollten denkende Bürger dieses Wort nicht mehr im Munde führen. Was ich mir jetzt in den Mund führen werde, ist eine Schnitte mit Rotkäppchen-Käse, dem Kult-Camembert. Ich galube, das wird lecker. Potzblitz, da ist er ja wieder, mein häufigster Tippfehler: «galube» statt «glaube». Wenn man es recht bedenkt, ein wahrer Kult-Tippfehler! Leute, die ebenfalls immer «galube» tippen, können sich ja mit mir in einem schrillen Venue zum Tippfehler-Kult-Weekend treffen, bei dem wir dann feststellen, daß wir außer «galube» keine Gemeinsamkeiten haben, und uns gegenseitig anschnauzen.

Wir können es uns aber auch netter machen und einen Runterrassel-Workshop organisieren. Ich kannte mal einen, der konnte sämtliche US-Bundesstaaten mit ihren Hauptstädten runterrasseln, und nicht schwer dürfte es sein, jemanden zu finden, der die Spieler aller Bundesligavereine runterrasseln kann. Es gibt wahre Runterrasselmeister. Bevor zum Beispiel in Radio-Hitparaden enthüllt wird, wer auf Nr. 1 ist, rasselt der Moderator oft die Titel und Interpreten der Hits auf den Plätzen 40 bis 2 herunter, und das ist ganz wunderbar – *DJ Culture at its best.* Ich hätte vor achtzehn Jahren die B-Seiten sämtlicher T. Rex-Singles runterrasseln gekonnt. Ich bin aber nie gebeten worden, dies zu tun, und so ist mir diese Fähigkeit abhanden gekommen. Ich könnte es allerdings wieder lernen. Soll ich? Oder reicht es aus, wenn ich einmal «Marcus Schenkenberg» sage? Die Menschen sagen: «Ja, das reicht uns.»

Tagebuchpassage 4.1. – 7.1.2002

4.1.2002

«Top-Stuck», «Ikea-Nähe», «Trendwohnen in Stalinbau», «Ruhigst-Idyll» – diese Begriffe sind mir aus der Zeit, in der ich die Anzeigen im Immobilienteil der Tageszeitung studierte, wortschatzbefruchtend in Erinnerung geblieben. Eine Wohnung, die mit dem Hinweis auf die Nähe zu Ikea angepriesen wird, dürfte allerdings recht arm an echten Kostbarkeiten sein. Es stört mich also nicht, daß ich nicht über Ikea-Nähe gebiete. Auch den Top-Stuck vermisse ich nicht. Empfindlicher trifft mich das Nichtzutreffen des Ruhigst-Idylls.

Die Maklerin hatte den Besichtigungstermin sehr wortreich gestaltet. Auf eine Stelle neben der Badewanne zeigend, hatte sie gesagt: «Hier würde ich so ein Korbschränkchen für Handtücher hinstellen, es gibt da ganz süße Schränkchen, extra für Badezimmer, aber *im Endeffekt* bleibt Ihnen das natürlich selbst überlassen.» Mehrfach wurde auf die trotz der zentralen Lage große Ruhe in der Wohnung verwiesen, was ich nur bestätigen konnte. Dummerweise war die Besichtigung an einem Sonntagnachmittag gewesen.

Jetzt jedoch rumoren die Motoren. Obendrein wohnt über mir Godzilla. In meiner mir typischen Bereitschaft, etwas «anzunehmen», nehme ich an, Godzilla ist eine Dame. Es gibt eine Sorte von Dame, die es liebt, auch in der eigenen Wohnung hochhackige Straßenschuhe zu tragen, damit sie sich eines weiblich selbstbewußten Ganges vergewissern kann, wenn sie an einem Spiegel vorbeigeht. Ich stelle mir meine Godzilla-Dame fünfzigjährig und langmähnig vor. Vermutlich war sie in den Jahren ihres Beginnens fahl und bescheiden, hat dann jedoch zwanzig Jahre lang selbstbewußtseinserweiternde Ratgeber gelesen, was dem Charakter nicht weiterhalf, aber die Königin in ihr erweckte, und die hat überall Spiegel aufgehängt, damit sie in keinem Moment der Sicht auf die eigene reife Erotik entraten muß.

Nun schreitet sie als geballte Persönlichkeit durch ihre Räume, vor jedem Spiegel die Haare in den Nacken werfend, und daß ihr das auf Auslegeware weniger Spaß machen würde als auf Parkett, kann ich verstehen.

Auslegeware ist toter als Elvis. Hat man einfach nicht mehr. In jedem Werbespot scheint Sonne auf schimmerndes Parkett, auf Stäbchenparkett für die jüngere Zielgruppe, auf Fischgrätparkett für die ältere. Einzelne hochwertige Teppiche setzen Akzente, doch die späterwachte Königin vier Meter über mir will keine Akzente setzen, sondern auf ganzer Strecke gleichmäßig trampeln.

Eine alte Mietshausregel besagt, daß man sich bei Neueinzug innert einer Woche zumindest bei den Hausbewohnern vorstellt, die direkt neben, über und unter einem wohnen. In kleineren Orten, habe ich gehört, kursiert man sogar mit einem Tablett voller Schnapsgläschen durch die Nachbarschaft. Ich könnte nun bei der Trampeltante vorsprechen mit einem Tablett, auf dem statt Schnapsgläschen ein durch eine rosa Schleife zusammengebundenes Paar Hausschuhe steht, aber ist es denn ratsam, so rasch deutlich zu werden? Lieber warten, bis man den Leuten zufällig im Treppenhaus begegnet. Ich weiß ja auch gar nicht, was die Nachbarin für eine Schuhgröße hat. Den Geräuschen nach zu urteilen, Größe 248, aber da räuspert sich kritisch die Lebenserfahrung, sie räuspert sich und sagt, dies sei nicht recht wahrscheinlich.

Das Vorstellen im Haus scheint eh aus der Mode zu geraten. Im letzten Haus, in dem ich wohnte, ist mein Rundgang jedenfalls überhaupt nicht gut angekommen. Mehrere Parteien haben mich behandelt wie einen Staubsaugervertreter; keine Spur von «Herzlich willkommen in unserer Hausgemeinschaft» oder «Hoffentlich erleben Sie in diesem Haus Ihren bislang befriedigendsten Lebensabschnitt». Eine Frau sagte wortwörtlich: «Ich hab das zur Kenntnis genommen, aber ich hab jetzt keine Zeit.» Ich bin seither kuriert vom Vorstellen. Mit mittlerem Herzklopfen vor einer fremden Wohnungstür stehen, wenigstens ein routiniert entgegenkommendes Interesse erwartend, und auf nichts als bürohexenartige Zurkenntnisnahme stoßen: Dies bitte nicht noch einmal.

5.1.2002
Möglicherweise trägt die Dame über mir aber *aus Prinzip* keine Hausschuhe, weil sie diese für *spießig* hält. Es fallen die unschuldigsten und nützlichsten Gegenstände in Ungnade, wenn ihnen, oft ganz gedankenloserweise, die Stellvertreterschaft für eine abgelehnte Lebensform aufgedrängt wird.

Ich selbst habe vor einigen Jahren als meine persönlichen Inbegriffe von Spießigkeit den Verzehr hartgekochter Eier in Eisenbahnen, Gulaschsuppe mit Sahnehäubchen und Kongregationen orthodoxer Elvis-Presley-Verehrer genannt. Später fügte ich dieser Liste noch lederne, mit Staatswappen in Goldprägung versehene Reisepaß-Schutzhüllen hinzu. «Wo in aller Welt sieht man denn etwas derartig Scheußliches?» wurde ich daraufhin einmal gefragt. Ich antwortete: «Wenn man von Berlin nach Wien fliegt, stehen Leute mit solchen Schutzhüllen beim Check-in regelmäßig vor einem.»

Nähert man sich dem abgelebten Begriff der Spießigkeit in der Absicht von Definition, wird man wohl neben einem Mangel an Bildung sowie der unerschütterlichen Vorstellung, der eigene mäßige oder auch größere Wohlstand sei ausschließlich eigenem Fleiß und Geschick zu verdanken und einem sich geradezu kämpferisch gebenden Unwillen, eigene Normen zu überprüfen, auch ein naives, wiewohl oft hitzköpfiges Bürgerbewußtsein berücksichtigen müssen. Insofern scheint mir die Befürchtung, daß ein staatsbürgerliches Dokument abgenutzt und speckig aussehen könnte, ein besseres Indiz für Spießigkeit zu sein als die Angst vor kalten Füßen oder davor, andere Leute durch Trittschall zu belästigen, d. h. als das Tragen von Hausschuhen.

In den achtziger Jahren hatte ich einen Reisepaß, der aussah wie durch Jauche gezogen. Ich hatte ihn aber nicht – etwa um Autoritätsferne vorzuzeigen – absichtlich beschädigt. Ich mußte bloß, als Bewohner West-Berlins, häufig die Transitstrecke nach «Westdeutschland» oder «Wessiland» benutzen, wie wir damals leider tatsächlich sagten. Man mußte den Paß an der Grenze einem in einem Kabuff hockenden Grenzer aushändigen, worauf er durch eine dreckige Rohrpostanlage oder auf einem madigen Fließband zu einem anderen Beamten in einem hundert Meter weiter gelegenen, anderen Kabuff transportiert wurde. Die Grenzbeamten der DDR machten selbst ebenfalls oft einen ungewaschenen Eindruck. (Heute kann man's ja sagen.)

6.1.2002

Die Lieblingsfigur des Kabarettisten alter Schule ist «der Spießer». Eigentümlicherweise stellen sie aber selten dessen heutige Ausprägung dar, sondern Figuren aus der Erinnerung an ihre Kindheit, Kleinbürger mit den Attributen der fünfziger und sechziger Jahre, die in Wohnzimmern mit fransigen Stehlampen und dem bereits vor dreißig Jahren zu Tode karikierten «röhrenden Hirsch» über dem Sofa leben – Männer in mausgrauen Anzügen, die mit Krankenkassenbrillen auf der Nase und Brillantine im Haar, Thermoskannen voll Hagebutten-Tee in braunen Lederaktentaschen umhertragend, über die Regierung schimpfen. In der Realität gibt es diesen Typus kaum noch. In einer Welt, in der sich alles wandelt, wo es «New Work» und sogar «New Coffee» gibt, hat sich auch der Spießbürger neue Facetten angeeignet.

Was zeichnet also den «New Petty Bourgois» aus? Zunächst einmal eine profane, dem Heimwerkertum entlehnte Einstellung zum Sex. Wo in alter Zeit gebastelt und geschreinert, die Modelleisenbahnanlage zur Vervollkommnung gebracht wurde, packt man heut die Videokamera aus und verewigt Sack und Vulva. Der Laupenpiepergemütlichkeit frönt man lieber im Swinger-Club als in der Kleingartenkolonie. Daß Sexualität sich öffentlich einmal vorrangig als ein zubehörintensives Hobby der Unterschicht präsentieren würde, haben die Wegbereiter sexueller Befreiung nicht vorausgeahnt. Wenn ich mir als Jugendlicher vorstellte, was wohl eine Domina sein könnte, kam mir eine geheimnisvolle Frau in den Sinn, die Unerhörtes tut; heute dagegen schwebt einem eine ordinäre Frau aus der Nachbarschaft vor, die die Zähne fletscht und mit verstellter Stimme dummes Zeug redet. Der Ursprung dieser amateurpornographischen Massenbewegung liegt meines Erachtens in Österreich, aber Deutschland hat gut aufgeholt.

Gesellschaftsfähig wird Pornographie aber niemals werden. Auch ihr Vorläufer, die Modelleisenbahn, war nie wirklich gesellschaftsfähig.

Eine zweite Eigenheit des Neuen Spießers ist eine zügellose Larmoyanz, das Wetter betreffend. Wettergenörgel wird es immer gegeben haben, aber seit es billige Urlaubsflüge für jedermann gibt, kommt die Empfindlichkeit gegenüber einem bedeckten Himmel einem wahren Volksirrsinn gleich. Man erinnere sich: Im Jahre 1999 waren Mai und Juni fast durchgehend warm und sonnig. Im Juli wurde es dann für einige Zeit etwas kühler. Sofort heulten aus allen Ecken die Spießer, wann es denn endlich mal Sommer werden würde in Deutschland, daß man es hierzulande kaum aushalten könne, daß man über kurz oder lang depressiv werde, weil ja immer alles grau in grau sei. Wenn es nach dreiwöchigen Trockenperioden, in denen das Radio immerfort «Waldbrandstufe 4» ausruft, mehr als einen Tag lang regnet, wird man von der Hauswartsfrau für einen Ausbund an Arroganz gehalten, sollte man auf ihre Klage, in Deutschland regne es einfach immerfort, nüchtern erwidern, daß dies der erste Niederschlag seit drei Wochen sei.

«Ja ihr, ihr habt gut reden», würde die Hauswartsfrau in sich reinmurmeln, «wir, die kleinen Leute müssen Tag für Tag durch das schlechte Wetter zum Container gehen, um unsere Schnapsflaschen loszuwerden, aber ihr intellektuellen Besserwisser sitzt vor euren gutgeheizten Bücherwänden und kackt Korinthen», und man darf keine Hoffnung darauf verschwenden, daß der Hauswartsfrau noch einfällt, daß es eigentlich keine besondere intellektuelle Leistung ist, das Wetter auch über einen längeren Zeitraum korrekt wahrzunehmen.

Zwar hat der Volksmund festgelegt, daß die Gegebenheiten, die im Sommer auf Mallorca herrschen, gutes Wetter genannt werden, doch wenn man sich im August umschaut und bei uns grüne Wälder und Wiesen gewärtigt, während es auf der spanischen Insel kahl und verdorrt ist, dann wird klar, daß man es einer kompetenteren Instanz als dem Volksmund überantworten sollte, zu entscheiden, was gutes und was schlechtes Wetter ist.

7.1.2002

Jedes Jahr, Ende März oder Anfang April, wenn es das erste Mal «so richtig schön» ist, fahren Kamerateams der regionalen TV-Magazine in die Innenstädte und filmen, wie Leute am Rande eines Brunnens oder im Straßencafé sitzen und Eis schlecken. Jedes Jahr fischen sich Tausende von Fotografen je zwei junge Mädchen aus der Menge und fotografieren die beiden, wie sie mit zusammengesteckten Köpfen, die Sonnenbrillen auf die Stirn geschoben, mit *zwei* Strohhalmen aus *einem* Glas trinken und in die Kamera lächeln. Die Bildunterschrift lautet immer: «Nadine und Meike genießen die ersten Sonnenstrahlen des Jahres», obwohl man leicht feststellen könnte, daß die Sonne im betreffenden Jahr bereits an 24,5 Tagen fleißig geschienen hat, und niemals würden sie zwei junge Männer fotografieren, die mit zwei Strohhalmen aus demselben Glas trinken, oder gar zwei alte Männer. Niemand würde merken, wenn in den Magazinen die Frühlingsszenen vom letzten Jahr noch einmal Verwendung fänden, aber sie werden jedes Jahr neu produziert, genau wie die Bilder von empörtem Volk an der Tankstelle. Nach jedem «Benzinschock» werden neue Autofahrer gefilmt, wie sie die immer gleichen Klagen äußern über den kleinen Mann, der die Melkkuh der Nation ist, weil er mal wieder ausbaden muß, was die da oben ausgefressen haben. Die Zuschauer würden merken, wenn man Archivmaterial verwendet, sagen die TV-Redakteure vermutlich, schon an der sich ändernden Mode. Das glaube ich nicht. In Paris oder Mailand mag die Mode zweimal im Jahr wechseln, an deutschen Tankstellen aber nicht. Es reicht vollkommen, wenn man alle fünf bis sieben Jahre neue Interviews dreht. Da aber jedes Mal neu gefragt und geklagt wird, wäre anzuregen, das vorhandene Material mal auf ganzer Strecke zu nutzen und in einem Programmkino eine «Lange Nacht des Benzinschocks» auszurufen, in der die erbostesten Tankenden der letzten dreißig Jahre gezeigt werden.

SMART, FÜRSTLICH,
GALAKTISCH UND NOBEL

Waffen für El Salvador

Krass ist's, wenn was futsch ist. Wenn einer spät nach Hause kommt und seine Tasche auf den Platz stellen möchte, wo er seine Tasche immer hinstellt, aber erkennen muß, daß dies nicht möglich ist, weil die Tasche nämlich weg ist, dann ist das wie der Schlag einer Bärentatze. Man schließt seine Tür auf, und es steht, im übertragenen Sinne natürlich, ein Braunbär in der Wohnung, der brummt: «Wo ist denn deine Tasche?» Plötzlich kriegt man «fliegende Hitze», wie Frauen in den Wechseljahren, und man tastet seinen Leib ab, ob nicht an irgendeinem Körperteil doch die Tasche dranhängt. Doch sie ist weg, woanders – wo? In der Kneipe, im Taxi? Und was war alles drin in der Tasche? Es ist schlimm. Verlustforscher aus 16 Ländern vergleichen den Verlust der Tasche mit dem Verlust der Haare, der Ehre, der Uhr und der Heimat, und zwar von all dem gleichzeitig. Andere Forscher vergleichen den Verlust der Tasche mit dem Aussterben des Uhus, aber diese Wissenschaftler gelten als eher ein bißchen unseriös in der Verlustforscherszene. Haare wachsen nach, Uhus kann man im Zoo bestaunen, und die Ehre kann man restaurieren, indem man unentgeltlich Taubenkot von den Balkonen manisch-depressiver Frauen kratzt. Und eine neue Heimat fand so mancher gerade dort, wohin er verschleppt wurde. Eine Tasche aber, die bleibt weg und kommt nie wieder.

Genauso schlimm durchlebte ich den Verlust eines fast vollgeschriebenen Notizbuches. Wenn man im ICE einen Doppelsitz für sich allein hat, neigt man ja dazu, den freigebliebenen Sitz ordentlich vollzumüllen. Als ich neulich in meinem Zielbahnhof ankam, hatte ich leider vergessen, daß ich zu Beginn der Fahrt eine Kleinigkeit in mein Oktavheft geschrieben und es dann auf den Nachbarsessel gelegt hatte, den ich im Verlauf der Reise mit Zeitungen, Mandarinenschalen und Schokotrunkpackungen füllte, die wohl später zusammen mit meinem Notizbuch im Sack einer Reinigungskraft gelandet sein werden. Schade ist das, denn in diesem Heft war der Entwurf einer wunderbaren Geschichte, die ich nie wieder zusammenbekommen werde. Es ging, grob erinnert, darum, daß John Lennon vier Wochen vor seinem Tode von einem japanischen Fernsehteam zufällig dabei gefilmt wurde, wie er 15 Millionen Dollar von seinem Postsparbuch abhob. Er wollte damit Waffen für El Salvador kaufen, was 1980 durchaus Sitte war. Ich erinnere mich an Diskussionen mit einem mir einerseits nahe-, andererseits linksstehenden, keineswegs reichen Menschen, der 1000 DM für die Aktion «Waffen für El Salvador» gespendet hatte, was auf mein völliges Unverständnis stieß. Man muß bedenken, daß ich 1980 nur 179 DM Miete zahlte. Es wurde mir beschieden, El Salvador könne halt nur mit Waffen geholfen werden, und ich wurde der politischen Nichtswisserei bezichtigt.

John Lennon wollte also für 15 Millionen Dollar Waffen kaufen und ist dabei, wie gesagt, wirklich nur zufällig gefilmt worden. Die Japaner wollten eigentlich nur einen Film darüber drehen, wie durchschnittliche Amerikaner Geld von ihren Postsparbüchern abheben, und haben John Lennon gar nicht erkannt. Er war ja äußerlich nur ein unspektakulärer Hängeschulterschlaks. Der Film ist vom japanischen Fernsehen auch nie gezeigt worden, weil der Tenno, also der greise japanische Kaiser, das Thema nicht mochte. So verschwand der Film in den berüchtigten schalldichten Kellerlabyrinthen des japanischen Fernsehens. Nachdem der alte

Tenno Hirohito 1989 gestorben war, ging der neue Tenno Akihito in den Keller des Fernsehens, um sich als eine Art Akt des Aufbegehrens alle Filme anzusehen, die sein Vater nicht mochte. Da war leider wirklich ziemlich viel Mist dabei, z. B. eine zweistündige Reportage über ein Ehepaar aus Ludwigshafen am Rhein, das seit 25 Jahren seinen Urlaub in Ludwigshafen am Bodensee verbringt. «Aber nicht wegen der Namensgleichheit», erklärte die Ehefrau, sondern zufällig. Ihre Cousine habe da mal eine Ferienwohnung geerbt, und da müsse man sich ja nur mit den Urlaubsterminen absprechen. «Aber komisch ist es schon», ergänzt der Mann, «früher, als wir noch mit der Bahn runterfuhren, da haben die Schaffner schon manchmal gegrinst und gesagt: ‹Na, da fahren wohl zwei von Ludwigshafen nach Ludwigshafen!› Manchmal hat der ganze Zug geschmunzelt. Aber das ist vorbei, wir fahren ja seit 15 Jahren mit dem Auto.»

Leider hat der Interviewer es versäumt, das Ehepaar zu fragen, ob jetzt die ganze Autobahn schmunzelt, denn diesen schönen Humor hatte der Reporter nicht. Kein Wunder, daß Kaiser Hirohito den Streifen nicht mochte. Ebensowenig wie einen Film namens ‹Zwei Paar Schuhe sind zweieinhalb Paar Schuhe›, in dem dargelegt wurde, daß ein Paar Schuhe, das täglich getragen wird, sechs Monate hält. Trägt man aber zwei Paar Schuhe abwechselnd, beträgt die gemeinsame Lebenszeit beider Paare nicht zwölf, sondern fünfzehn Monate. Hat man drei Paar Schuhe, hat man sogar statt für achtzehn Monate vierundzwanzig Monate lang Schuhwerk, d. h. drei Paar Schuhe sind vier Paar Schuhe. Möglicherweise hatte Imelda Marcos diesen Film gesehen, und so erklärt sich ihre Schuhsucht, denn sie dachte vielleicht: Dreitausend Paar Schuhe sind elftausendvierhundert Paar Schuhe. In meinem Notizbuch hatte ich übrigens vier-

309

zehn Filme beschrieben, doch an die restlichen zwölf kann ich mich nicht detailliert genug erinnern. Es mag natürlich sein, daß es der Schlankheit des Textes dienlich ist, wenn ich diese zwölf zum Teil ausgesprochen widerwärtigen Filme skippe und jetzt gleich mitteile, daß der Kaiser schließlich bei dem Postsparbuchfilm landete, John Lennon erkannte und sagte: «Ui, das ist ja ein richtiges kleines geschichtliches Dokument, das ist ja *popular culture,* das schenke ich der UNESCO.»

Der Tenno wandte sich an seine Zofe: «Birgit, wickel das mal in Geschenkpapier ein.» Die Zofe kam aus Dänemark oder Schweden. Aus welchem dieser beiden Länder genau, das stand in meinem abhanden gekommenen Notizbuch, das kann ich leider nicht mehr genau rekonstruieren, sosehr ich diesen Faustschlag in das Gesicht des sich vor Hunger auf präzise Details die Lippen leckenden Publikums verabscheue. Auch der Name «Birgit» ist im Notizerinnerungsrausch hinimprovisiert worden. Was ich aber noch ganz genau weiß, ist, daß die dänische oder schwedische Zofe am Hof zu Regensburg studiert hatte und sich daher recht ordentlich mit den Manieren der westlichen Zivilisation auskannte. So kam's, daß sie zum Kaiser sagte: «Wenn man einer internationalen Organisation hochwertiges Kulturgut vermachen möchte, dann ist das kein Geschenk, sondern eine Schenkung. Das ist so wie der Unterschied zwischen einem Umzug und einer Übersiedlung. Wenn man von Bochum nach Dortmund zieht, dann ist das ein Umzug, aber wenn einer auf einen anderen Kontinent zieht, spricht man von einer Übersiedlung. Und so wie man eine Übersiedlung nicht mit studentischen Hilfskräften organisiert, wickelt man eine Schenkung nicht in Geschenkpapier ein. Für eine Schenkung braucht man eine

Schenkungsurkunde in einer Urkundenmappe, wo eine Kordel dran ist, und für das Schenkungsgut selbst muß man sich eine innen mit rotem Samt ausgeschlagene Schatulle maßanfertigen lassen, und auf dem Schatullendeckel muß ein Wappen prangen.»

«Was denn für ein Wappen?» rief nun Akihito.

«Weiß ich doch nicht, was Sie da für ein Wappen draufhaben wollen», erwiderte die Zofe, der auch Regensburger Zucht das Frechsein nicht hat austreiben können. Der Kaiser ging daher in die Bibliothek und wälzte im Scheine des Kienspans heraldische Lexika. Was er schließlich auswählte, war das Wappen der Stadt Berlin, nicht weil ihn mit Berlin irgend etwas verband, sondern weil ihn die unnatürliche Art, wie der Berliner Wappenbär dasteht, angenehm an die unnatürliche Art erinnerte, wie manche japanischen Frauen gehen. Das ist zwar schwer nachzuvollziehen, aber wer versteht schon die erotischen Abgründe einer asiatischen Hochadelspsyche? Vielleicht lag die Wappenwahl aber auch an dem schwachen Licht, das ein Kienspan spendet. Wie auch immer: Es zierte der Berliner Bär die Schenkungsschatulle, in welcher der John-Lennon-Film an die UNESCO gesandt wurde. Bei der UNESCO erkannte aber niemand John Lennon, und man hielt das Dargestellte für einen langweiligen gewaltfreien Banküberfall. Man beschloß eine Rückschenkung. Leider jedoch hatte der Kaiser die auch in Deutschland häufige Dämlichkeit begangen, den Absender nur auf den Briefumschlag zu schreiben, nicht auch auf dessen Inhalt. Der Briefumschlag war natürlich längst entsorgt, als die UNESCO-Experten den Film sichteten; obendrein hatte die schwedische oder dänische Zofe die Schenkungsurkunde versehentlich unter den roten Samt gepackt, wo die Weltkulturerbehüter nicht hinguckten. Man kann ja nicht alles auf der Welt hochheben und gucken, ob da noch was drunter ist. Die UNESCO-Leute sahen aber den Berliner Bären und schickten das historische Filmmaterial an den Senat von Berlin. Dies war Anfang 1990.

Der damalige Regierende Bürgermeister Momper war jedoch aufgrund des Mauerfalls superbusy und konnte mit dem Material nicht viel anfangen, worauf er seine Verwaltungsschranzen anwies, den Film an das Beatles-Museum in Liverpool zu schicken. Dort allerdings fühlte man sich von den japanischen Stempeln auf dem Briefumschlag abgestoßen und sagte: «Pah, das hat bestimmt irgendwas mit Yoko Ono zu tun, und mit der haben wir hier nichts am Hut.» – Natürlich ist das ein logischer Fehler, denn die UNESCO hatte ja, wie vor wenigen Zeilen vermerkt, den Briefumschlag weggeschmissen. In meiner Oktavheftversion gab es eine prunkvolle und kritikerstickende Begründung, warum jetzt plötzlich doch wieder japanische Stempel auf dem Umschlag waren, aber das Heft ist ja nun einmal verschollen. Das Beatles-Museum sandte also den Film nach New York zu Yoko Ono. Als der Postbote kam, war Yoko Ono aber gerade bei einer Gitarrenversteigerung. Später mußte sie mit einem Abholzettel in der Hand zum Postamt gehen. Und nun kommt das absolut Magische, der Schlüssel, mit dem sich der Ring schließt: Das Postamt, in dem Yoko Ono nun stand, war exakt das gleiche Postamt, in dem John Lennon knapp zehn Jahre zuvor die 15 Millionen Dollar von seinem Postsparbuch abgehoben hat. Sicher, die Schalterkräfte hatten diametral andere Frisuren, die Gardinen hatten ein strengeres Dessin, doch im großen und ganzen war es das gleiche Postamt. Was Yoko Ono aber nicht wußte!

Was für ein emotionales Gewitter hätte im Busen dieser Frau stattgefunden, wenn sie zu sich selbst hätte murmeln können: «Ich stehe hier im Postamt und empfange gleich einen Film, in dem zu sehen ist, wie mein verstorbener Mann im gleichen Postamt steht.» Es ist zu vermuten, daß Yoko Ono den Film niemals gesehen hat, denn man hat nie davon gehört, daß diese als geldgierig verschriene Frau die 15 Millionen Dollar von El Salvador zurückgefordert hat. Vielleicht hat sie das Paket nach dem Postbesuch in einer Kneipe liegengelassen und nie wieder daran gedacht?

Ein Päckchen, dessen Inhalt man nicht kennt, vermißt man viel weniger als seine Tasche oder gar ein Notizbuch mit einer Geschichte, deren unvollständiges Skelett ich mir soeben aus der Erinnerung kratzte. Die *ganze* Geschichte war glamourös und windungsreich, doch sie wird für immer verschwunden sein. Es kam ein Lindwurm darin vor, aber in welchem Zusammenhang? Auch Catherine Deneuve spielte eine Rolle, sie stand in einer verrauchten Kneipe in Tel Aviv und hauchte einen Blues namens ‹Monika Hohlmeier, barfüßige Tyrannin des Nordens›. Sie erntete damit sehr viel Applaus bei den Israelis, «Bravo, Bravo»-Rufe, ja sogar «Logisch, Logisch»-Rufe. Aber warum? Monika Hohlmeier ist die Tochter von Franz Josef Strauß, sie trägt Schuhe wie wir alle, und ob sie irgend jemanden tyrannisiert, weiß ich nicht, jedenfalls nicht den Norden. Wie kommt Catherine Deneuve dazu, Frau Hohlmeier als Monster darzustellen, noch dazu in einem Blues, einer Musikrichtung, die bislang nie zu Vermonsterungen bayerischer Landespolitikerinnen instrumentalisiert wurde? Und was ist eigentlich aus El Salvador geworden? Haben die Waffen irgendwas genützt?

Dank Bügelhilfe fühlt man sich
wie ein geisteskranker König

Daß ich in einer Gegend wohne, in der sich Fuchs und Katze guten Tag sagen, bevor sie die Bürgersteige hochklappen, deutete ich schon mal an. Es gibt haufenweise Weinhandlungen, wo Studienräte mit Baskenmütze mit ihren Franz-Kenntnissen prahlen, aber kein Kopier-Paradies, keinen chicen Plattenladen, keine Buchläden und auch kein Lokal, in dem man abends von Zeit zu Zeit nett sitzen kann. Statt dessen gibt es entweder gar nichts oder Verschrobenes. Um die Ecke ist ein Geschäft, wo zwei Frauen nichts außer weichen peruanischen Kopfbedeckungen feilbieten. Eine Straße weiter gab es früher ein Schlangengeschäft. Diejenigen Anwohner, die eine Schlange benötigten, kauften dort eine, aber da man von einer Schlange lange etwas hat und kein Modetrend die Schlangennachfrage verstärkte, kam der Schlangenhändler finanziell ins Schlingern und ging ein. Wie schön, frohlockte ich, dann kommt vielleicht ein Kopier-Paradies in den Laden. Aber nichts da: Ein türkischer Detektiv machte im Schlangenladen sein Büro auf. Eine weitere Straße weiter ist ein Zauberartikelgeschäft, das immer zu ist. Einmal war es nicht zu. Ich ging hinein; drinnen stand ein Zauberer, der sagte finster: «Ich hab zu.» Ich fragte, warum die Türe offen sei. Er sprach: «Mußte mal lüften.» Ach, wenn doch die Kopier-Paradies-Mafia käme und den rüden Magier vergraulte!

Vor kurzem deutete sich an, daß in einem Laden bald etwas Neues eröffnet würde. Da so etwas hier nur alle fünf Jahre passiert, brodelte die Gerüchteküche. Mit leuchtenden Augen standen die Menschen an den Ecken und raunten von einem netten Café oder so. Diesen Optimismus teilte ich nicht. Ich erwartete ein Organisationsbüro für feministische Stadtteilrundgänge oder einen Kerzenselbermachzubehörshop. Das gibt es wirklich! Man kauft darin z. B. Docht nach Gewicht. Ein Kilo Docht kostet 187 DM. Hübsch wäre es, sich einmal einen Pullover aus Docht zu stricken. Oder wie wär's mit einem schönen Christenshop? Ein Christenshop wäre doch gut. In einem Tübinger Bibelladen gibt es ein T-Shirt mit der Inschrift: SIEH DICH VOR – CHRIST MIT HUMOR. Auch das wäre durchaus eine gute Bereicherung des hiesigen Warenangebots. Aber nein, als was entpuppte sich der neue Laden? Als ein Fachgeschäft für Pilotenbedarf.

Eines der wenigen hiesigen Geschäfte, deren Dienste ich regelmäßig in Anspruch nahm, war bis vor kurzem eine verwahrloste, streng riechende Wäscherei. Dort gab ich meine Oberhemden hin. Ich liebte die Wäscherin. Gern hätte ich ihr mal einen freilich symbolischen Zungenkuß bis tief runter in die Speiseröhre gegeben, denn sie machte immer so einen herrlich überarbeiteten Eindruck. (In Wirklichkeit hatte sie nur zuviel geraucht.) Die Hemden waren, nachdem sie Hand an sie gelegt hatte, immer picobello, so richtig schön hart, daß sie knackten, wenn man sie auseinanderfaltete. Da aber im Viertel außer mir kaum jemand Freude an steifen, knackenden Hemden hat, kam kürzlich der Gerichtsvollzieher und klebte den Kuckuck an der Wäscherin Tür. Obwohl die düstere Wäscherin (die über dem rüden Magier wohnt) jetzt gar nicht mehr arbeitet, sieht sie seither noch viel überarbeiteter aus, da sie nun nur noch raucht. Man könnte auch sagen, daß sie überraucht aussieht.

Da ich keine Lust habe, meine Hemden mit dem ÖPNV in Gegenden mit soliderer Infrastruktur zu fahren, bügele ich seit neuestem selber. Ich kann nicht sagen, daß ich völlig talentlos bin. Bei Stofftaschentüchern erziele ich bewunderungswürdige Ergebnisse. Auch bei Oberhemden gebe ich mir größte Mühe; für jedes einzelne benötige ich etwa zwanzig Minuten. Ich habe inzwischen auch spezielle Bügelmusiken, z. B. das Fünfte Brandenburgische Konzert von Bach. Die ausufernden und an sich nervtötenden Cembalo-Solopassagen sind wie geschaffen, das Gefitzel und Gefutzel des Schulter-, Kragen- und Ärmelbügelns zu begleiten. Ganz so gut wie die überrauchte Wäscherin bin ich noch nicht. Treffe ich Bekannte, deutet man mit spitzem Finger auf meine Schultern und Arme und spottet: «Na, wird heute mal wieder das Selbstgebügelte spazierengetragen?» Ärgerlich ist, daß man jenen Teil des Hemdes, den ich am perfektesten meistere, nicht sehen kann, weil es sich um das untere Viertel handelt, welches man in die Hose zu stopfen pflegt. Die Hemdenfabrikanten sollten Hemden entwickeln, die oben leicht und unten schwer zu bügeln sind statt umgekehrt.

Eine Freundin berichtete mir, daß ihr das Bügeln sogar Momente der Glückseligkeit verschaffe: Das liege an dem von ihr verwendeten Bügelhilfe-Spray. Man besprühe damit das Bügelgut, welches durch diese Maßnahme zwar keineswegs geschmeidiger werde, wohl aber das Nervenkostüm des Bügelnden, wenn er die durch den Kontakt mit dem heißen Eisen entstehenden Dämpfe einatme. Man fühle sich dann wie Ludwig der Zweite bei einer nächtlichen Schlittenfahrt durch den Bayerischen Wald. Bügelhilfe sei die beste legale Droge der Welt, und am besten seien die billigsten No-Name-Produkte. Ich weiß übrigens nicht, ob König Ludwig je Schlittenfahrten durch den Bayerischen Wald unternommen hat, aber das habe ich ja auch nicht behauptet. Falls er sich auf solche Reisen begeben hat, hat er dabei möglicherweise auch Durchfall und Depressionen gehabt und furchtbar gefroren, doch das war ja dem sein Problem. Er würde sich glänzend gefühlt haben, hätte er sich nur beizeiten mit reichlich Bügelhilfe umwölkt.

Ich hab es übrigens nicht ausprobiert. Denn was mache ich um Drogen? Einen Bogen! Wie ist der Bogen beschaffen? Der Bogen ist groß. Es ist einer der größten Bögen, den man – abgesehen vom Pariser Triumphbogen – als Mensch machen kann. Jedoch ist der Bogen, den ich um Dogmen mache, in seiner Größe nicht demjenigen unterlegen, den ich um Drogen mache. Eines meiner Lieblingslebensmotti ist: «Ab und zu ist auch mal was egal.» Kürzlich war ich in Amsterdam, und vor meiner Abreise suchte ich noch geschwind nach Mitbringseln für die lieben Daheimgebliebenen. Es war jedoch Montag, und anders als bei uns pflegen Ladeninhaber und Verkäufer an diesem Tag bis mittags im Bette zu liegen. Sie schnarchten, daß sich das Wasser in den Grachten kräuselte. Nur die Fachgeschäfte für Rauschgift und Pornographie waren geöffnet. Also tätigte ich einen Kauf im Haschcafé. Daheim probierte ich die Ware zusammen mit einem zu Selbstversuchen neigenden Kollegen aus. In guter alter Selbstversuchstradition machten wir einen Kassettenmitschnitt, auf dem man mich u. a. folgende Sätze äußern hören kann: «Wenn es doch wenigstens lustig wäre», «Ich kann nicht aufstehen», «Und diesen Zustand wollen Leute legalisieren?», «Wieso dauert das denn so entsetzlich lange?», «Ich will, daß das wieder weggeht» und «Manuela hat sich ein Bein gebrochen, deswegen mußte sie früher gehen.»

Ich werde nie meine Kraft dafür einsetzen, zu erfechten, daß dieser Quatsch legalisiert wird, aber ich werde nie jemanden beschimpfen, der solcherlei fordert. Man sieht, um die Fußstapfen Voltaires mache ich keinen Bogen, sondern stapfe direkt hinein. Sollte mein Leben mal verfilmt werden, wird der Film sicher heißen: ‹Toleranzedikte pflastern seinen Weg›. Doch ich benötige keine Rauschgiftorgien. Ich will tagsüber kopieren, ohne vorher eine halbe Stunde zu latschen, und abends möchte ich irgendwo nett sitzen und mild ermüden. Ein paar Biere reichen dazu. Jedes Jahr nimmt man ein Kilo zu, irgendwann macht das Herz nicht mehr mit, und drei Wochen später wird man von einer geruchsempfindlichen Nachbarin gefunden. Daß manche Menschen vom Bier wüst werden und andere tätlich bedrängen, kann ich nicht verstehen. Ich tapse lieber schweigsam heim. Andere tun Garstiges. Im Vermischtes-Teil des ‹Schwäbischen Tagblattes› stand neulich folgende Überschrift: HAMMERWERFER VERGEWALTIGTEN HAMMERWERFERINNEN. Das wollen wir den Hammerwerfern nie verzeihen, jenen Schwaben aber, die beim Lesen dieser Nachricht still in sich reinschmunzelten, müssen wir unbedingt verzeihen. Noch schöner wäre die Überschrift: PNOM-PENHER PENNTE MIT PNOM-PENHERIN, aber diese Überschrift wird es nie geben, denn das passiert ja alle Tage, sonst gäbe es Pnom-Penh nicht mehr. Ich habe eben im Lexikon nachgeschlagen, um zu erkunden, wie man Pnom-Penh schreibt, und da stand, daß Kambodscha offiziell «Ravax Samaki Songkruos Cheat Kampuchea» heißt. Das erinnert mich daran, daß der vollständige Name des Komponisten Franz von Suppé «Francesco Ezechiele Ermenegildo Cavaliere Suppé Demelli» lautet. Das Wissen der Leser erfährt gerade signifikante Auswölbungen.

Gern will ich weiterwölben: Ein Mann kann bis zu einem Alkoholgehalt von 2,4 Promille im Blut einen Samenerguß haben. Dies entnahm ich eigenartigerweise der Zeitschrift

318

‹Frau im Spiegel›. Darin stand, daß eine Frau einen voll-
trunkenen und daher steinern schlafenden Mann «anzapf-
te», um ihm aus irgendwelchen niederen Gründen hinter-
rücks eine Vaterschaft reinzuwürgen. Wenn einem diese
Dame auf der Straße begegnet, sollte man nicht zaudern, sie
grimmig anzublicken. Eigentlich wollte ich so etwas gar
nicht lesen, sondern nur die auf dem Titel angepriesenen
«schönsten Bilder» von einer komischen Fürstenhochzeit
ansehen: Ich habe nämlich einen Adelsfimmel. Ich spreche
nicht von den Grimaldis und Windsors, sondern von den
normalen, werktätigen Adeligen. Die sind mir sympathisch.
Die werden schon als Kinder getriezt, müssen fechten und
reiten, möglicherweise sogar bügeln, lernen Klavier spielen
und französisch parlieren, haben sich in Internaten und auf
komischen Fürstenhochzeiten zu behaupten, so daß sie als
Erwachsene über eine eigentümliche Bodenständigkeit und
Gelassenheit im Meistern des Lebens verfügen. Hysterie,
Nervosität und Ängstlichkeit, die das im Netz urbaner Da-
seinsalternativen verstrickte Bürgertum auszeichnen, sind
ihnen fremd.

Nicht lange her ist es, daß ich auf eine Party mitgeschleppt
wurde, wo nur jüngere Adelige waren. Zunächst saß ich ein-
geschüchtert auf der Kante einer Renaissancekiste und wartete darauf, daß mir jemand Kirschkuchen anbot. Ich hatte
nämlich gehört, daß es in hohen Häusern üblich ist, die Ge-
sellschaftsfähigkeit bürgerlicher Gäste dadurch zu testen,
daß man ihnen Kuchen mit nicht entkernten Kirschen reicht,
da es angeblich Leute gibt, die ihre Vornehmheit demonstrieren wollen, indem sie die Kirschkerne hinunterschlucken.
Solche Leute werden von den Einladungslisten rigoros gestrichen. Falsch soll es auch sein, den Kern hinter vorgehaltener Hand auf die Kuchengabel zu spucken. Das einzig Rich-

tige ist, den Kirschkern so, wie es alle Leute machen, geräuschlos auf die Gabel zu spucken und am Tellerrand abzulegen. Dann freut sich die Gräfin, und man darf ihre schöne Tochter sofort mitnehmen und heiraten.

Es gibt überhaupt nur einen Kern, den man schlucken darf, und das ist derjenige von schwarzen Oliven, denn diese werden vom Magen zersetzt und gelten z. B. in Rumänien als Mittel gegen Darmträgheit. Auch Kokainisten empfiehlt man, täglich einige Olivenkerne zu schlucken. Auf der Party wurden mir jedoch weder Oliven noch Kokain noch Kirschkuchen angeboten, sondern nur Bier, und wie man das trinkt, war sogar in meiner, ansonsten unzulänglichen Ausbildung ausgiebig zur Sprache gekommen. Interessanterweise trank keiner der Adeligen, wie ich es erwartet hatte, Sekt oder Wein, sondern alle, auch die Damen, bewiesen in geringen zeitlichen Abständen große Geschicklichkeit im Öffnen von Bierflaschen. Körperlich neigt der Adelige zu einer bäurischen Grobknochigkeit und Breite. Dick war niemand, aber alle kräftig. Eines fiel mir besonders auf: Alle, aber auch alle trugen auffallend unmodische, aber extrem saubere Blue Jeans, und die Herren trugen dazu vom Vater geerbte Jacken in abgemildertem Trachtenstil. Die Frauen waren ungeschminkt und trugen anstrengende Frisuren. Wenn Sie nicht wissen, was anstrengende Frisuren sind, dann schlagen Sie bitte im Lexikon unter «Frisuren, anstrengende» nach. Wenn das in Ihrem Lexikon nicht drinsteht, haben Sie ein genauso schlechtes Lexikon wie ich, und wir könnten eine Podiumsdiskussion zum Thema «Unser Lexikon ist schlecht» organisieren, uns hinterher besaufen und möglichst ordinär Brüderschaft trinken. Sie wissen schon: Zungenküsse bis weit runter in die Speiseröhre. Mit einer bierseligen Baronin, oder was das für eine war, tanzte ich gar zu den konsequenten Rhythmen einer Gruppe, deren Name, von der Sprache Shakespeares in diejenige Goethes übertragen, ‹Urbanes Kekskollektiv› heißt. Das war schon ein besonderes Getanze: Die Sängerin wurde nicht müde zu betonen, daß sie den Schlüssel habe. Immer wieder von neuem beteuerte sie es. Den Schlüssel zu was? Das verschwieg sie, oder ich habe es nicht verstanden. Ist ja auch egal. Hauptsache, sie hat einen Schlüssel und teilt uns ihre Freude darüber mit. Ich habe mir den Schlager gleich gekauft, und schon seit drei Monaten teile ich fast täglich der Sängerin krähende Ergötzung am Schlüsselbesitz.

Immer wieder ärgere ich mich darüber, daß so etwas niemand auf deutsch singt. Ella Fitzgerald gelang der große Durchbruch mit einem Lied, in dem sie den Verlust eines gelben Körbchens beklagt. Was hört man statt dessen in unserer Sprache? Neunmalkluge Jugendliche, die zu 08/15-HipHop antirassistische Weisheiten rappen. Man stelle sich bloß einmal vor, man wird von einem Panzer überrollt, und im Sarg wird HipHop mit deutschen Texten gespielt. Das ist doch unangenehm! Das Gute am HipHop ist doch, daß einem der Inhalt dieser vulkanösen Wortschwalle normalerweise verborgen bleibt. Gegen die Musik habe ich nichts. Ich höre auch gerne die Enten schnattern. Ich wünsche aber nicht zu wissen, was sie schnattern. Es reicht mir, daß sie schnattern. Apropos Enten: Wissen Sie, was Schnepfen machen?

Die schnattern nämlich nicht – sie quorren. Das steht in meinem Lexikon. Mein Lexikon scheint so schlecht nicht zu sein. Anders das Fernsehen. Dort gibt es Sendungen, in denen Sechs- bis Zehnjährige von irgendwelchen knallbunten Minirock-Schnepfen gedungen werden, zu den unvermeidlichen Einheits-Beats zu zappeln. Dazu rappen die Zappelphilippe verkehrserzieherische Ratschläge oder daß Gewalt nicht gut ist; da weiß man nun gar nicht mehr, wie man das finden soll. Vielleicht sollte man es einfach nur verzeihlich finden. Interessant ist, daß man bei der Beurteilung fast sämtlicher Popmusik mit diesem einen Adjektiv auskommt.

Wenn die Kinder mal nicht tanzen und rappen, sitzen sie auf Wolldecken am Bürgersteig und verkaufen alte Pferdekalender und Benjamin-Blümchen-Kassetten. Natürlich nicht jetzt im Winter. Da ist es ganz trist im Viertel. Doch was sehe ich? Eine Frau in einem senffarbenen Überwurf, die einer Gruppe von Geschlechtsgenossen gestikulierend die Gegend erläutert. Aha, ein Stadtteilrundgang nur für Frauen. Da will ich man die Ohren spitzen. Bestimmt werden die mich wegjagen wollen, dürfen die aber nicht, weil ich nämlich hier wohne. Die Führerin spricht: «Hier war früher mal die Wäscherei der berühmten düsteren Wäscherin. Aber sie mußte ihr Geschäft aufgeben, weil das Patriarchat nun selber bügelt.»

«Typisch Typen», grummelt die Gruppe.

«Jaja», denke ich, «meckern, aber schlafende Trunkenbolde anzapfen.»

«Und dort», fährt die Erklärerin fort, «verkaufen zwei Frauen weiche peruanische Kopfbedeckungen, und da drüben, auf der gegenüberliegenden Straßenseite, in der Boutique Diana, habe ich mir meinen senffarbenen Überwurf gekauft.»

«Chic», quorrt die Gruppe, stürmt zur Boutique Diana, muß jedoch feststellen, daß diese vor kurzem das Zeitliche gesegnet hat. Es würde mich überhaupt nicht wundern, wenn in ihren Räumen demnächst ein Fachgeschäft für Zyklopenbedarf aufmacht. Oder, um der großen Ella Fitzgerald aus der Patsche zu helfen, ein Fachgeschäft für gelbe

Körbchen. Aber Ella Fitzgerald sitzt gar nicht mehr in der Patsche. Kurz nachdem sie so erfolgreich beklagt hatte, daß sie ihren Korb verloren hat, nahm sie ein weiteres Lied auf, welches hieß: ‹Ich habe mein gelbes Körbchen gefunden›.

Milch und Ohrfeigen

Für den Milchkenner ist es herrlich, ein Glas frischer Milch aus dem Bioladen zu trinken, doch das geht nur, wenn nicht Nichtmilchkenner dem Milchkenner die Milch vor der Nase wegschnappen!

Ich wohne in einem Stadtteil Hamburgs, in dem es keine Sorgen gibt, außer vielleicht, daß zu viele Fahrräder den Eingangsbereich der Wohnanlage verschandeln. Die Bewohner stimmen ab, ob eine Verschandlung vorliegt, und wenn ja, dann wird ein apartes zwölfeckiges *Fahrradhäuschen* auf den Bürgersteig gesetzt. Dies ist die reichste Stadt Europas, und das merkt man. In meinem Stadtteil wohnen fast nur Lehrer und Journalisten, von ‹Spiegel›, ‹Geo›, ‹Brigitte›, namentlich auch von der ‹Zeit›. Diese Zeitschrift hat 105 Redakteure und Tausende und aber Tausende anderer Mitarbeiter. Da das Blatt eine ungeheure Auflage hat, kann es sich die vielen Leute leisten, obwohl natürlich drei oder vier Redakteure auch reichen würden. Ein Volontär kriegt 6000 Mark, oder so. Sie nehmen jeden, der eine Altbauwohnung mit über 120 Quadratmetern, Parkettfußboden und Doppelflügeltüren vorweisen kann. Mit 48 werden die durchaus sympathischen Zeitschriftenmenschen zum ersten Mal Vater, sie schnappen sich ihr Kind, zusätzlich Rucksack und Fahrrad und rasen zum Edel-Bio-Türken sonnabends um Viertel vor eins. Den Bio-Edel-Türken begrüßen sie allen Ernstes mit «Grüß dich, Mehmet». Sie würden nie zu einem deutschen Gemüsehändler «Grüß dich, Hans-Dieter» sagen, das wäre eine Anbiederung, aber «Grüß dich, Mehmet» ist ein Signal gegen den Haß! Dann schreiten sie zum

Kühlregal und greifen nach der letzten Flasche mit guter Milch. In diesem Augenblick trete ich in den Laden, erster Blick ins verwaiste Kühlregal, zweiter Blick auf die Flasche in der Hand des späten Vaters. Was will der mit meiner guten, pasteurisierten, aber nicht homogenisierten Milch aus dem atombedrohten Wendland? Für ihn wäre doch auch das fettige Wasser gut genug, welches Supermärkte als Milch anbieten. Es ist ja nicht zu fassen, was für ein Getue die Leute wegen Wein veranstalten – aber welche Plempe sie sich als Milch andrehen lassen! Einen feinen, kühlenden Fettfilm am Gaumen – den gibt es nur bei nicht homogenisierter Milch. Solche Milch zu trinken ist smart, fürstlich, galaktisch, honett, groovy, prachtvoll und nobel. Herrlich, wenn die Adjektive an einem vorbeirattern wie eine mit verliebt machenden Drogen vollgepumpte Eisenbahn.

Der Medienmann kauft die gute Milch indes gar nicht, weil sie gut ist. Das ahnt er allenfalls, doch er weiß es nicht, denn vom Grappatrinken sind seine Geschmacksknospen in einem Zustand wie Dresden 1945. Er kauft die Milch, weil es standesgemäße Flaschenmilch ist. Er soll sie mir geben und sich im Supermarkt «Landliebe» kaufen. Die ist auch in der Flasche. Aber im Supermarkt kann er natürlich nicht «Grüß dich, Mehmet» sagen.

Mehmet findet sie lustig, die Männer mit den langen, grauen Haaren, den Kleinkindern und den Rucksäcken, die sich zehn Minuten anstellen, um ein paar Äpfel zu bezahlen. Der Rucksack wird abgenommen, es werden zwei Laschen aufgepfriemelt, dann wird eine lederne Schleife geöffnet, die Äpfel kommen in den Sack, eine neue Schleife wird gebunden, die beiden Laschen werden wieder zugepfriemelt, dann geht's wieder auf den Rücken mit dem Sack, und das alles mit Luftpumpe in der Hand und Kleinkind zwischen den

Beinen. In der Zeit, die die Rucksackaktion gedauert hat, hätten andere Leute 25 reiche Witwen erdrosselt. Mehmet weiß natürlich nicht, wie diese komischen, ungeschickten Leute heißen, die «Grüß dich, Mehmet» zu ihm sagen, aber er mag sie, denn sie zahlen jeden Preis.

Flasche Apfelsaft 6 DM? Kein Problem! Demnächst wird Mehmet eine gläserne Vitrine aufstellen, worin mundgeblasene Künstlerflacons mit 25 Jahre altem Essig stehen. 79 Mark 90 wird er pro Flasche haben wollen, und er wird nicht lang auf das Geld warten müssen, denn die Lehrer und Journalisten scheinen einander alle zu kennen und sich gegenseitig übers Parkett zu knarren, und gutwillige Menschen schenken einander ja ständig irgendwas Wunderbares. In dieser friedensreichen Subkultur, wo Autos und Schmuck nicht viel zählen, ist alter Essig halt *das* Statussymbol. «Balsamico, Balsamico», hallt es durch die Räumlichkeiten der Persönlichkeiten. Sie fliegen, glaube ich, auch zu Essigproben-Wochenendseminaren. Eigentlich sind diese Leute wirklich nett, und solange sie mich nicht in ihre Weinkenner- und Theatergespräche einbeziehen, gibt es nichts zu kritisieren. Den sympathischen Mehmet machen sie zum schwerreichen Mann. Schön ist's in dieser Gegend. Nie hört man einen Schuß oder einen knackenden Knochen. Man ohrfeigt einander nicht mal.

Überhaupt ist festzustellen, daß die große, damenhafte Ohrfeige allmählich ausstirbt. Die Damen machen heute nicht mehr «Patsch», wenn man ihnen Unübliches sagt, sondern «Pscht». Chemische Ohrfeige. Ich habe lange überlegt, wann die letzte vielbeachtete, öffentliche Ohrfeige verabreicht worden ist. Mir ist nur eingefallen, daß eine Dame namens Beate Klarsfeld mal Bundeskanzler Kiesinger geohrfeigt hat, und das war damals in den sechziger Jahren, zu Anbeginn der Ära des Vor-den-Richtertisch-Scheißens, schon eine seltene Form öffentlichen Protestes. Vor wenigen Wochen hätte man den vierzigsten Jahrestag der berühmtesten österreichischen Ohrfeige des 20. Jahrhunderts feiern können, doch die Champagnerkelche blieben im Hängeschränkchen, die Lampions in der Lampiontruhe. Die Öffentlichkeit hat das Jubiläum verpennt. Ich habe keine persönlichen Erinnerungen an die kühne Tat, denn ich war damals noch tot. Am 13.4.1956 ohrfeigte die Burgschauspielerin Käthe Dorsch den Starkritiker Hans Weigel. Die sechsundsechzigjährige Mimin lauerte an jenem Morgen dem Kritiker an der Ecke Volksgartenstraße/Museumsstraße in Wien auf, der dort täglich auf dem Wege zu seinem Stammtisch ins Café Museum war. Als sie seiner ansichtig wurde, gab sie ihm zwei schallende Ohrfeigen und beschimpfte ihn als «Dreckskerl» und «Dreckfink». Dann hatte die zornige Künstlerin ihren großen Abgang. Diese Ohrfeige wurde in der ganzen deutschsprachigen Welt jahrelang diskutiert. Agnes Windeck, die Schauspiellehrerin von Hans-Joachim Kulenkampff und spätere Mutter von Inge Meysel in den ‹Unverbesserlichen›, sagte damals in einem Kabarettprogramm zu Tatjana Sais, der Frau von Günter Neumann, Chef des Berliner Nachkriegskabaretts «Die Insulaner»: «Für mich ist die Dorsch die Frau mit dem goldenen Arm.»

Was war Ursache für den Gram der Edelmimin? Hans Weigel hatte in seiner Kritik der Aufführung von Christopher Frys ‹Das Dunkel ist Licht genug› folgende «Ungeheuerlichkeit» vorgebracht: «Alles, was gestaltet, erlebt sein sollte, blieb Ansatz, Andeutung – wie Stars auf Verständigungsproben sind, oder bei der dreihundertsten Vorstellung.»

Was die Dorschschen Watschen so erinnerungswürdig macht, ist ihre Uncoolness. Wie gern wäre ich dabeigewesen.

Hat sie mit einem Regenschirm gefuchtelt? Hat sich ihre Stimme überschlagen? Heute wird Künstlern allerorten empfohlen, ja nicht auf Kritiken zu reagieren, sich bloß nicht gemein zu machen mit den Dreckfinken. Heimlich beauftragen sie daher Exkrementfrierdienste, den Kritikern gefrorene Exkremente in den Briefkasten zu stecken. Lächerlich und würdelos. Schade um die schöne Ohrfeigenkultur. Die Ohrfeige ist ohne große Vorbereitungen zu realisieren, sie schadet nicht langfristig und stinkt nicht. Sie ist ein fetziges und effektvolles Signal von vertretbarem Pathos und reichlicher Pracht, und Pracht möchte Resultat allen würdigen Schaffens sein. Man könnte sie auch einen negativ geladenen Blumenstrauß nennen. Aber heute reicht es manchem auch nicht, jemand anderem mit einer Blume seine Sympathie zu veranschaulichen. Es müssen Heißluftballons durch die Stadt schweben, auf denen «Ich liebe dich, Rita» steht.

Es kam übrigens zu einem Prozeß gegen die Dorsch, in dessen Verlauf auch Raoul Aslan als Zeuge einvernommen wurde, der mit ausladenden Gebärden «die Todesstrafe für Hans Weigel» beantragte. Die Dorsch wurde zu einer Strafe von 500 Schilling verurteilt und mußte die Gerichtskosten tragen. Es gab also auch früher schon kleinliches Prozeßhanseltum. Daß es damals auch schon Menschen mit häßlichem Humor gab, sieht man daran, daß Hans Weigel nach dem Tode der Schauspielerin von anonymer Seite eine Dose Dorschleber geschickt bekam.

Gott schütze die Leiche von Käthe Dorsch! Aber natürlich nur in seiner Freizeit, denn hauptberuflich soll er doch wohl weiter Bioladen-Betreiber aller Nationen, mich und, vorausgesetzt, daß es unbedingt sein muß, den überwiegenden Teil der sonst noch lebenden Menschen beschützen.

Gott schütze keinesfalls: Friedhelm W. Hoppe.

Also kochte Cook der Crew

Und ich hatte schon gedacht, so etwas würde in meinem Leben nicht mehr passieren. Hatte mich damit abgefunden, daß dieses Kapitel für mich «abgefrühstückt», zu Ende sein würde, daß da einfach nichts mehr kommen würde außer einer endlos scheinenden Herbstpromenade in Richtung ewige Ruhe. Doch eines Tages gongte mir das Leben in die Fresse wie ein perverser kleiner Tisch-Gong und entriß mich dem Sog der Resignation. Etwas Unerwartbares war geschehen: Ein neues Haarshampoo war in mein Leben getreten.

Begonnen hatte der Tag wie irgendeiner. Ich war in die Stadt gefahren, um Sirup zu kaufen. Mehrtägiger Besuch aus Berlin hatte sich angekündigt, und ich war ein bißchen am Hadern wegen der Menge des Sirups. Berliner und Sirup, das ist ja eine sehr spezielle Geschichte, die sich keineswegs immer in heiterem Konversationston aufarbeiten läßt, aber um das Thema soll es heute ausnahmsweise mal nicht gehen. Ich hatte jedenfalls ausreichend Sirup gekauft, um selbst klischeehaftesten Berliner Besuch zu befriedigen. Für die Rückfahrt in der U-Bahn hatte ich mir ein Käseblatt gekauft. Darin klebte als Werbebeilage eine Probe mit Teebaumöl-Kurshampoo. Als Weltumsegler James Cook Australien erreichte, so war auf dem Beutelchen zu lesen, hatte seine Crew von der langen Schiffsreise Hautschwulitäten. Auf dem Schiff hat es bestimmt immer nur vitaminarmen Labskaus gegeben. Das ist nämlich ein altes Seefahrergericht. Steht jedenfalls auf der Dose. Damit hier keine Mißverständnisse aufkommen: Das mit dem Labskaus stand nicht auf dem Shampoo. Also kochte Cook der Crew – ist es nicht schön, in einem Land leben zu dürfen, in dem es Sätze gibt, die mit «Also kochte Cook der Crew» beginnen und weitergehen mit: «einen Sud aus dem Teebaum Melaleuca alternifolia, und flugs war die Haut der Crew schön wie dereinst daheim». Je nun, das wird schon stimmen, daß Entdeckernaturen, wenn sie einen neuen Kontinent entdecken, beim ersten Landgang aus völlig unbekannten Pflanzen dermatologische Sude kochen, dachte ich und warf das Pröbchen ins Bad, beschloß dann, ein großes Orgelwerk namens «Cook, der olle Sudekoch» zu schreiben, worauf mir allerdings einfiel, daß ich des Orgelns unkundig bin, weshalb das Orgelwerk leider noch immer unkomponiert ist.

Ich habe in meinem Leben, was Haarpflegemittel betrifft, stets zu einer gewissen Promiskuität geneigt. Mal kaufte ich ölig-fruchtige, mal seifig-cremige, mal teure, mal billige, mal welche mit Conditioner, mal welche ohne, und trotzdem: Es gab in meinem Leben eine große Kontinuität betreffend die Zufriedenheit mit dem Pflegezustand meines Haars. Ich will hier nicht mit dramatischen Lebensbeichten schocken, doch ich vertraue auf die Reife der Leser und erkläre hiermit ohne Gongen und Heischen, daß es Phasen in meinem Leben gegeben hat, in denen es mir vollkommen gleichgültig war, womit ich mir die Haare wusch. Dem primitiven Reinlichkeitstrieb hörig, ließ ich Shampoos, deren Namen ich kaum kannte, gierig schäumend an meinem Körper herummanipulieren. Härter noch: Ich genoß das lüsterne Schäumen sogar, und nach erwiesenem Dienst duschte ich den Schaum einfach weg, als ob nichts gewesen wäre. «Tschüs», sagte ich und startete mein auch sonst oft sittenloses Tagewerk.

Dann tagte jedoch plötzlich jener Morgen, an welchem ich dachte: «Ich wasch mir heute mal die Haare mit dem Pröbchen, sonst liegt das ewig da herum.»

Schon bald nach meinem männlich markanten Aufreißen des sympathischen kleinen Kunststoffbeutels fuhr mir durch den Kopf: Was ist denn das, so riecht man doch nicht als Shampoo, das ist ja bizarr; doch als der Schaum seinen Siegesgalopp durch die Weiten meines zeitlosen Herrenhaarschnittes angetreten hatte, wußte ich: Hier hat eine Suchtsubstanz ihren Suchttyp gefunden, nie werde ich diesem Shampoo untreu werden. Man müßte ein mondsüchtiger Biedermeierpoet, ein wahnsinniger Baßmandolinenspieler sein, um diesen Geruch zu beschreiben, so anders und fremd, aber Hoffnung weckend ist er. Es ist ein Geruch, den vermutlich die meisten Menschen als eher unattraktiv empfinden würden, da ist etwas Medizinisches drin, eine zarte Komponente altsowjetischer Desinfektion. Es gibt ja Leute, die auf recht außergewöhnliche Gerüche freudig reagieren, auf Teer oder weiblichen Angstschweiß. Zu diesem Kreis rechne ich mich nicht, aber zu jenem, der die Gerüche, die aus einem Body Shop heraus in die Fußgängerzone dringen, als kindisch, albern und unfein empfindet. Ich wäre vielmehr ein Käufer eines Parfums, das zu 10 Prozent nach Papier, 10 Prozent nach neugekauftem Teppich, 10 Prozent nach Krankenhaus, 10 Prozent nach Walnuß, 10 Prozent nach welkem Rhabarber, 5 Prozent nach Ziegenbraten, 15 Prozent nach einem mit «Poliboy» polierten alten Schreibtisch, 10 Prozent nach Moschus und zu 20 Prozent nach einer von einem sympathischen und ungebildeten Mann zweieinhalb Tage lang getragenen Unterhose riecht.

So riechen die Produkte der Teebaumöl-Pflegeserie allerdings nicht. Man stelle sich eher ein oppositionelles Geheimhospital im Buenos Aires der vierziger Jahre vor. Daß dort schikanöse Ohrenoperationen an entführten Angehörigen rivalisierender Contra-Gruppen durchgeführt werden. Daß die Operationsinstrumente vor dem Eingriff zum Schein desinfiziert werden. Nach diesem Schein-Desinfektionsmittel riecht das Teebaumöl-Shampoo.

Doch ich fürchte, das ist nicht ausreichend gut beschrieben. Stellen Sie sich lieber mal die alte, finstere Sowjetunion vor und darin insbesondere die Stadt Magnitogorsk. Magnitogorsk – eine Stadt, in der es nichts als Arbeit gibt, die lichtlose Manifestation des Nicht-Monte-Carlo-Seienden, ein enormes Las Vegas des Schuftens. Und in dieser Stadt ist ein einzelner einsamer Dichter, welcher eines Morgens auf die einzige Anhöhe der Stadt steigt und ruft, Rilke widersprechend: «Hiersein ist *nicht* herrlich.» Diese Szene ist zwar herzerwärmend, aber leider auch geruchlos, so daß sie ebenfalls nicht der Beschreibung des Geruchs von Teebaumöl dienlich ist. Der Versuch, den Geruch in Worte zu kleiden, soll somit für gescheitert erklärt und beendet werden.

Intaktes Abdomen dank
coolem Verhalten

Da ich mich als einen Anwalt der Umwelt begreife, bin ich auch ein großer Freund der Tiere. Sehe ich einen Mitbürger, der sich mit einer Heckenschere oder einem Saxophon einem Kätzchen nähert, dann sage ich: «Nicht doch, mein Herr!» Jeder versteht das. Insgesamt sind Tiere jedoch nicht so beliebt wie die Tierfilme des Fernsehens. Knackt der Mensch eine Haselnuß, und es starrt ihn statt des erhofften Natursnacks die fahle Fratze einer Made an, dann legt die Lebensfreude eine kurze Verschnaufpause ein. Anschnauzen muß man die Made deswegen nicht gleich, denn es ist ja bekannt, daß sie sich eines Tages zu einer unersetzlichen Mitkreatur entwickelt, die einem blöde vor der Fresse rumfliegt. Es ist aber ebenso unnötig, niederes Gewürm mit Glacéhandschuhen anzufassen. Das ökologische Gleichgewicht ist kein Kartenhaus, welches zusammenfällt, wenn man eine darauf sitzende Fliege zerpatscht. Die Biester setzen sich ja allzu gerne auf Kartenhäuser. Unerwünschte Fliegen zerpatsche ich stets, da grummelt kein Gewissen in mir. Nur mit erwünschten Fliegen geh ich anders um.

So sind wir Menschen. Niemand, in dessen Teppich eine Million Milben schmatzend ihr Tagewerk verrichten, wird zermürbt sein, wenn er erfährt, daß sich ihre Anzahl aufgrund einer milbeninternen Naturkatastrophe halbiert hat. Da kann ein Naturschützer noch so ganzheitlich orientiert sein – die Tränen, die er weint, wenn er aus Nachlässigkeit im Badezimmer ein Silberfischchen zertritt, werden rascher trocknen als jene, die über seine Wangen rinnen, wenn er im Bad versehentlich einen sibirischen Tiger erschießt.

Wie würde wohl die Tierannahmeperson des Tierschutzheims gucken, wenn man ihr mit einer in Leberwurst gebetteten Geschwisterschar von Maden ankommt? Sie würde schön poltern! Es wäre immerhin ein angebrachtes Zeichen von Aufrichtigkeit, wenn der Tierschutzverein sich umbenennen würde in «Verein zum Schutz allgemein als sympathisch geltender Tiere». Pelzig, süß, gefiedert oder zumindest selten müssen Tiere sein, wenn sie der Menschen ungeteilte Gunst genießen wollen. Auch eine gewisse Mindestgröße ist erforderlich, denn man sympathisiert nicht gern durch Lupengläser.

Was aber, wenn Mäuse ins Haus kommen? Die sind total niedlich und mit bloßem Auge gut sichtbar, d. h. theoretisch beliebt. In der Praxis sind sie unerwünscht, denn sie kacken in den Mozzarella, wovon man Cholera bekommt. Wegen der lieben Äuglein der Tiere wird der Kauf von Mausefallen jedoch von nagendem Skrupel begleitet. Nun las ich in der Zeitschrift ‹natur› von einer Dame, die per Zufall einen Ausweg fand. Sie hatte nicht nur Mäuse im Haus, sondern, als ob das nicht reichen würde, auch noch einen Sohn, und der hatte Geburtstag. Er wünschte sich ein Schlagzeug, bekam eines und übte fleißig. Die Mäuse mochten das nicht hören und verließen das Haus, wonach die Mutter zum Papier griff und zum Thema ökologisch vertretbare Mäusevergrämung einen Brief an die Zeitschrift ‹natur› schrieb.

Und was ist mit Spinnen? Hier rate ich zu Gelassenheit. Die Mozzarellatüte kriegen die nie auf. Sie sind zu zart gebaut. Zu zart auch, um wirklich grausig zu sein. Ihre Beine sind eigentlich nur bessere Schamhaare. «Bessere Schamhaare?» rufen nun Kritiker. «Besser als Ihre Schamhaare vielleicht, aber schlechter als unsere!» Nun gut, dann eben schlechtere Schamhaare. Wenn man aber eine Spinne dazu kriegt, Männchen zu machen, dann sieht sie aus wie eine Can-Can-Tänzerin auf einem Gemälde von Toulouse-Lautrec. Dies ist schon ein erfreulicherer Anblick als Kritikerschamhaare. Leider bestehen Spinnen nicht nur aus Schamhaaren; da, wo andere Leute ihre vier Buchstaben haben, findet sich bei Spinnen eine unsympathische schwarze Kugel namens Abdomen, in welcher sie ihre Eingeweide aufbewahren. Da es der Behaglichkeit abträglich ist, wenn diese Eingeweide die Rauhfaser herunterrinnen, zerpatscht man Spinnen nicht gern. Ich persönlich bin äußerst cool, was Spinnenbesuch angeht. Wenn im TV gerade eine tschechische TV-Groteske begonnen hat und ich bemerke eine Spinne an der Wand, dann gucke ich die tschechische TV-Groteske erst einmal zu Ende, stelle den Fernsehapparat aus, trinke in Ruhe ein Glas Limonade, und erst dann schreie ich mit fingiertem Entsetzen: «Igitt, eine Spinne!» Anschließend hole ich mir eine Ansichtskarte und einen Zettel. Mit der Postkarte kratze ich den achtbeinigen Gast von der Tapete, so daß er auf den Zettel purzelt, und dann wuppdiwupp aus dem Fenster damit. Saubere Wand dank intaktem Abdomen, intaktes Abdomen dank coolem Verhalten.

Da die Medien manchmal nicht recht wissen, was sie den Bürgern berichten sollen, liest man seit einiger Zeit immer wieder etwas von einem Trend zur Insektenküche, denn Insekten seien preiswerte Proteinbomben, die mit Cholesterin geizen. In den Metropolen soll es schon entsprechende Restaurants geben. Sicher sind dort auch Spinnengerichte im Angebot. Wohl weiß ich, daß Spinnen keine Insekten sind, doch man weiß ja nicht, was ein Gastronom so weiß. Man denke sich nur: frischgepreßter Spinnenabdomensaft oder

Spinnenabdomensalat. Ich möchte die Leserinnen und Leser bitten, in meiner Gegenwart das Wort «Spinnenabdomensalat» weder oft noch laut auszusprechen. Normalerweise rate ich dazu, Leute, die einem die Verwendung bestimmter Wörter wie «Betroffenheit» oder «Vaterland» verbieten wollen, harten Kompetenztests zu unterziehen, aber «Spinnenabdomensalat» finde ich wirklich viel schlimmer als «Risikogruppe» oder «Power-Frau».

Ein weiteres, die Mundwinkel nach unten zerrendes Wort ist Seepockensperma. Es gab einen Tierfilm im Fernsehen, und dort wurden Seepocken als die Tiere mit den im Verhältnis zum übrigen Körper längsten Penissen der Fauna angepriesen. Die Penisse sahen aus wie chinesische Nudeln. In Großaufnahme sah man die warzenartigen Kreaturen mit ihren Nudeln wedeln, und dann kam auch noch der Samen herausgeschossen, alles in das schöne Wasser, und zwar abends um halb neun, als viele Kinder noch nicht zu Bett waren. Vielleicht liegt das Ansteigen der Meeresspiegel gar nicht an der Abschmelzerei der Pole, sondern an der Triebhaftigkeit der Seepocken. Bei meinem letzten Badeaufenthalt kam mir das Meerwasser übrigens recht glitschig vor. Die Insel Sylt wird von Seepockensperma verschlungen werden! Gibt es noch garstigere Vorstellungen? Aber ja! Leihmumien-Analsex. Sex mit Mumien ist ja schon an sich ein Thema, bei dem man sich gern zurückzieht, aber Analsex mit Mumien, die einem noch nicht mal gehören, ist zweifelsohne das letzte. Ich rate allen Lesern, ihre Mumien niemals zu verleihen, denn auch die besten Freunde sind nicht immer ganz aufrichtig, wenn es um ihre sexuellen Vorlieben geht.

Veränderungen des Neigungs-
winkels von Hutablagen
sind keine Hausmädchenarbeit

«Rei in der Tube!» Diese traditionsreiche Waschpaste darf auf
keinen Fall vergessen, wessen Weg in die Fremde führt. Denn
einerseits will man sich nicht mit tonnenweise Dessous durch
Wüsten und Tropen schleppen, andererseits möchte man
doch reinlich und apart wirken unter Palmen und Hibiscus.
Man möchte ad majorem gloriam Germanorum auf dem Ka-
mel sitzen. Das ist lateinisch und bedeutet, daß man sich auf
Kamelen Platz nimmt, um den Ruhm des deutschen Volkes
fortzuspinnen. Man will ein perfekter Botschafter des deutschen Vaterlandes sein, und das kann nur jemand, der weiß,
daß «Rei» für Reinlichkeit auf Reisen steht. Die Einheimischen möchten recht bitteschön sagen: «Das da – das da ist
Exportexperte Josef Thalbach nebst gepflegter Gattin, Magda. Magda! In ihrer knappen Freizeit schwärmt die international gefeierte Waldhornistin für Albert Schweitzer. Wie
absolut bewundernswert diese baumwollglatten, kerzengera-
den Menschen sind. In weißer Sportbekleidung gehen sie
durch unser schmutziges Land. Sportlich, doch korrekt.»
Ungefähr solches also sollen die unverfälschten Menschen
von woanders, die immer einen wunderbaren Rest von Kind-
lichkeit im Ranzen ihres Herzens gut verwahren, vom Besucher hoch zu Ross und hoch von Wesen denken.

Bevor man ihnen allerdings Gelegenheit gibt, dergleichen
zu tun, müssen einige Dinge durchkalkuliert werden. Die
grundsätzliche Frage: Soll man in Begleitung oder allein ver-

reisen? Die Tage lassen sich allein ohne Zweifel besser bewältigen. Begleitungen sind wie Lügen, sie haben kurze Beine und rufen immer: «Renn doch nicht so!» In Museen brauchen sie ewig. Sie gucken sich sogar die Steinzeitpötte an, für die leider in jedem Regionalmuseum ein Zimmer verschwendet wird. Vor den ebenfalls ubiquitären verrußten alten Bürgermeisterporträts, die man nun wirklich endlich wegschmeißen könnte, bleiben sie stehen und sagen: «Guck mal, der sieht aus wie Volker Rühe.»

Doch die Abende! Abends ist alleine nicht gut munkeln in einer unbekannten Gegend. Melancholie kommt angaloppiert. Mit einem Souvenirsombrero sitzt man in einer vollkommen leeren Bar, weil man sich in die mit Lachen und Musik erfüllten Lokale nicht reingetraut hat so einzeln, und wenn jetzt nicht jemand da ist, der einem sagt: «Trink doch nicht so viel, Lars-Udo!», dann ist man tagsüber nicht empfänglich für die kulturellen Juwelen der Region. Selbst der buckelige, hinkende, einäugige, schlecht bezahlte Kellner hat Mitleid mit der stattlichen Erscheinung aus der respektablen Industrienation, und er denkt: «So reich und doch so arm!», was ja wohl nicht auszuhalten ist.

Begleitung ist somit anzuempfehlen. Wer launisch ist und dazu neigt, seine Reisegefährten anzugrölen, der sollte die Tage getrennt von ihnen verbringen und sich abends was erzählen. Auf die ewig pikante Frage, ob auch Damen zur Begleitung geeignet sind, möchte ich keine Antworten von Gesetzeskraft geben, denn das soll bitteschön jeder selber wissen. Es kommt hier auf persönliche Neigung und Unterwerfungsbereitschaft an, da will ich niemanden dreinreden. Eines muß aber in die Diskussion geworfen werden: Damen haben oft sehr viel Damengerümpel dabei. Und wenn eine Dame sagt: «Ächz, von dem Riemen meiner Reisetasche ha-

be ich schon eine richtig fiese Hornhaut auf der Schulter!»,
dann sagt sie das nicht, um den Herrn durch das süße Rinn-
sal ihrer Stimme zu erfreuen, sondern verbindet damit finstere Strategien. Doch lasse man sich nicht versklaven. Man
schenke der Dame lieber eine Hornhautraspel.

Übrigens sind auch Herren, was ihre Qualifikation als
Reisebegleiter angeht, nicht gerade Knüller.

Am besten, man reist mit einer geschlechtsneutralen elek-
tronischen Gouvernante. Womit wir wohl bei dem Thema
sind, das den Menschen heute am meisten unter den Nägeln
brennen dürfte: *Wo bekommt man eigentlich noch gutes
Personal?*

Ich hatte in dieser Hinsicht nur Pech. Malwine hat mich
beschummelt. Ich mußte mich von ihr trennen. Selma hat
mich behumst. In ihr Zeugnis schrieb ich: «Selma ist unrein-
lich und hat mich behumst.» Mit dem Eintrag kann die sehen, wo sie noch unterkommt. Dann erschien Grete, eine
derbe Niederländerin mit Rasta-Frisur. «Rasta-Frisuren
mag ich bei meinen Hausdienerinnen aber nicht so gern»,
sprach ich und sagte dem Mädchen, es möchte sich bitte von
Iwan, meinem faulen Gärtner, eine Heckenschere reichen
lassen. Das Mädchen schmollte zwar etwas, fügte sich aber
schließlich in sein Schicksal. Am Abend dann habe ich ihr
eine Tafel Schokolade geschenkt. Gute «Sprengel»-Schoko-
lade! Ich weiß leider nicht mehr, ob es Vollmilch-Krokant
oder Vollmilch-Nuss war; wenn ich mich erinnerte, würde
ich es sagen, aber ich bin eine ehrliche Haut und gebe offen
zu, daß ich es nicht mehr weiß.

Um so lebhafter gegenwärtig ist mir das glückliche Licht
innerlichsten Dankes in den Schweinsäuglein der grobholzi-
gen Schwester Frau Antjes. Wohl wegen dieser hochwerti-
gen Tafel Schokolade entwickelte sich Grete, die in ihrem

Heimatland wenig mehr getan haben dürfte, als, behascht und von einem Rudel junger Hunde mit roten Halstüchern umsprungen, Disco-Fox zu tanzen, zu einer fleißigen Arbeiterin. Fast jeden Monat legte ich ihr deshalb einen wunderbar schimmernden Groschen unter ihr Kopfkissen, direkt aus der Prägeanstalt, also «polierte Platte», wie die Münzsammler sagen.

An Auseinandersetzungen gab es nur ganz kleine. Eines Tages z. B. hörte ich aus der Küche seltsame Brumm- und Schleckgeräusche, und wie ich hineinging, entdeckte ich Grete, die in einem Bärenkostüm auf einem Stuhl stand und den Honigtopf auslöffelte, den ich extra auf den hohen Küchenschrank gestellt hatte, damit das Personal nicht in Versuchung kommt. Ich sah das Mädchen böse an und rief: «DIRNE!» Grete entgegnete: Okay, ein seine Kompetenzen überschreitendes Schleckermaul sei sie schon, aber doch keine DIRNE. Ich erwiderte: Nein, eine DIRNE sei sie natürlich «nicht wirklich», und erklärte weiter, daß ich immer gerne in moralischen Zeiten oder Gegenden spielende Filme gesehen hätte, in denen unbotmäßig liebende Frauen mit der Engstirnigkeit ihrer Umgebung in Konflikt gerieten, worauf ihnen dann von hartherzigen Nachbarinnen oder so mit voller Wucht das Wort DIRNE ins Gesicht gezischelt wurde, und einmal im Leben wolle ich das halt auch mal machen, und man könne ja nicht mit allem im Leben warten, bis sich eine passende Gelegenheit ergebe, liebe Grete, nimm es mir nicht krumm. Grete lächelte und sagte: Bei ihr liege die Sache ganz ähnlich. Sie habe sich immer so gern die Kindercomics angesehen, in denen der Bärenvater den Honigtopf vor seinen Kindern versteckte, die sich natürlich in nächtlichen Kletteraktionen trotzdem über dessen Inhalt hergemacht hätten, und sie habe diese Situation daher unbedingt einmal selbst durchleben wollen. Sie habe sich sogar ein wenig gefreut, als ich reingekommen sei und sie mit DIRNE! tituliert habe, noch mehr hätt es ihr freilich gefallen, wenn ich ihr mit der gleichen Leidenschaft das Wort HONIGDIEBIN entgegengeschleudert hätte. Wir lachten und gingen in unsere Betten.

Dann aber folgte die schlimme Geschichte mit der Hutablage. Schon seit Jahren war ich, um es pietätvoll auszudrücken, «not amused» über den wenig eleganten Neigungswinkel meiner Hutablage. Ich sehe ein, daß eine Hutablage ein wenig nach oben weisen muß, damit nicht bei jeder klitzekleinen seismischen Irritation die Mützen durch die Räume segeln. Aber so sehr rumpeln wie in der Eisenbahn, wo die Gepäckablagen berechtigterweise sehr extreme Neigungen haben, tut es doch in einer mitteleuropäischen Wohnung selten. Ich klingelte nach der durch mich dem Fleiß zugeführten Holländerin: Sie möchte doch, bitteschön, die Hutablage abschrauben und «irgendwie anders» wieder anschrauben. Da rief sie «Neigungswinkelveränderungen von Hutablagen sind keine Hausmädchenarbeit» und drohte mit der Gewerkschaft.

«Eine Gewerkschaftliche hat in meinem Haus keine Zukunft!» rief ich zurück und schrieb Grete mit rabenschwarzer Tinte ein todesurteilähnliches Entlassungszeugnis. Nun sitze ich alt, verbittert und allein in meiner Villa, habe eine unzulängliche Hutablage und niemanden zum Schikanieren. Schön ist das nicht, und daher dürfte es auch niemanden wundern, daß ich mich an dieser Stelle ganz schnell, unter Nutzung von Tricks, die nur in der sympathischen Mogelwelt der Dichtung möglich sind, in jemanden zurückverwandele, der noch nicht ganz so alt ist und nicht ganz so verbittert, der keine Villa bewohnt, noch nicht mal eine

Hutablage besitzt, in jemanden also, der die Zeit für gekommen hält, die eingangs vorgenommene Erörterung des Für und Wider von Reisebegleitungen zu einem leider etwas körperbetonten, aber schlüssigen Ende zu führen.

Es geht dabei um die Frage der Körperentleerung bei gleichzeitig notwendigem Gepäcktransport. Bilden wir uns spaßeshalber ein, wir befänden uns in einer indischen Snackbar mit Klo. Wir müßten Zeit rumkriegen, denn der Bus zur nächsten Destination führe erst später, und hätten all unser Gelumpe dabei, dicke Säcke mit gottseidank oder auch bedauerlicherweise beweglichen Gütern sowie zwanzig Gardinenstangen. Daheim hat man uns eingeschärft: «Bring uns bitte, bitte Gardinenstangen mit! Die sind in Indien wahnsin-nig billig.» Nun sind wir also in der Snackbar und umgeben von Menschen, denen man natürlich nichts unterstellen will, aber na ja … Zwar könnte man die Düsternis ihrer Mienen als tiefsitzende Nachdenklichkeit deuten, aber hm … Und dann verspürt einer von uns einen Drang zur Toilette, und auf diese Weise tritt endlich ein Hauptvorteil des zweisamen Reisens zutage: Zieht sich der eine unbeschwert zurück, kann der andere im Gastraum sitzenbleiben und das Hab und Gut im Auge behalten. Wenn man hingegen allein unterwegs ist, muß man die monströse Bagage mitsamt der Gardinenstangen mit zur Toilette nehmen, was weder apart ist noch den Ruhm des Vaterlandes mehrt, und dann muß man, während man über einem morgenländischen Loch hockt, auch noch die Gardinenstangen festhalten, damit sie einem nicht von einem wendigen Kletterer aus der Nachbarkabine gestohlen werden, weil Gardinenstangen ja ganz schön lang sein und daher, für den Entleerungsnachbarn sichtbar, oben aus der Kabine herausragen können, und was macht Gelegenheit? Diebe macht Gelegenheit!

Besser also ist es, man hat jemanden, der aufs Gepäck aufpaßt. Schon allein deswegen sollte man Reisegefährten mindestens so gut behandeln wie Personal. Zur Not kann man ihnen auch einen Groschen unters Kopfkissen legen.

Die Dolmetscherin und
das Double

In der U-Bahn zwischen Wittenbergplatz und Nollendorf-
platz, also dort, wo es immer so quietscht, sah ich einmal einen verwirrten Mann in verwahrloster, aber ehemals elegan-
ter Kleidung sitzen. Bei jedem Quietschen hielt er sich die
Ohren zu, wobei sein Gesicht sich vor Schmerz verzerrte.
Gleichzeitig drückte er mit Hilfe der Oberarme eine Plastiktüte mit Schallplatten fest an seinen Leib. Er schien zu befürchten, daß jemand sein Ohrenzuhalten dazu benutzen
könnte, ihm die Tüte wegzunehmen. Dieser Mann gab mir
Gelegenheit, mir einzubilden, er erzählte mir eine Geschichte, die ich hier folgend überliefere:

Meine Mutter war Gott sei Dank eine Frau, bei der Geld
keine Rolle spielte. Jeden Morgen brach sie zu einem ausge-
dehnten Einkaufsbummel auf. Erst nach Ladenschluß kam
sie zurück, beladen mit Päckchen und Tüten, deren Inhalt
sie mit begeisterten Erläuterungen vor mir auf dem Eiben-
holztisch auszubreiten pflegte. Kleider kaufte sie besonders
gern, aber auch Fayencen, kostbare Gabeln und kleine Jade-
figuren (unser Haus ist glücklicherweise geräumig). So ging
es viele Jahre, und ich liebte die großstädtische Art meiner
Mutter ohne jede Einschränkung. Die Einkaufseigenartig-
keiten sah ich ihr nur allzugern nach. Wenn Frauen in ein
Alter kommen, in dem sie – natürlich zu Unrecht – häufig
meinen, daß ihre Fraulichkeit verblasse oder keinem rechten
Zweck mehr diene, beginnen sie halt – gerade in unseren
Kreisen – gewisse Schrulligkeiten zu entwickeln, mit denen
man indes leben kann.

Vor etwa einem Jahr aber trat etwas ein, was alles uns beide Betreffende grundlegend veränderte. Meine Mutter war gleich nach dem Frühstück munter wie üblich aufgebrochen, wobei sie von einem roten Paillettenkleid schwärmte, das sie sich dringend besorgen müsse. Doch kaum zwei Stunden waren vergangen, als sie zurückkam, ohne Pakete, und sich weinend in einen Sessel warf. Was war geschehen? Erst nach längerem Zureden fing sie stockend zu berichten an. Sie sei in diesem Modehaus gewesen, und dort habe sie eine blutjunge Verkäuferin so komisch angesehen, als ob sie habe sagen wollen: «Was will die alte Schachtel mit unseren schönen Kleidern?» Bei den Worten «alte Schachtel» rollte Mutter so sehr mit den Augen, daß man nur noch Weißes sah. Ihrem weiteren Stammeln war zu entnehmen, daß nach dem roten Paillettenkleid zu fragen sie sich nicht mehr getraut und den Laden wortlos verlassen hatte.

Ich versuchte sie zu trösten, indem ich ihr versprach, am nächsten Tag das besagte Kleid gemeinsam mit ihr zu kaufen. Mutter beruhigte sich daraufhin und griff sich einen Utta-Danella-Roman, in dem sie bis zum Abend las.

Am folgenden Vormittag fuhren wir wie vereinbart zu dem Modegeschäft. Mutter zeigte mir das Kleid im Schaufenster, doch als wir durch die Tür gehen wollten, hielt sie inne und bat mich, allein hineinzugehen: «Kauf du es für mich. Du kennst meine Größe. Ich kann da einfach nicht mehr rein. Diese Verkäuferin ist teuflisch.»

Um Diskussionen zu vermeiden, tat ich wie gebeten und kaufte das rote Paillettenkleid. Die Verkäuferin allerdings hatte wirklich etwas Gemeines im Blick, doch vermutlich nur, weil es ihr schräg vorkam, daß ein Mann ein Abendkleid für seine Mutter kauft.

Anschließend wollte Mutter noch einen passenden Hut,

aber vor dem Putzmacherladen spielte sich wieder das gleiche ab. Sie griff nach meiner Hand und sagte: «Kauf du den Hut. Ich habe so Angst vor dem Verkäufer. Der verachtet mich.»

«Du bist doch Stammkundin da!» rief ich, worauf sie zu schluchzen begann und mich anflehte, ihr nun bitte den Hut zu kaufen.

Von da an hat meine Mutter kein Geschäft mehr betreten. Statt dessen lag sie im Bett, aß kaum etwas, wollte niemanden sehen und vernachlässigte ihr Äußeres. Die Ärzte, die sie widerstrebend empfing, fanden nichts. Immer hieß es lediglich, daß Frauen, wenn sie älter werden, gerade in unseren Kreisen und so weiter und so fort.

Ich konnte es nicht mehr hören. Etwas mußte geschehen. Einen auch nur von ferne berechtigten Grund zu der Hoffnung, meine Mutter würde von ihrer Verkäuferphobie noch einmal genesen, sah ich leider nicht. Aber könnte es ihr nicht schon helfen, wenn jemand anders tagsüber einkaufen ginge und sie abends wie gewohnt Taschen und Tüten ausleeren könnte?

Jawohl, das hatte etwas. Am passendsten schien mir eine Art Double, eine Frau, die genau wie meine Mutter aussähe. Dann würden auch diese Anrufe von all den Geschäftsleuten aufhören, die sich um das Wohlbefinden ihrer besten, nun schon so lange nicht erschienenen Kundin sorgten. Als ich Mutter diesen Vorschlag machte, war sie eigenartigerweise begeistert. Sie wußte sogar die Adresse einer Double- und Stuntman-Vermittlung.

Erstaunlich schnell war das Double gefunden. Die schmalen Lippen, die listigen Augen, die fein geäderten Wangen: alles genau wie bei Mutter. Allerdings handelte es sich bei der Frau um eine Ausländerin, die kein Wort Deutsch sprach, und Mutter ihrerseits hatte zum Fremdsprachenlernen nie große Neigung gehabt. Also mußte auch noch eine Dolmetscherin her. Beide Frauen schloß Mutter sofort in ihr Herz. Jeden Morgen beim Frühstück wurden sie von ihr instruiert, was sie zu besorgen hätten. Abends trugen Double und Dolmetscherin die gewünschten Waren ins Haus, und Mutter war zufrieden.

Damit die Verkäufer sich nicht wunderten, daß meine Mutter plötzlich kein Deutsch mehr sprach, hatten wir uns einen Trick ausgedacht. Wir banden dem Double Mull um den Mund, und die Dolmetscherin erklärte dem Ladenpersonal, daß Mutter sich einer komplizierten Kieferoperation habe unterziehen müssen und eine Weile nicht sprechen dürfe.

Mutter schien froher denn je. Abends saßen die drei bei Zigarillos und Mandellikör zusammen und spielten bis Mitternacht Whist. Ich ließ die Frauen gewähren, obwohl mir insgeheim die Dolmetscherin zuwider war. Ihre metallische Stimme durchschepperte das ganze Haus, und ihre kalten Augen schienen mir die einer Intrigantin zu sein. Auch rauchte sie stark. Nachts schloß sie sich in ihr Zimmer ein und hörte bis in die frühen Morgenstunden Schallplatten mit bizarrer zeitgenössischer E-Musik.

Eines Abends dann war mir besonders unangenehm zumute. Ich sah meine Mutter, das Double und die Dolmetscherin alle nebeneinander in roten Paillettenkleidern die breite Treppe zum Eßzimmer herunterschreiten, und etwas Frostiges durchrieselte mich. Beim Essen wurde wenig gesprochen. Die Dolmetscherin schaute mir scharf ins Gesicht. Plötzlich erhob sie sich und sagte laut und langsam: «Wißt ihr, wer ich wirklich bin?»

«Das darfst du nicht sagen! Noch nicht!» schrie daraufhin das Double in einwandfreiem Deutsch.

«Sie sprechen Deutsch?» rief meine Mutter, sprang auf und stellte sich schutzsuchend hinter mich.

«Natürlich. Wir sprechen alle Sprachen. Wißt ihr noch immer nicht, wer wir sind?» tönte es wie von einem Tonband aus dem Rachen der Dolmetscherin. Dann nahm das Double ein Bratenmesser und rammte es sich in die Brust. Hinter mir hörte ich den Leib meiner Mutter dumpf auf dem Boden aufschlagen. Sie hatte wohl einen Herzanfall, doch ich konnte nicht anders, als weiterhin die monumentenhaft dastehende Dolmetscherin zu fixieren, die jetzt ihr Kleid aufknöpfte. Aus ihren Brustwarzen rann schwarzes Blut. Sie knöpfte sich wieder zu, klatschte in die Hände, was wie Donner klang, und aus der Küche kam eine junge Frau geeilt. Es war jene junge Verkäuferin, die meiner Mutter damals so Angst eingeflößt hatte. Die beiden Frauen gaben sich Zeichen und verließen gemeinsam das Haus.

Ich hörte einen Motor starten und einen Wagen sich entfernen. Ohne bestimmte Gedanken stand ich festgebannt im Zimmer, und ich weiß nicht, nach wie langer Zeit ich endlich bemerkte, daß die Leiche des Doubles verschwunden war. Nur die meiner Mutter war noch vorhanden. Ich trug sie in ihr Schlafzimmer, und wie sie nun rücklings dalag, drang dort, wo ihre Brust ist, schwarzes Blut durch die roten Pailletten. Ich rannte ins Zimmer der Dolmetscherin. Sie hatte nichts zurückgelassen außer zwei Schallplatten mit besagter merkwürdiger Musik. Die tat ich in einen Beutel und beeilte mich, das Haus zu verlassen. Ich bin nie wieder dort gewesen. Ich würde Ihnen diese Platten gern einmal vorspielen.

Mein Gott, was für eine Geschichte! In welcher Beziehung mochte wohl die Dolmetscherin zu der Verkäuferin stehen? Und wo war die Leiche des Doubles geblieben?

Und warum hatte die Mutter des Mannes ausgerechnet die Adresse von einer Double-Agentur so überraschend schnell zur Hand?

Der Mann hat es mir nicht erzählt. Der Mann hat mir ja nichts erzählt. Doch die Art, wie er seine Schallplatten festhielt, machte mir klar, daß seine wahre Geschichte um ein Hundertfaches schlimmer sein mußte als die, die ich mir ausgedacht hatte. Möckernbrücke ist er ausgestiegen. Gott sei Dank hat er mir nichts erzählt. Ich hätte es nicht ertragen.

Die Mittwochsmemmen oder:
Warum tragen Ausländer
immer weiße Socken?

Gestern hatte ich Anlaß, an der Theke des Berliner Kinos Delphi-Palast Tadel auszuteilen. Ich hatte um ein Bier gebeten, worauf eine Studentin sich anschickte, den Inhalt einer Flasche «Beck's» in einen Plastikbecher zu füllen. Ich verbat mir den Becher; der sei ja wohl nicht nötig, sprach ich. Die Studentin entgegnete: «Ohne Becher kannst du nicht in den Film.» Sie duzte mich, weil ich meine verteufelt fesche Schottenmusterjoppe und meine 139-DM-Jeans trug, die mir den Elan eines wohngemeinschaftlichen Matratzenspundes verleihen, doch der Matratzenmann wirft sich nicht auf seine Matratze und vergeigt den Tag, sondern steht aufrecht im Delphi-Foyer und macht sich so seine Gedanken. Denkt denn der Kinobesitzer im Ernst, daß Leute, die in Ingeborg-Bachmann-Verfilmungen gehen, so wenig Kinderstube haben, daß sie ihrem Vordermann Bierflaschen auf dem Schädel zertrümmern, oder meint er gar, daß man besseren Zugang zu einem hermetischen deutschen Kunstfilm fände, wenn rings um einen Hunderte von Menschen mit Plastikbechern herumknistern? Und wie sie knisterten! Hinter mir saß ein Pärchen in Lederbekleidung – Pärchen nennt man ein Paar dann, wenn es sich um bescheuerte Leute handelt, und daß sie Leder trugen, hörte ich: Es knatschte und quietschte –, und dieses Lederpärchen brachte es fertig, zwei Stunden lang nicht nur in den Rollen von Berlins heimlichen Knatsch-, Quietsch- und Knisterkönigen zu er-

schüttern, sondern sich auch während der ganzen Zeit gegenseitig vorzujammern, wie langweilig der Film sei und ob
denn wohl mal endlich was passieren würde. Rechts von mir
befand sich ein weiteres Pärchen, das sich darüber stritt, in
welche Kneipe es nach dem lautstark herbeigesehnten Ende
des Filmes gehen solle. Links von mir saß meine Begleiterin,
die mich alleweil anpuffte und zischte, was es für eine Unverschämtheit sei, so zu knistern und zu reden im Kino.

Die Frage ist: Wie kommen all diese vielen Hundert Menschen, die normalerweise nur in Filme gehen, in denen alle
fünf Minuten ein Auto explodiert, dazu, sich Werner Schroe-
ters Verfilmung von Ingeborg Bachmanns ‹Malina› anzusehen, einen Film, der in einer Tradition steht, die von den
Unterhaltungshysterikern der achtziger Jahre als «typisch
deutsch», bleiern und bierernst, verunglimpft und somit fol-
gefalsch abgelehnt worden ist? Eine andere Frage ist: Warum tragen Ausländer immer weiße Socken? Auf diese Frage
weiß ich leider keine Antwort, aber die Antwort auf die erste Frage lautet: Es war Mittwoch. Mittwoch = Kinotag.
Eintritt auf allen Plätzen 6 DM. Nun darf man aber nicht
denken, daß da lauter «Arme» saßen, zerlumpte Stütze-
Empfänger, die in zugefrorenen Außentoiletten mit kaput-
ten Schwarzweißfernsehern vegetieren, sondern ganz normale Leute unterschiedlichster Provenienz, die nur eines
gemeinsam haben: ihren unvorstellbaren Geiz. Wir sollten
uns angewöhnen, diese Menschen als Kulturschnorrer zu
bezeichnen. Man kennt sie gut: grauhaarige Gestalten, die in
vor zehn Jahren gekauften Jeans an Theaterkassen mit ihren
vergilbten Studentenausweisen wedeln und um Ermäßigun-
gen feilschen, Leute, die Kopien von aus fragwürdigen
Quellen bezogenen Presseausweisen an Plattenfirmen schik-
ken, um Freiexemplare zu bekommen, welche sie dann,

nachdem sie die Musik auf Kassetten überspielt haben, auf dem Flohmarkt verkaufen, solide finanzierte Menschen, die, auch wenn sie reges Interesse an einem Buch haben, mit dessen Kauf warten, bis die Taschenbuchausgabe erscheint. Das sind die Menschen, die den Verkehrsinfarkt in unseren Städten verursachen und das Gedränge auf dem Bürgersteig. Denn ehe einer von diesen Typen sich einen Haartrockner zulegt, rennt er durch 25 Geschäfte, um die Preise zu vergleichen, damit er ja keine Mark zuviel ausgibt, so dicke hat er's ja nun wieder auch nicht, schließlich muß er viermal im Jahr in Urlaub fahren. Wir sollten sie verteufeln, die ewigen Subventionserschleicher und Gästelisten-Schlaffis, die, kaum, daß ihre Miete mal um zehn Mark steigt, die Hände über dem Kopf zusammenschlagen und stöhnen: «Herrje! Die Mietenexplosion!», um dann sofort Mitglied im Mieterschutzbund zu werden und sich einmal monatlich beraten zu lassen von einem knochigen alternativen Paragraphenreiter, der nur Bücher wie ‹1000 ganz legale Steuertricks› liest und einen billigen Synthetic-Pullover aus dem Schlußverkauf trägt, der fürchterlich knistert, wenn er ihn über den Kopf zieht, und dessen Besitzer dann Mittwoch abends im Kino hockt, mit seinem Becher knistert und herummault, daß keine Autos explodieren, bloß immer nur die Mieten.

Nie wieder soll mir das bedauerliche Versehen passieren, an einem Mittwoch ins Kino zu gehen. Lieber einen Donnerstag wählen. Ja, Donnerstag, das ist der vornehmste Tag der Woche. Donnerstag hat die Würde der leicht überschrittenen Mitte, ähnlich wie der September, der König der Monate, oder der frühe Nachmittag, die feinste Tageszeit. Menschen mit gutem Herzensvermögen werden anerkennen, daß es wohl das beste ist, was man tun kann, an einem Donnerstagnachmittag im September einen nicht mehr ganz jungen Menschen, einen Zweiundvierzigjährigen vielleicht, möglicherweise eine Art Thronfolger oder eine Malerfürstin, zu lieben, sich so hinzuschenken im goldenen Licht. Anschließend wird man evtl. in einem Vollwertlokal etwas vertilgen wollen, später noch ins Kino gehen, wo ein ernster europäischer Film lockt. Man wird dem Kassenfräulein ohne viel Aufhebens oder Geknister seine Scheine hinschieben, mit einem souveränen Blick, der sagt: «Wir sind Vollwertleute und zahlen volle Preise, und wäre es nicht schön, wenn es nur September gäbe und nur Europa und nur Donnerstage? Und warum tragen Ausländer immer weiße Socken?» Doch das weiß das Kassenfräulein auch nicht.

Nach dem Kino wollen wir noch ein wenig zechen und plaudern, und zwar ruhig in einem Lokal, wo das Bier fünf Mark kostet und die Mittwochsmemmen verärgert vorbeischleichen. Dort lassen wir routiniert, aber nicht versnobt die Scheinchen über die Theke segeln und zahlen selbstverständlich niemals getrennt. Getrennt zahlen ist unurban. Getrennt zahlen die Mittwochsmemmen und lassen sich an der Bratwurstbude eine Quittung geben, die sie per Einschreiben an ihren Steuerberater schicken. Nun wollen wir aber hören, was der Thronfolger und ich, ziemlich vornehm an den Tresen gelehnt, über den gesehenen Film zu sagen haben.

DER THRONFOLGER: Der Film war nicht nur vortrefflich, sondern sogar lustig. Wie z. B. Matthieu Carrière und Isabelle Huppert in ihrer brennenden Wohnung stehen, und er sagt: Wir sollten jetzt aber endlich mal aufräumen hier.

ICH: Ja, es hat sehr hübsch gebrannt, und wie es schien, tagelang, ohne Schaden anzurichten. Besonders ganz am

Ende, wo das Sofa brennt, macht es den Eindruck, als habe ein herzensgutes kleines Feuerchen es sich nach einem anstrengenden Arbeitstag auf dem Sofa ein wenig bequem gemacht und warte nun darauf, daß seine Ehefrau ihm die Fernbedienung für den Fernsehapparat reicht.

THRONI: Ja, es hat so fein gebrannt, daß man sogar Matthieu Carrière ertragen konnte, gegen dessen Blasiertheit ja sogar die von Klaus Maria Brandauer verblassen würde. All diese eitle Präzision des Blicks, diese grauenvolle Hyperpräsenz und -prägnanz. Aber wir sollten aufhören zu klagen, lieber noch ein paar Scheine segeln lassen oder vornehm verduften in den fabelhaften Dauerdonnerstag eines idealen Europa.

Vorhang fällt. Applaus. Die feinfühligen Mitteleuropäer, dargestellt von Throni und mir, gehen auf die Bühne. Applaus. Tulpen. Dann kommen 500 Statisten in der Rolle der «Mittwochsmemmen». Unglaubliches Gepolter, wenn die alle auf einmal die Bühne betreten. Enthusiastischer Applaus, obwohl hier wohl eher die Ausstatterin gemeint sein dürfte, die es fertigbrachte, 500 originalgetreue 39-DM-90-Jeans aufzutreiben, Pailletten-T-Shirts und senffarbene Jakken mit Klettverschlüssen. Schließlich geht Hassan, ein junger Palästinenser, der eine stumme Rolle hatte, den «Ausländer in weißen Socken» nämlich, vorn an die Rampe, macht applausdämpfende Handbewegungen und sagt: «Ich trag weise Sock, weil sieht gut aus und ist billig.» Tosender Applaus, stehende Ovationen, Blumengebinde, Sprachkurskassetten. Es scheint sicher, daß Hassan einen bleibenden Platz in unserer Mitte gefunden hat.

Leider befindet sich dieses Theater nicht in der Wirklichkeit.

NOT COCOONING

Hyppytyyny huomiseksi
(Ich bin begeistert und verbitte
mir blöde Begründungen)

Chinesen. Finnen. Spanier. Völker gibt es viele. Ist es aber sinnvoll, sie alle in Augenschein zu nehmen? Eine Bekannte, die einige Zeit in China war, berichtete mir im Vertrauen, daß sie während ihrer Reise das erste Mal in ihrem Leben verstanden habe, wie man auf den Gedanken kommen kann, ein anderes Volk zu unterdrücken. Sie sagte dies durchaus bedauernd.

Das exotischste Land, das ich je besuchte, war vor einigen Jahren Tunesien. Es war fast unmöglich, sich die jungen Männer vom Leibe zu halten, die einem, je nach Landesteil, Badeschwämme, angebliche Ausgrabungsfunde, Teppiche oder Geschlechtsverkehr andrehen wollten. Seither habe ich derlei Reisen vermieden, aus lauter Angst, daß mir die Einheimischen zu sehr auf die Nerven gehen könnten. Ich bin zwar nicht stolz darauf, ein Deutscher zu sein, aber doch sehr zufrieden damit, und ich pfeife darauf, in entlegene Weltregionen zu fliegen und die Menschen, die im Gegensatz zu mir dorthin gehören, zu belästigen oder mich von ihnen belästigen zu lassen. Ich habe nicht den Eindruck, daß ich hier kontroverse Denkvorgänge auftische. Das rührselige One-World-Getue der achtziger Jahre ist längst als Heuchelstrategie trendversessener Tanzmusikmanager entlarvt, und wer je Urlaubsheimkehrer Erkenntnisse von der Qualität hat verbreiten hören, daß Spanien recht teuer geworden sei oder daß in Indien noch viel Armut herrsche, wird mit mir übereinstimmen, daß Reisen weit weniger bildet als gehaltvolles Daheimbleiben. Alle modernen Menschen ab 30, die ich kenne, sind der Auffassung, daß Fernreisen prolo, un-öko und gestrig sind. Man reist national oder grenznah. Es gibt zu Hause viel zu entdecken. Die Zeiten, da nur Japaner und Dinkelsbühler wußten, wo Dinkelsbühl liegt, dürften vorbei sein. Man schaut dem Franken in den Topf, der Spreewälderin unter den Rock, sagt «Kuckuck, hier bin ich!» im Bergischen Land; man tauscht Adressen ruhiger Pensionen und macht auch mal dem Schwaben den Reißverschluß auf. Lediglich der Jugend wird man das Privileg einräumen, einmal im Leben via Interrail das europäische Eisenbahnnetz mit Keksen vollzukrümeln. *Dabei* lernt man durchaus etwas. In Ermangelung eines Löffels versuchte ich in Italien einmal, einen Joghurt mit einem Taschenmesser zu essen. Die Abteilsmitinsassen starrten verkrampft auf die Landschaft, um dieses unwürdige Schauspiel nicht mit ansehen zu müssen. Seitdem habe ich auf Bahnreisen immer einen Löffel dabei. Schließlich hat man in der Eisenbahn immer Lust, Joghurt zu essen.

Wenn ich an meine eigene Interrailreise denke (1983, nur vier Länder), fallen mir vor allem die Gespräche mit ausländischen Interrailern ein. Es gab nur zwei Themen: Popgruppen und Sprachen. Unverzichtlicher Bestandteil der Sprachen-Gespräche war stets Finnisch. Darüber wußte jeder was. Daß es fünfzehn Fälle hat und irgendwie mit dem Ungarischen verwandt ist, obwohl man das ja kaum glauben könne. Auch wenn weit und breit kein Finne war, Finnisch war ständiges Top-Thema, und immer war jemand dabei, der auf finnisch bis fünf zählen konnte.

Yksi, kaksi, kolme, neljä, viisi. So geht das. Während meiner Finnlandreise, die ich im letzten Monat trotz meiner generellen Unlust auf weite Reisen unternahm, wurde mein

Wortschatz im wesentlichen um zwei Ausdrücke erweitert, *huomiseksi* und *hyppytyyny*. Das erste Wort erwarb ich im Schaufenster eines Fachgeschäftes für Gärtnerbedarf in Helsinki. In der Auslage befand sich eine grüne Plastikgießkanne und darunter ein Schild mit dem Wort *huomiseksi*. Meine Gedanken darüber, was man als Homosexueller ausgerechnet mit einer Gießkanne anfangen soll, leiteten den Bollerwagen meiner Phantasie auf einen äußerst schlammigen Pfad. Die Achse brach, ich war ratlos. Später klärte mich ein Finne auf, daß huomiseksi nichts mit Sex zu tun habe, sondern *für morgen* bedeute. Das half mir wenig. Was soll ich als Homosexueller denn *morgen* mit einer Gießkanne? Ich lasse mir nicht gerne nachsagen, ich sei nicht immerhin theoretisch mit allen Spielarten der körperlichen Liebe vertraut, aber ich habe gestern keine Gießkanne gebraucht, und morgen brauche ich auch keine.

Verwirrt fuhr ich 900 km nach Norden, nach Sodankylä. Das ist eine längliche Straße voller Supermärkte und Tankstellen, wo die Bewohner von ganz Lappland hinfahren, um zu tanken, zu tanzen und Pizza zu essen. Alljährlich findet dort im Juni das *Midnight Sun Film-Festival* statt, welches sich brüstet, das nördlichste der Welt zu sein. Die Filme sind völlig egal. Die meisten sind uralt und etwa von der Art, wie sie das ZDF am zweiten Weihnachtsfeiertag um 14.45 zeigt. Man zeigte z. B. eine italienische Gaunerkomödie von 1950, im Original mit schwedischen Untertiteln und finnischer Live-Übersetzung. Ich sah auch einen hübschen Kinderfilm über das Auf und Ab in der Karriere eines finnischen Akkordeonspielers. Darin gab es eine gute Szene: Ein Mann sitzt am Klavier und spielt Chopin. Da kommt der Akkordeonspieler zur Tür herein und holt eine Salami aus seinem Koffer. Der Pianist ruft begeistert: «Braunschweig!» und beginnt einen Tango zu spielen. Dazu muß man wissen, daß «Braunschweig» das finnische Wort für eine bestimmte Salamisorte ist und daß ohne Akkordeon in Finnland gar nichts läuft. Das Fernsehen überträgt stundenlange Akkordeonwettbewerbe. Kinder spielen Volkslieder, die alle so klingen wie ‹My bonnie is over the ocean›, und die Erwachsenen pflegen ihre Tango-Tradition.

Sinn des Festivals ist, daß die Menschen um Mitternacht aus dem Kino getaumelt kommen, die Augen zukneifen und feststellen, daß tatsächlich die Sonne scheint. Wenn man aber nicht dort ist, um Photos für einen romantischen Wandkalender zu machen, hält die Faszination nicht lange vor; geduldig reiht man sich in die Schlange vor einer der wenigen Bierschwemmen ein, wo man auf Gedeih und Verderb dem nach dem deutschen Wort «Wachtmeister» *Vahtimestari* genannten Türsteher ausgeliefert ist, der alle fünf Minuten die Türe öffnet und den Wartenden erklärt, daß das Lokal voll sei und es auch keinen Zweck habe zu warten, obwohl jeder durch das Fenster ganz genau sieht, daß es ganz leer ist. Man tut wie der Finne und fügt sich; jeder weiß, daß nach einer Stunde sowieso jeder reindarf. Wenn man dann drin ist, bestellt man so viele Biere, wie man halten kann (0,5 l: 12 DM), und trinkt sie in einem Zuge aus, denn nach einer Stunde wird man wieder herausgeschmissen. Dann tut man wieder wie der Finne und läßt sich in eine Pfütze fallen, um dort einige Stunden zu ruhen. Nur Langweiler fragen nach dem Sinn dieser aus unserer Sicht etwas demütigenden Behandlung. Ein altes Sprichwort sagt: Das Warum tanzt nicht gerne mit dem Weil, anders gesagt: Man möge sich Mysterien genußvoll fügen. Fragen sind oft viel interessanter als die dazugehörigen Antworten. Würde man sich die Mühe machen herumzufragen, warum der Finne Salami *Braunschweig* nennt, fände man sicher jemanden, der einem in gebrochenem Deutsch eine fade Anekdote erzählt. Schon dreimal habe ich gehört oder gelesen, warum die Österreicher zu den Deutschen «Piefke» sagen, aber die Geschichte ist so langweilig, daß ich sie jedesmal sofort wieder vergessen habe. Ich will auch nicht wissen, warum eine stille, enge Gasse in der Altstadt von Brandenburg a. d. Havel *Kommunikation* heißt. Ich bin begeistert und verbitte mir blöde Begründungen. Woher haben die Finnen ihren Tango-Fimmel? Ist doch egal! Warum haben sie so viele Ä-s in ihren Wörtern? Darum! Einmal entdeckte ich sogar ein Wort, das zu 50 Prozent aus Ypsilonen bestand. Es befand sich auf einem Zirkusplakat unter der Abbildung eines Zeltes, welches eine Art Riesenmatratze beinhaltete, auf der Kinder herumhopsten. Das Wort heißt *hyppytyyny,* und ich erlaube mir erstens, dies mit *Hopszelt* zu übersetzen, und zweitens, den Artikel hier zu beenden, damit der Leser umblättern kann, sich das Haar löst, reinrutscht in die Spalte zwischen Frage und Antwort, dort Blumen anbaut.

Nachbemerkung:
Leser Peter aus Hamburg, der dort Finnougristik studiert, schickte mir einen sehr lieben Brief, in dem er mich aufklärte, daß hyppytyyny nicht Hopszelt, sondern *Hüpfkissen* bedeutet. Er konstruierte auch noch das Wort Hüpfkissenbefriedigung, welches auf finnisch *hyppytyynytyydytys* heißt. Ich bin mir nicht sicher, ob ich der Information eines anderen Lesers trauen kann, daß Salami nur im Raum von Sodankylä Braunschweig heiße, weil man dort das sonst übliche Wort, Osnapryck, nicht aussprechen könne.

Ein Flugzeug voller Nashi-Birnen,
ein Jesus voller Amseln

Wer frische Luft und Vogelzwitschern liebt, der kauft gern auf dem Wochenmarkt. Auf einem solchen fühlte ich mich neulich um Jahrzehnte verjüngt. Anlaß bot ein Obsthändler, der sich den nostalgischen Spaß erlaubte, eine Kiwi für eine Mark feilzubieten; beseelt verharrte ich vor dem Preisschild. Es muß etwa 1972 gewesen sein, als ich meine erste Kiwi sah. Sie kostete eine Mark. Eine Mark bedeutete für mich damals fast eine ganze Stunde Zettelaustragen. So zögerte ich mehrere Tage lang, bis ich mir eine kaufte. Ich schloß mich in mein Zimmer ein und erlöffelte mir ein jugendliches Schlüsselerlebnis, das ich sensationeller fand als mein erstes Ziehen an einem Joint, welches sich ungefähr zur gleichen Zeit abspielte.

Heute ist die Kiwi meist das billigste Obst überhaupt. Kürzlich wurden neun Stück für eine Mark angeboten. Verwöhnte Leute empfinden Kiwis geradezu als ordinär; man hält die ewigen grünen Scheibchen oft schon für eine ebenso penetrante Dekorationsbelästigung wie die Tomatenviertel und Salatgurkenscheiben, die in einfachen Wirtshäusern sinnlos am Rand von Tellergerichten liegen. In der ganzen Lebensmittelbranche dürfte kein ähnlicher Fall von so rapidem Prestigeverlust wie bei der Kiwi bekannt sein, und auch ein Kiwi-Nachfolger scheint nicht in Sicht. Die japanische Nashi-Birne jedenfalls hatte Kaiser Wilhelm nicht im Sinn, als er sagte, er führe uns glorreichen Zeiten entgegen. Ihre Zukunft ist trübe. Wer will schon zwei oder drei Mark für eine Birne ausgeben, die sich von den unsrigen nur dadurch unterscheidet, daß sie nicht birnen-, sondern apfelförmig ist?

364

Außerdem: Wenn ich gen Himmel deute und sage, da ist ein Flugzeug, dann möchte ich, daß da Staatsmänner drin sind, die zu Verhandlungen reisen, um die Probleme der Welt zu lösen, und nicht Nashi-Birnen. Seit Jahren liegen die harten Brummer in den Auslagen, doch niemand mag nach ihnen greifen. Auch andere Früchte sind problematisch. Litschis spritzen meterweit, wenn man sie wie ein Profi zwischen den Fingern zerknackt, und vom Essen der Kaki-Frucht kriegt man eine so pelzige Zunge, daß man den Kürschnern in seinem Freundeskreis besser eine Zeitlang aus dem Wege geht. Auch sie sind Triebwesen. «Darf ich deine Zunge streicheln?» rufen sie, doch beim Streicheln übermannt sie der Instinkt ihrer Zunft, und vorbei ist es mit weichen französischen Küssen und harten deutschen Konsonanten.

Recht präsent ist zur Zeit die Cherimoya, von der stets behauptet wird, sie schmecke wie Erdbeeren mit Schlagsahne, obwohl man präziser sagen sollte, sie schmecke wie pürierte unreife Erdbeeren mit Süßstoff und Soja-Schlagcreme und extrem vielen großen Kernen, die man in einen Aschenbecher spucken muß, was jedoch nur ein blasser Genuß ist verglichen mit der heimischen Erdbeere, die zum Glorreichsten zählt, was in den menschlichen Mund gesteckt werden kann und sogar darf.

Eine Sache, die man übrigens sehr, sehr selten sieht im Leben, sind Schwarzweißfotos von Erdbeeren. Man sieht Schwarzweißfotos von Parteivorsitzenden, Verkehrsunfällen und manch anderem, aber nicht von Erdbeeren. Ich habe, glaube ich, noch nie eines gesehen. Bekäme ich welche geschickt, würde ich, sobald genug beisammen sind, die Nationalgalerie mieten und eine große Ausstellung namens «Schwarzweißfotos von Erdbeeren» präsentieren. Ich verspreche das.

Ebenfalls verspreche ich, daß ich nie einen Witz weitererzählen werde, den ich von angetrunkenen Bundeswehrsoldaten aufgeschnappt habe. Allerdings möchte ich dieses Versprechen auf der Stelle brechen. Neulich saß ich in der Eisenbahn und dachte: Eines Tages werden des Erbsenzählens überdrüssige Erbsenzähler kommen und nachzählen, wie oft ich in meinen Texten schon den Satz «Neulich saß ich in der Eisenbahn» verwendet habe. Mal was anderes als Erbsen, werden sie sagen und ein hübsches Sümmchen nennen. Gegenüber von mir saßen in diesem Moment zwei Soldaten der besonders klobigen Sorte und unterhielten einander mit bemerkenswert surrealistischen Witzen. Einer davon war dermaßen nutzlos und schäbig, daß ich über die Schäbigkeit ein klein bißchen lachte, worauf mich die Soldaten argwöhnisch musterten, weil sie ihre Witze in der Absicht erzählten, nur besonders blöde Exemplare vorzutragen, über die allenfalls ausgemachte Idioten lachen können. Der Witz ging so: «Was ist schlimmer als ein Herzschrittmacher? Ein Igel in einer Kondomfabrik.»

Im ‹Spiegel› stand ein Bericht über einen Psychologen, der erforscht, welche Witze man komisch finden darf und welche nicht.

Ein altbekannter Witz der historischen Film-Sexbombe Mae West wurde zitiert. Über den zu lachen, hieß es, sei gestattet, weil das ein «offenes lebendiges Verhältnis zur eigenen Libido signalisiere». Auf keinen Fall aber dürfe man über folgenden, ebenfalls schon sehr alten Witz lachen: «Herr Ober, ich möchte gern Rumkugeln! Antwort: Sicher, aber machen Sie das draußen.» Wer Freude an diesem «Inkongruenz-Lösungswitz» habe, der sei ein konservativer Schwarzweiß-Denker, der Grautöne meide.

Ward je ärgerer Unsinn zu Papier gebracht? Wohl kaum.

Hell aufheulen kann man über den Rumkugelscherz nicht, dazu ist er zu bekannt. Doch er ist von solider Komik, denn: Man stelle sich einmal folgende Geschichte vor. Man sitzt im Zug von Darmstadt nach Frankfurt, und gegenüber sitzen zwei südländische Jungmänner von der Sorte, die einen innerlich fragen läßt: «Nanu, warum haben die denn ihre Kampfterrier nicht dabei? Ob sie vielleicht krank sind? Och, wie schade, die armen Kampfterrier: krank!» Schaffner tritt auf, wünscht Fahrscheine zu sehen. Jungmann eins hat keinen. Schaffner insistiert, Jungmann eins sagt: «Wenn du mich weiter vollsülzt, schneid ich dir die Gurgel durch.» Schaffner schreit, Jungmann schlägt Schaffner zu Boden. Blut. Und man sitzt da und denkt: Dies ist nicht Fernsehen. Vielmehr erlebe ich live, wie mir der Allmächtige einen zwar nicht riesengroßen, doch leider unübersehbaren Prüfstein in die Biographie knallt. Hier ist jetzt wohl Zivilcourage gefragt, hmhm. Ein Messer hat die dumme Sau wohl nicht dabei, also kann ich getrost ein bißchen eingreifen. Aber gildet mein «Ich greife ein»-Button[*] überhaupt, wenn die ausländische Seite den Angreifer und die einheimische das Opfer stellt? Davon war niemals die Rede in den Appellen der Solidaritätsanfeuerer. Mal gucken, vielleicht steht auf der Innenseite des Buttons etwas Kleingedrucktes. Man wühlt in seiner Jackentasche, dort müßte er sein. Aua – jetzt hat man sich an der Button-Nadel gestochen. Noch mehr Blut.

Jungmann eins starrt ungerührt aus dem Fenster, Jungmann zwei und man selber helfen dem Schaffner auf. Man

---

[*] Nach einer aufsehenerregenden Welle ausländerfeindlicher Übergriffe in den Jahren 1992/93 waren für kurze Zeit Anstecknadeln mit diesem Wortlaut in Umlauf, die aber aus naheliegenden Gründen selten sichtbar getragen wurden.

sucht nach einem Taschentuch, um dem Schaffner das Blut von der Nase zu wischen, hat aber nur ein vollkommen vollgerotztes Tempo, das schon am Zerkrümeln ist. «In dieser Situation ist das egal», denkt man und wischt. Der Schaffner richtet sich wieder an Jungmann eins. Weint zwar, schreit aber auch. Da stürzt sich Jungmann eins zum zweiten Mal auf den Bahnmann, Jungmann zwei zerrt am Landsmann, man selber zerrt auch an jemandem, ob am Unhold, dem Schaffner oder Jungmann zwei, weiß man nicht, sie tragen alle weiße Hemden. Da fällt einem ein, daß der rechte Zeigefinger vom Stich des Solidaritätsbuttons noch blutet und man wohl besser an niemandes weißem Hemd zerren sollte – vielleicht bürden einem alle drei die Kosten für die Reinigung auf. Da hält der Zug in einem Kaff – Polizeibeamte verrichten ihre sinnvolle Arbeit. Jungmann zwei kann einem leid tun. Der muß nun zwei kranke Kampfhunde pflegen, weil sein Freund vermutlich im Kittchen sein Mütchen kühlen müssen wird. Hoffentlich werden sie wieder gesund! Wie intensiv hoffe ich das eigentlich? Ziemlich intensiv! Das schwöre ich. Aber nicht so intensiv, wie ich manches andere hoffe. Meine die Genesung der Hunde betreffende Hoffnung spielt sich zum Beispiel auf einem etwas niedrigeren Niveau ab als meine Hoffnung, daß niemals eine mit Nashi-Birnen gefüllte Concorde über Rotenburg an der Wümme abstürzt, denn dann würden ja die ganzen Nashi-Birnen in die Wümme kullern und den Enten einen Schreck einjagen.

Nun steht man gewaltbedingt verspätet in Frankfurt, und der Anschlußzug hat sich längst verdünnisiert. Was tun? Man will in ein Ristorante stolzieren. Vor dem Eingang jedoch wälzt sich ein Mann am Boden. «Was machen Sie denn da?» Der Mann sagt: «Ich wollte Rumkugeln, aber der Ober

368

hat gesagt, ich soll es draußen machen!» Man entgegnet: «Das ist ja komisch! Wie heißen Sie eigentlich?» «Mein Name ist Kurt Funke!» «Das ist ja prima, Herr Funke! Darf ich Sie auf einen Teller Penne mit Funghi einladen?» «Penne mit Funghi? Ich penne aber lieber mit Funki, wissen Sie, so nenne ich meine Frau, denn die heißt ja Frau Funke.» «Ihr Humor ist ja richtig funky, Herr Funke, kommen Sie, wir setzen uns an diesen Tisch und führen ein weiterführendes Männergespräch.»

Man nimmt mit Herrn Funke Platz. Man sagt: «Schaun Sie mal, Herr Funke, es ist so: Im ‹Spiegel› ist dieser dumme Psychologe zu Wort gekommen, der meinte, den Rumkugelwitz dürfe man nicht komisch finden. Er ist offenbar der ganz und gar unwissenschaftlichen Meinung, daß ein Witz seine Komik nur aus seiner Pointe bezieht. Sicher: Der Gleichklang zwischen dem Plural des Substantivs und dem Verb ist keine besonders auserlesene Spitze. Aber das Komische besteht hier doch vielmehr aus der hanebüchenen Konstruktion, die der Autor bemüht, um zu diesem Gleichklang zu gelangen. Niemand bestellt in einem Restaurant Rumkugeln. Rumkugeln kauft man in einer kleinen Tüte, die man mit nach Hause nimmt.»

Herr Funke antwortet darauf natürlich irgendwas, aber das interessiert jetzt nicht mehr. Zugegeben: Meine Erklärung, warum der Rumkugelwitz komisch ist, führte über Darmstadt und Frankfurt, über unerklärliche Umwege also. Doch habe ich stets eine meiner Aufgaben darin gesehen, den verunsichert durch die Straßen huschenden Menschen dadurch zu helfen, daß ich ihnen auf einfache, alltägliche Fragen komplizierte, schwerverständliche Antworten gebe, und eine solche Frage, die sich viele stellen, lautet: «Ist die Deutsche Bundesbahn listig?» Komische

369

Frage. Ob die Bahn listig ist! Worauf die Leute nur immer kommen! Aber bitte, hier ist die schwerverständliche Antwort: Die Bundesbahn ist sehr listig! Ein Blick auf ein Abfahrtsplakat beweist es: Beim IC «Seestern», der um 14.42 von Hannover nach Köln fährt, steht der Zusatz: «Besonders geeignet für Bundeswehr-Familienheimfahrten.» Das wird so gekommen sein: Bei der Bahn gingen zahlreiche Beschwerden von ruhebedürftigen Reisenden ein. Etwa so: «Lieber Bahnchef! Mit dem IC Seestern kann man als normaler Mensch nicht mehr fahren. Ich wollte mich gerade in die herrliche neue Parzival-Übersetzung vertiefen, da kamen Soldaten und machten Soldatenheimfahrtsgeräusche. Durch Bierdosenöffnen im Gang begischteten sie gar mein Buch. Und wenn sie dann betrunken sind, machen sie dadaistische Witzchen über Kondome und Igel in Herzschrittmacherfabriken oder umgekehrt. Ändern Sie das! Ihr Pinkas Maria Prätorius.»

Der Bahnchef dachte: Na ja. «Fahren Sie nicht mit diesem Zug, denn er ist voll mit aufstoßenden Soldaten» können wir unmöglich auf unsere Abfahrtsplakate drucken. Aber «besonders geeignet für Bundeswehr-Familienheimfahrten» – das geht. Gesagt, getan. Die Bahnkunden dankten's ihm und sagten sich: «Den Zug nehmen wir man lieber nicht.»

Ganz ähnlich denken übrigens die Amseln. Wenn sie sehen, wie sich die anderen Vögel zum großen Zug nach Süden in die Thermik werfen, schießt ihnen durch den Kopf: «Nee, den Zug nehmen wir nicht. Wir haben das zigtausend Jahre gemacht. Wir haben keine Lust mehr!»

Kaum ein Tier hat in den letzten zweihundert Jahren sein Leben dermaßen umgekrempelt wie die Amsel. Noch um 1800 verbarg sie sich im Fichtenwald, lugte kaum mal heraus, denn damals hat man auch bei uns Amseln gefangen und gebraten. Möglich ist, daß Goethe pro Woche gut und gerne zwei Dutzend Amseln verdrückte. Jesus Christus als Südländer sowieso: 60, 70 Amseln pro Woche. Könnte gut sein. Den Amseln mißfiel der Speisezettel des Heilands. Mit der Zeit aber stiegen die Menschen auf größere und fettere Vögel um, so daß ein kollektives Aufatmen durch die Amselszene ging; da spionierten die Vögel schon mal ein bißchen an den Stadträndern herum. Dann kamen Industrie und Heizungen, und den Amseln behagte die daraus folgende Erwärmung der Städte. Schrebergärten wurden angelegt. Die Amseln waren außer sich vor Vergnügen über die dort vorgefundene Nahrung. Die erste Stadtbrut einer Amsel, die 1820 in Bamberg über die Bühne ging, war noch eine ornithologische Sensation. 1830 dann Augsburg. 1850 Stuttgart, 1875 Chemnitz. Um 1900 gab es überall Amseln. Nun hokken sie gar im Winter in unseren Städten – die Reise in den Süden ist ganz gestrichen worden, ebenso wie die Bundesbahn die Information «besonders geeignet für Bundeswehr-Familienheimfahrten» recht flugs wieder von ihren Plakaten gestrichen hat. Trotz der freundlichen Ausdruckslist hat sich da irgendwer diskriminiert gefühlt. Verständlich: Gibt es etwa Züge, die für die Heimreise von Wehrpflichtigen ungeeignet wären?

Auch Tote dürfen meine Füße filmen

In Zusammenarbeit mit den internationalen Fluggesellschaften hat die nimmermüde Evolution uns Deutschen in die Erbmasse kalligraphiert, daß wir von Zeit zu Zeit ein Verlangen verspüren, in die USA zu reisen, um dort Jeans zu kaufen und simple Frühstücksfragen von der Art «Wie möchten Sie Ihre Eier?» erst beim zweitenmal zu verstehen. Natürlich gibt es auch welche, die ihren Genen den Gehorsam verweigern und sagen: «Nach New York fahren? Das ist ja wie einen Bestseller lesen. Irgend jemand muß doch auch die Bücher lesen, die sonst keiner liest.» Dieser Einwand leuchtet mir ein, aber sobald zwischen Wohlstand und Zeitplan ein Einvernehmen herrscht, hol ich mir ein Bündel Dollars, stell das Bügeleisen ab und werd zur Ölsardine unter Ölsardinen, die alle nur die eine Frage plagt: «Hab ich das Bügeleisen wirklich abgestellt?»

Immer wenn mir die deutsche Heimat gar zu freudlos und sozialneidverpestet erscheint, überlege ich mir, daß es eigentlich besser wäre, wenn ich in den USA wohnte. Dort könnte ich mir mit Hilfe konzentrierten Charmes eine chic aussehende schwarze Musikstudentin angeln und mit ihr eine Rasselbande genialer Mischlinge zeugen, die die ganze Erde ökodiktaturmäßig unterjochen. Mit der Mutter der Rasselbande würde ich mich in den Keller zurückziehen und hysterische elektronische Musik erzeugen, die kein Mensch hören will.

Da solcherlei Wünsche nichts bringen, beschränke ich mich auf Besuche. Wenn man ein konventionelles Ziel hat, kann man der Reise Würze verleihen, indem man sich mit einer komischen Fluglinie transportieren läßt. Daher wählte ich «Icelandair». Auf dem Flugzeugklo erfuhr ich, daß Rauchen auf der Toilette nach dem isländischen Gesetz mit bis zu sechs Monaten Haft bestraft wird. Damit die Raucher der isländischen Polizei überhaupt übergeben werden können, wird auf einem fünfzig Kilometer von Reykjavik entfernten Flughafen viereinhalb Stunden zwischengelandet. Das ist aber nicht schlimm, denn die isländische Tourismusbehörde stopft alle Transitreisenden in einen Bus, und eine Dame erklärt durchs Mikrophon, daß wir nun alle gemeinsam ein Bad nehmen werden. Herzkranke möchten bitte aufpassen, denn das Wasser sei an einigen Stellen achtzig Grad heiß, der Boden überdies teilweise sehr scharfkantig. All dies trägt sie ganz nonchalant vor, so als sei es die normalste Sache der Welt, bei einer Zwischenlandung auf Regierungskosten zu einer lebensgefährlichen Badeanstalt chauffiert zu werden.

Während man nun durch die vulkanische Ödnis fährt, erzählt die Dame, daß jeder Isländer vierzig Quadratmeter Wohnfläche habe, das sei Weltrekord. Außerdem herrschten in isländischen Wohnungen im Durchschnitt Temperaturen von 25 Grad, das seien fünf Grad mehr als in den anderen skandinavischen Ländern. Bewohner solcher großen, warmen Wunderwohnungen sieht man während der Fahrt nicht. Vermutlich haben die sich alle beim Baden verbrüht oder sind im Gefängnis, weil sie auf dem Klo geraucht haben.

Nach einer halben Stunde ist ein furchteinflößendes Gedampfe erreicht, das ein wenig an eine jener brennenden Ölquellen im Golfkrieg erinnert. Es handelt sich aber um ein Open-air-Thermalbad mit angeschlossenem Kraftwerk. Für 9 DM kann man sich von der isländischen Regierung eine ausgeleierte Badehose, wo alles raushängt, leihen, und dann geht es unsicheren Schritts in das launisch temperierte Gewässer. Zurück im Flughafengebäude, hat man noch ausreichend Zeit, das Sortiment des Duty-free-Shops zu bewundern: Zigaretten gibt's nicht, dafür jedoch Dosen mit Rotkohl, Björk-CDs natürlich, aber auch ein französisches Buch über Mexiko.

Da der Kamerad, den ich in New York besuchte, ein Zimmer bewohnt, das nur ein Achtel der Wohnfläche eines durchschnittlichen Isländers groß ist, hatte ich ihn gebeten, mir ein Hotelzimmer zu buchen. Es darf ein ganz einfaches Zimmer sein, hatte ich gesagt, denn man weiß ja, eine Tomate kostet in Tokio 3 Mark, und ähnlich Schockierendes hört man über New Yorker Hotelzimmer. Das Zimmer *war* einfach. Die Bettwäsche trug den Aufdruck «Community Hospital Anderson, Indiana». Das Hotel war so billig, daß es mehrheitlich von Dauergästen belegt war. Rechts von mir wohnte ein Elektrogitarrist mit einem Kätzchen, der seiner Gitarre nur selten Ruhe gönnte; im linken Nachbarzimmer eine Französin, die jeden Morgen um sechs in Frankreich anrief und danach bis zu einer Stunde lang bitterlich weinte. Durch die von einem Dreigeruch aus Defäkation, Menstruation und Desinfektion erfüllten Gänge schlurften benachthemdete uralte Süd- oder Mittelamerikanerinnen, noch ältere Zahnbürsten in der Hand. Nennt mich einen Narren und gottlosen Troll: Ich jedoch glaube, in den Händen dieser Frauen die ältesten Zahnbürsten der Welt gesehen zu haben. In den Gesichtern der Frauen konnte man erschütternde Geschichten lesen, noch erschütterndere Geschichten allerdings erzählten die Zahnbürsten. In Hotels dieser Art haben sich die Dichter der Beatnik-Generation in manch einem Brocken umwälzender Literatur entladen; ich

375

war in einem echten Rock-'n'-Roll-Hotel, nackte Glühbirnen, Flecken am Kleiderschrank und der ganze Zinnober. Das Klanggebräu aus heulendem Warmwasser, schicksalsschweren Telefongesprächen, Deliriumsgebrabbel und fernen Ambulanz-Sirenen mag vor 35 Jahren einmal Genies entflammt haben. Doch die Zeiten sind matter geworden – wenn mein Gitarristennachbar nicht selber in die Saiten griff, hörte er die Scorpions.

Ich wurde also nicht entflammt. Ich ging weg, um Eier zu essen und dem Ruf des Erbguts zu folgen, sprich: Jeans zu kaufen. Tatsächlich sind in amerikanischen Jeansshops dermaßen viele Deutsche anzutreffen, daß mancherorts deutschsprachige Hinweise kleben: DIE HOSEN NICHT AUSEINANDERFALTEN. WIR HELFEN EUCH. Einmal war ich in einer Umkleidekabine und rief zu meinem Kameraden: «Komm doch mal gucken, ob mir die Hose paßt!» Da erscholl aus allen anderen Kabinen deutsche Muttersprache: «Was? Gucken kommen? Hose paßt? Gucken kommen wo?»

In der Kassenschlange pflegen die Deutschen dann miteinander ins Gespräch zu treten. Was das für eine Unverschämtheit sei, was einem in Deutschland für ein Paar Jeans abgeknöpft werde. Die deutschen Jeans-Gespräche an amerikanischen Kassen, das sind – hängt mich auf, wenn ich lüge – das sind die langweiligsten Gespräche der Welt.

Neben Jeans kaufen und überlegen, wie man seine Eier möchte, ist die Hauptbeschäftigung des Manhattan-Besuchers schier endloses Latschen. An einem Tag bin ich 150 Blöcke bis hart an die Grenzen einer Latsch-Kolik gelatscht. «Block» ist die US-Latschmaßeinheit. Meine Füße sind Wunderwerke der Biologie; sie verbinden Bienenfleiß mit der Belastbarkeit von uruguayanischen Arbeitsameisen.

Heinz Sielmann will einen Dokumentarfilm über meine Füße drehen? Bitte sehr, die Füße haben es verdient. Lebt Heinz Sielmann überhaupt noch? Ich will es stark hoffen! Aber auch Tote dürfen Filme über meine Füße drehen. Man sollte überhaupt mehr Gutes über Füße sagen. Bald wird sich ja wieder mal der Sommer durch unser Land wälzen, und dann wird man wie jedes Jahr viele Menschen sehen, die bereitwillig zeigen, was sie alles für ihren Körper tun. Doch wenn man an ihnen herabblickt, entdeckt man schmutzige, verhornte Füße mit krumpeligen Zehen und eingewachsenen Nägeln. Ein großer, fleischiger Zeigefinger soll nun vor den Gesichtern dieser Menschen auftauchen. Er sollte etwas größer und dicker sein als normal, damit die Leute nicht denken, das ist ja nur ein langweiliger normaler Zeigefinger, er sollte vielmehr etwa so groß wie ein arbeitsbereiter Penis sein, aber nicht so aussehen wie ein Penis, sondern nur so groß wie einer sein, und er sollte mahnend hin und her schwingen und sagen: «Achtet mehr auf eure Füße! In Wahrheit sind es doch eure Füße, die euch abends Zigaretten holen. Sie tragen fette Leute durch Manhattan. Dankt es ihnen, indem ihr jede Woche ein Fußbad nehmt. Es gibt wunderbar grüne, sprudelnde Salze zu kaufen. Und: Vier Füße in einer Schüssel, wer diese Liebesouvertüre nie kennengelernt hat, sinkt unterinformiert ins Grab. Aber nicht vergessen: Zwischen der Ouvertüre und dem Fleischesakt die Nägel schneiden, sonst bohren sie sich wie Kreuzigungsnägel in das Fleisch des nächsten Zehens. Und hinterher das gute Eis-Gel der Firma Efasit anwenden. Eure Füße werden es euch danken, indem sie euch längere und aromatischere Zigaretten holen und noch viel fettere Leute durch Manhattan tragen.»

Wer gut zu seinen Füßen ist, wird manchen Block abschreiten und seinen Blick in Osterglocken baden lassen können. Auf jedes noch so kleine Stück unversiegelten Grundes pflanzt man im Frühjahr gelbe Narzissen. Ich sah ein Schild: «Dr. Martin Luther King Junior Boulevard». Der liebenswürdig beflissene Nichtverzicht auf das «junior» und den Doktortitel sorgte dafür, daß das Straßenschild lang war, zu lang, wie eine jener freundlicherweise aus der Mode gekommenen 100-Millimeter-«Damenzigaretten». Stark belastet vom Gewicht des allzu langen Namens stak der Stahlmast, an dem das Schild befestigt war, schief in seinem kleinen Rasenstück, in welchem, obwohl nur langspielplattengroß, auch zwei Osterglocken selbstbewußte kleine Pracht entfalteten. Ein Bild, das rührte.

Mit dem Aufkommen der Narzissen verschwand etwas anderes. Früher war es Brauch, zusammenzuzucken, wenn man durch eine unbelebte Straße ging und ein männlicher Afro-Amerikaner jüngeren Alters einem entgegenkam. Heute zahlt sich das Zusammenzucken nicht mehr aus. Die Kriminalität ist dezent wegrationalisiert worden. Manch ein armer Narr fühlt sich durch die Parole «Narzissen statt Zusammenzucken» ums rechte Großstadtabenteuer beraubt. Zusammenzuck-Fans laufen zähneknirschend durch New York und kaufen sich Tickets nach Washington oder Berlin.

Viele Amerika-Fahrer sagen nach ihrer Rückkehr, daß es schon schön sei, wie umgänglich die Amerikaner seien, nur mit den Schwarzen komme man irgendwie nicht recht in Kontakt, und die Schwarzen seien ja nun mal das Interessanteste an Amerika, weiß sei man ja selber. So ist es wohl. Wenn man einen weißen Amerikaner um eine Auskunft bittet, wird man gefragt, woher man komme und ob man seinen Aufenthalt genieße. Fragt man einen Schwarzen, fällt die Unterhaltung tendenziell eher knapp aus. In der Zeitschrift ‹Newsweek› steht geschrieben, daß durch den langen

Befreiungskampf der Schwarzen eine alle Bereiche umfassende Selbstsicherheit entstanden sei, die sich zum Beispiel darin äußere, daß drei Viertel aller schwarzen Frauen mit ihrem Körper zufrieden seien, auch die ganz dicken, während der Löwenanteil der weißen mit seinem Körper hadere. Daß Selbstsicherheit gelegentlich in Arroganz und oft in Verachtung derer, die nicht selbstsicher sind, umschlägt, ist bekannt. Man darf sich gern im Schein der fahlen Mondessichel sammeln und mir einen Galgen zimmern, wenn ich irre, aber ich meine, daß die Schwarzen die Weißen verachten. Nicht aus diffusen Rachegefühlen wegen früher begangenen Unrechts, das wäre ja auch zu blöd, sondern ebenso spezifisch, wie in Deutschland lebende Türken die Deutschen verachten, also wegen ihres mangelnden Familiensinns, ihrer zu wenig ausgeprägten kulturellen Identifikation, ihrer Wehleidigkeit und ihrer als Liberalität etikettierten depressiven Toleranz. Weshalb die schwarzen Amerikaner die weißen verachten, weiß ich nicht so genau, aber ich stehe ja auch nicht mit einem Mikrophon vorm Weißen Haus und weiß alles ganz genau. Vielleicht verachten sie die Weißen, weil letztere immer wild am Rumzweifeln sind, sich von allem überfordert fühlen, sich mit ihren Eltern zerstreiten, nicht gut tanzen können, Religion als etwas empfinden, was einengt, dauernd Diäten machen und heimlich neidisch auf die Schwarzen sind. Immerhin habe auch ich einmal beim Betrachten der Übertragung eines Baseballspiels, einer Sportart, bei der es darum geht, daß die Spieler ihre Gesäße möglichst bildschirmfüllend in die Kamera halten, zu meinem Kameraden gesagt, daß ich für ein Jahr oder so, auf jeden Fall vorübergehend, auch gern einen dicken Hintern hätte.

Einmal kamen in New York Tröpfchen vom Himmel. Ich

nahm meinen Museumsplan, um zu schauen, welches Museum das am nächsten gelegene war. Es war das Geburtshaus von Theodore Roosevelt (1858–1919). Lieber gähn als naß, dachte ich und geriet gleich in eine Führung unter der Fuchtel einer alten Schachtel, der es Freude bereitete, mit ihrer Bejahrtheit zu kokettieren. «Setzen Sie sich nicht auf diesen Stuhl», herrschte sie einen Herrn aus Chicago an – natürlich mußte jeder sagen, wo er herkommt –, «denn der ist noch älter als ich.» Zur Einführung erwähnte sie, daß die Roosevelt-Familie aus Holland nach Amerika gekommen war. Da deutete sie mit einem zehn Zentimeter langen, aufgeklebten Fingernagel auf mich und rief: «Sie sind aus Deutschland! Sie wissen sicher, wo Holland ist!» Ich bestätigte ihre kühne Vermutung, worauf sie krähte: «Das hätte mich auch wirklich überrascht, wenn ein deutscher Junge nicht wüßte, wo Holland ist.» Ja, sie nannte mich einen *boy*. Ein Zimmer war mit einer Kordel versperrt. Die Schachtel erklärte den Besuchern, warum: «Der Teppich ist noch älter, als ich es bin. Sogar die Tapeten sind älter als ich.» Vom Erdgeschoß führte eine lange Treppe nach oben. Da hielt sie ihren Gruselfilm-Fingernagel auf mich und den Chicagoer. «Das ist jetzt mehr was für die Jungens», stieß sie hervor. «Sehen Sie dieses schöne, lange Geländer? Würden Sie da nicht gerne einmal herunterrutschen? Ich habe zwei erwachsene Söhne, und eines Tages sagte ich zu ihnen: ‹Söhne, eines Tages, wenn niemand zuschaut, werde ich dieses Geländer herunterrutschen.› Und raten Sie mal, was meine Söhne antworteten. Ich erzähle es Ihnen, denn Sie werden es nicht erraten. Meine Söhne sagten: ‹Mutter, wenn du das tust, dann schießen wir dich tot.›»

Zum Abschluß möchte ich noch die liebenswürdige Geschichte mit dem Kätzchen des Elektrogitarristen erzählen.

380

Wer die Geschichte kennt, wird verstehen, daß es mir eine Herzensangelegenheit ist, sie möglichst vielen Menschen zur Kenntnis zu bringen. Ich lag nämlich im Rock-'n'-Roll-Hotel und las den ‹National Enquirer›, eine Fachpublikation über die Gewichtsschwankungen von Liz Taylor und Oprah Winfrey. Da die Hotelzimmertür älter war, als ich es bin, ging sie manchmal von alleine auf. Ein Kätzchen hatte die Gelegenheit beim Schopfe gepackt und war in mein Zimmer spaziert. Als ich das bemerkte, rief ich: «Ei, fein, das Kätzchen des Elektrogitarristen!» und wollte es streicheln. Doch bevor ich es berühren konnte, war das Kätzchen durch dieselbe Tür verschwunden, durch welche es das Zimmer kaum eine Handvoll Augenblicke zuvor betreten hatte. Man ramme mir einen Dolch in die Gurgel, wenn ich mich irre, aber ich meine, daß dies eine ganz bestrickende kleine Geschichte ist.

Elegante Konversation im
Philharmonic Dining Room

Wir waren vier, wie es ein wohl neidischer Sozialdemokrat
mal ausdrückte, Selbstbeschäftiger, und wir liefen durch Liverpool. Wir hatten von einem Café Mahler erfahren, in
dem es eine *Kindertotenlieder Lounge* geben sollte, und dieses Café suchten wir. Wir wollten in der Kindertotenlieder-
Lounge über Steuern und Warzen sprechen, weil wir dachten, das komme gut. Wir fanden das Café aber nicht.

Immerhin fanden wir die angeblich prunkvollste Kneipe
Britanniens, den Philharmonic Dining Room. So sprachen
wir eben dort über Warzen und Steuern sowie über die Frage, ob es tatsächlich stimme, daß Inder einfach auf die Straße
kacken und Chinesen keinen Käse verdauen können, ob
man eine Putzfrau beschäftigen soll und ob es wahr sei, daß
1996 zum *Jahr lebenslangen Lernens* erklärt worden sei,
und von wem denn bloß? Wie die Themen halt so angetanzt
kommen, wenn man seinen plattgelatschten Füßen bei öligem Dünnbier einen geruhsamen Feierabend verschafft.

O o o, die schlimmen Steuern. Wenn Selbstbeschäftiger
beisammensitzen, wird immer über die Steuern geredet. Früher redeten die Leute über die Probleme von Kaffeepflückern und über alles mögliche. Heute gibt es nur noch
Steuern. Es wird den Selbstbeschäftigern aber auch übel mitgespielt. Man sollte unsereins mehr achten, denn *wer sind
denn die Motoren des Universums? Wir doch schließlich!* Wir
sitzen nicht daheim und warten, bis ein Arbeitgeber kommt
und uns Arbeit gibt. Wir machen uns selber welche. Dies
muß man anmaßend, aber richtungsweisend nennen.

Statt dessen straft man uns mit der Angst vor dem Steuerprüfer. Kontoauszüge alle aufheben und in der richtigen Reihenfolge abheften? Kann ich nicht. Dazu bin ich zu andersbefähigt. Wenn der Steuerprüfer kommt, muß man ihm die Nase vor der Tür zuknallen, seinen Steuerberater anrufen und die Wohnung umräumen. Balkon zumauern, Sofa verbrennen. Wenn das Arbeitszimmer einen Balkon hat und auch noch ein bequemes Sofa enthält, dann sind das für den Steuerprüfer freizeitliche Elemente, und die liebt er nicht in Arbeitszimmern. Er liebt harte Stühle und rauhen Putz. Und der Herr Rilke möchte bitteschön seine Gedichte in der richtigen Reihenfolge in Leitz-Ordnern abheften.

Gegen *Warzen* hilft nur Aberglaube. Die zwei oder drei Warzen, die mir der Allerbarmer schenkte, habe ich allesamt mit Schöllkraut wegbekommen, obwohl in sämtlichen Büchern steht, es sei Aberglaube, daß Schöllkraut in dieser Richtung Talente habe. Schöllkraut wächst in allerlei unordentlichen Gegenden, und es ist der gelbe Saft im Stengel, der Warzen den Garaus macht. Hilfreich sind auch Warzenbesprecherinnen. Das sind so komische Frauen, die in Reihenhauswohnungen mit weinroten Ledergarnituren, Messinglampen, hängenden Blumentöpfen und von Kordeln gerafften Vorhängen wohnen. Sie haben Kaffeetassen mit Postkutschen drauf und im Buchregal nichts als ein paar verwanzte Angélique-Romane. Alle drei Monate müssen die Gardinen gewaschen werden, was zwar einen Haufen Arbeit macht, aber nun mal sein muß. Dann kommt Frau Brausewetter von nebenan und hilft. Das sind immer besondere Tage im Leben einer braven Frau aus der Vorstadt, Tage mit dem gewissen Aroma, Tage, an denen Eimer im Wohnzimmer stehen. Wann stehen schon einmal Eimer im Wohnzimmer? An solchen Tagen müssen die Warzen warten. Ansonsten aber ist die Besprecherin aktiv und sehr erfolgreich.

Wir hatten in Leeds Urinale aus mannshohem Marmor gesehen und bestaunt. In England wird sehr viel für Penisse getan. Die Herren zeigen dieselben einander auch furchtbar gern und befreien sie bei trunkenen Gelegenheiten allzu eifrig aus ihren Kerkern. Das gehört einfach dazu zum englischen «laddism» oder zur «laddishness». Fällt mir grad nicht ein, wie das Wort richtig heißt, aber die meisten Leute können damit ja sowieso nichts anfangen. Es bezeichnet eine als typisch britisch empfundene Burschenherrlichkeit und Kumpanei. Ein rüder Brauch in burschikoser Runde geht so: Wenn ein «lad» zum Austreten gegangen ist, hängen seine Freunde ihre Penisse in sein Bierglas, und wenn er dann zurückkommt und sich am Biere labt, dann feixen die Freunde und sagen: «You've been dipped.»

Wir taten derlei nicht, zumal wir eine Dame dabeihatten, eine Sinologin, und Sinologinnen hängt man nicht seinen Schwanz ins Bier. Wir redeten lieber über Warzen und ob man sich eine Putzfrau nehmen soll, und ein Mitreisender sagte: «Als ich 20 war, hätte ich nie gedacht, daß ich mal eine Putzfrau beschäftigen würde. Mit 35 finde ich das ganz normal.» Der zweite Mitreisende sprach: «Ich kenne fast nur Leute, die eine Putzfrau haben. Sogar Punkrocker haben heutzutage eine Putzfrau. Da die lügenmauligen Zasterpunker aber in einer Welt bürgerlicher Kleinigkeiten leben, wo ein Tabu lautet, daß man öffentlich nicht zugeben dürfe, ein ordentliches Auskommen zu haben, müssen sie auf unterstem Niveau mitjammern und sagen nicht: ‹Ich habe eine Putzfrau›, sondern ‹Ich kenn da so 'n Mädel, das steckt ziemlich in der Scheiße finanziell, die unterstütz ich ein bißchen, damit sie nicht auf der Straße liegt, und dafür räumt sie mir ein bißchen die Bude auf, wenn ich mit den Jungs on the road bin.›»

Hier erhob ich mich und manifestierte mit volksrednerhafter Gebärde: «Ich habe weder eine Putzfrau, noch unterstütze ich Mädel, die finanziell in der Scheiße stecken! Mir ist es unangenehm, wenn eine fremde Person in meinem Abschaum waltet. Ich kenne einen, der hatte mal ein Ferienhaus gemietet, bei dem eine Putzfrau im Preis inbegriffen war. Vor jedem Erscheinen der Putzfrau hat er das Haus geputzt, damit es schön sauber ist, wenn sie kommt. So würde es mir auch ergehen.» – «Ja, aber geputzt wäre deine Wohnung in jedem Fall», kam es zur Antwort, «ob du nun aus Respekt vor der Putzfrau selber putzt oder das die Putzfrau erledigen läßt, ist doch Jacke wie Hose.»

Während der Mitreisende dies gerade vortrug, ging die Sinologin zur Toilette. Wenn man in einer größeren Runde, so ab vier Personen etwa, in einer Gaststätte sitzt, kann man einfach aufs Klo gehen, auch wenn einer gerade was erzählt, denn es sind ja noch andere Leute da, die dem Redenden zuhören. Hauptsache, *irgendeiner* bleibt sitzen und lauscht. Das ist ein Vorteil gegenüber dem Rendezvous à deux, wo man vor dem Abkoten erst mal warten muß, bis der andere ausgeredet hat. Als die Chinakennerin von der Toilette zurückkam, sagte sie, das stimme schon, daß in Indien viele Leute einfach auf die Straße kacken. Man wisse aber oft nicht, ob sie kacken oder einfach nur entspannt in der Landschaft hocken. «Die größte Demokratie der Welt», jubeln Indienbefürworter. «Der größte Schweinestall der Welt», räumen Indiengegner ein. «Sie machen wirklich gute Soßen», versuche ich zu vermitteln. Daß den Chinesen jedoch ein Enzym fehle, dessenthalben es ihnen nicht möglich ist, fuhr die vom Klo Zurückgekehrte in ihrem kundigen Vor trag fort, Käse zu verdauen, das wisse sie nicht genau. Käse essen zu können sei vielleicht eine antrainierbare Kunst. Chinesen hassten zwar Käse, aber sie habe im Flugzeug schon neben welchen gesessen, die welchen aßen. «Ich auch», sagte ich. «Auch ich habe im Flugzeug schon neben einem Chinesen gesessen, der Käse aß.»

«Dann haben wir einen bezaubernden biographischen Farbtupfer gemeinsam», sagte die Sinologin und umarmte mich mit kühnem Griff. Neidisch betrachteten das die anderen beiden. Sie hatten noch nie neben Käseessen trainierenden Chinesen im Flugzeug gesessen, und nun sahen sie, welche Nachteile es haben kann, nicht «dazuzugehören».

Um dazuzugehören, braucht man Humor. Man muß nur mal Heiratsanzeigen lesen. Je höher das soziale Prestige einer Zeitung, desto mehr wird auf Humor bestanden. In der ‹Zeit› preist sich jeder als humorvoll an, und jeder sucht jemanden mit entsprechender Ausstattung. Diese Annoncen sind eine traurige Lektüre. Ich kenne viele Menschen mit herrlichem Humor, und nicht einer von denen liest die ‹Zeit›. Überhaupt hat die hohe Wertschätzung des Humors lästige Folgen. Da Humorlosigkeit als Mangel gilt, versuchen mit diesem vermeintlichen Makel behaftete Menschen davon abzulenken, indem sie Witze reißen und Worte verdrehen. Humor ist neben Balsamessig *das* Statussymbol der postmaterialistischen urbanen Cliquen. Diese werden auch nicht müde, den englischen Humor als besonders feingeistig zu adeln, dabei ist gerade der englische Humor eher derb und physisch, bisweilen auch schlicht. Die albernen Monty-Python-Filme scheinen mir extra dafür hergestellt worden zu sein, daß deutsche Bildungsbürger ihre den Humor betreffenden Profilneurosen kurieren. Humorlosigkeit ist an sich ein kleiner, verzeihlicher Makel verglichen mit der Unfähigkeit, zu bemerken, ob ein anderer Witze erzählt bekommen möchte oder nicht. Man sollte aufhören, Humor für eine Notwendigkeit zu halten, sonst wird auf ewig mit Witzzwang und aggressivem Gelächter genervt. Wenn bei öffentlichen Veranstaltungen an erstbester Stelle häßlich gelacht wird, dann ahne ich: Ah, da will wieder ein Humorloser zeigen, daß er Humor hat. Man sollte überhaupt nur dann öffentlich laut lachen, wenn sich das einigermaßen anhört. Wenn einer dreckige und verkrumpelte Füße hat, dann darf er die ja auch nicht allen Leuten direkt ins Gesicht halten.

In einer Illustrierten war einmal ein Gespräch zwischen Ernst Jandl und Blixa Bargeld abgedruckt. Zu dessen Abschluß erbat der moderierende Journalist von den Gesprächspartnern je einen Witz. Ernst Jandl, aus dessen Werk so mancher Humor heraussprüht, sagte, er könne sich keine Witze merken. Eine kluge, ja weise Art, auf die schnöde Witzbitte zu reagieren. Auch Blixa Bargeld kann auf viele schöne Leistungen zurückblicken, aber für den Besitz von Humor ist er wohl eher nicht berühmt. So wunderte es nicht, daß er einen Witz wußte. Da dieser Witz in seiner Glanzlosigkeit sehr typisch für die niederschmetternde Witzigkeit humorloser Menschen ist, möchte ich ihn hier wiedergeben:

Ein Saxophonist sitzt in seinem Zimmer und spielt zum wiederholten Mal eine Melodie, kann aber die Überleitung nicht finden. Voller Verzweiflung wirft er sein Saxophon aus dem Fenster, es zerspringt auf der Straße in tausend Stücke. Da wird ihm klar, daß er soeben sein Leben aus dem Fenster geworfen hat, und er stürzt sich hinterher. Im Sterben umarmt er auf dem Gehweg die Reste seines geliebten Saxophons, und plötzlich hört er von ferne die Ambulanz mit dem zweitonigen Signalhorn: Dadadada. Da fällt ihm die Überleitung ein – doch jetzt ist es zu spät.

Ich würde gern mal erleben, wie ein TV-Prominenter in einer Talkshow sitzt und sagt: «Ich mag keine Musik, habe keinen Humor, und soziale Ungerechtigkeiten stören mich ehrlich gesagt nicht besonders.» Das wäre ein hübscher Fußtritt gegen das Türchen zum Treppchen, das zu mehr Wahrhaftigkeit führt. Was finden die Leute bloß immer so aufregend daran, in einer matschigen Lügenwelt zu leben? Den ekelhaftesten Publikumsapplaus hörte ich mal, als Günter Strack ausgefragt wurde. Das war vor einigen Jahren, als er eine Platte mit frommen und natürlich humorvollen Umwelt-Songs aufgenommen hatte. Ein Prachtstück meiner musikalischen Schreckenskammer. Der Moderator fragte ihn, ob er sich denn nun mehr als Sänger oder als Schauspieler sehe. Günter Strack sagte: «In erster Linie sehe ich mich als Mensch.» Da klatschte das Publikum ekelhaft.

Übrigens hat sich das Applausverhalten in den letzten Jahren verändert. Seit im Privatfernsehen Animateure das Publikum steuern, gibt es dort nur noch Applaus plus Jauchzen plus Pfeifen und Trampeln, eine Beifallsform, die früher absoluter Begeisterung vorbehalten war. Heute dagegen wird in manchen Sendungen von vorn bis hinten durchgejauchzt. Man hat sich an das ewige Gejauchze schon so gewöhnt, daß einem, geht man mal ins Theater, normaler Applaus nackt und hart vorkommt, auf jeden Fall unangemessen, «zu wenig» oder sogar freudlos und unfreiwillig, so als werde das Publikum mit militärischen Mitteln zum Applaus gezwungen wie in der DDR. Seitdem man aus dem Fernsehen *Riesenappläuse* für absolute Nichtigkeiten wie das Erscheinen von Schlagersängern oder das Beantworten von Fragen kennt, erscheint mir bei Kulturveranstaltungen Applaus als Mittel der Beifallskundgebung oft unangemessen. Vielleicht wird es sich einmal durchsetzen, daß in Theatern nicht geklatscht wird.

Ein recht blödes Wesen allerdings ist das Klatschenthaltsamkeitsindividuum, welches mit verschränkten Armen zwischen lauter Klatschenden sitzt und Souveränität hechelt wie ein überhitztes Hündchen, ein Verhalten, das bei quasireligiösen Verehrern der Stiftung Warentest und sonstigen Überdurchschnittlichkeitsfurien weit verbreitet ist. Das sind diejenigen, die sich keinen Bären aufbinden lassen wollen, die alle Tricks durchschauen und sich nicht für dumm verkaufen lassen: schreckliche Menschen also. Ich meine, man soll immer schön klatschen, wenn man etwas Anstrengendes vorgeführt bekommen hat. Die Leute auf der Bühne geben sich doch alle Mühe! Haben in muffigen Kellern proben und sich von Döner ernähren müssen. Jetzt reiten sie auf Löwen durch brennendes Öl. Sie tun es *für uns*. Wenn einem etwas nicht gefällt, geht man halt kein zweites Mal hin. Klatschen aber muß man. Applaus ist zwar nicht das Brot des Künstlers, doch Brot ist ja auch nicht der Applaus des Bäckers. Der Applaus der Bäcker ist das selige Leuchten in den Augen eines Brot gegessen habenden, frierenden, im Sterben liegenden Waisenkindes, na ja im Sterben liegen muß es nicht unbedingt. Warum sollte es auch? Hat doch gerade Brot zum Futtern gekriegt. Übrigens hat Peter Maffay neulich im Interview die Sittenverderbnis beklagt. Er meinte, wenn das so weitergehe mit den Sitten in Deutschland, dann würden die Leute bald in den Bäckerladen gehen und «Brot her!» schreien. Es ist immer wieder schön, wenn man miterleben darf, wie begnadete Kulturkritiker die Lage analysieren und sagen, was passieren wird, wenn das so weitergeht.

Vielleicht sollte man sich, wenn das so weitergeht mit

dem Gejauchze und Getrampel im Fernsehen, seriöse Alternativen zum Applaus ausdenken. Wenn der Star erscheint, könnte das Publikum, anstatt zu klatschen, auf einer mitgebrachten Maultrommel einen, aber wirklich nur einen möglichst tiefen Ton anschlagen. Wenn der Star fertig ist, könnten die Leute, solange sie können, die Luft anhalten.

Dies war der Inhalt unserer Konversation im Philharmonic Dining Room. Schlimm ist es, wenn man seine Trinkgeschwindigkeit den frühen Schließzeiten englischer Kneipen anpaßt und um 23 Uhr gesagt bekommt, man könne noch zwei Stunden weiterzechen, weil in Liverpool eben alles anders sei. Dann muß man nämlich noch zwei Stunden trinken! Harald Juhnke sagte mal in einem Interview, es sei Blödsinn zu sagen, ich trinke, weil mir Marianne Buttenburgel weggelaufen ist. Das ist richtig. Wir tranken nicht wegen Marianne Buttenburgel, sondern weil wir noch durften, und auch die uns begleitende Dame hat sich gut eingefügt und angemessen getrunken. Ich hatte Glück mit meinen Mitreisenden. Ein Bekannter von mir hatte das Pech, zwei Wochen mit jemandem zusammensein zu müssen, der täglich zehnmal vor sich hin brabbelte: «Finger im Po: Mexiko, Finger im Ohr: Ecuador, Finger in der Vagina: Bosnien-Herzegowina.»

Lang lebe übrigens Frau Brausewetter! Es ist ein schönes traditionelles Bild, wenn sie mit einer Plastikwanne vorm Bauch zum Gardinenaufhängen geht. Lang lebe aber auch die moderne junge Frau, die kein traditionelles Bild abgeben möchte. Besonders lang jedoch lebe das Jahr 1996, das von irgendwem zum «Jahr lebenslangen Lernens» erklärt worden ist.

Österreich und die Schweiz

Viele Fehler sind uns Deutschen bisher bei der Zurkenntnisnahme Österreichs und der Schweiz unterlaufen. Deutsche Abhandlungen über Österreich und die Schweiz sind in aller Welt mit Unbehagen gelesen worden. Einer der Kardinalfehler war es, so zu tun, als ob Österreich und die Schweiz total verschiedene Länder seien, so daß es einen Sinn habe, sich mit ihnen in getrennten Aufsätzen und Reportagen zu befassen. Richtig ist vielmehr, daß es höchste Eisenbahn ist, diesem traditionellen Unfug ein Ende zu bereiten und sich mit Österreich und der Schweiz künftig in einem Aufwasch zu beschäftigen.

Unser Bundespräsident würde meine Forderung gewiß tatkräftig unterstützen, wenn er nicht schon mit dem Unterstützen von anderer Leute Forderungen überlastet wäre. Wir Förderer von Maßnahmen zur Reform der Rezeption Österreichs und der Schweiz sind ja leider nur ein verhältnismäßig verlorenes Grüppchen – wir haben keine Lobby, kein telegenes Sprachrohr, noch nicht mal einen Chef mit Wirkung auf Frauen. Auf der Schwelle des Bundespräsidenten stehen dicht gedrängt Minoritäten, Religionsführer, psychisch Kranke und Kinder mit verseuchten Sandkästen. Alle wollen was. Da kann ich schon verstehen, daß der Bundespräsident bis zum heutigen Tag keine öffentlichen Worte zuliebe unseres Anliegens fand.

Man kann Österreich und die Schweiz nicht auseinanderbrechen wie einen Löffelbiskuit beim Five o'clock tea der Prinzessin von Kent. Österreich und die Schweiz sind unzertrennlich wie Magdeburger Halbkugeln. Würde man ein

Gespann von acht Rössern am östlichen Ende von Österreich und ein entsprechendes Gespann am Westzipfel der Schweiz ziehen lassen – die Pferde brächten Österreich und die Schweiz nicht auseinander. Im Geiste höre ich die Gegner meines Reformvorhabens schon geifern. «Wie sollen denn sechzehn mickerige Schindmähren zwei mit zum Teil zentnerschweren Bergen und wohlgenährten Bürgern vollgestopfte Länder auseinanderreißen?» Die Argumente dieser Leute kann ich nicht mehr hören. Ich habe doch gar nicht behauptet, daß es in der Macht von zweimal acht Rössern stehe, derlei zu vollbringen. Ich habe im Gegenteil angeführt, daß es *nicht* in ihrer Macht steht! *Nicht!* Wie kursiv soll man ein Wort denn noch setzen, damit es den Leuten ins Auge springt? Otto von Guerickes Achtergespanne haben ja nicht mal zwei lächerliche Halbkugeln mit *nichts* darin auseinanderbekommen; da liegt es doch wohl auf der Hand, daß sie mit dicken Leuten und entsprechenden Gebirgen angefüllte Kugelhälften erst recht nicht hätten trennen können. Genau weiß ich's natürlich nicht. Ich bin kein Physiker, sondern fordere Aufsätze, in denen Österreich und die Schweiz als Nudeln in derselben Brühe erkannt werden.

Zunächst etwas zur Form der beiden Staaten. Die Schweiz hat eine ganz unordentliche, verquaste Form mit lauter wirren Zacken. Man kann überhaupt nichts erkennen. Es gibt also keine allgemein bekannten Vergleiche wie im Falle Großbritanniens, von dem man sagt, es gleiche einer wilhelminischen Dame mit Hut, oder Portugals, von welchem es heißt, es sehe aus wie ein von einem Betrunkenen auf einen Bierdeckel gezeichnetes Rechteck. In der Schule lernen die Schweizer, ihr Land ähnele einem Schwein, das im Schmutz nach Kartoffelschalen sucht, sie glauben das aber selber nicht. Auch Österreich sieht nach nichts Besonderem aus. Dort lernen die Abc-Schützen, daß ihr Land eines der breitesten der Erde sei und daß man daher z. B. von Graz nach Bregenz ewig und drei Tage unterwegs ist. Das kann ich bestätigen, denn ich bin diese Strecke einmal gefahren. Als ich eingestiegen war, sagte der Schaffner: «Ihren Fahrschein bitte, und wenn ich mir die Bemerkung erlauben darf, werter Reisender, Sie haben eine Gesichtshaut wie ein Pfirsich.» Kurz vor der Ankunft sagte der Schaffner jedoch: «Ihren Fahrschein möchte ich nicht noch einmal sehen. Der wird sich nicht groß verändert haben. Aber Sie haben sich verändert. Ich bewundere Ihren bis zum Bauchnabel reichenden Bart.» So breit ist Österreich!

Im Breitsein liegen aber auch Risiken. Die Tschechoslowakei war beinahe noch breiter als Österreich, und sie *ist* auseinandergebrochen wie ein Löffelbiskuit beim Five o'clock tea der Prinzessin von Kent. Es war allerdings kein besonders dramatisches Auseinanderbrechen, es war mehr ein softes Voneinanderwegdriften, wie wir es von Cindy und Bert kennen, die ja auch nach ihrer Trennung noch ganz gut miteinander klarkommen sollen. Und als die Prinzessin von Kent in der Neujahrsnacht 92/93 die tschechisch-slowakischen Spaltungsfeierlichkeiten am Bildschirm verfolgte, soll sie zu ihrem Mann gesagt haben: «Michael, hättest du gedacht, daß das Geräusch des Zerbrechens meiner Löffelbiskuits je Vorbild sein würde für eine postkommunistische Umwälzung?»

Von der Form her sind Österreich und die Schweiz also durchaus ein bißchen verschieden, aber sonst ist alles sehr ähnlich. Sobald der Intercity-Zug die Grenze zu einem dieser beiden Länder passiert, bekommt er chronische Durchfahrstörungen und beginnt in «Cities» namens Wörgl oder Ziegelbrücke zu halten. Lägen Österreich und die Schweiz in

Berlin, würden die Intercities auch am U-Bahnhof Wutzkyallee halten. Die Menschen in Österreich und der Schweiz sind sich ebenfalls fast gleich, und weil sie das nur allzugut wissen, tun sie so, als ob sie einander hassen. Sie hassen einander aber so, wie Bayern und «Preußen» einander hassen, d. h. in Wirklichkeit überhaupt nicht und theoretisch nur in Form einer zwanghaft-scherzhaften rituellen Abneigung. Nicht einmal uns Deutsche hassen die beiden Alpenvölker ernstlich. Sie haben uns recht lieb und profitieren gutgelaunt von den technischen und kulturellen Errungenschaften, die in Deutschland in dermaßen großer Menge anfallen, daß wir Österreichern und Schweizern gern ein bißchen was davon abgeben. Wer viel hat, kann viel geben.

Aus einem der zwei Länder stammt Hitler, weswegen man sich in Österreich und in der Schweiz schämen sollte. Den Bewohnern der beiden Länder sollte man das aber nicht nachtragen, denn aus einem von ihnen stammt ja andererseits auch wieder Gottfried Keller, der mit seinen interessanten Schriften das Unheil des anderen zu einem guten, wenngleich kaum meßbaren Teil wiedergutmachte, und dies sogar, was bemerkenswert ist, schon im voraus! Auch daß so unterschiedliche Gestalten wie Mahatma Gandhi, Leo Tolstoi und Miriam Makeba weder aus Österreich noch aus der Schweiz kommen, ist ein Indiz dafür, daß beide Länder sich sehr ähneln und daß es daher nur die Krönung jeder guten Tagesordnung sein kann, all denjenigen, die weiterhin wie trotzige Kinder auf einer getrennten Behandlung Österreichs und der Schweiz beharren, eine Abfuhr zu erteilen.

Ich würde mich freuen, mit meinen Zeilen den längst fälligen Anstoß dazu geliefert zu haben.

Kölner und Düsseldorfer

Wer anderen ungebeten Ratschläge erteilt, macht sich unbeliebt, doch bin ich Manns genug, das auszuhalten. Daher ein dicker fetter Ratschlag an die Bewohner von Köln und Düsseldorf. Wenn ich nach einer dieser Städte fahre, möchte ich mich am liebsten im Hotelzimmer verkriechen, damit ich ja niemandem begegne, der mir zum tausendsten Mal erzählt, daß er die jeweils andere Stadt ganz schrecklich fände, denn das ist eine für Außenstehende vollkommen uninteressante Information. Jedem halbwegs gereisten Menschen hängt sie zum Halse heraus. In beiden Städten lässt sich's angenehm in der Kaffeetasse rühren, und beide sind, städtebaulich betrachtet, einleuchtende Beispiele für die These von der Allgegenwärtigkeit Hannovers, aber das ist äußerlich und tut nichts zur Sache. Es kann gar nicht sein, daß das Leben in diesen beiden Städten so langweilig ist, daß ihre Einwohner Leuten von auswärts immer denselben alten Schmarrn erzählen müssen. Daß man massakriert werde, wenn man in einem Lokal die Bierspezialität aus der anderen Stadt bestellt, sogar zumindest scheele Blicke ernte, wenn man ein Pils verlangt? Daß kein Kölner je freiwillig nach Düsseldorf fahren würde und umgekehrt auch nicht? Dafür sind die Straßen und Züge zwischen den beiden Städten aber erstaunlich voll! Jaja, ich weiß, das sind alles Leute, die von Essen nach Bonn fahren.

Es wäre wünschenswert, daß Düsseldorfer und Kölner endlich damit aufhören, Besucher mit Hinweisen auf ihre wenig unterhaltsamen Animositäten anzuöden. Andernorts weisen die Menschen ihre Gäste auf Reize und Besonderhei-

395

ten ihrer Stadt hin, nur in Köln und Düsseldorf kriegt man erzählt, daß die Nachbarstadt blöd ist und was passiert, wenn man das falsche Bier bestellt. Man muß nicht bösartig sein, um das provinziell zu finden.

Kölner und Düsseldörfer sollen nun erfahren, wie Hamburger und Berliner miteinander umgehen. Zwischen den beiden größten deutschen Städten gibt es natürlich auch eine gewisse Konkurrenz. Hamburger finden Berlin im allgemeinen etwas vulgär, sind aber viel zu vornehm, sich dazu zu äußern. Berliner finden Hamburg etwas langweilig, sind aber viel zu beschäftigt, dazu Stellung zu nehmen. Man interessiert sich einfach nicht groß für den anderen, und sollte man sich trotzdem mal begegnen, dann unterdrückt man von Hamburger Seite das Naserümpfen und von Berliner Seite das Gähnen und tut so, als ob man sich freut. Das klappt ganz wunderbar und wird zur Nachahmung empfohlen.

Kiesinger weiß kein Mensch
was drüber

Während einer langen Fahrt auf der Autobahn kam neulich das Gespräch auf Willy Brandt, und ich erinnerte mich eines seltsamen Interviews, das nach dem Tode Brandts dessen Altersgattin Brigitte Seebacher-Brandt gegeben hatte. Offenbar in der Absicht, die Brandt-Fans zu quälen oder wenigstens zu desillusionieren, erzählte sie, ihr Mann habe sich im Fernsehen am liebsten Volksmusiksendungen angeschaut und auch keine Militärparade ausgelassen. Er habe außerdem gern Tomatensuppe gekocht. Mein Mitreisender erwiderte, daß er sich an dieses Interview ebenfalls erinnere, insbesondere an die Tomatensuppe, und wir wunderten uns, daß sich gerade dieses Detail in zwei sonst so unterschiedliche Gehirne eingebrannt hatte, denn das Kochen von Tomatensuppe ist an und für sich weder schockierend noch skandalös. Sicher, wenn der eigene Vater sich dauernd Tomatensuppe gekocht hätte, das wäre auf irgendeine Weise biographiewirksam gewesen und daher memorierenswert, und hätte sich Willy Brandt von der Tagesschau regelmäßig beim Tomatensuppekochen filmen lassen, wäre es auch normal, sich das gemerkt zu haben.

Aber die Sache stand ja nur in einem Interview, das wir vor Jahren ein einziges Mal gelesen hatten, und dies wohl eher diagonal als hochkonzentriert. Der Mitreisende, den ich im folgenden Walter nennen werde, kam nun auf die Idee, mich aufzufordern, sämtliche Bundeskanzler und Bundespräsidenten an meinem inneren Auge vorbeidefilieren zu lassen und zu sagen, was mir ganz spontan, ohne Lexikon und Recherche, zu jedem einzelnen einfalle, Vages und Irrtümliches mitinbegriffen.

Ich willigte ein. Vom ersten Bundespräsidenten, Theodor Heuss, hat sich mir ein Schwarzweißfoto eingeprägt, das ihn in privater Umgebung zeigt. Er sitzt in einem dreiteiligen Anzug im Sessel und guckt nach unten. Die Atmosphäre auf dem Foto würde ich als muffig bezeichnen. Mir ist so, als ob Sonne ins Zimmer fällt, und im Sonnenstrahl tanzen Staubpartikel. Ob ich wisse, unterbrach mich Walter, daß Staub in manchen Teilen Österreichs Geisterscheiße heißt? Nein, das wußte ich nicht, aber ich weiß, daß es zwei ganz unterschiedliche Sorten von Staub gibt, nämlich Anwesenheitsstaub und Abwesenheitsstaub. Ich sah mich nämlich einige Zeit lang mit der recht lästigen Situation konfrontiert, zwei Wohnsitze zu unterhalten, und jedesmal, wenn ich nach längerer Zeit für einige Tage von Hamburg nach Berlin kam, empfand ich, daß die dortige Wohnung stetig klammer und musealer wurde, so wie ein ungemütlicher Partykeller in einem Eigenheim, der immer seltener und schließlich gar nicht mehr genutzt wird. Es war ein grimmiger und abweisender Staub entstanden, anders als der, der sich in Zeiten bildet, wenn man in der Wohnung ist; der ist freundlicher und beschwingter, man kann gewissermaßen mit ihm tanzen. Falls Bedarf an einer Sprachregelung besteht, würde ich vorschlagen, das, was in Abwesenheit entsteht, als stummen Staub zu bezeichnen und den sich in Anwesenheit bildenden als beredten Staub.

Walter fragte nun, ob in Theodor Heuss' Wohnzimmer eher stummer oder eher beredter Staub gelegen habe. Ich antwortete: «Eher beredter.»

Es kommt mir sogar so vor, als wäre Heuss in ein Zwiegespräch mit seinem Staub vertieft gewesen.

Genaugenommen aber sieht es auf allen Fünfziger-Jahre-

Wohnzimmerfotos so staubig aus, und das hat zwei Gründe. Einmal den, daß durch die Bombardements des Zweiten Weltkriegs so ungeheuer viel Materie aufgewirbelt worden ist, daß es fünfzehn, zwanzig Jahre gedauert hat, bis sich das alles wieder einigermaßen verfestigt hat. Zum andern den, daß die Staubtücher damals noch nicht besonders fortgeschritten waren. Unsere heutigen Staubtücher sind durchweg mit antistatischen Haftpartikeln imprägniert, von denen Theodor Heuss nur träumen konnte. Doch ich möchte nicht die ganze Zeit über Staub sprechen, es gibt wirklich noch anderes, was mir zu Heuss einfällt. Er war z. B. mit einer kaukasischen Prinzessin verheiratet, die hieß Elly Heuss-Knapp. Das ist zwar kein typischer Name für eine kaukasische Prinzessin, aber ich weiß zufällig ganz sicher, daß sie eine war.

Walter warf nun ein, es sei so gesehen kein Wunder, daß es bei Heuss staubig war. Denn so eine Prinzessin sei sich natürlich zu fein, mal ein Staubtuch zur Hand zu nehmen.

Ich erwiderte: «Walter, ich möchte nicht mehr über Staub sprechen! Und Elly Heuss-Knapp war sich auch nicht zu fein, sie hatte bloß keine Zeit. Sie hat schließlich das Müttergenesungswerk gegründet.»

«Ja wieso? So ein Genesungswerk zu gründen, das geht doch zackzack. Man wirft eine Sektflasche gegen den Bug und dann geht man nach Hause und wischt Staub.»

«Sie hat es doch nicht bloß eingeweiht, sondern gegründet, da muß man tausend Briefe schreiben und Liegenschaften anmieten. Aber jetzt genug davon. Gehen wir mal ein Herrschergemälde weiter, zu Heinrich Lübke.»

Der sprach einen auffälligen Dialekt, wo das R so gerollt wird wie im Englischen. Das war, glaube ich, Sauerländisch. Ich finde es übrigens unglaublich kleinkariert, wenn Leute an Dialekten herummeckern. Es gibt keine Dialekte, die schlechter sind als andere. Du mußt dich doch nur einmal verlieben. Verlieb dich in jemanden aus Stuttgart, verlieb dich in jemanden aus Leipzig – und schon empfindest du den Dialekt als den allerschönsten.

Für lächerlich halte ich übrigens die oft von rheinischen Dialektrockern und Wiener Liedermachern geäußerte Auffassung, es gebe Dinge, die man auf hochdeutsch schlecht oder gar nicht sagen könne. Wenn dies so wäre, würde man gern erfahren, wie die Menschen zwischen Hannover und Göttingen, wo bekanntlich kein Dialekt mehr gesprochen wird, mit diesem Problem klarkommen. Die müssten ja unglaubliche emotionale Defizite haben. Haben sie aber nicht, denn auf hochdeutsch läßt sich Zartes und Intimes genauso gut sagen wie auf sauerländisch.

Heinrich Lübke aber sagte in seinem Sauerländisch wenig Zartes, zumal seine zweite Amtsperiode von Altersdemenz überschattet war. Die schlimmsten Brabbeleien wurden vom Satiremagazin ‹Pardon› sogar auf höhnische Schallplatten gepreßt, auf denen die senilsten Stellen mit einem pochenden Geräusch unterlegt wurden, damit sie jeder mitbekam, aber für die Protokollbeamten des Palais Schaumburg kann das unmöglich eine lustige Zeit gewesen sein. Heinrich Lübke war wohl auch einer der Gründe, warum die Menschen von der APO in aus heutiger Sicht kaum mehr verständlichem Maße wutzerfressen und verbissen waren, denn der Mann hatte auch noch eine üble Vergangenheit, über die ich ca. 1980 von einem Ulli in einer längst zu Staub und Asche zerfallenen Gay Bar namens Bibabo ausführlich informiert wurde. Ulli gehörte zu der damals noch häufigen Sorte von Mensch, für die ein Gespräch nur dann geführt zu werden verdiente, wenn es politischen Inhalts war. Seine Lieblingsthese war, daß die Amerikaner am Bau der Mauer mindestens ebenso schuld seien wie die Sowjets und daß man irgendwo einen diesbezüglichen Briefwechsel zwischen Kennedy und Chruschtschow aufbewahre, der den Völkern der Welt natürlich vorenthalten werde. Er informierte mich auch gern über irgendwelche furchtbaren Raketen, was ich mir aufmerksam anhörte, denn ich mochte Ulli. Und Heinrich Lübke habe im Dritten Reich eine Fabrik besessen oder saß im Aufsichtsrat oder was weiß ich, und diese Fabrik habe Rohre oder Öfen oder andere Geräte hergestellt, die dann in den Gaskammern der Vernichtungslager verwendet worden seien. So unpräzise ist leider mein Wissen, und wie könnte es besser sein, wenn man politisch geschult wird, während im Hintergrund ständig ‹Yes Sir, I can boogie› läuft? Ich hätte das lieber in der Schule gelernt.

«Du meinst, wir sind gleich da? Ich soll mich also bei den anderen Herrschaften etwas kürzer fassen?»

Na gut. Gustav Heinemann: Tochter verrückt. Walter Scheel: Tochter lesbisch. Zu knapp? Sorry. Also: Zu Gustav Heinemann fällt mir zusätzlich ein, daß er, wie manche sagen, den Begriff Verfassungspatriotismus «prägte», daß er sagte: «Ich liebe nicht den Staat, sondern meine Frau», und dann hat er auch noch den Frack abgeschafft. Walter Scheel wurde immerfort zum Pfeifenraucher des Jahres gewählt, und um von seinem Rotary-Club-Image abzulenken, hat er mit dem Düsseldorfer Männerchor eine Volkslied-Single gemacht, die prompt die Charts, die damals noch Hitparaden hießen, «stürmte». Dann Carstens. Seine Wanderstiefel liegen im Offenbacher Ledermuseum neben den Turnschuhen von Joschka Fischer, obwohl Turnschuhe ja gar nicht aus Leder sind, aber vielleicht heißt das Museum auch Offenbacher Schuhmuseum.

«Nun Richard von Weizsäcker.» Genau wie Scheel hat von

Weizsäcker eine Platte gemacht, aber keine Vinylsingle mit einer ordinär gelben Hülle, sondern eine Doppel-CD, die seine berühmte Rede von 1985 enthielt. Dieser Tonträger ist auf mysteriöse Weise in meine Regale gelangt, und er war meines dubiosen Wissens die erste Doppel-CD, die nicht in dem klobigen Doppel-CD-Outfit der frühen digitalen Zeit erschien, sondern in der platzsparenden Swing-Tray-Doppel-CD-Verpackung von heute. So hat von Weizsäcker Tonträgerverpackungsgeschichte geschrieben. Ansonsten geistert er nach wie vor durchs Gedenkstätteneinweihungs-Establishment. Das Wort «Hagestolz» fällt mir noch zu ihm ein, obwohl man damit eigentlich einen *unverheirateten* alten Herrn bezeichnet.

Dann Roman Herzog. Über den sag ich nichts, denn der ist heilig. Meine Freunde, und seien es auch nur theoretische Freunde, verschone ich mit jeglichem Formulierungsdrang. Ich würde mit ihm gern mal einen allzu langen Abend verbringen und beim Frühstück zu ihm sagen: «Na, *das* hätte gestern nicht unbedingt sein müssen, was? Aber ich fand's schön. Aspirin?»

Ganz schnell noch die Kanzler durchhecheln. Adenauer Rosen, Erhardt Zigarre, Kiesinger weiß kein Mensch was drüber, Brandt hatten wir schon, Tomatensuppe. Schmidt: tiefe, schwarze Nasenlöcher und dunkelbraune Krümel im Gesicht. Der wunderbare Kanal Phoenix zeigt immer wieder ein stundenlanges Interview jüngeren Datums, in welchem eine äußerst unhöfliche Kamera jedesmal, wenn Helmut Schmidt sich eine Zigarette aus dem Etui nimmt, auf dessen Hände zufährt. Zwischen den Zigaretten schnupft er Tabak, und die Kamera nähert sich mit pornographischer Indiskretion den großen dunklen Nasenlöchern des Altkanzlers, man sieht auch, daß einiges aus den Nasenlöchern wieder herausfällt – Schmidt hat Schnupftabak auf der Wange, auf der Oberlippe, an den Händen, völlig vollgekrümelt sitzt der Mann da, doch bei Phoenix kennt man keine Zensur. Daß Kohl, von dem es auch ein stundenlanges Phoenix-Interview gibt, keinen Schnupftabak zu sich nimmt, kann man nur gutheißen als jemand, der von großen, schwarzen Nasenlöchern keine Nahaufnahmen zur Unterhaltung braucht.

Mein Brieffreund Tex Rubinowitz hat Helmut Kohl einmal ein beleidigtes Reh genannt, ein dickes beleidigtes Reh. Ich habe mich mit diesem Vergleich nach anfänglichen Berührungsängsten angefreundet. Kohl ist zu oft geehrt worden und hat diese Ehrungen zu sehr verinnerlicht.

Er sagte, Ziel seiner Kritiker sei es, einen Ehrenbürger Europas zu demontieren. Puh! Wenn man irgendeinen Preis bekommen hat, weist man doch nicht von sich aus darauf hin – das ist außerordentlich unvornehm. Weiß er denn nicht, daß es bei Ehrungen nicht um die Geehrten, sondern um die Ehrenden geht? Wenn zum Beispiel die Stadt Worms feststellt, daß sie ein publizistischer Underperformer ist, also nicht oft genug in der Zeitung vorkommt, dann findet Worms heraus, daß in seinen Mauern mal ein Dichter namens Julius Anton Neidgerber gelebt hat, und stiftet fortan den Julius-Anton-Neidgerber-Preis, und zwar allein zu dem Zweck, in den Medien als kulturfördernde Stadt erwähnt zu werden. Der Geehrte ist immer nur der Spielball der Ehrenden. Wenn nämlich der Schriftsteller, dem der Preis zuerkannt werden soll, keine Zeit oder keine Lust hat, nach Worms zu fahren, dann kriegt den Preis irgendein anderer. Nicht völlig anders ist es bei Ehrendoktorwürden oder -bürgerschaften. Die preisstiftenden Instanzen wollen sich im Glanz eines großen Namens sonnen, und es ist auch nicht verwerflich, dieses Spiel mitzuspielen. Man hat einen schönen Abend inmitten Wohlmeinender und Weggefährten, Henry Kissinger sagt hallo, und das Essen wird auf jeden Fall deutlich zu schade für den Mülleimer sein. Aber man darf so eine Ehre nicht allzu ernst nehmen und sie seiner Identität einverleiben! Kohl dagegen hat leider eine Ehrungspsychose. Phoenix zeigte auch in brutaler Ausführlichkeit, wie er sich nach seinem Auftritt vorm Spendenskandalausschuß der Pressemeute stellte. «Herr Kohl», rief ihm einer zu. «Für Sie bin ich immer noch Herr Dr. Kohl» kam es zurückgefaucht. Vor einigen Jahren erwähnte ich in diesem Forum einmal jemanden, der in einem Sweatshirt mit der Inschrift «Hard Rock Café Berlin» durch die Gegend läuft. Ich kommentierte das mit «Uncooler geht's wirklich nicht». Ich irrte damals. Ein dickes beleidigtes Reh, das sich selbst einen Ehrenbürger Europas nennt und keifend auf seinem Doktortitel besteht, ist doch noch uncooler.

Wir hatten unser Ziel erreicht. Walter sagt: «Schon traurig, daß man sich von einem Menschen nur merkt, daß er den Frack abgeschafft hat. Man müßte sich mal bei seinem Gedächtnis beschweren.»

«Ja, allerdings. Weißt du eigentlich, warum Heinemann den Frack abgeschafft hat?»

«Nein. Vielleicht haben ihn Fräcke im Schritt gezwickt.»

«Man kann sein Gedächtnis ja trainieren, aber leider nicht qualitativ, sondern nur quantitativ. Dann merkt man sich noch mehr solche Sachen.»

«Du solltest eigentlich wissen, daß Quantität nicht das Gegenteil von Qualität ist, sondern eine ihrer Komponenten. Die Qualität der Beatles z. B. beruht zu einem großen Teil darauf, daß sie viele Lieder geschrieben haben und nicht nur eines. Vielleicht wirst du auf der Rückfahrt Lust haben, ganz spontan aufzuzählen, Vages und Irrtümliches erneut mitinbegriffen, was dir zu jedem einzelnen der vier Beatles einfällt.»

«Mal sehen. Ich glaube aber, ein Spiel dieser Art reicht mir bis auf weiteres.»

Die grenzenlose Güte

Tagebuchpassage 15.11. – 16.11.2001

15.11.2001

Beim Soundcheck in einem Multiplex-Kino in Marburg werde ich von jemandem aus der Belegschaft recht sauertöpfisch gefragt, ob ich vorhätte, während der Lesung «mit Getränken um mich zu schmeißen». Auf meine erstaunte Frage nach dem Hintergrund dieser Befürchtung wird mir mitgeteilt, es könne ja sein, daß so etwas «bei uns» jetzt üblich sei, der «Kollege Stuckrad-Barre» habe hier kürzlich ein gefülltes Rotweinglas hinter sich geworfen und so die Leinwand ruiniert. Ich erwidere, daß bei mir mehr der Text im Vordergrund stehe, und frage, ob bekannt sei, warum Stuckrad-Barre sich so unstaatsmännisch verhalten habe. Mir wird gesagt: «Ach, das ist für den wahrscheinlich Rock'n'Roll.»

Stuckrad-Barre wäre wohl zu klug, zu *sagen*, ein solches Verhalten sei Rock'n'Roll, aber ich weiß nicht, wo ich den Mut hernehmen soll, anzunehmen, daß er auch zu klug ist, so etwas in aller Heimlichkeit zu denken. Die inzwischen arg traditionelle Vorstellung, daß das Umherwerfen oder Zertrümmern von Gefäßen, Möbeln oder sogar Frauen Rock'n'Roll sei, erinnert mich an Aussagen der Qualität, daß Tee weit mehr als ein Getränk sei, nämlich eine Philosophie, oder Prenzlauer Berg keineswegs nur ein Stadtteil von Berlin, sondern eine «innere Einstellung». Man hört solche Dinge ja immerfort. Oder was alles Pop sein soll. «Nazis sind Pop», titelte neulich ein Stadtmagazin, und selbst das seine Tat satanistisch verbrämende Mörderehepaar Ruda aus Witten ist zu Pop erklärt worden, nachdem ein paar verwirrte Schüler dabei gesichtet wurden, wie sie vor dem Tatgebäude herumstanden und auf Fenster deuteten. Ich wünsch mir eine Kraft, welche die Menschen zwingt, nach dem Aufstehen zehn Mal folgendes aufzusagen: «Rock'n'Roll ist eine Musikrichtung, Nazis sind Verbrecher, Prenzlauer Berg ist ein Stadtteil, und Tee ist ein Getränk», und jedesmal danach die eine berühmte Zeile aus dem einen berühmten Lied von der einen berühmten Frau, die da lautet: «... und sonst gar nichts.»

In diesem Zusammenhang wollen auch die zur Zeit besonders im englischen Sprachbereich hochmodischen Sprüche erwähnt sein, die sagen, daß x das neue y sei. Früher sagte man Sachen wie: daß Mireille Mathieu die neue Piaf sei oder Rügen das neue Sylt. Heute liebt man solche Aussagen paradox verschärft. Zwei Titel von Rockplatten aus jüngerer Zeit:

Being together is the new lonely
Quiet is the new loud

Man kann sich sicher sein, daß in irgendwelchen Studios gerade an Werken namens «Light is the new darkness» oder «Parents are the new children» gearbeitet wird, und es fiele einem nicht schwer, sich derlei dutzendfach auszudenken, aber da schläft man ja ein bei, und das ist nicht wünschenswert, denn Arbeitszimmer ist keineswegs the new Schlafzimmer. Wenn man macht und tut, bis einem das Blut unter den Fingernägeln hervorspritzt, damit man sich eine Wohnung mit funktional getrennten Räumen leisten kann, dann möchte man nicht im Badezimmer Kuchen backen.

Jetzt wissen wir aber noch immer nicht, warum Stuckrad-Barre das Rotweinglas hinter sich schmiß. Man könnte ihn

fragen. Ich könnte mir aber auch eine mögliche Antwort
einfach ausdenken:

«Satan hat mir befohlen, den ‹Kollegen Goldt› zu töten,
aber da hab ich zu Satan gesagt, wieso *das* denn, das ist doch
ein guter Mann, reicht es denn nicht, ein Rotweinglas
umherzuschmeißen? Und da meinte Satan: Ja okay, das geht
zur Not auch.»

16.11.2001

Ich stehe in der Hotelbadewanne und studiere das, was der
Sanitärfachmann Mischbatterie und der Laie Wasserhahn
nennt. Ich drücke auf alles, wo man draufdrücken kann,
schiebe alles nach oben, nach unten oder zurück, was man in
seinen kühnsten Phantasien irgendwo hinschieben könnte,
doch das Wasser strömt aus dem Wannenhahn, nicht aus
dem Duschkopf. Ich wußte, daß dieser Tag einmal kommen
würde, an dem es mir nicht gelingt, von Wannen- auf
Duschbetrieb umzustellen, aber muß das gerade heute sein,
wo ich um sieben Uhr morgens einen Zug erreichen muß?
Resignierte Frauen sagen gern in bezug auf Männer: «Kennt
man einen, kennt man alle.» Gleichlautendes läßt sich über
die Umschaltknöpfe nicht sagen. Kennt man einen, kennt
man wirklich nur den einen.

Las Vegas, «Kitsch» und «Satire»

Auf der Welt gibt es eine Reihe von Städten, von denen ich annahm, daß keine zehn Pferde in der Lage wären, mich zu ihnen zu zerren. Neben Djakarta, Murmansk, Brasília und Döbeln-Ost 2 zählte ich Los Angeles zu dieser Reihe. Vor einem Jahr jedoch beschloß meine Ex-Gattin Else, ebendort ihre Zelte aufzuschlagen und ein neues, von Palmen umwedeltes und von Autobahnen umsurrtes, kosmopolites Künstlerleben zu beginnen, und da wir uns im Herzen stets gut geblieben, bat sie mich um weihnachtlichen Besuch.

«Bring Vollkornbrot und Quark mit, ich lechze danach!» rief sie ins Telefon. Quark zu schmuggeln war mir allerdings etwas zu blöd. Sie weiß bestimmt bloß nicht, was Quark auf englisch heißt, dachte ich, unfähig, mir vorzustellen, daß Millionen von Menschen ein Dasein ohne Quark fristen müssen. Aber ich besorgte ein gutes Kürbiskernbrot aus dem Bioladen, denn das bringt es total: deutsches Bioladenbrot, hart wie unsere Währung. Den deutschen Paß hat nicht verdient, wem Baguette aus seiner Tasche ragt. Allerdings sollte den Bäckern mal einer erzählen, daß die Körner in das Brot gehören, und nicht obendrauf. Wenn man da eine Scheibe abschneidet, fliegen die Dekorationskörner in der ganzen Bude herum, und wer macht die Sauerei wieder weg? Die Bäcker bestimmt nicht. Das hervorragende Brot trug ich ins Flugzeug, wo ich einen Wisch auszufüllen hatte, der mich etwas an die Einreisewische der DDR erinnerte, auf denen man angeben mußte, ob man Harpunen mit sich führe. Die US-Zollbehörden verlangen neuerdings Auskunft darüber, ob man Schnecken, Erde und Vögel einzuführen gedenke. Auch muß man zu dem Satz «Ich war auf einem Bauernhof außerhalb der USA» Stellung beziehen, in dem man ja oder nein ankreuzt. Früher wurde man nach kommunistischen Neigungen gefragt, heute nach Schnecken und Bauernhöfen.

Else war ungehalten, weil ich ihren Quarkwunsch nicht erfüllt hatte. «Komm, Frau», sagte ich, «wir gehen in einen Laden.» Aus einer hinteren Ablage meines Gedächtnisses hatte ich die nicht völlig sichere Information hervorgekramt, daß Quark «fresh cheese» heiße. Im Laden nichts dergleichen. Wir fuhren zum gigantischsten Supermarkt von Los Angeles. Wir fragten eine Angestellte, welche fröhlich auf ein Kühlregal deutete und rief: «All our cheese is fresh!» Daraufhin versuchten wir, der Frau zu erklären, was Quark ist. Dies ohne Vorbereitung zu tun fiele mir schon auf deutsch nicht wenig schwer: «Ja, da ist so weißes Zeug aus Milch, da wird, wie heißt das Zeug noch, Lab, glaube ich, reingetan, und dann wird das vielleicht zentrifugiert oder durch ein feines Tuch oder eine alte Damenstrumpfhose gequetscht ...» Ich fühlte in mir tiefes Verständnis für eine Fremdenführerin aufsteigen, die mir einst von einem Trauma berichtet hatte, das entstand, als sie einer Reisegruppe völlig unvermittelt auf englisch und französisch die Funktion einer Schleuse zu erklären hatte. «Ja, da kommt ein Schiff, und dann geht das dann so runter, und auf der anderen Seite geht das dann irgendwie wieder hoch ...» Und das in zwei Fremdsprachen!

Wir fuhren nach Las Vegas. Else hatte vorgeschlagen, «die Feiertage» in einem bombastischen Hotel-Casino-Komplex zu verbringen, und ich habe gelegentlich eine Neigung, auf gräßliche Vorschläge mit begeistertem Gejauchze zu reagieren. Unser Hotel-Monstrum erkannten wir sofort, weil wir aus dem Prospekt wußten, daß vor ihm alle 15 Minuten ein künstlicher Vulkan ausbricht, und der brach gerade aus. Wir folgten einem Schild «Valet parking».

«Weißt du, was valet bedeutet?» fragte Else.

«Keine Ahnung, vielleicht kriegt man da einen Gutschein oder so was.» Mir wurde mulmig. Vor und hinter Elses klapprigem Cadillac standen schwere Limousinen, in denen, soweit man es durch die verdunkelten Scheiben erkennen konnte, mit Juwelen behangene Personen saßen. «Hilfe, das sind die, die ganz oben in den Penthouse-Suiten wohnen!» stellte ich fest und wußte auch gleich, was Valet parking ist. Ich kannte es bislang nur aus dem Fernsehen. Die Autoinsassen steigen aus, und ein livrierter Schnösel fährt das Auto dann irgendwohin. Ich hatte mich immer gefragt, wie die Besitzer ihre Autos wiederfinden.

Mich grauste bei dem Gedanken, hier den Wagen verlassen zu müssen. Wir hatten nämlich «unangenehmes Gepäck». Else hatte ihren Frauenkram auf fünf Supermarkt-Pappbeutel verteilt, und ich hatte einen braunen Rucksack und einen Baumwollbeutel mit der Aufschrift «Butter-Lindner». Würde man uns nicht für mexikanische Flüchtlinge halten? Unnötige Angst – einer der Livrierten bemerkte unseren Irrtum und wies uns ohne jede Herablassung den Weg zum «Self-Parking».

An der Rezeption reichte man uns eine Karte, die wir, da darauf ein Wald, Wasserfälle, ein Dutzend Restaurants, der zu den Tigern von Siegfried und Roy gehörige Swimmingpool und ein Delphinarium eingezeichnet waren, zunächst für einen Stadtplan hielten. Es handelte sich aber lediglich um eine Orientierungshilfe durch die Hotelhalle. Während wir nun unser erdbebenopfergemäßes Gepäck auf dem Weg zum Fahrstuhl durch den künstlichen Urwald trugen, der, damit er weniger künstlich wirkt, mit künstlichen Gewächshausdüften aromatisiert wird, begann ich zu zweifeln, ob ich es durchstehen würde, diesem überkandidelten Ort wie geplant «europäisch», d. h. belustigt, aber mit dem Gefühl kultureller Superiorität, zu begegnen. Und richtig: Ich fand alles äußerst angenehm.

So auch Cesar's Palace, den benachbarten Hotelpalast. Auf Laufbändern gleitet man vorbei an einer Vielzahl von Tempeln, Säulen, Arkaden und teilweise sprechen könnenden Statuen, akustisch begleitet von Gladiatorenfilmmusik, künstlichem Tropenvogelgekreisch und schmetternden japanischen Durchsagen zu einer in ständiger Abenddämmerung versunkenen Piazza, wo man in European style restaurants Gerichte essen kann, die wörtlich übersetzt z. B. «Zwei monströse Fleischbälle in mundbewässernder Sauce» heißen. Cesar's Palace ist nichts für Lateiner und Faltenwurf-Fans, aber ein audiovisueller Schleckspaß für Leute, die bereit sind, sich vier Tage lang ihre von jahrzehntelangen Blicken auf Gebäude in vermeintlicher oder echter Bauhaus-Nachfolge (beides gleich ermüdend) oder karg dekorierte Theaterbühnen ergrauten Augen lustvoll rotzureiben. Ich sage: New York sieht so aus wie im Fernsehen, da muß man nicht unbedingt hin, Los Angeles ist wie – hier zitiere ich meine formulierungsbegabte ehemalige Ehefrau – wie hundertmal den gleichen Satz an die Tafel schreiben. Las Vegas aber ist eine der wenigen legitimen Schwestern deutschen Vollkornbrots: unersetzlich, das muß sein, keiner macht es besser. Angesichts des unerhörten Energieverbrauchs an diesem Ort muß man allerdings seinen Öko-Heiligenschein, falls man einen solchen trägt, vorübergehend auf Stand-by stellen, sonst hält man es nicht aus. Doch selbst wenn es einst gelingen sollte, die ganze Welt ökologisch umzustrukturieren, Las Vegas sollte bleiben: als Mahnmal eines heiteren Irrwegs und als Museum der Verschwendung.

Froh war ich, daß es meiner klugen einstmals Angetrauten trotz all des kulturell zweifelhaften Geprunkes in keinem Moment einfiel, das Wort «Kitsch» zu verwenden. Ich schätze diese Kurzverurteilung nicht, erst recht nicht, wenn modisch paradox dahergeredet wird, etwas sei «herrlich kitschig». In keinem Lexikon fand ich je eine mir einleuchtende Definition von Kitsch. Ganz gleich, ob man entbehrlich scheinenden Gefühlsausschüttungen, ablehnungsfreien Darstellungen von Volksfrömmigkeit, verheulten Schilderungen gesellschaftlicher Ungerechtigkeit, ungezähmter Freude am Ornament, naivem Weltverschönerungsdrang, Verwendung von Mustern aus der Pflanzenwelt in der bildenden Kunst, eklektizistischem Eifer, einem Mißverhältnis zwischen Form und Inhalt oder zwischen Ambition und Resultat begegnet – stets wird hastig «Kitsch» gebellt, statt eine der aufgezählten, doch sehr unterschiedlichen Erscheinungen präzise zu nennen. Mir ist einmal eine Schülerzeitung in die Hände gefallen, in der Schüler ihre Lehrer baten, aktuelle Popsongs zu rezensieren. Einer Lehrerin mißfiel, daß ein Sänger im Refrain eines Liedes «I love you, I love you, I love you» sang, und bezeichnete das als kitschig. In diesem hübsch ungequälten Bekenntnis sind jedoch sämtliche Kriterien, anhand deren sich der Begriff Kitsch noch irgendwie eingrenzen ließe, dermaßen abwesend, daß es sich als Schulbeispiel für Nichtkitsch vorführen ließe. Möge die Jugend die Kraft beschleichen, nichts auf Leute zu geben, die einfach formulierte Gefühlsregungen und Freudenäußerungen für entbehrlich halten. Entbehrlich ist allein der Begriff «Kitsch» – eine Totschlagvokabel, die aufgrund semantischer Überlastung gar nichts mehr transportiert außer einer diffusen Überlegenheitssehnsucht des Sprechers und daher geflissentlich gemieden werden sollte.

Ein anderer Begriff, dessen Bedeutungsinhalt im Zuge einer zu weiträumigen Verwendung dahingeschmolzen ist wie alter Camembert, ist die Satire. Es gibt im deutschsprachigen Raum ein Dutzend spezialisierter Germanistikprofessoren, die wie aus der Pistole geschossen den Unterschied zwischen einem Humoristen und einem Satiriker nennen könnten incl. sehr unkomischer Beispiele aus dreihundert Jahre alten Büchern, und daß der Humorist sogar das genaue Gegenteil eines Satirikers sei, werden sie auch noch sagen. Schön und gut und vielleicht sogar richtig. Zu dumm aber erstens, daß diejenigen, die aktiv «so was» machen, sich für Theorie nicht interessieren (es ist wirklich ein wenig dumm!), und zu dumm zweitens, daß außer den paar Profs kein Mensch genau weiß, was ein Satiriker eigentlich ist. Im allgemeinen, laienhaften Sprachgebrauch ist ein Satiriker wohl so eine Art *besserer* Humorist, einer, der über *wichtigere* Themen, worunter im, wie gesagt, allgemeinen, laienhaften Verständnis politische Themen verstanden werden, *kritischer* schreibt oder, wie die im Kulturteil lokaler Tageszeitungen Rezensionen schreibenden Zahnarztgattinnen und Zahnärztingatten nicht müde werden sich auszudrücken, *bissiger.* So kommt es, daß von einigen das Wort Satiriker sogar als Ehrentitel verstanden wird. Man nehme irgendeinen wahllos den medial vorselektierten Geschehensfluß mit Wortspielen verdrehenden Fernsehhanswurst, der vielleicht heimlich darunter leidet, als Blödelhannes und Ulknudel zu gelten – irgendwann wird er sicher 65 und kriegt seine Gala, auf der er von Laudatoren als ein Verkannter resozialisiert wird, der in Wirklichkeit ein «begnadeter Satiriker» sei. Was das sein soll, ist ein Gegenstand schwammiger Ahnungen. Man kann sich

414

durch einen Wust überlieferter Satire-Definitionen quälen, die einander teilweise widersprechen, teils selbst «satirisch» gemeint und häufig uralt sind und mit den Gegebenheiten zeitgenössischer Komik überhaupt nichts mehr zu tun haben. Bemüht man gar die Etymologie, landet man bei einer Obstschale und wird völlig blöde. Man sollte sich von einem Begriff, der seine Konturen verloren hat, trennen. Satire hat heute den Beigeschmack von Tanzkapelle, Handkuß und Kondensmilch – toter Kram, weg damit.

Für einige der besseren unter denen, die von anderen Satiriker genannt werden, ist diese Bezeichnung ein absolutes Brechmittel. Man bevorzugt neutralere Formeln, Schriftsteller z. B. oder, wenn tatsächlich auf eine Einengung Wert gelegt wird, Schriftsteller mit komischer Tendenz, Komikproduzent, vielleicht auch Humorist. Satiriker jedoch – das sind uncoole Opas. Die in Deutschland bekanntesten Autoren, die für sich selbst ohne Einschränkung die Berufsbezeichnung Satiriker gelten lassen, sind Ephraim Kishon und Gabriel Laub. Ersterer schreibt, soweit ich mich entsinne, immer chronisch Augenzwinkerndes über die böse Bürokratie und daß Frauen Menschen seien, die das Geld ausgeben, welches ihre Männer verdienen. Fucking Opa Shit. Den kürzlich verstorbenen Gabriel Laub lernte einmal eine Freundin von mir kennen. Zum Ende ihres Gespräches holte er einen Stapel Visitenkarten *aus seiner Gesäßtasche,* auf denen stand:

GABRIEL LAUB
SATIRIKER

Satiriker sind also Leute, die für die Bild-Zeitung schreiben und Visitenkarten mit dem Aufdruck Satiriker in der Gesäßtasche tragen. So einer will man natürlich nicht sein!

Trotzdem werde ich manchmal erstaunt gefragt, wieso ich mich denn so gar nicht als Satiriker empfinden möchte. Da ich keine Lust habe, auf diese Frage immer wieder ausführlich zu antworten, habe ich mir eine Art Esprit-Sprüchlein, einen Aphorismus zurechtgelegt: «Satiriker wollen der Gesellschaft einen Spiegel vorhalten. Gesellschaften sind aber wie Tiere: Sie erkennen sich in Spiegeln nicht.»

Bestätigung für meine Auffassung, daß ich kein Satiriker bin, erhielt ich einmal von einer Gruppe «autonomer», wie Cats-Katzen angemalter Frauen, die vor einer Lesung gegen meine Person gerichtete Flugblätter verteilten. Darin hieß es, daß ich kein Satiriker sei, weil Satire stets auf der Seite der Schwächeren stünde. Diese am Wesen des Gegenstandes seltsam vorbeimenschelnde Definition haben sie wohl aus einem Schulbuch der DDR übernommen: wo es keine Schwächeren bzw. nur ganz wenige gab und demzufolge auch keine Satire bzw. nur ganz wenig.

Von Belang ist der Begriff Satire heute allenfalls vor Gericht. Es ist die in juristischen Kreisen verständliche Bezeichnung für eine Form von Komik, der man künstlerische Freiheiten zuzugestehen hat. Satire *darf* also ein bißchen mehr als bloßer Humor.

Soll ich jetzt noch einmal nach Las Vegas zurückkehren? Warum nicht – der Begriff Satire ist so inhaltsleer, daß man Las Vegas, ohne große Schelte zu erwarten, als Satire auf eine kapitalistische Stadt bezeichnen könnte. Natürlich mußten Else und ich dort auch eine klassische Las-Vegas-Show besuchen, und da zwar die Tiger von Siegfried und Roy, nicht aber diese selber in der Stadt waren, wählten wir einen Komödianten-Abend in einem Glitzer-Etablissement der sechziger Jahre. Wir hatten altmodische Gentleman-Anzüglichkeiten erwartet, doch statt dessen wurden uns drei feministische Kabarettistinnen serviert, die Witze über Penisse, gynäkologische Untersuchungen und die religiösen Gefühle ihrer mittelständischen Zuschauerschaft machten, welche indes beneidenswert gelassen lachte. Insgesamt schien mir Las Vegas eine unreligiöse Oase zu sein. Nirgends eine Spur von feister Weihnachtsmenschelei, nirgendwo bösartige Lieder reicher Hoffnungsdelirianten – «Heal the world», «I have a dream» – nicht in Las Vegas! Gefallen hat mir auch das Fehlen allen Disneytums. Ich weiß nicht, ob das Disney-Imperium in Les Vegas irgendwelche Hotels besitzt, aber es laufen keine aufdringlichen Micky-Maus- oder Goofy-Figuren herum, die einen zwingen, sich mit ihnen fotografieren zu lassen. Man wird zu überhaupt nichts animiert, nicht einmal zum Spielen. Wer will, kann auch bloß saufen, was obendrein, genau wie die Übernachtungen, billig ist. Ein komfortables Doppelzimmer mit Vulkan vorm Fenster kostet höchstens halb soviel wie ein enges Einzelzimmer in Leipzig ohne Vulkan. Bedauerlich war eines: Man kann sich nirgendwo mal ruhig hinsetzen und eine Postkarte an seine Lieben schreiben. Selbst in die Bartresen sind Videopoker-Maschinen eingebaut. Selbst noch auf Zimmer 21027 hört man den Vulkan dröhnen. Und Briefkästen habe ich auch nicht gesehen – vermutlich weil sie nicht glitzern.

Knallfluchttourismus
ins Magnifik-
Montanös-Privatknallfaule

«Wenn der Schriftsteller Heinrich Heine an Deutschland dachte, dann war er um den Schlaf gebracht. So ähnlich geht es Horst Breitpohl, dem Vorsitzenden des Arbeitskreises Bettwäsche.» Mit diesen Worten beginnt ein Zeitungsartikel über die Zurückhaltung der Deutschen beim Kauf von Bettwäsche, und als ich ihn las, dachte ich: «Superartikelanfang. Den stehle ich.» Was hiermit geschehen ist.

Was soll sonst noch geschehen? Ich könnte über eine Reise berichten, die mich nach Hongkong führte, doch wen wird es fesseln, daß «Nutella» dort in Senfgläsern angeboten wird? Ich meine Gläser mit Dinosauriern drauf, die man später zum Trinken benutzen kann, und wenn dem Nachwuchs das Glas dann runterfällt, sagt die Mutter: «Macht nichts, ist ja nur ein Senfglas.» Die Hongkonger Mutter hingegen sagt: «Ist ja nur ein Nutellaglas», nimmt ein Kehrblech und bückt sich zwecks Aufkehrens, wobei das Kind ihr frech auf den hochgereckten Hintern guckt.

Man sieht also, Hongkong ist nicht sehr aufregend. Es gibt tausend funkelnagelneue Hochhäuser, die sofort abgerissen und durch noch neuere ersetzt werden, sobald ihr Funkeln nachläßt, und ein geradezu als asiatisch zu bezeichnendes Gedränge, aber alles andere, was man von einer Sechsmillionenstadt erwartet, gibt es nicht zu sehen und zu erleben, Kriminalität etwa oder Prostitution. Null Anzeichen einer florierenden Drogen- oder wenigstens Kunstszene, lediglich Säcke mit getrockneten Pilzen sieht man überall und Nudelsuppe mit kilometerlangen Nudeln drin, die das peinigendste Sodbrennen der Welt erzeugt. Wer ohne Bullrichsalz nach Hongkong reist, der dürfte schief gewickelt sein.

Hongkong ist sehr gebirgig, die doppelstöckige Straßenbahn kostet 25 Pfennig, und jeden Tag bekommt man eine neue Portionsflasche Haarconditioner aufs Hotelzimmer gestellt. Ich habe sie alle mitgenommen, und jetzt stehen sie auf meinem Toilettenspülkasten und sind mir bei der Suche nach dem Sinn des Lebens nicht behilflich. Wie gesagt: Hongkong ist gebirgig, und wie jeder weiß, mochte Winston Churchill keine Gebirge. Auf die Frage, warum er denn so irre alt sei, antwortete er: «Keine Gebirge.» Des weiteren gefragt, was er denn von Hongkong halte, sprach er: «Magnifik, doch weit zu montanös.» Soviel zur Gebirgigkeit Hongkongs und im speziellen über das Verhältnis Sir Winstons zur Montanösität.

Hongkong verfügt über 91 Filialen von McDonald's, während es Burger King keinen einzigen gibt, und das, obwohl mir alle Leute, die sich da auskennen, versichern, Burger King sei besser als McDonald's. Die Produkte von Burger King scheinen mir in der Tat nicht ganz so tamponös zu sein wie die der Mitbewerberkette. Man sagt ja, depressive Menschen ließen sich nicht nur an ihrer Vorliebe für die Farbe Lila, sondern auch an ihrem Hang zu weichen Nahrungsmitteln erkennen, aber die Hongkonger wirken insgesamt recht heiter, sie sehen sehr nett aus in ihrer teuren modischen Bekleidung, sie hören Simply Red, tun ihre Pflicht, können unerwarteterweise überhaupt kein Englisch und trinken Soft Drinks. Unauffällig und unvernörgelt erledigen sie ihre Biographie, wobei Conditioner ihren Haaren einen schimmernden Liebreiz verleiht. Gern würde der europäische Besucher fremde Passanten intensiv kämmen, aber das wäre schwierig, denn die Hongkonger gehen wunderbar zügig durch ihre Stadt, und wenn einer sagt, dies sei der Grund, warum dort immerzu die Sonne scheint, dann hat er ganz bestimmt unrecht, aber einen gewissen Charme. Es gibt einen Song von Tocotronic, in dem die Frage gestellt wird, ob die Leute auf der Straße eigentlich absichtlich so langsam gehen, um andere fertigzumachen. Als ich das Lied vernahm, überkam mich eine große Identifikation: «Ja», dachte ich, «wieviel weiter könnte ich sein im Leben, wenn all die Menschen, die jemals auf der Straße vor mir gingen, etwas flotter gewesen wären!» Hongkonger können mit dem genannten Klage- oder Fragelied jedoch nicht gemeint sein. Deutsche und Österreicher sind gemeint. Im Wissenschaftsteil einer deutschen Tageszeitung wurden vor kurzem die Ergebnisse einer Untersuchung bekanntgegeben, die zum Ziel hatte, herauszufinden, wie schnell die Bewohner verschiedener Städte durch die Fußgängerzone laufen:

Hamburg: 5,33 km/h
Köln: 5,22 km/h
Berlin: 5,18 km/h
Frankfurt: 5,08 km/h
München: 5,04 km/h
Wien: 5,00 km/h

Als ich einmal bei McDonald's war, fragte gerade eine Abordnung charmanter Studentinnen der Universität Hongkong westliche Besucher aus. Sie wollten erkunden, ob die Neigung der Chinesen, bestimmte Dinge zu essen, dem Tourismus schade. Zu diesem Zweck stellten sie unwissenschaftliche Suggestivfragen wie z. B., ob ich gehört hätte, daß in einigen Restaurants der Stadt «schreckliches Essen» angeboten werde, worauf ich beinahe gesagt hätte, daß ich «your stinky noodle soups» in der Tat für schreckliches Essen hielte und die Sitte, Nudelsuppe mit Stäbchen zu essen, für eine antiquierte regionale Schrulle. Doch die Studentinnen fügten rasch hinzu, was genau sie mit «terrible food» meinten, nämlich Schlangen und Hunde. Ob ich vorhätte, aus diesen Tieren zubereitete Gerichte zu verzehren? Ich antwortete, daß ich dies wahrscheinlich nicht tun würde, aber überhaupt nichts dagegen hätte, wenn Hunde gegessen würden, da diese ja nicht gerade vom Aussterben bedroht seien. In Deutschland gebe es ungefähr doppelt so viele Autos wie 1970, aber schätzungsweise zehnmal soviel Hunde. Früher hätten eigentlich nur Hitler und die Jacob Sisters einen Hund gehabt, heute hielten sich alle, die nichts zu tun hätten, vom autonomen Zerfetzti bis zur reichen Vorortschnatze, ganze Rudel dieser indezenten Tiere, und wenn man sympathische Rinder und Schweine schlachte, dann brauche man den lästigen, weil durch ihre Übermotorik unbuddhistische Unruhe verbreitenden Hunden keine Schonung zu gönnen. Am besten freilich, man würde gar keine Tiere essen. Die Studentinnen waren unzufrieden: Sie hatten in der Schatztruhe meiner Antworten keine Perlen entdeckt.

Nun drängt sich wohl auch dem dümmsten Leser die Frage auf: Was ist eigentlich der Unterschied zwischen Hongkong und Paris? Ich weiß ihn. In Hongkong bekommt man in Lokalen sein Wechselgeld nicht auf Blumentopfuntersetzern gereicht. Ich weiß sogar noch einen Unterschied, nämlich den zwischen Horst Breitpohl und Werner Matzke. Horst Breitpohl ist Vorsitzender des Arbeitskreises Bettwäsche, und Werner Matzke ist der Sprecher des Verbandes der

Deutschen Dauen- und Federindustrie. Das ist natürlich noch lange keine befriedigende Antwort auf die Frage, wie es kam, daß ich in die Stadt mit den langen Nudeln und der längsten Rolltreppe der Welt flog. Es kam so: Ein Freund erschien und sprach: «Ich will Silvester in Hongkong verbringen, und du kommst mit.» Ich entgegnete: «Na, wenn du meinst, mein Gebieter, dann ja.» Gelegentlich liebe ich es nämlich, mich willenlos fremder Bestimmung auszuliefern. Normalerweise sagt mir nie einer, was ich tun soll. Alles entscheide ich selbst, morgens, abends, in nebligem Mond. Um so mehr genieße ich es daher bisweilen, wenn mir mal jemand was befiehlt oder verbietet. Wunderbar ist es, an einer roten Fußgängerampel auch dann stehenzubleiben, wenn alle anderen Passanten es für nötig halten, wie rebellische Teenager zwischen den fahrenden Autos herumzuhecheln. Der niederländische Schriftsteller Harry Mulisch soll gesagt haben, an einer roten Ampel stehenzubleiben, das sei typisch deutsch. Als ich dies hörte, dachte ich: «Aha. Soso. Man kann also gleichzeitig Niederländer, Schriftsteller und Inhaber öder Ansichten sein. Na ja, wenn er Freude daran hat ...» Es ist nämlich nicht typisch deutsch, sondern typisch okidoki, an einer roten Ampel stehenzubleiben. Auch die Hongkonger bleiben gern stehen! Sie gehen in geschäftigem Tempo durch die Stadt und bleiben an Ampeln stehen – das ist vorbildlich. Mir wird von oben, von einer süßen, anonymen Macht, eine Pause angeboten, und ich bin so entgegenkommend, dieses Angebot anzunehmen, indem ich friedensreich verharre. Warum soll ich unentwegt um Souveränität und Unabhängigkeit ringen? Ich bin doch kein pubertierender Zwergstaat. Der rote Mann bietet mir eine freie Minute an, und ich als freier Mann knabbere den Zeit-Snack gern. Sich kurz und freiwillig dem Geheiß des roten Mannes zu unterwerfen erspart einem nicht zuletzt den Gang zur Domina. Ist doch viel besser, ein bißchen am Zebrastreifen zu stehen, als sich von einer geldgierigen Ziege Streifen auf den Rücken peitschen zu lassen! Deshalb bleibe ich immer schön stehen, es sei denn, es sind Kinder zugegen. Dann gehe ich auch bei Rot, damit sie schreien können: «Sie sind aber ein schlechtes Vorbild!» Das haben ihre Erzieher in sie einprogrammiert, und man muß ihnen ja Gelegenheit geben, das Erlernte abzuspulen.

Lustgewinn empfinde ich auch an Orten, wo man mir das Rauchen verbietet. Sich einem harmlosen Diktat ganz selbstverständlich zu fügen ist eine süße und runde Sache. Da denke ich: «Eine mir unbekannte Autorität verbietet mir etwas, und in mir regt sich kein Widerstand. Ich beginne zu ahnen, was Frieden sein könnte.»

Das eigenartigste Rauchverbotsschild, welches ich je sah, hängt im Café des Stadtmuseums von Offenburg. Es lautet BITTE HIER NICHT RAUCHEN, SONST ABER ÜBER-ALL. Komisch, daß mir in Offenburg ausdrücklich gestattet wird, in der Antarktis oder in Kathedralen zu rauchen. Schlußfolgerungen anregend sind übrigens auch Schilder, aus denen hervorgeht, daß die Verbotsautoren vom Verbieten *eigentlich* gar nichts halten. Am Schaufenster einer Café-Kneipe mit nachmittags frühstückender Kundschaft klebte neulich ein Zettel, auf dem stand: LIEBE LEUTE! HIER BITTE LEIDER KEINE FAHRRÄDER ABSTELLEN! Natürlich lassen sich die «lieben Leute» von einem dermaßen hasenfüßig formulierten Verbot gar nicht beeindrucken, und alles ist schwarz vor Fahrrädern. Wenn man meint, anderen etwas verbieten zu müssen, dann muß das mit Schmackes, mit rotwangiger Überzeugung geschehen. Wenn ich irgendwo läse: RASEN LEIDER NICHT BETRE-

TEN – dann würde ich ein Zäunchen übersteigen und mich auf dem Rasen kugeln vor Lachen über das verzagte Gemenschel.

Vieles, was heute für ein selbstverständlich in Kauf zu nehmendes Übel gehalten wird, hätte, wenn es neu wäre, nicht die geringste Chance auf gesetzliche Zulassung. Würde ich heute die Zigarette erfinden oder die Hundehaltung – man würde meine Errungenschaften bekämpfen wie Kinderpornographie im Internet. Oder das aggressive Privatgeknalle um Silvester herum: Vielleicht würde man sich um einen Kompromiß bemühen und, wie mancherorts, ein nettes, zentrales Feuerwerk zur allgemeinen Ergötzung zünden oder irgendwo einen netten, zentralen Hund aufstellen. Manche Deutsche können es ja gar nicht fassen, wenn sie hören, daß man in anderen Ländern nicht eine geschlagene Woche lang von enthemmt böllernden Zehnjährigen drangsaliert wird, sondern daß dies im großen und ganzen eine Eigenheit Deutschlands und einiger kultureller Dependencen ist. Schon in der Schweiz gibt man sich sympathisch privatknallfaul, und auch in Hongkong spritzen die Leute einander nur spaßig gemeinte Plastikfäden aus Sprühdosen in die Haare und in die Nudelsuppe.

So war es einer der sanftmütigsten Jahreswechsel, die mir je vergönnt gewesen sind. Wir saßen, Hefeweizen trinkend, in einer überauthentischen, also die deutschen Vorbilder qualitativ übertreffenden Kneipe namens «Schnurrbart» inmitten von Chinesen, die sich an Schmalz- und Leberwurstbroten gütlich taten. Da die chinesischen Stullenfreaks nicht müde wurden, ein bestimmtes Lied von Simply Red zu drücken, spielte ich ihnen nach einiger Zeit einen frechen deutschen Streich. Ich warf ganz viele Münzen in die Musicbox und programmierte sie so, daß zwölfmal hintereinander das Lied ‹Isobel› von Björk erscholl. Sonst war nichts Gescheites in der Maschine. Die Chinesen tatzelten mich dafür aber nicht, sondern fuhren vergnügt mit der Verputzung der Graubrotscheiben mit grober westfälischer Landleberwurst fort.

Eigentlich hatte ich Silvester ganz anders verbringen wollen. Vor einigen Jahren war in der Zeitung von einem Silvesterunglück in Hongkong zu lesen gewesen. In einem Vergnügungsviertel waren die Leute dicht gedrängt auf einer steilen Straße gestanden und hatten Bier getrunken. Mit der Zeit hatten sie soviel Bier auf die Straße gekleckert, daß jemand ausrutschte, dadurch andere zu Fall brachte und eine verderbnisbringende Kettenreaktion auslöste; 19 Menschen waren gestorben. In dieser actionträchtigen Straße wollte ich eigentlich zechen. Aber beim Vorbeigehen am «Schnurrbart» bekam der Begleiter, der eine Woche lang nichts lieber getan hatte, als durch Gedränge gehend mit Stäbchen Nudelsuppe zu essen, leberwurstbrotbedingte Stielaugen.

Zurück am Hamburger Flughafen, nahm ich mir ein Taxi. Der Fahrer fragte mich, wo ich gewesen sei. Ich gab brav Auskunft. Da meinte er, dann wüßte ich wohl gar nicht, daß die Alster zugefroren sei. «Doch, ich weiß», gab ich maulfaul zurück. Ich hatte immer die Welttemperaturentabelle in der ‹South China Morning Post› gelesen. «Ach so, ja», sagte der Fahrer, «in Hongkong gibt es ja auch Fernsehen», worauf ich dann aber doch meinte erwidern zu müssen, daß das Zufrieren der Alster nicht zu den Ereignissen zählte, die im Hongkonger Fernsehen übertragen werden. Darauf der Fahrer: «Wieso nicht?»

In meinem Kühlschrank hatte sich während meiner Abwesenheit aufgrund einer durch Abreisehektik verursachten Unachtsamkeit ein Schimmel gebildet, welcher ungewöhnlich pelzig, fast schon hübsch war. Da fiel mir ein, daß es heutzutage doch möglich sein müßte, den pelzigen Eigenschaften des Schimmels gentechnisch so beizukommen, daß man daraus einen Pelzmantel herstellen kann. Damen in Schimmelpilzpelzen werden bei Marks & Spencer gefrorene Orchideen kaufen. Das werd ich noch erleben, denn ich bin jung und habe Bullrichsalz und quetsch mein Gastrecht aus.

GESTRANDET AN LEBEN
UND KUNST

Der heile Krug

Manch liebenswerter junger Eierkopf stand und saß schon nächtens in Lokalen, um mit einem seiner Gleichen zu bereden, wie Natur und Kultur zueinander stehen, ob die Kultur Bestandteil der Natur sei oder etwa ihre Widersacherin. Es bringt nichts, sich dazuzustellen und zu sagen, wie man selber dazu steht, denn am nächsten Morgen hat man sowieso alles vergessen. Es reicht vielleicht schon festzustellen: Kultur verhält sich im Gegensatz zur Natur additiv. Bringt der Mensch Ratten, Katzen und Kaninchen auf Inseln, auf denen diese Tiere bislang nicht waren, dann sind binnen weniger Jahre zig einheimische Arten verschwunden. Die Flora des Schwarzwaldes wird ärmer und ärmer, weil sich überall das Indische Springkraut breitmacht. Und der Riesen-Bärenklau aus dem Kaukasus, der trampelt alles nieder und versorgt Spaziergänger aus halb Europa mit Bärenklau-Quaddeln, den nesselndsten Quaddeln der Welt.

Die Kultur ist da ganz anders. Die heimische Musik wird von keiner Quaddeln hervorrufenden Riesen-Musik aus Asien verdrängt. Wird eine neue Musikrichtung erfunden, verschwindet dafür keine andere. Selbst den Punk, der so ideal dazu geeignet scheint, als Beispiel für einen einfältigen Mode-Gag ohne Anspruch auf Eintrag in die Kulturgeschichte zu gelten, selbst den gibt es noch und keineswegs nur als retrospektive Erscheinung, sondern mit echter, intakter Infrastruktur.

Manche Leute denken, wenn die Medien aufhören, über eine Sache zu berichten, würde das bedeuten, daß diese Sache nicht mehr existiert; sie sind dann oft erstaunt, wenn sie erfahren, daß es z. B. Breakdance oder Poetry Slams noch immer gibt. Etwa 1997 habe ich in einem Text das Verschwinden des Walkman in Aussicht gestellt. Er schien mir wegen der Konkurrenz des Mobiltelephons zum Aussterben verdammt, denn es ist ja klar: Wer Musik direkt am Ohr hat, der kann sein Telephon nicht klingeln hören. Doch ich habe mich verprophezeit. Es gibt zwar höchstens noch 20 Prozent der Walkman-Menge von 1990, aber richtig weg ist er noch immer nicht. Mode ist – das sagte Jean Cocteau dereinst im heiteren Paris – Mode ist das, was *aus der Mode* kommt. Ich fürchte, dies ist ein goldener Satz von früher, als eine sich nach Esprit sehnende Bürgergesellschaft noch Aphoristikern zu Füßen lag. Heute kommt überhaupt nichts mehr aus der Mode. Mindestens seit sieben Jahren beispielsweise wird gesagt, die verkehrt herum aufgesetzte Baseballkappe sei nun aber endgültig und ein für allemal aus der Mode – Punktum, Streusand drauf, das könne man jetzt wirklich nicht mehr tragen. Nun gucke man aber mal ins Land. Man erinnere sich auch der tapferen Vivienne Westwood, die sich schon so lange nicht zu schade ist, auf alle stilverkündenden Minarette der Welt zu steigen und auszurufen, daß das mit den bauchfreien Tops und den gepiercten Bauchnabeln ganz bestimmt und per Dekret nicht mehr gehe. Ich schaue dann immer hoch zu den Minaretten, lausche dem Sound der schlauen Frau und sage: «Verehrte Frau, das Ausrufen nutzt nicht! Es werden noch in zwanzig Jahren welche so rumlaufen! Aber fassen Sie sich ruhig mal an den eigenen Kopf: Die Platten der vor 24 Jahren von Ihnen miterfundenen Sex Pistols, die gibt es ja auch immer noch!»

Wunschvorstellung von Modemenschen längst verstorbener Schule ist, daß man gestern rot mit Schlitz vorn, heute

blau ohne Schlitz und morgen grün mit Schlitz hinten trägt.
Vorbei. Alle Farben und Verschlitzungen bleiben erhalten,
sie verkriechen sich nur manchmal nach oben oder unten,
d. h. in die von Kameras nicht erfassten Unterschichten oder
Eliten. Ab und zu hat man das Glück, daß sich beide begegnen. Ich weiß noch: Ende 1989. Da war es bei sehr modischen Männern im Westen Sitte, sich großflächige Koteletten wachsen zu lassen, während die gleichen Koteletten im
Osten damals noch althergebrachter Arbeiter-Look waren.
Die Mauer ging auf – da rannten die schicken Westler in die
Kneipen in Ost-Berlin, um Bier für 58 Pfennig zu trinken.
Nun saßen sie mit den modisch behaarten Wangen in als
schrill empfundener neuer Umgebung und wurden von den
identisch behaarten Alteingesessenen neugierig betrachtet.

Heute, zehn Jahre nach der Wende, fällt es übrigens leichter, Westdeutsche und Ostdeutsche an der Kleidung voneinander zu unterscheiden, als direkt nach dem Mauerfall. Zumindest ein beträchtlicher Teil der Jugend ist eindeutig als
dem Osten entstammend zu erkennen, wobei ich jetzt nicht
von der rechten Szene sprechen möchte, sondern von denen,
die in gewaltigen Glockenhosen aus extrem synthetischen
Materialien umherlaufen, wozu sie sogenannte Buffaloes,
also die klobigsten aller klobigen Schuhe, und pink gefärbtes Haar tragen. Diesen ganzjährigen Love-Parade-Look
sieht man im Westen viel seltener. Die dergestalt gezeigte
Partysehnsucht erinnert mich an die alte Frau aus Heinrich
Bölls Erzählung ‹Nicht nur zur Weihnachtszeit›, die ihre
Angehörigen zwang, jeden Abend mit ihr Weihnachten zu
feiern. Mit der Zeit ließen sich die Angehörigen durch Puppen ersetzen – so weit ist es aber im Osten Deutschlands
noch nicht gekommen.

Wenn der Riesenhaufen dessen, was menschliches Nichtrastenkönnen zuwege bringt, immer größer wird und nichts mehr verschwindet, kann man sich natürlich auch die eine oder andere Sorge machen. Ich möchte mir vorübergehend am Beispiel des Hauses *Ferrero* Sorgen machen. Dieses bringt nun schon seit Jahren alle paar Monate mit gewaltigem Werbegetöse ein neues Produkt der Marke «Kinder» in die Läden. Neben der Schokolade und der Milchschnitte gibt es «Kinder Bueno», «Kinder Happy Hippo Snack», «Kinder Pingu», und wie heißt noch das, wo sie auf einem Heuwagen durch die Gegend fahren, ach ja: «Kinder Country», dann kam «Kinder Irgendwas – das Milch Irgendwas im Handy-Format» und zuletzt «Kinder ProfessoRhino – die ersten Milch Minis im Schoko Body». Sicherlich gibt es noch viel mehr dieser Produkte, doch ich mag mich nicht recherchierend vors Kühlregal stellen und die Namen der Waren auf einen Block schreiben oder gar mein Diktaphon verwenden – da würden sich besorgte Mütter an die Marktleitung wenden und sagen: «Da steht ein Mann an der Kühltruhe und flüstert ‹Kinder Happy Hippo Snack› und ‹Kinder Country› in ein Diktiergerät – gehen Sie dem im Interesse der Sicherheit unserer Kinder mal nach!» Daher begnüge ich mich mit meinem Gedächtnis, dessen Erträge ausreichen, mich zu fragen, wie weit man es wohl mit der Diversifizierung ein und desselben alten Zwei-Komponenten-Geistesblitzes noch treiben wird. Unablässig werden neue Varianten lanciert, nie aber hört man, daß eines dieser Formate wieder vom Markt verschwindet.

Das liegt daran, daß der Vermarktungsstop eines Produktes nicht vermarktet wird. Ich bedauere das und würde mich ungemein an einem Spot gütlich tun, in dem ein Kid (dieses Wort gibt es im Deutschen eigentlich nur im Plural, fällt mir gerade auf) in der Kulisse einer sorgenfreien, drastisch amerikanisch beleuchteten Wüstenroth-Idylle in einen Riegel beißt und sagt: «Ich esse gerade das letzte ‹Kinder Pingu› der Welt. Ab morgen wird das nicht mehr vertrieben. Ich danke für Ihr Verständnis für die Unabänderlichkeit dieses Einschnitts in Ihr übrigens eigentlich kaum kommentarwürdiges Triebleben.» Doch das ist eine romantische Utopie. Ferrero wird auch in den nächsten Jahren neue Formate raushauen, und in irgendeinem von Strategenhand verkehrsgünstig zwischen zwei Ballungsgebiete hinprojizierten Freizeitpark wird es vielleicht schon einen Laden geben, in dem man nichts anderes als diese «Kinder»-Produkte erwerben kann. Als Idealvorstellung eines Supermarktes würde ein solcher aber auch unter der Konsumkritik fernstehenden Menschen nicht reüssieren.

Was sollen die normalen Lebensmittelgeschäfte tun? Diese reagieren auf Neuzugänge nur äußerst ungern damit, daß sie andere Waren, z. B. Altmodisches wie Mohn, «Hoffmanns Ideal-Stärke» oder Perlgraupen, aus dem Sortiment verbannen, denn dann schimpfen die zum Leidwesen von Ferrero noch immer unermüdlich weiterlebenden Senioren. Vielmehr verdonnern die Geschäftsführer ihre Mitarbeiter, in nächtlichen Überstunden wieder mal die Regale umzubauen, um noch ein paar Quadratzentimeter Verkaufsfläche herauszuschinden. Schon jetzt sind die überall viel zu eng aufgrund Dutzender nur im Initialaroma unterscheidbarer Sorten von Müller-Milch, Kellogg's-Knuspermischungen oder Fanta. Irgendwann sind die Läden so vollgestopft, daß nicht ein einziger Kunde mehr hineinpaßt. Mit dem Finger der Ratlosigkeit an der Lippe werden die Filialleiter da stehen und sich fragen: «Was haben wir nur falsch gemacht?» Dies ist meine Sorge, die sich an der Maßlosigkeit der Firma Ferrero entzündet.

Und ob es wohl irgendwo den Krug zu kaufen gibt? Jenen gläsernen Krug, aus dem sich in der Werbung für die eben genannten und ähnliche Süßigkeiten seit Urzeiten diese märchenhaft fließende Milch z. B. auf mit Möbelpolitur eingeriebene Haselnußkerne ergießt? Natürlich gibt es ihn nirgends, denn er ist ein glasbläserischer Sonderauftrag mit extrem großer Tülle, damit die Milch so schön telegen in epischer oder zumindest autobahnartiger Breite herausströmen kann. Würde man den beim Frühstück verwenden, wäre eine Tischüberflutung schwerlich zu vermeiden.

Nicht gerade neu ist folgendes Wissen: In den unter dem Signet «Kinder» vertriebenen Erzeugnissen ist gar keine Milch drin. Die würde ja auch wieder rausfließen. Magermilchpulver ist drin. Also das, was der Westdeutsche in der Zeit der Teilung in seine Ostpäckchen getan hat, weil er es bequem fand zu denken, die im Osten hätten keine Milch, woraufhin die Ostdeutschen das nun aus ihrer Sicht nicht mehr Ostpäckchen, sondern Westpäckchen genannte Paket öffneten und sprachen: «Buah, schon wieder bloß Milchpulver. Die denken da drüben wohl, bei uns gäbe es keine Milch.» Die Ostdeutschen wollten schöne Damenstrümpfe, feines Parfum oder Pfeifentabak, aber die Westdeutschen dachten, die sollen sich bloß nicht einbilden, daß sie teure Nylonstrümpfe von uns kriegen, denen hat es gefälligst an Mehl, Zucker und Milchpulver zu mangeln, denn das ist schön billig, und wir tun unsere gesamtdeutsche Pflicht. Man würde natürlich gern mal wissen, was die Ostdeutschen in den Jahren der Paketeschickerei mit den vielen Tonnen ihnen mildtätigerweise gesandten Magermilchpulvers gemacht haben. Vielleicht konnte man eine daraus angerührte quarkige Paste beim Datschenbau als Estrichversiegelung verwenden. Ebensogern würde man sich einen

Werbemenschen des Hauses Ferrero vorstellen, der über dem Marketing für die neue Hervorbringung «Kinder Cruncholino» brütet und sich sagt: Pah, ich will was Neues und Wildes tun, daher streiche ich den Satz «Mit dem Besten aus der Milch» und ersetze ihn durch «Mit ganz viel von dem, was die Ostdeutschen an den Paketen aus dem Westen gehaßt haben, aber aus Höflichkeit auch nicht kritisieren wollten, weil sie insgeheim hofften, irgendwann doch schöne Strümpfe geschickt zu bekommen».

Von den Monumentalphänomenen der deutschen Geschichte ist das am wenigsten diskutierte mit Sicherheit das monumentale Desinteresse der Westdeutschen an den Lebensumständen in der DDR gewesen, welches dazu führte, daß man die Menschen dort für bedürftig an getragener, oft mottenzerfressener Kleidung und Milchpulver hielt. Eine weibliche Verwandte des Verf. pflegte einen zwar unvollständigen, aber charakteristischen Satz zu äußern, wenn sie gebrauchte Kleidung in ein Ostpaket steckte. Es handelte sich um einen der Schlüsselsätze der deutschen Teilung. Er lautete:

Eh man's wegwirft ...

Erheblich war die Unkenntnis sogar bei denen, die mit der DDR-Führung ausdrücklich in Kontakt zu treten wünschten. Udo Lindenberg etwa hatte in den achtziger Jahren einen Hit namens ‹Sonderzug nach Pankow›, und Pankow stand in dem Lied als Synonym für das sogenannte Städtchen, ein abgeriegeltes und streng bewachtes Viertel im Berliner Bezirk Pankow, in welchem die Angehörigen der DDR-Staats- und Parteiführung wohnten – allerdings nur bis 1960. Danach zogen die meisten ins nördlich von Berlin gelegene Wandlitz. Daß Udo Lindenberg die Adresse Erich Honeckers noch 25 Jahre danach singenderweise mit Pankow angab, mag man entweder als kommerziell motivierte Rücksicht auf die mangelnde politische Bildung der westdeutschen Plattenkäufer begreifen oder aber als Hinweis auf seine eigene.

Wie gut, daß ich ein Künstler bin!

Habe also eine Tür beschmiert und habe die Ehre, das teuer bezahlt zu bekommen. Man will eine Schule nach mir benennen? Nun denn, wenn sie im feinsten Viertel liegt – an mir soll es nicht liegen! Wie gut, daß ich ein Künstler bin!

Man stelle sich bloß einmal vor, ich wäre statt dessen ein Richter. Hilfs- und Hauptschöffen sowie Verteidiger würde ich sofort des Saales verweisen, damit ich nicht nur den vermaledeiten Angeklagten, sondern auch Zeugen und Sachverständige tüchtig anschreien könnte. Wenn mir einer schief gescheitelt, übel parfümiert oder in ungenehmigtem Hemde daherkäme, würde ich ihn umgehend zum Tode verurteilen, sei er auch nur Windelveruntreuer oder sonstwie lapidar. Gnadengesuchsteller würde ich nur auslachen und, statt Gnade zu gewähren, Likör trinken. Massenmörder hingegen würde ich frei herumlaufen lassen, wenn sie mir nur eine Spur sympathisch oder nützlich erschienen. Läge z. B. bei mir zu Hause irgendeine Reparatur an, würde ich den Massenmörder fragen, ob er mir das wohl schnell mal machen könnte, und schon wäre er auf freiem Fuß. Könnte er nicht, schösse ich ihn auf der Stelle nieder, da könnte er noch so nett dreinschauen. Niemand hierzulande würde einen solchen Richter wie mich gutheißen. Wie gut, daß ich nicht Richter bin!

Als Lehrer, der ich glücklicherweise auch nicht bin, wäre ich freilich keinen Deut besser. Statt Deutsch würde ich die Kinder selbstausgedachte Idiome lehren und frank und frei behaupten, der Mensch stamme vom Kaktus ab. Nach dem Unterricht würde ich die reizenderen unter den Schülern mit nach Hause nehmen und sie mit für Jugendliche völlig ungeeignetem Lesestoff oder sogar entsprechenden Abbildungen konfrontieren.

Wenn einer mault, kommt er in den Wandschrank, und Schluß damit. Tür schnappt zu, und tja, der kleine Hoffnungsträger muß verdursten. Eltern wären zu Recht empört über so einen Lehrer. Wie gut, daß ich nicht Lehrer bin!

Ich bin nicht Richter, bin nicht Lehrer, auch keine Marketenderin, um hier mal einen unpassenden Ausdruck einzuflechten – als solche würde ich fürs Kilo Wirsing glattweg 80 Mark verlangen und dabei auch noch schnippisch gucken –, was bin ich also, was bin ich denn?

Ei, ich bin ein Künstler. Ein Künstler hat es gut. Er braucht nur eine alte Tür mit Farbe zu beschmieren und zu sagen: Das ist Kunst. Käme dagegen ein Richter mit so einer Tür und sagte: Das ist Gerechtigkeit, würde man ihn verhöhnen, und einem Lehrer, der sich herausnähme, auf besagte Tür zu deuten mit dem Hinweis, dieses sei Erziehung, würde es kaum besser gehen. Ein Künstler dagegen, der sagt, das sei Kunst, erntet Lob, internationales womöglich, Zustimmung, hochdotierte Preise und gratis Inspirationsaufenthalte in Kulturmetropolen, wo der Wein in Strömen fließt und Frauen sich nicht lange zieren.

Künstlern zuliebe werden Straßen umbenannt und verbreitert, an denen dann mittags, wenn der Künstler Brötchen holen gefahren wird, fähnchenschwenkende Schulklassen stehen. Hausfrauen und Studentinnen fallen anschließend beim Bäcker in Ohnmacht.

Auch der attraktiven Gattin des Bundespräsidenten zittern ein wenig die Hände, wenn sie einem von uns Künstlern einen Tee eingießt. Ausnahmsweise könnte es auch vorkommen, daß einer wie ich der Präsidentengattin ihren Tee in ihre Haare gießt. Das soll man aber nicht dramatisieren. Künstler sind halt ein launisches Völkchen. Dem wird in der Bevölkerung im allgemeinen uneingeschränktes Verständnis entgegengebracht.

«Er leidet halt ganz schrecklich an der Nichtigkeit des Seins», wird die Präsidentenfrau beim Haarewaschen denken, und abends sagt sie ihrem Mann nur leise: «Du hättest seine dämonischen Augen sehen sollen. Ein Künstler von Kopf bis Fuß!» Ein Entschuldigungsschreiben wird sie nicht erwarten, aber manchmal ein wenig heimliche Sehnsucht haben nach diesem fuchsteufelswilden Kreativen. Tja, so sind wir halt.

Keiner wird es einem Künstler übelnehmen, wenn er den Tag und Nacht vor seinem Hause lauernden Herren und Damen Journalisten die Kameras zertrümmert oder Autogrammjägern ihre Kugelschreiber in den Rücken rammt. «Der Arme! Er hat eine Schaffenskrise!» werden sie wispern und dem Künstler beide Daumen drücken, auf daß es ihm bald besser gehe.

Als Künstler ist man beliebt. Man braucht keine Miete zu zahlen und Steuern und Strom schon gar nicht. Statt dessen bekommt man von der lieben Künstlersozialkasse die herrlichsten Geldbeträge überwiesen und zum Geburtstag einen riesigen Blumenstrauß. Wie gut, daß ich nicht Richter oder Lehrer bin! Wie gut, daß ich ein Künstler bin!

Bolde & Urge

Junger Mann, der sich eine Schallplatte gekauft hat

Ich bin gern in Ungarn, obwohl es sprachlich wohl ein wenig hübscher wäre zu behaupten, ich sei ungern in Ungarn. Abgesehen davon, daß ich durchaus nicht ungern in Ungarn bin, hätte ich unheimlich ungern eine ca. 13jährige Tochter, die neben mir im Café säße und ein mit englischsprachigem Unsinn bedrucktes rosa Leibchen trüge, das sie sich von meinem sauer erwirtschafteten Geld «geholt» hätte. Würde sie eine Tasse Schokolade trinken und daraufhin eine zweite ordern, die sie aber nach wenigen Schlucken beiseite stellen würde, weil ihr übel würde von so viel Kakao? Genau so wäre es, und für die beiden Schokoladen müßte selbstverständlich ich blechen. Es gibt auch keinen Zweifel daran, daß sie fettiges, strähniges Haar, schlechte Zensuren und als ersten Freund jemanden hätte, der ausgerechnet *Achmed* hieße:

«Vati, darf ich heute mit Achmed flippern gehen?»

«Weder flippern noch mit Achmed wirst du!»

«Nichts darf man hier. Alle anderen in meiner Klasse …»

etc.

Dann würden Türen knallen, das dumme Ding schmisse sich unter ihre *David-Hasselhoff*-Poster, um schallend ein wenig zu weinen, aber kaum eine Stunde später sähe man sie rausgeputzt und aufgekratzt mit einer Horde anderer Töchter und morgenländischer Jünglinge durch die Fußgängerzone einer jener deutschen Mittelstädte vagabundieren, in denen Eltern von dermaßen fadem Nachwuchs kraft Gesetz zu wohnen haben. Mir ist ganz behaglich dabei zumute, daß der Wind bislang darauf verzichtet hat, meinen Samen in eine jener Höhlen zu wehen, in denen solche Töchter entstehen.

Da sehe ich einen jungen Mann die Straße entlanggehen. Er trägt eine quadratische Plastiktüte. Ich bin fast sicher, daß da eine Langspielplatte drin ist. Völlige Sicherheit ist aber ausgeschlossen; denkbar wäre auch, daß die Tüte ein enorm großes, quadratisches und extrem flaches Stück Hartkäse enthielte. Ich meine aber, daß ich mich nicht lächerlich machen würde, wenn ich mich entschieden für die LP-Version stark machte.

Nun gut, der Junge hat sich also eine Schallplatte gekauft, von seinem eigenen Geld hoffentlich. Von meinem jedenfalls nicht. Das ist mir schon erheblich lieber als die doofe 13jährige Tochter.

Natürlich könnte es auch sein, daß sich der junge Mann gar keine Platte gekauft hat, sondern gerade dabei ist, eine von einem Freund geliehene nach Hause zu tragen, um sie z. B. auf Kassette zu überspielen. Allerdings sieht die Tüte viel zu fabrikneu aus, als daß sie dieses Denkmodell untermauern könnte.

Doch möglicherweise ist der junge Mann einer, der pfleglich mit Tüten umspringt, oder jemand, der zerknitterte Exemplare gern glattstreicht, damit keiner denkt: «Dieser junge Mann trägt eine völlig abgenudelte Tüte, in der eine abgedudelte Platte von Anno dazumal steckt», sondern: «Ah, da kommt ein junger Mann, der sich durchaus eine nagelneue Schallplatte leisten kann, eingespielt von führenden Vertretern der aktuellsten rhythmischen und melodischen Tendenzen!» Aber: Wer bügelt schon Tüten? Und was soll das ganze Denken und Erwägen und Entgegenhalten? Es wäre ja z. B. schrecklich, wenn man im Fall, daß man auf der

Straße eine Dame sähe, die in ihrem Einkaufsnetz eine Zitrone mitführt, analysieren müßte, ob sie die Zitrone soeben gekauft oder vielmehr von einer Freundin geliehen hat oder ob sie auf dem Wege ist, eine geliehene Zitrone zu deren ursprünglichem Besitzer zurückzubringen. Und, oh, vielleicht hat sie die Zitrone gar gestohlen! Das wäre gemein! Einer Zitronendiebin würde man in der Straßenbahn keinen Sitzplatz anbieten, und sollte die Dame vor meinen Augen in eine Pfütze stürzen, würde ich ihr nicht aufhelfen, sondern mich großtun und rufen: «Jaja, so eine Pfütze ist der ideale Ort für eine Zitronendiebin wie Sie!»

Solche Gedanken sind jedoch ungerecht. Menschen, die für falsche Schlußfolgerungen empfänglich sind, werden durch sie nachgerade verleitet, Passantinnen in Pfützen zu stürzen, nur weil sie Zitrusfrüchte dabeihaben. Still und höflich sein Leben fristen, Damen in den Mantel helfen, auch solchen mit Zitronen, ja, am Ende sogar Damen mit gestohlenen Zitronen in eine von mir aus vollständig zusammengeklaute Garderobe helfen, das ist nobel.

Nun sitzt der junge Mann, der sich die Schallplatte gekauft hat, in der Straßenbahn und ich ihm gegenüber. Er schaut in seine Tüte und versucht, die auf der Plattenhülle abgedruckten Informationen zu lesen. Leichter fiele ihm das, wenn er dazu die Platte aus der Tüte herausnähme, doch sensibel ist er: will nicht, daß ich sehe, was für eine Platte er sich gekauft hat. Es könnte ja sein, daß er auf gut Glück eine ihm unbekannte Platte gekauft hat und fürchtet, daß ich die Platte kenne und weiß, sie ist ein abstoßendes Machwerk bar jeglicher rhythmischen und melodischen Erkenntnisse, weshalb ich denke: «Nein, so ein netter junger Mann und so eine abscheuliche Platte! Da hat das Leben mal wieder ein mattes Drehbuch geschrieben!» Daß ihm diese Situation nicht gefiele, kann ich gut verstehen. Auch ich war mal ein junger Mann, der sich eine Schallplatte gekauft hat.

Ich habe mir, genauer gesagt, sogar andauernd Schallplatten gekauft und weiß daher, daß dies mit dramatischen Erlebnissen verbunden sein kann, besonders wenn man in eines jener kleinen Geschäfte geht, die darauf spezialisiert sind, Platten von Gruppen feilzubieten, die kein Mensch kennt mit Ausnahme der Leser bestimmter Zeitschriften, die ausschließlich über Gruppen berichten, die kein Mensch kennt. Einen solchen Laden zu betreten erfordert Mut und Selbstbewußtsein. Doch ich ermanne mich: Der Plattenhändler steht wie üblich am Tresen und schenkt seinen drei Lieblings-, Stamm- und Busenkunden gerade Kaffee ein. Tapfer sage ich: «Hallo.» Es folgen grausame Zehntelsekunden, doch endlich formen die Lippen des Händlers ihrerseits ein «Hallo», und ja, er kennt sogar meinen Namen! «Puh, das ist grad noch mal gutgegangen», denke ich und mache mich daran, den Neuerscheinungskasten zu erforschen, obwohl ich eigentlich etwas ganz Bestimmtes von einer berühmten, schon seit vielen Jahren existierenden Gruppe möchte. Dabei gibt es aber ein sensibles Problem: Die Platte ist bereits vor gut einem Vierteljahr erschienen, und eine Platte, die alles andere als ein Geheimtip ist, drei Monate *zu spät* zu erstehen, ist etwas, was einen in der Wertschätzung eines solchen amtlichen Plattenhändlers zur zwar für den Geschäftsgang lebensnotwendigen, aber doch keineswegs namentlich zu kennenden und sicherlich nicht mit Handschlag zu begrüßenden *Laufkundschaft* degradiert. Hätte ich die Platte doch gleich nach Erscheinen gekauft! Ich hätte bloß erklären müssen: «Ja, ich find das auch nicht mehr so richtig toll, was *die* heute machen, aber ich hab halt

444

von Anfang an alles von *denen* gekauft, und der Sammel-
trieb will befriedigt sein.» Das hätte der Händler gewiß verstanden. Vielleicht allerdings könnte ich auch irgendeine
obskure Import-Maxi nehmen und die Platte von der welt-
berühmten Gruppe quasi darunterschieben und, sollte der
Händler dann komisch gucken, einfach sagen: «Ach, die ist
für meinen kleinen Cousin …»

Mein Sinnieren wird nun unterbrochen, da ein Ömchen
sich verirrt hat. Unsicher blickt es umher und sagt zum
Händler: «Ja, meine Enkelin hat nächste Woche Geburtstag,
und …» Die Augen des Plattenmannes und seiner Lieb-
lingskunden, die mittlerweile beim Cognac angelangt sind,
nehmen einen entrüsteten Ausdruck an, doch die kleine
Frau versteht das Signal nicht und fährt fort: «… und da hätte sie gern *eine Platte von der Tina Turner* …» «Tina Turner
führen wir nicht», versetzt der Händler, und wer bislang
nicht wußte, was Verachtung ist, der weiß es jetzt; die Alte
schaut sich noch einmal um – «Ach, ist das hier doch kein
Schallplattengeschäft?» –, und nachdem sie sich getrollt hat,
herrscht Ausgelassenheit im Laden, «meine Enkelin hat
nächste Woche Geburtstag, hahaha» wird immer wieder
nachgeäfft, und ich kaufe die obskure Import-Maxi, und
zwar nur die.

Meine *The Cure*-Platte habe ich mir dann lieber in der
Phonoabteilung eines Warenhauses in einem Außenbezirk
gekauft, aber was macht inzwischen eigentlich der junge
Mann aus der Straßenbahn? Er ist ausgestiegen und wird
von mir verfolgt, weil ich unbedingt wissen möchte, was für
eine Platte in seiner Tüte steckt. Doch leider hat das wirkli-
che Leben sich nun eine unerhört überkandidelte Pointe für
sein müdes Drehbuch ausgesucht. Ein Autor, der so was
dreist erfände, würde garantiert nie zu einer stattlich dotier-

ten Würdigung kommen, sondern müßte sein karges Dasein damit fristen, daß er vor angetrunkenen Jungbohemiens in stickigen Kelleretablissements Lesungen durchführt. Von Schreibern wird ja bekanntlich viel mehr Logik verlangt als vom wirklichen Leben, welches sich nun also folgende Verschraubung in sein Drehbuch schmierte:

Der junge Mann, der sich die Schallplatte gekauft hat, läuft durch eine Straße. Außer ihm und mir ist noch eine ältere Dame unterwegs, welche ausgerechnet eine Zitrone in ihrem Einkaufsnetz hat. Da schreit der junge Mann der Dame ins Gesicht: «Zitronendiebin!», stößt sie in eine zufällig anwesende Pfütze und macht sich davon.

Ich will ihn nicht verdammen. Wer weiß, was er durchgemacht hat? Aus diesen kleinen Import- und Raritätenläden tritt man ja oft völlig zerrüttet heraus. Nun muß ich als höflicher Mensch der Dame aus dem Schlamm helfen, obwohl ich natürlich befürchten muß, daß sie mich gerade aufgrund meiner Hilfsbereitschaft für denjenigen halten wird, der sie so ungalant in die Horizontale befördert hat, und mir daher ein schönes Donnerwetter bevorsteht. Und richtig: Kaum daß sie wieder aufrecht steht, fängt sie an, mir Schuld zuzuweisen und mit ihrer Zitrone auf meinen Schädel einzudreschen.

Aber welch wunderbarer Singsang liegt in ihrem Schimpfen! Ist das nicht das liebe Deutsch der Ungarn? Und wie ich der Dame mit einem Zellstofftaschentuch den Kot aus dem Gesicht wische, gewinne ich nach kurzem Zweifel die schweißtreibende Erkenntnis, daß ich soeben *Marika Rökk* aus einer Pfütze gefischt habe. Nach gewissem Debattieren gelingt es mir, der Künstlerin glaubhaft zu machen, daß nicht ich der Übeltäter gewesen bin, und ich gehe mit der schlammtriefenden Diva in ein Weinlokal, wo wir vortrefflich miteinander plaudern.

Sie sei ja jetzt wieder zu gern in Ungarn, sagt sie. Früher in der kommunistischen Zeit, da sei sie immer ein bißchen ungern in Ungarn gewesen, aber jetzt ... Ja, jetzt, pflichte ich ihr bei, jetzt habe ich für Menschen, die ungern in Ungarn sind, gar kein Verständnis mehr, aber damals, während der kommunistischen Mißwirtschaft, da sei ja wohl so ziemlich jeder ungern in Ungarn gewesen, noch weniger gern allerdings hätte ich damals eine ca. 13jährige Tochter gehabt, die neben mir im Café gesessen und auf meine Kosten heiße Schokolade getrunken hätte, bis ihr schlecht geworden wäre, und die immer Ausländer angeschleppt hätte, die zwar nicht unsympathisch gewesen wären, das nicht, aber ja nun mal doch, Hand aufs Herz, Frau Rökk, Sie sind da doch kompetent, eine ganz andere Mentalität haben, wenn nicht sogar einen anderen Hormonpegel. Essen die nicht sogar Singvögel? So ganz unsere Welt ist das ja nicht, und Ihre doch wohl auch nicht, verehrte Frau Rökk.

Die Tochter, die ich glücklicherweise nicht habe, ist, wenn man so sagen darf, mittlerweile den Ausländern entwachsen. Achmed studiert Tiefbau in München, Dragan sitzt wegen Drogenhandel, und Süleyman wurde von Rechtsradikalen auf offener Straße dermaßen übel zugerichtet, daß meine Tochter sich, wie sie meinte, schweren Herzens von ihm trennen mußte. Ein paarmal hatte sie ihn natürlich im Krankenhaus besucht, aber nach einigen Monaten war klar, daß da wohl schlimme Narben bleiben würden, und als Sülli, so der Kosename, zum x-ten Male bei uns aufkreuzte, machte meine Tochter ihm ein für allemal klar, daß das nunmehr vorbei sei. Wenn man als Deutsche mit einem Ausländer gehe, werde man ja sowieso schon schief angesehen, und jetzt, wo er so verunstaltet sei, werde das nur noch schlimmer, da würde sie sich ja doppelt diskriminiert fühlen, das halte sie

447

nervlich nicht durch. Der arme Sülli fügte sich, meine Tochter heulte ein paar Tage unter ihren Postern herum, und heute hat sie mir ihren neuen Freund vorgestellt. So ein junger Mann mit einer Schallplattentüte in der Hand. Robert heißt er. Nicht unsympathisch. Nein nein, nicht derjenige, der Marika Rökk in die Pfütze stieß. So bündige Schlußpointen schreibt das Leben wirklich nicht. Irgendein anderer halt. Dutzendgesicht. Poussiert mit meiner Tochter herum. Zwei, drei Monate wird es gutgehen, und dann ist der nächste dran. Schluß, aus, keine Pointe.

Ich beeindruckte durch ein seltenes KZ

Nur selten ist im Fernsehen die Gewitztheit zu Gast. Eben jedoch brachte die Tagesschau einen Bericht über die EG-Jugoslawien-Konferenz, in dem Herr Genscher gezeigt wurde, wie er mit einer Zange in einem Eiswürfelbehälter herumstocherte, um zusammenpappende Eiswürfel auseinanderzuhacken. Da ihm das nicht gelang, griff er ein Konglomerat aus zwei oder drei Eiswürfeln heraus, tunkte dieses in sein Glas Orangensaft, worauf ihm aber sogleich bewußt wurde, daß der Saft, ließe er den Klumpen in sein Glas fallen, überschwappen würde. Aus diesem Grund trank er sein Glas zur Hälfte aus und expedierte dann erst den Eisbrocken in sein Getränk. Der Sprecher sprach derweil von einem fürchterlichen Krieg, der drohe, wenn diese Konferenz scheitere. Ich sehe große dichterische Tiefe darin, Worte über ein drohendes Blutvergießen mit Bildern eines durch außenministerlichen Scharfsinn abgewendeten Orangensaftvergießens zu illustrieren.

Da ich demnächst Geburtstag habe und ganz gern anderes geschenkt bekomme als Spiralen, die die Treppe heruntergehen können, Papierkörbe mit James-Dean-Motiv oder ähnliche *Geschenke aus dem Geschenke-Shop,* schenke ich mir jetzt die Überleitung von Genscher zu Else, meiner Ex-Gattin, mit der ich neulich in einer Schwemme saß und unser altes, ewig junges Ritual *Frauenleberentlastung* vollzog. Es ist so, daß wir die ersten beiden Biere meist gleich schnell trinken. Ab dem dritten hänge ich sie ab, d. h., ich bin eher fertig als sie. Damit ich nicht warten muß, bis sie endlich ausgetrunken hat, sondern gleich die nächste Runde ordern kann, sage ich immer: «Frauenlebern vertragen nur ein Drittel der Alkoholmenge, die Männer verarbeiten können», und gluck gluck entlaste ich eine Frauenleber. Ich halte dies für eine liebenswürdige Geste. Ist doch schlimm, wenn die Weiber so aufgedunsen herummarschieren! An diesem Abend lernten wir auch ein neues Spiel kennen. Mit uns am Tisch saßen uns bekannte junge Leute. Ein Mädchen fragte plötzlich: «Habt ihr schon mal *KZs aufzählen* gespielt?» Nachdem wir uns versichert hatten, auch richtig gehört zu haben, kamen Erklärungen. Die Spielregeln seien ganz einfach, man müsse nur so viele KZs aufzählen, wie man im Gedächtnis habe, und wer am meisten KZs wisse, habe gewonnen. Else war zuerst dran. Ich bekam einen Walkman aufgesetzt und hörte ein Lied von den *Pixies*. Währenddessen sah ich Else verlegen grinsend zwei- bis viersilbige Wörter aussprechen. Dann drangen die Pixies in Elses Ohr, und ich siegte 8 zu 7. Ich wußte sogar durch ein besonders seltenes und ausgefallenes KZ zu beeindrucken, *Flossenbürg*. Davon hatten selbst die Spielanstifter, trotz ihrer Jugend alte KZ-Aufzähl-Hasen, noch nie gehört. Eine Frage steht nun im Raum: Ist so etwas nun Stoff für leichtfertiges Aufschreiben? Wenn solche Fragen im Raum stehen, gibt es zwei Möglichkeiten: antworten oder lüften. Ich lüfte lieber und sage noch dies: Ich gelte als besonders gesetzesfester Zöllner an der Grenze des guten Geschmackes. Man hört aber immer wieder von Zöllnern, die Konfisziertes für den eigenen Bedarf verwenden.

In Berlin stehen an mehreren Stellen große Tafeln mit der Inschrift: *Orte des Schreckens, die wir niemals vergessen dürfen.* Darunter steht eine Liste von Orten, in denen KZs waren. Sie sieht aus wie ein Einkaufszettel. Statt 200 g Sala-

450

mi und 500 g Kaffee zu besorgen, denken wir heute an 700 g Auschwitz, und morgen bewältigen wir ein Kilo Sachsenhausen. Als ob die Orte was dafürkönnen! Noch scheußlicher finde ich eine Gedenktafel, die ich einmal an einem Haus in Bremerhaven sah: *In diesem Hause wurden zwischen* 1933 *und* 1941 *Andersdenkende gepeinigt.* Durch den seichten Euphemismus «Andersdenkende» und die Angestaubtheit des Wortes «peinigen» bekommt der Satz einen ironischen Beigeschmack, den ich in diesem Zusammenhang unerträglich finde. Sogar das an sich hübsche Flexions-E in «Hause» wirkt hier wie eine bürokratische Pingeligkeit. Das Spiel «KZs aufzählen» scheint mir ein probates Mittel zu sein, sich von den Ekelgefühlen über verfloskuliertes, heruntergeleiertes Routinegedenken vorübergehend zu befreien.

Ich war erst einmal an einem «Ort des Schreckens»: Bergen-Belsen. Eine gepflegte, weiträumige Heidepark-Anlage, die ich ohne besondere Gefühle wie jede andere touristische Sehenswürdigkeit auch betrat. Nach einer Viertelstunde kam ich verbissen blickend wieder heraus und ging zum Limonadenbüdchen. Ich hatte es drinnen nicht ausgehalten, war gar nah den Tränen. Ich wollte jedoch nicht weinen, weil ich mir erstens über meine Motive nicht klar war – ob meine Trauer denn rein sei und nicht nur Theater edler Menschlichkeit –, und zweitens fürchtete ich mich vor den anderen Menschen, die vielleicht gedacht hätten: «Schau an, der gute Deutsche höchstselbst will uns zeigen, daß er doller gedenkt als unsereins.»

Monate später fiel mir an einem öden Abend der Gedenkstättenbesuch wieder ein, und hoppla, staunend nahm ich's selbst zur Kenntnis, flossen mir die Tränen. Ich weinte gut und gerne zehn Minuten, bis ich mich darüber zu ärgern be-

451

gann, daß ich mir vorstellte, Leute würden mich dabei beobachten. Dann ärgerte ich mich noch mehr, weil mir dieser Gedanke, anders als beim tatsächlichen KZ-Besuch, diesmal eigentlich gefiel. Dann lachte ich und machte ein Polaroid von meinem nassen Gesicht. Dann machte ich mir Vorwürfe, daß ich Gedanken an ein KZ mißbraucht hatte, um mir mit einem pathetischen Ausbruch privaten Leidens gut zu tun. «Gestohlene Tränen», sagte ich mir, erwiderte aber umgehend «Schlagertitel!» und schlief formidabel. Das erschütternde Polaroid schmiß ich am nächsten Morgen in den Müll. «Erschütternde Bilder» erschüttern nicht mehr. Seit 20 Jahren schmiert mir das Fernsehen die ewig gleichen schwarzweiß glotzenden Leichenberge aufs Brot. Ich kann nichts mehr sagen. Jaja, die «erschütternden Bilder» haben der Trauer die Sprache geraubt – ich stelle diesem Satz ein gelangweiltes Jaja voran, weil er wie ein Zitat aus einem deutschen Klagealmanach klingt, aber er ist mir gerade so eingefallen.

Sonderbar ist, daß am Haager Konferenztisch der Eiswürfeleimer kreiste wie woanders der Joint. Haben die keine Kellner? Von mir aus kann das Fernsehen allabendlich zeigen, wie sie darin herumstochern. Die Leichenberge wohnen ja schon in mir drin.

Berliner Befremdlichkeiten

Meist bin ich durchaus auf den Mund gefallen, habe Maulsperre, wo andere prompt losgewittern. Was die wenigen Ausnahmefälle angeht, in denen ich in Sachen Revolverfresse berlinischem Standard genügte, war mein Gedächtnis bislang ein perfekter Tresor. Erstmals will ich nun dem Publikum Einblick in meine nicht eben prall gefüllte Schlagfertigkeitsschatzkammer gewähren.

Ich stand im Postamt am Schalter. Ich hob Geld vom Girokonto ab, wovon ich wiederum einen Teil aufs Sparbuch einzahlte, kaufte allerlei Briefmarken, hatte div. Briefsendungen zu wiegen, kurz: Ein rechtes Maßnahmenpaket war abzuwickeln, und es zog sich hin. Das Hinziehen mißfiel einem Hintanstehenden. Er hatte schon die ganze Zeit gegrummelt und meinte nun, ich solle mal *hinnemachen*. «Nu mach ma hinne, Kollege!» Da drehte ich mich um und sagte: «Wenn Sie nicht bald Ruhe geben, dann eröffne ich noch ein Sparbuch mit wachsendem Zins und beantrage einen Telefonanschluß!» So hat mich die Muse auf der Post geküßt.

Die zweite Geschichte ist beinahe noch beeindruckender, dabei ist sie zehn Jahre her. Ich radelte nah dem Johanniskirchhof auf dem, ich gebe es zu, Bürgersteig, aber der war ganz leer, als sich plötzlich die Gestalten zweier Greise aus dem städtischen Dunst schälten, welche schrien, mit den Stöcken auf die Fahrbahn deutend: «*Da* ist die Straße!» Darauf deutete ich mit dem Arm auf den bereits erwähnten Gottesacker und rief: «… und *da* ist der Friedhof!» Man kann die Pointe dieser Geschichte besser verstehen, wenn man sich einmal ganz deutlich das biblische Alter der Passanten vor Augen führt, welches ich in der vorangegangenen Schilderung mit dem Wort «Greise» vielleicht in nicht ausreichend kräftigen Farben illustrierte. Möglicherweise sollte ich die ganze Angelegenheit überhaupt noch einmal von vorn und etwas einleuchtender erzählen. Also, wie gesagt, vor zehn Jahren gab ich mich mal dem Drahteselvergnügen hin. Galant wie Croque Monsieur segelte ich meines Weges. Kein Mensch war da, aber die Situation ging im neunten Monat schwanger mit Unheil in Form von sich unerwartet aus dem Nichts herauspellenden, spazierstockgepanzerten Methusalemen, die sich mir nichts, dir nichts als Experten in puncto Unterschied zwischen Straße und Gehsteig aufspielen wollten. Und kaum daß ich hätte Zeit finden können, noch einmal mit der Wimper zu zucken, öffnete das Schicksal seine beträchtliche Vagina und gebar mir zwei Hochbetagte direkt vors Fahrrad. Was die beiden dann sagten und was Frechdachs entgegnete, habe ich bereits vorhin in befriedigender Qualität dargelegt. Ein Dance-Remix davon wäre aus dem Fenster geschmissenes Geld.

Es gab also Zeiten, da konnte man mich fröhlich pfeifend Berlin durchradeln sehen. Mal eierte ich vergnügt zwischen den Autos herum, mal wich ich auf den Gehsteig aus, und wenn dort zuviel Volk war, schob ich eben mein Gefährt. Ärger gab's kaum. Alle halbe Stunde vielleicht sah man einen anderen Radfahrer auf einer anderen Hollandmühle, und die beiden Verkehrsnostalgiker nickten einander zu wie Pilzsammler in der Waldesfrühe. Eine unglückliche Wende setzte ein, als die Straßenarbeiter der Stadt angewiesen wurden, einen Teil des Bürgersteiges mit roten Steinchen neu zu bepflastern, auf denen sich nun Brigaden gräßlicher Vorstadtadrenalinisten mit Sturzhelmen und manchmal fast operettenartigen Uniformen die sinnlosesten Wettkämpfe

liefern. Ich bin unwillens, mich an diesen Geschwindig-
keitsbesäufnissen zu beteiligen. Ich empfinde keine Wärme
für Leute, die schweißdurchsogen an Ampeln stehen – wenn
sie denn überhaupt halten – und keuchend erklären, sie hätten es in zehn Minuten von Tempelhof bis zur Siegessäule
geschafft. Mein Radl hab ich fortgeschenkt, ich benutze den
ÖPNV. Damit brauche ich zwar eine halbe Stunde bis nach
Tempelhof, aber ich kann derweil in der ‹Neuen Zürcher
Zeitung› die interessantesten Meldungen lesen, z. B. «Kinder stellten Schaukelpferd auf heiße Herdplatten»: Also, da
waren so Kinder, und die hatten so ein Schaukelpferd, und
dann haben sie das Schaukelpferd auf so heiße Herdplatten
gestellt. Wahrscheinlich ist hinterher die Wohnung abge-
brannt, denn sonst hätte es ja wohl kaum in der Zeitung gestanden, daß die Kinder das Schaukelpferd auf die Herdplatten gestellt haben, aber ich weiß es nicht mehr, denn ein
brennendes Haus ist verglichen mit einem Schaukelpferd
auf einem Herd eine recht wenig erinnerungswürdige Sache.
Schön wäre eine Zeitung, die etwas so Interessantes wie
Schaukelpferde auf glühenden Herden vermelden würde,
auch ohne daß Bauten und Menschen Schaden nehmen, aber
auch die könnten die Rennradbestien auf ihrer Hatz von A
nach B nicht lesen, und so erfahren die gar nichts, noch nicht
mal, wie doof sie sind.

Manche sind nicht nur doof. Eine Geschichte von vorgestern: Vor dem Café Huthmacher am Zoo lauerte ein täto-
wierter Langhaariger mit Ohrring auf einem Mountain-
Bike im US-Army-Design. Auf dem Gehsteig kam ein
spastisch gelähmter junger Mann angerollt. Der Proleten-
gammler fuhr nun mit Affenzahn direkt auf den Rollstuhl
zu, bremste eine Handbreit davor. Dem Gelähmten entfuhr
ein Schrei des Entsetzens, und das Miststück brüllte: «Super,

Spasti, kannst ja super schreien, du Spasti!» Dann kam noch
ein zweiter Mountain-Bike-Mann von irgendwoher, und die
beiden rasten johlend ins Touristengedränge mit der er-
kennbaren Absicht, wahllos zu verletzen. Immerhin stürzte
ein Passant. Ich bin in solchen Fällen unbeirrbarer Denun-
ziant, aber als ich die Herren Beamten fünfzig Meter vom
Ort der Gewalt entfernt in ihren Einsatzwagen dösen sah,
verließen mich Mut und Bürgersinn. Wenn Berliner schlafen, richten sie wenigstens keinen Schaden an. Die selbst-
herrlichen Gewalttäter sah ich wenig später vor der Wech-
selstube am Bahnhof Zoo eine Sektflasche öffnen. Sekt hat
sich ja im vergangenen Jahrzehnt zum Gammlergetränk
Nr. 1 gemausert. So sind sie halt, die Proleten, sie können
nur anderen alles wegnehmen: Der Boheme haben sie das
Sekttrinken weggenommen, den Linken die langen Haare
und das Graffitischmieren, den Schwulen haben sie die Ohrringe abgeguckt und den Ökos das Radfahren. Eigenes
bringt diese Kaste nicht mehr hervor. Wie sollte sie auch, ist
sie doch das Produkt ewiger Insel-Inzucht. Hand aufs Herz:
Wer will schon mit einem Berliner ins Bett? Berliner verkehren nur mit ihresgleichen, wen anders kriegen sie nicht,
und jede Generation gerät gröber und übler gestimmt als die
vorangegangene.

Man kann sagen, daß mich im vorigen Absatz ein dem-
agogischer Derwisch geritten hat. Gram und Sinnestrübung
führten meinen Filzstift in die Schmierseife satirischer Zuspitzung. Soll nicht wieder vorkommen. Sicher, sicher: Es
gibt auch nette Berliner. Im Osten z. B., wo sie ja allesamt
nichts dafür können, somit in Unschuld suhlen sich tun.
Aber auch im Westen. Ich habe mal eine Hiesige kennengelernt, die Abitur hatte und sogar Geige spielen konnte. Die
hat natürlich auch nicht berlinert. Im Gegensatz zu bei-

spielsweise Bayern, wo sogar Ärzte und Fernsehansager Mundart reden, tun dies in West-Berlin überwiegend die niederen Stände. Hier hat sich der Dialekt, anders als im Ostteil, in einen Jargon oder Argot verwandelt. Mit den Benutzern dieses Jargons halten es die Zugereisten, und das sind glücklicherweise 60 Prozent der Einwohner, derart, daß man sie sich vom Leibe hält. Man lebt hier in einer Art freiwilliger Apartheid; ich kenne Leute, die seit zehn Jahren in Berlin wohnen und mit keinem einzigen Eingeborenen je privaten Kontakt pflegten. Die sagen: «Was sollte man mit denen reden? Wenn Begegnungen nicht zu vermeiden sind, im Hausflur oder auf der Straße etwa, wird man ihr geistloses Geplapper mit geduldigem Lächeln ertragen, so wie man es aushält, wenn ein Schimpanse langweilige Kunststücke vorführt. Wegignorieren sollte man sie nicht, das würde im Ausland zu Mißverständnissen führen. Sie sind auch nicht völlig wertlos, sie sind durchaus geeignet, einem bei Bolle Wurst abzuschneiden oder den Omnibus zu steuern.»

So reden manche Extremisten! Ich bedaure das. Gern hätte ich ein behagliches Miteinander mit Berlin-Berlinern. Doch wie kommt man auf ihre Planeten? Ich plauderte neulich mit einem Mann, der sich mir als Suchtberater in einem Möbelmarkt vorstellte. Ob denn die Berliner Möbelverkäufer alle so saufen, fragte ich staunend. Das sei nicht das Problem, versetzte der Suchtberater, die Leute seien vielmehr möbelsüchtig. Sie seien den ganzen Tag von Möbeln umgeben und der festen Überzeugung, daß es bei ihnen zu Hause genauso aussehen müsse wie an ihrem Arbeitsplatz, und gerade weil sie als Angestellte Prozente bekämen, seien sie der Auffassung, daß sie sich diese Chance nicht entgehen lassen dürften, und orderten ständig Möbel. Möbelverkäufer seien daher hochverschuldet, demzufolge depressiv und versoffen. Aufgabe des Suchtberaters ist hier, den Möbelverkäufern zu vermitteln, daß es nicht notwendig ist, Möbel zu kaufen.

Meine neue Nachbarin ist ca. 20, und wenn sie ihre Katze im Treppenhaus herumlaufen läßt, hält sie ihre Wohnungstür einen Spalt offen. Manchmal luge ich hinein: Ich habe in ihrer Einzimmerwohnung bisher ein viersitziges Sofa, ein zweisitziges Sofa, zwei schwere Sessel, drei Tiffany-Lampen und einen gläsernen Couchtisch entdecken können. Wie gesagt: zwanzigjährige Prolette in Einraumwohnung. Ein sündhaft teures Fahrrad hat sie auch. Ihren Schuldenberg möchte ich nicht besteigen müssen. Ich verstehe Menschen nicht, die Schulden haben; man braucht doch bloß ein Postgirokonto und das Talent, immer etwas weniger Geld auszugeben, als man verdient. Den Rest tut man aufs Postsparbuch. So einfach ist das. Die Schulden-Proleten indes sieht man am Sonnabendvormittag in langen Reihen in den Einkaufsstraßen stehen, wo sie Geld aus der Hauswand ziehen. Am Nachmittag hetzen sie dann ihre Kampfhunde auf Rollstuhlfahrer. Am Abend gibt's Sekt.

Nachbemerkung:
Dieses Textes aus der Wendezeit wegen, in welchem ich auf wahrlich übertriebene, teils sogar uncharmante Weise eine bei manchen Leuten vorhandene Richtung der Auffassung darstellte, erhielt ich meinen ersten Drohbrief. Selbstverständlich anonym und selbstverständlich aus Berlin-Kreuzberg. Seitdem weiß ich, daß das Bekommen von Drohbriefen eine Gemütsbelastung darstellt.

Eine Wolke, auf der man
keinen Husten bekommt

Zeitschriften kauft man, dann läßt man sie ein paar Wochen oder Monate auf der Couch herumliegen, und schließlich werden sie weggeworfen. So ist es Brauch, es sei denn, es handelt sich um Fachmagazine mit geringer Auflage oder Untergrundhefte von schmalem Umfang. Die hebt man auf, damit man sie später einmal für teuer Geld an feurige Blicke in die Vergangenheit werfende Subkulturforscher verkaufen kann. Gelegentlich hört man auch von Leuten, die sämtliche Ausgaben von ‹Geo› oder gar dreißig komplette Jahrgänge des ‹Spiegel› horten, aber das sind Sonderlinge und Liegeradfahrer, welche, die sich selber eine Heizung bauen oder mit einem angeleinten Leguan zur Plattenbörse gehen. Sie wirken trotz sichtbarer Gebrechen nicht unglücklich, man gibt ihnen dann und wann Geld, aber es will keiner so genau wissen, wie es bei ihnen zu Hause aussieht. Immerhin ist zu hören, daß man sich in der Wohnung wegen der vielen Zeitschriftenstapel nur auf zwei schmalen Schneisen bewegen könne, von denen eine zur Toilette und die andere zum Bett führt. Sie sterben mit 56 oder 61, und nach ein paar Jahren setzt man dem postum vom geduldeten Außenseiter zum Original Aufgestiegenen in Anwesenheit eines in bereits zigmal benutzte Tempos rotzenden Stadtrates und eines stellvertretenden Karstadt-Filialleiters in einer ungepflegten, von Schwerlastverkehr umbrausten Grünanlage ein mickriges Bronzedenkmal, an dessen Sockel steht «Zitronen-Jette» oder «30-Jahrgänge-Spiegel-Klaus».

Kein Wunder, daß die meisten Leute ihre Zeitschriften

lieber nicht aufheben. Aber was für ein Gewese machen sie um Bücher! Vor meinem letzten Umzug entschloß ich mich zu Maßnahmen, die übersensibilisierte Wesen an gewisse Maßnahmen unerfreulicher Regimes hätten erinnern können. «Mülltonne, verschlinge die Schriften von Kurt Vonnegut und Philip Roth», dachte ich vergnügt beim Füllen des Papiercontainers im Hof. Ich würde vor lauter Falschverstandenheit gern in ein kaltes Wasser fallen, wenn nun gemeint wird, ich hätte was gegen diese Autoren. Gewiß nicht! Aber muß ich ihre Werke, nur weil sie mir vor zehn Jahren mal während einer Bahnreise Zerstreuung boten, mein ganzes Leben lang aufbewahren, von einer Wohnung in die nächste mitschleppen, den knappen Wohnraum mit Regalen verschandeln?

Zumal es sich ja auch nur um schäbig gemachte Taschenbuchausgaben mit dämlichen Pressezitaten auf dem Rücken handelte. «Eine hinreißende Chaplinade aus meisterhaft erzählter Zeitgeschichte und beißender Ironie» (‹Nürnberger Nachrichten›) steht ja auf solchen Büchern immer hintendrauf. Darauf, daß ein solches Allerweltsgebrabbel ein Buch entwertet, wird man in den Verlagen wohl nie kommen. Schlimmer noch treiben's Amerikaner und Briten. In deren Ländern werden die Pressezitate gleich auf die Vorderseite gesetzt, und oft bestehen sie nur aus einem Wort. «‹Hilarious› – Evening Post» steht dann da. Und wer weiß, was in der ‹Evening Post› vollständig gestanden hat? Möglicherweise hieß es dort: «This book is not at all hilarious. It's rather boring.» Weiß man's? Will es wer nachprüfen? Wohl kaum. Ich wüßte jedenfalls nicht, warum man abgelegter Freizeitlektüre mehr Fürsorge angedeihen lassen sollte als einer ausgedienten Illustrierten. Außerdem fangen staubige Bücher irgendwann an zu riechen wie alte Schweizer Militärrucksäcke. Man kann wirklich nicht zu jedem irgendwann mal aus Trotteligkeit gekauften Buch eine emotionale Bindung aufbauen. Die Situation ist doch bei jung und alt bekannt: Man hat einen Termin bei der Wahrsagerin, um 9 Uhr morgens steht man gebürstet und in vollem Staatswichs vor deren Praxis, doch dann liest man auf dem Messingschild: «Sprechstunde leider erst um 9 Uhr 30». Also vertreibt man sich ein bißchen die Zeit in der Buchhandlung im Erdgeschoß. Dort springt ein reich bebildertes Buch namens ‹Vollwertküche für Eilige› für 9.95 ins Auge. «Ach, wie schön, dann kann ich mal Gorgonzola-Quinoa-Knödel machen», sagt man und kauft das Ding, was inskünftig jahrelang zwischen einem Waldschaden-Atlas und einer ‹taz›-Dokumentation über den Berliner «Häuserkampf» Anfang der achtziger Jahre steht. Früher kamen Würmer und fraßen solche Werke auf. In die formaldehydbehandelten Resopalbehausungen von heute traut sich auch der ausgemergeltste Wurm nicht rein. Also muß man selbst Hand anlegen. Und ich legte an!

So schwer es mir fiele zu erklären, wie eine Biographie von Adele Sandrock in meine Bestände geraten sein mag, so leicht fiel es mir, das Werk zu beseitigen. Auch die Verabschiedung des Bandes ‹Moose und Flechten des Harzes› von 1954 löste in mir keinen Trennungsschmerz aus. Und ein London-Reiseführer voll Schwarzweißfotos, auf denen Autos mit Ersatzreifen auf dem Rücken herumfahren? Weg damit. Wie ich nun aber Popsongs pfeifenderweise die lästigen Druckwerke in die Tonne tat, kam eine Hausbewohnerin an und meinte, so was könne man doch nicht machen, Bücher wegwerfen. Das sei ein Sakrileg, ob ich denn nicht wisse, was die Araber sagen? Die Araber würden sagen: «Ein Buch ist wie ein Garten, den man in der Tasche trägt.» – «Ach ja, die Araber, die reden viel, weil's in der Wüste so nackert und unattraktiv ist und es nichts zu gucken gibt», entgegnete ich. Na, ich sei ja einer, ereiferte sich die Nachbarin, ob ich denn auch nicht wisse, was Bertolt Brecht gesagt hat. Der habe nämlich gesagt: «Hungriger, greif nach dem Buch. Es ist eine Waffe.» Und Martin Walser erst mal. Der habe gesagt: «Ein Buch ist für mich eine Art Schaufel, mit der ich mich umgrabe.» Ich sagte zu der Frau: «Ich kenne all diese Sentenzen. Sie stehen ja schließlich im Duden-Band Nr. 12 ‹Zitate und Aussprüche› auf S. 563/564.» Anschließend erlaubte ich ihr, die Bücher wieder aus der Tonne herauszuholen und in ihre Wohnung zu tragen. Sie meinte, man könne sie ja «weitergeben», an soziale Projekte, oder in der Jugendarbeit einsetzen. Sie sehe da in rauher Menge Möglichkeiten. Ich lasse die Dame gerne gewähren, denn ich will nicht bekannt werden als einer, der sich gegen den Einsatz von Adele-Sandrock-Biographien in der Jugendarbeit sperrt.

Bücher gelten in der Weltdeutung bessergestellter Volksschichten als einzige mögliche Steigerung von Hunden. Die Grundform ist der Mensch: ein unzuverlässiger Geselle, der einen nach erloschenem Interesse wegwirft wie eine gebrauchte Aprikose. Der Komparativ ist der Hund. Der ist noch dann ein treuer Kamerad, wenn die sogenannten Freunde sich längst in anderen Betten suhlen. Aber der Superlativ ist das Buch. Dieses ist der wahrste Freund, der geduldigste und verständnisvollste Kamerad. Selbst wenn der Hund keine Lust hat, mit dir herumzutollen, die Sätze in den Büchern stehen stramm wie Soldaten und sind niemals zu müde, mit dir spielerisch zu raufen, und allzeit bereit, dir zu mehr Reife und Würde zu verhelfen. Ein Buch trägt dich wie eine verrückte Gratis-Rakete in die mirakeligsten Gebiete. Selbst wenn du nie selber in Göttingen warst:

Liest du ein Buch über Göttingen, schmeckst du das Aroma Göttingens wie eine Schneeflocke auf deiner Zunge. Ganz ohne teure Fahrkarte siehst du die blaugekachelte Stadthalle, ja, du kannst sogar die gar nicht mehr existierende Coca-Cola-Abfüllanlage gegenüber dem alten Auditorium der Universität sehen. Natürlich nur, wenn man das Glück hat, ein Buch zu erwischen, in dem diese Abfüllanlage vorkommt. In einigen Büchern, ‹Madame Bovary› z. B., wird sie ignoriert, in solchen Fällen kann man sie natürlich auch nicht sehen.

Was genau ist eigentlich ein Buch? Es gibt eine Definition der UNESCO: «Ein Buch ist eine nicht-periodische Veröffentlichung von mindestens 49 Seiten Umfang exclusive des Einbands.» Es ist sicher nett, was sich die UNESCO so an lauen Sommerabenden zusammendefiniert, aber daß ein Buch generell etwas Bewahrenswertes ist, sagt auch diese Definition nicht. Auch eine Publikation, wo auf der ersten Seite ein Rezept für Serviettenknödel ist, auf der zweiten Seite ein Lob der altchinesischen Frauenfußverstümmelung und auf der dritten eine Anleitung zum Tottrampeln von Zeisigen, ist ein Buch, Hauptsache, es folgen noch 46 weitere Seiten. Ein solches Buch kann man m. E. kühlen Gewissens verbrennen. Doch was riefen die Menschen dann? «Wo man Bücher verbrennt, da verbrennt man am Ende auch Menschen!» würde es tönen, und daß man vor einem Buch einen wahnsinnigen Respekt haben muß. Man hat es zu behandeln wie ein anvertrautes Kind, d. h., man darf auf keinen Fall Schmalzbrote essen während des Lesens. Auch schlecht: Brote mit dick Fleischsalat. Nicht viel besser, aber leckerer: Schillerlockenbrot. Auch darf man Bücher keinesfalls als Ersatz für fehlende Möbelfüße verwenden. Seiten rausreißen oder Telefonnummern von Nutten auf den Umschlag schreiben: Auch das wird nicht gern gesehen vom Bücherdrachen aus der Stadtbücherei, dem Bücherdrachen mit der Schreckschraubenbrille, die man leicht daran erkennt, daß sie den Bügel unten hat. Unten! Wie Heidemarie Wieczorek-Zeul! «Heute will ich mal ein Auge zudrücken», sagt der Bücherdrachen, «aber das nächste Mal schreiben Sie doch bitte Ihre Nuttentelefonnummern woandershin.» – «Ja, und wenn Sie mich das nächste Mal so zur Schnecke machen vor allen Leuten, dann tragen Sie bitte eine Brille, die die Bügel oben hat! Oben! Sonst haue ich Ihnen eine rein!» sagt man daraufhin natürlich nicht. Gott bewahre, man denkt es nicht mal.

Neulich ging ich an einer Buchhandlung vorbei, darin hing ein Foto von einer Schriftstellerin namens Dacia Maraini. Eine Italienerin, schätz ich mal, deren Arbeiten ins Deutsche übersetzt werden. Absurd eigentlich, wenn man bedenkt, was die Frauen bei uns schon so zusammenschreiben. Unter dem Foto ein Satz der Autorin: «Ein Buch zu verlassen ist, als ließe man den besten Teil seines Körpers hinter sich.» Was soll nur diese ewige aphoristische Bücherverherrlichung? Ein Buch ist dies, ein Buch ist jenes. Haben denn die Leute nichts Besseres zu tun, als sich wohlfrisierte Interviewantworten für Frauenzeitschriften auszudenken? «Ein Buch ist eine Wolke, auf der man keinen Husten bekommt.» Das hab ich mir eben blindlings ausgedacht. Ab damit in den Zitate-Duden.

Das Gute am Lesen ist, daß es keinen Krach macht und daß ein Lesender ruhiggestellt ist, daß er nicht herumfuchtelt oder unangenehm kommunikativ wird. Zu behaupten, daß Lesen per se eine besonders edle Beschäftigung sei, ist aber alt und blöde.

Die Beschäftigung mit manch billigem Roman ist doch

nur ein schöngeredeter Dämmerzustand. Ein Video über das Leben der Frösche anzuschauen scheint mir edler zu sein, als ein Buch zu lesen, in dem steht, daß ein Buch eine Schaufel ist. Auch CDs und Kühlschränke bergen oft feinere Inhalte als stinkige Schriftstellerbücher. Zur Literatur als Gesamtphänomen habe ich ein ähnliches Verhältnis wie zum Theater oder zu Marzipan: Es ist schon okay, daß es so was gibt, ab und zu mach ich gern davon Gebrauch, aber wenn es denn sein müßte, könnte ich auch ohne leben. Unabdingbar wie Musik ist das alles nicht.

Nützlich sind aber die sogenannten *coffee table books*. Diese Bücher haben den Zweck, daß der Gast in ihnen blättert, wenn der Gastgeber mal ins Bad verschwinden muß. Man darf sie nicht mit «Kaffeetischbücher» übersetzen, denn wenn Bücher auf dem Kaffeetisch liegen, ist ja kein Platz mehr für den Kuchen. Es sind eher «Beistelltischchenbücher». In noblen Haushalten sieht man sie, es sind großformatige Prachtbände mit den Blumenbildern von Georgia O'Keefe oder über italienisches Disco-Design der siebziger Jahre oder mit Fotos von Steingärten in den Abruzzen. Mit hübschen Eimern und Gießkannen unter blühendem Rankwerk. Der Gärtner sprach: «Ich will, daß es hier rankt, weil det Ranken mir frommt.» Und es rankte prompt. Diese Bücher liegen flach auf dem Beistelltischchen, denn die *coffee table books* betreffende Regel lautet: *Nie aufrecht, immer flach.* Diese Bücher sind gut, weil man sich als Gastgeber auf dem Klo so richtig Zeit lassen und austoben kann. Man könnte sogar in die Stadt fahren und fragwürdige Bekanntschaften schließen.

PS: In den USA gibt es eine Glühbirne, die seit hundert Jahren brennt. Sie ist eine Touristenattraktion. In meinem Badezimmer habe ich eine ähnliche Sensation, nämlich einen Saughaken, der seit über drei Monaten an der Tür klebt, obwohl er einen schweren Bademantel trägt. Ich würde diesen Superstar unter den Saughaken gern in die Weltkulturerbe-Liste der UNESCO eintragen lassen, aber ich habe die Adresse nicht.

Der Sonderoscar
für prima Synchronisation
geht in diesem Jahr an den
Film ‹Fünf stattliche Herren
und ein Flockenquetschen-
Selbstbau-Set›

Zum Brauchtum insbesondere kinderloser Großstadtbewohner zählt es, sich des Abends gegen acht zu treffen und dann irgendwohin zu gehen und später dann vielleicht noch woandershin.

In dieser Hinsicht mache ich es meinen Mitmenschen nicht leicht. Zum einen liebe ich es nicht zu nachtmahlen, d. h. ich habe keine Freude an abendlichen Restaurantbesuchen. Es ist so, daß ich zu der nachtschlafenden Zeit, wenn meine Bekannten essen gehen wollen, oft schon ein oder zwei Bier getrunken habe, und selbst mit mäßigen Alkoholmengen im Blut mundet mir kein Essen mehr, das ist dann nur noch ein Schlingen und Spachteln, aber kein Speisen mehr. Ich bevorzuge es, mich zwischen vier und sechs Uhr nachmittags von den Söhnen und Töchtern Indiens und Chinas verköstigen zu lassen. In deren Lokalen ist es nachmittags immer ganz leer, obwohl sie offen sind; dort kann man seine Einkaufstaschen auf die freien Stühle verteilen und theoretisch sogar seine Pelerine anbehalten und ununterbrochen husten – keinen stört's. In den chicen Abendlokalen dagegen ist es freudlos. Entweder wird man von Kellnern in bodenlangen Schürzen und mit Ohrringen in Augenbraue oder Zunge behandelt wie ein pestkranker Wegelagerer, der des Königs Tochter zu freien wünscht, oder mit völlig überforderten und abgenervten Studentinnen konfrontiert, die alles vergessen, verwechseln und runterfallen lassen. Wenn man ein «Jever» bestellt, bringen sie ein «Hefe» und umgekehrt, nicht ohne es zuvor runterfallen zu lassen. Oft sind diese Aushilfen zudem verheult, weil sie gerade Knatsch mit dem Chef oder Zoff mit dem Lover oder beides haben. Gewiß wird im Verlauf des Abends ein zottliger Mann – der abgenervten Studentin Paramour – mit einem Motorradhelm unter dem Arm das Restaurant betreten und die Studentin anschreien, worauf diese zurückbrüllt und der Zottel die Tür knallend, und damit deren schönen Glaseinsatz zum Zerbersten bringend, das Lokal verläßt. Dann kommt der Restaurantbesitzer, verfolgt den Motorradhelmmann bis auf die Straße und schlägt ihn nieder. Und falls man nun ruft: «Fräulein, ich hätte gern noch ein ‹Jever›, aber diesmal wirklich ein ‹Jever› und kein ‹Hefe›», reagiert die Studentin wie Thelma oder Louise in dem Film ‹Thelma und Louise› oder bekommt Nasenbluten und hat kein Taschentuch. Weil es leider immer so ist, meide ich die Abendrestaurants. «Na gut», sagen meine Bekannten, «dann gehen wir halt nicht essen, sondern ins Kino.» Doch auch da bin ich eigen. Ich verabscheue es, in Filme zu gehen, die nicht synchronisiert sind. Ich spreche zwar ziemlich gut Englisch, aber in Filmen werden oft Slangausdrücke verwendet, oder es geht um Themen, mit denen man sich normalerweise nie beschäftigt, so daß ich doch mancherlei nicht auf Anhieb verstehe. Auch ein Engländer versteht kein Wort, wenn eine ungelernte schwarze Pfannkuchenbraterin aus Kansas City über die Mühsal ihres Lebens spricht. So amüsiert es mich, wenn ich Leute, von denen ich weiß, daß sie erheblich schlechter Englisch sprechen als ich, sagen höre, es sei grundsätzlich besser, Filme in der Originalfassung zu sehen. So bringen sie sich, dem Diktat des cinéastischen Snobismus hörig, um den halben Spaß. Gerade weil Film ein visuelles Medium ist, sollte es einem vergönnt sein, den Dialogen so mühelos und nebenbei wie möglich zu folgen. Nichts als eine schäbige Notlösung ist das Untertiteln. Da wird der Zuschauer gezwungen, mit seinem Blick an der unteren Bildkante zu verharren, so daß er außerstande ist, seine Aufmerksamkeit der Bildkomposition zu widmen. Alfred Hitchcock sagte, ein Film verliere fünfzehn Prozent seiner Kraft, wenn er untertitelt ist, aber nur zehn Prozent bei guter Synchronisation. Ich würde die erste Zahl durch fünfzig ersetzen und die zweite durch fünf.

Im Literaturwesen hat man zu Recht begonnen, den Berufsstand des Übersetzers aufzuwerten. Es ist an der Zeit, die oft hervorragende Arbeit der deutschen Synchronstudios ebenso zu würdigen. Puristen klagen aber schon, wenn ein Film aus der Fremde einen deutschen Verleihtitel erhält; dabei klingt doch z. B. ‹Aufrührer ohne eine Ursache› viel besser als ‹Because They Don't Know What The Are Doing›. Die Puristen verweisen auch gern mahnend darauf, daß in manchen Ländern Filme grundsätzlich nicht synchronisiert werden. Tja, gewiß: Auf den Färöern droben im Atlantik wird der Terminator wohl englisch parlieren, denn Färöisch wird von weniger Menschen verstanden, als in Bad Salzuflen wohnen. Tatsache ist, daß sich der Synchronisationsaufwand bei einer Sprachgemeinschaft von 90 Millionen Menschen einfach besser «rechnet» als andernorts und daß «wir», weil «wir» so viele sind, auf diese Weise in den Genuß eines kulturellen Vorsprungs gekommen sind. Es ist auch schon vorgekommen, daß ein schlechtes literarisches Werk durch einen guten Übersetzer in ein etwas weniger schlechtes verwandelt wurde, und in der Popmusik ist eine Cover-Version oder ein Remix gelegentlich besser als das Original. Daß die von Carl Barks gezeichneten, klassischen Donald-Duck-Stories auf deutsch besser sind, darf man schon gar nicht mehr sagen, so ein Gemeinplatz ist das inzwischen geworden, und auch die TV-Serie ‹The Simpsons› ist m. E. in der synchronisierten Fassung der amerikanischen deutlich überlegen, schon allein durch die Auswahl der Sprecher: Elisabeth Volkmann erstrahlt als Marge Simpson in der Rolle ihres Lebens.

Es ist ein nimmer versiegender Quell von Peinlichkeit, wenn Menschen an unpassenden Stellen ihre Fremdsprachen auspacken. Einmal versank ich vor Scham in den Boden, als ein Bekannter in einer Berliner Pizzeria seine Bestellung auf italienisch aufgab, und das nicht nur, weil der Ober, wie sich herausstellte, griechischer Herkunft und des Italienischen unkundig war.

Ganz befremdlich ist es, wenn Menschen gar beim Käsekaufen, Nasallaute ausstoßend, mit ihrer internationalen Gewandtheit prahlen. Ich versuche, die Namen ausländischer Käsesorten so auszusprechen, wie ich denke, daß es auch die Verkäuferinnen tun würden. Oft liege ich da falsch. Die Verkäuferinnen wissen zwar auch nicht genau, wie es geht, aber sie wissen, daß die Aussprache «irgendwie anders» als das Schriftbild ist, und haben oft private Versionen, die von Verkaufsthekenteam zu Verkaufsthekenteam unterschiedlich sind. Das ist nett.

Nett ist es auch, daß es unter Lebensmittelverkäufern nicht üblich ist, während ihrer Arbeit Telephonanrufe entgegenzunehmen. In vielen Fachgeschäften ist das anders. Es ist durch und durch merkwürdig und eigentlich unerklärlich, daß vielerorts ein anrufender Kunde grundsätzlich jenem vorgezogen wird, der sich persönlich in das Geschäft bemüht hat. Ich kaufte vor kurzem in einem Reisebüro Bahnfahrkarten. Das dauerte fast anderthalb Stunden, weil die mit mir befaßte Fachkraft immerfort telephonische Auskünfte erteilte.

Der Bundespräsident sollte in seiner Weihnachtsansprache erklären, daß telephonisches Vordrängeln in unserem Lande ab sofort genauso verpönt ist wie körperliches. Daß das Billettkaufen heute so lange dauert, liegt natürlich auch daran, daß da heute «modernste Computertechnik» angewandt wird. Früher sagte man: «Einmal nach Köln», und bekam sofort ein Ticket nach Köln. Heute steht meist die gesamte Reisebürobelegschaft um einen Monitor herum und rätselt, wie man «ihn» (den Computer) dazu bewegen könnte, das zu tun, was von ihm gewünscht wurde. Ganz furchtbar wird es, wenn auch der Kunde sich noch mit technischen Ratschlägen einmischt. Ich nehme mir lieber, wenn ich Bahnkarten kaufen gehe, ein nicht zu dünnes Buch mit. Da ich oft unterwegs bin, bin ich sicher, daß ich auf diesem Wege bald die wichtigsten Werke der Weltliteratur geschafft haben werde.

Lustig ist es übrigens, daß es in den Medien, wenn von neuen Erfindungen berichtet wird, immer heißt, daß diese mit Hilfe *modernster* Computertechnik gemacht wurden. Sind da wirklich immer nur die allerallerneuesten Geräte im Spiel? Ich fände es erfrischend, wenn einmal verlautbart würde, daß eine neue Entwicklung mit einem fünf Jahre alten Computer bewerkstelligt worden sei. Gern schreite ich voran: Diesen Aufsatz verfasse ich mit Hilfe drei Jahre alter Technik, und das merkt man ja auch. Bislang steht fast nichts darin, was ich nicht vor drei Jahren schon hätte schreiben können.

Ich habe gar keine Schwierigkeiten mit staubigen Themen. Das Aktuelle, die *Top News,* überlasse ich gern den Dackeln, die danach hecheln. Einer ca. ein Jahr alten Zeitung entnehme ich, daß die Bekanntgabe der Prostata-Erkrankung Präsident Mitterands zu Kurseinbrüchen an der Pariser Börse geführt hat. Das ist auch heute noch lustig. Es gibt ein schlechtes Bonmot, daß die Zeitung von gestern das Uninteressanteste sei, was es gebe. Sehr unrichtig: Die Interessantheit einer alten Zeitung ist hundertprozentig identisch mit der einer neuen. Käme jetzt ein Bursche oder ein feines Mariechen, welches riefe: «Identität ist immer hundertprozentig», dann würde ich sagen: «Guter Bursche, feines Mariechen», dankend Limonade anbieten und mich nicht weiter stören lassen. Einem ein Jahr alten Notizbuch entnehme ich, daß Verkehrsminister Krause im Radio folgenden Satz gesagt hat: «Verkehrspolitik ist ein komplizierter Komplex, in dem man möglichst geräuschlos umdenken muß.» Das ist noch heute ein prima Satz, auch wenn sich an den Sprecher kaum jemand erinnern kann. Wie sah der noch aus? Süß? Nein, süß eher nicht. War das nicht so ein furchteinflößend harmlos wirkender Hardliner, der über eine irgendwie unehrenwert finanzierte – Achtung: sehr, sehr lustiges Wort! – Parkettkosmetikerin gestolpert ist? Und wer war Heinz Kluncker? Das war der Vorgänger von Monika Wulf-Mathies. Er war sehr dick. Und dann gab es doch noch Heinz Eckner. Das war ein ebenfalls sehr dicker Komiker, der immer bei Rudi Carrell auftrat. Ein anderer dicker Komiker war Heinz Erhardt, während Fritz Eckhardt ein gleichfalls sehr dicker österreichischer Fernsehschauspieler war. Ich erinnere mich auch an Ekkehard Fritsch. Der saß bei ‹Dalli Dalli› in der Jury und war sehr, sehr dick. Wenn man über dreißig ist, ein gutes Gedächtnis für stattliche TV-Herren hat und sich nun vorstellt, wie Heinz Kluncker, Heinz Eckner, Heinz Erhardt, Fritz Eckhardt und Ekkehard Fritsch an einem Wirtshaustisch sitzen, wird einem schwindlig. Wenn man sich danach zusätzlich vorstellt, daß Britt Eklund und Anita Ekberg zur Tür reinkommen, zum Tisch der stattlichen Herren gehen und ‹Mein Hut, der hat drei Ecken› singen, fällt man in Ohnmacht.

Ein wenig schwindlig wurde mir auch neulich, als ich in einem Nobelsupermarkt ein Glas Erdbeermarmelade sah. Es kam aus Neuseeland und kostete 17 DM 95. Da kam mir ein teuflischer Einfall. Ich wollte zu Aldi gehen, ein paar Gläser Tamara-Marmelade* kaufen, die Etiketten ablösen und neue draufkleben, auf denen steht: ERDBEERMARMELADE VOM MOND – 275 DM 95. Diese Gläser wollte ich heimlich in die Regale des Edelshops schieben und auf Käufer warten, die ich nach Herzenslust verspotten wollte. Unter Verwendung von allerlei drolligen Redensarten wie z. B. «du bist wohl vons Jerüst jefallen» (Redewendungslexikon) oder «dir hamse wohl inna Sickergrube jebadet» (selbst ausgedacht). Dann dachte ich aber, das ist zuviel Aufwand für einen so kleinen Spaß und daß die Käufer neuseeländischer Marmelade ja eigentlich ooch schon ausreichend vons Jerüst jefallen sind.

Am besten schmeckt natürlich selbstgemachte Marmelade. Das behauptet jedenfalls ein jeder, und wehe dem, der sich nicht beeilt, beifällig zu nicken. Zu sagen, daß selbstgemachte Marmelade genauso schmeckt wie gekaufte, bei vielen Köchen auch schlechter, ist eine der einfachsten Methoden, sich ins gesellschaftliche Nirwana zu befördern. Das ist

---

* eine Aldi-Marke

in etwa so wenig konsensfähig, wie wenn man behauptet, daß die rechtsradikalen Tendenzen bei jungen Leuten gar nichts mit der aktuellen Bonner Politik zu tun haben oder daß das Synchronisieren von Filmen eine wunderbare Dienstleistung ist. Sollte es irgendwo im Lande einen verschrobenen Zirkel geben, der sich klammheimlich in spinnwebenüberwucherten Flüsterkneipen am Stadtrand trifft, um solche natürlich abwegigen, aber doch wenigstens diskussionswürdigen Thesen zu vertreten, dann würde ich gern mal ganz bescheiden reinschnuppern. Und wenn die Menschen in diesem Zirkel sagen würden: «Ach, wie schön wäre es, wenn wir einen Präsidenten hätten», dann würde ich reagieren wie ein dreizehnjähriges Mädchen, dem von einem vierzehnjährigen Jungen gesagt wurde, daß es schöne Augen habe, nämlich erröten, die Augen niederschlagen und kommenden Erwägungen nicht im Wege stehen.

Es gibt viele Leute, die keine Kinder haben. Das ist ab einem gewissen Alter ein ziemlich trauriger Zustand, und mancher schlägt die Zeit tot, indem er sich einer großen Selbermacherei hingibt. Es gibt Leute, die sich ungeröstete Kaffeebohnen kaufen und diese im eigenen Backofen rösten. Nicht wenige Menschen besitzen eine Flockenquetsche, denn: «Selbstgequetschte Haferflocken schmecken viel besser als gekaufte.» Und eigentlich: Eigentlich ist es ja doof, Flocken mit einer gekauften Flockenquetsche zu quetschen, und so gibt es vielleicht auch ein Flockenquetschen-Selbstbau-Set, denn: «Eine selbstgebaute Flockenquetsche quetscht Flocken viel besser als eine gekaufte.» Mir fallen auf Anhieb lediglich drei Dinge ein, von denen ich noch nie gehört habe, daß jemand sie selber macht: Salzstangen, Mohrenköpfe und Fischstäbchen.

Besuch des Vortrags von Ben Katchor im Hans Arnhold Center am 14.02.2002

Tagebuchpassage 20.9. – 26.9.1999

20.9.1999

Der Freund, der mich seit kurzem scherzhaft Bolko nennt, weil ich ihn seit kurzem spaßeshalber Bronko nenne, besitzt eine Art Schnorrer-Almanach, in dem Adressen stehen, wo man irgendwas gratis kriegt, z. B. 14-Tage-Probe-Abos von Tageszeitungen. Seit einem halben Jahr bezieht er Zeitungen aus allerlei selten überregional strahlenden Gegenden und schneidet daraus Bilder aus. Das wäre doch auch etwas für mich, meinte er, ich hätte doch ein Interesse an merkwürdigen Fotos. Zuerst wollte ich nicht, aus Abneigung gegen zugeramschte Briefkästen. Nun hat er mich doch überredet. Er ruft da an, ich muß gar nichts tun, und das Probe-Abo verlängert sich auch nicht automatisch, wenn man sich nicht meldet. Zuerst bezog ich das ‹Göttinger Tageblatt›. Daraus erfuhr ich immerhin, daß mein inzwischen nach Göttingen eingemeindeter Geburtsort Weende die größte europäische Population an Feldhamstern beherbergt. Der Feldhamster, ein derber Geselle, der nicht mit dem zierlichen Goldhamster verwechselt werden darf, ist inzwischen so selten, daß man in Weende komplizierte Umsiedlungsaktionen vornimmt, denn da, wo er ist, soll das Institut für molekulare Strukturbiologie hin, und wer molekulare Strukturbiologen kennt, weiß, daß das keine Menschen sind, die ihre Arbeitsplätze bedenkenlos auf Hamstervorkommnisse draufknallen.

Zur Kenntnis nehmen muß man, daß man Tieren nur dann Respekt entgegenbringt, wenn sie das Etikett «vom Aussterben bedroht» tragen. Vor ca. zwei Jahren hat man ja mehrere Millionen Rinder schnell mal einfach so getötet, weil eventuell, unter ganz bestimmten Voraussetzungen, irgendein Wurstverzehrer oder zwei vielleicht gesundheitlichen Schaden hätte nehmen können. Ein großes Medienthema war diese Massentötung leider nicht. Wegen der Großtrappen aber, also jener seltenen Großvögel, von denen es nördlich von Berlin noch einige Dutzend gibt, hat man sogar die Trasse des ICE zwischen Hamburg und Berlin anders gelegt als ursprünglich geplant. Übertrüge man diese Bevorzugung des Seltenen gegenüber dem Häufigen und der Spezies gegenüber dem Individuum auf den Menschen, würde es kommen, daß man nur Goldschmiede, Harfenisten und Lyriker am Leben ließe und z. B. Arbeiter und Beamte, wenn sie, was ja passieren kann, im Wege stünden, allesamt abknallte.

Das würde in der Bevölkerung zu einer gewissen Unzufriedenheit führen, hoffentlich bis wahrscheinlich sogar unter Goldschmieden, Harfenisten und Lyrikern.

Das ‹Göttinger Tageblatt› ist inzwischen von der ‹Main-Post› aus Würzburg abgelöst worden. Der entnehme ich, daß es dort einen Stadtteil namens Heuchelhof gibt. Neben Düsseldorf-Hubbelrath und Zürich-Eierbrecht zählt Würzburg-Heuchelhof inzwischen zu meinen Lieblingsstadtteilnamen. Eindruck bei mir geschunden hat auch die Aussage eines ortsansässigen Stadtfestmitorganisators. Er sagte: «Wir wollen die Würzburger auch dieses Jahr wieder mit unseren bekannten Grillfackeln überraschen.» Also: Mit Grillfackeln könnte man mich generell schon überraschen, weil ich Grillen mit Fackeln nicht kenne. Etwas schwieriger stelle ich es mir aber vor, von bekannten Grillfackeln überrascht zu werden. Noch problematischer male ich mir das Überraschtwerden aus, wenn man von den bereits bekannten

Grillfackeln, so wie die Würzburger auch, schon in den Jahren zuvor überrascht worden ist. Jenseits des Überraschungsmoments scheint es mir unpraktisch, in der einen Hand eine Fackel zu halten und mit der anderen die Wurst in die Flamme zu halten. Beim Grillen möchte man ja auch Bier trinken. Man müßte eine andere Person bitten, einem das Getränk einzuflößen. Dieser Person tropft dann das Fett aus der Wurst in die Haare. Wenn die Wurst schließlich fertig gegrillt ist, kann man die Fackel auch nicht einfach auspusten wie ein Streichholz, man müßte sie beim Wurstverzehr wohl weiter in die Höhe halten. Was für ein Bild: die ganze Würzburger Innenstadt voll mit wurstessenden Freiheitsstatuen.

21.9.1999

Ich war heute einfach nur fleißig. Ich habe «gearbeitet». Warum ich das Wort in Gänsefüßchen setze? Da mein Vater Arbeiter war, habe ich noch immer eine Scheu davor, Schreiben oder andere künstlerische Aktivitäten als Arbeit zu bezeichnen. Arbeit ist für mich in erster Linie etwas, was Männer in Fabriken oder auf Baustellen tun. Ich habe einen unglaublichen Respekt vor Bauarbeitern. «Auch vor deren Musikgeschmack?» fragt jetzt ein Teenagerleser. Nein, Teenagerleser, das nicht, aber Häuser werden auch nicht von Musikgeschmäckern gebaut, sondern von Armen und Hirnen. Und dann bleiben sie hundert Jahre lang stehen. Ich habe zwar einen kostbaren Musikgeschmack, aber wenn ich ein Haus baute, würde das sofort zusammenkrachen. Daher mein großer Respekt. Oder man hat ein stinkiges Sofa daheim. Man ruft bei der Stadtreinigung an, drei Wochen später kommt ein Koloss und trägt das Sofa vier Treppen runter, als sei es eine Handtasche. Was interessiert es mich, was der Koloss «so hört». Zu einem Koloss sagt man doch nicht «Was hörst'n du so?», sondern «Da ist das stinkige Sofa».

Meine Abneigung gegen das Wort «Arbeit» in bezug auf künstlerisches Treiben fiel mir erstmals 1985 in den USA auf. Ich kannte da eine Malerin, und die hat mit mir immer andere Malerinnen besucht. Ständig sprachen die von ihrer «work». «Darlene, can I see your work?» Da dachte ich: Können die ihre Bilder nicht «paintings» oder «pictures» nennen?

1985 hatten manche Leute auch noch das Hobby, eine bestimmte Sorte von Frauen zum Platzen zu bringen. Damals hätte man das sehr schön mit einem Hinweis darauf bewerkstelligen können, daß auch Frauenhäuser von männlichen Bauarbeitern gebaut werden. Heute wäre das massenkompatibler TV-Zynismus und somit völlig überholt.

23.9.1999

Heute war ich mit Freund Bronko zum Besuch einer Ausstellung verabredet. Er saß auf einer Bank vor dem Gebäude, ich ging auf ihn zu und sagte: «Hallo.» Er zuckte zusammen und sagte, nach einem Augenblick des aus seiner Versunkenheit Herausfindens, ich hätte ihn zu Tode erschreckt. Dabei hatte ich keineswegs eine Freddie-Krüger-Maske auf, ich sah aus wie immer. Jemanden, den man zu Tode erschrecken kann, indem man in altbekannter Gewandung zum vereinbarten Zeitpunkt am vereinbarten Ort erscheint, wird man wahrscheinlich auch mit Grillfackeln überraschen können, mit denen er alljährlich, zeit seines Lebens, auch schon überrascht worden ist.

Rangeschlichen hätte ich mich, meint Bronko. *Immer* würde ich mich so ranschleichen. Ich erinnere mich an die Sängerin Hermine Demoriane, die bei Auftritten gern ein,

wie sie es nannte, *Krachkleid* trug, das bei jeder Bewegung
schepperte und bimmelte. So etwas sollte ich mir vor dem
nächsten Treffen mit Bronko auch schneidern lassen.

24.9.1999
Bolko und Bronko waren gestern auch beim Konzert von
Stereolab. Musik, die Aufmerksamkeit durchaus verdient.
Wie soll man aber aufmerksam sein? Ständig drängt sich
einer vorbei, krabbelt einem durch die Beine, bekleckert
einem die Kleider, grölt einem Fragen nach der Uhrzeit oder
nach Zigaretten ins Ohr. Das wäre ein schönes bestuhltes
Konzert gewesen. Konservativer menschlicher Stumpfsinn
ist aber der Ansicht, daß Rockmusik ein Bestandteil von Jugendkultur sei, und Jugendkultur kenne keine Stühle. Oma
und Opa haben Jugendkultur so betrieben, Mutti und Vati
haben es genauso getan, und deswegen muß man sich auch
heute noch die Beine in den Bauch stehen. Eine alberne Sache: Von Sitzgelegenheiten fühlen sich die Leute gesiezt,
und gesiezt fühlen sie sich alt.

Heute wurde ein Autoausflug ins Brandenburgische
unternommen, während dem u. a. die Mumie des Ritter
Kahlbutz besichtigt wurde, welcher ein übler Mörder und
Vergewaltiger gewesen war. Die Geschlechtsgegend des Rit-
ters hat man mit einem Tuch bedeckt, damit die Leute, wenn
die Mumienerklärerin von den Vergewaltigungen referiert,
da nicht hinstarren und denken: «Mit dem ollen Schrumpel-
teil?» Gegenüber der Mumiengruft ist ein Souvenirladen, in
dem Ritter-Kahlbutz-Multivitaminbonbons verkauft werden, und yes indeed, während ich dies hier niederschreib,
lutsch ich ein Bonbon, welches nach einer Mumie benannt
ist, die dreißig Jungfrauen vergewaltigt hat.

25.9.1999

Heute vor zehn Jahren habe ich meine Gattin Else aus der DDR herausgeheiratet, sechs Wochen vor der plötzlichen Öffnung der Grenze. Wir sind zwar schon lange geschieden, aber die Scheidung war so dröge und unfeierlich gewesen, daß wir sie innerlich nie richtig akzeptiert haben. Daher geben wir heute ein dezent rauschendes Fest zu unserem Ehejubiläum.

Über unsere Hochzeit habe ich seinerzeit in der ‹Titanic› einen ziemlich schlechten Text geschrieben. Kritisiert wurde damals nicht die Qualität des Geschriebenen, sondern es wurde der Vorwurf laut, ich würde über Privates schreiben. Eine Eheschließung als einen privaten Vorgang zu bezeichnen, halte ich aber für einen Fall erheblicher Begriffsstutzigkeit. Wenn Leute heiraten, setzen sie im allgemeinen Anzeigen in die Zeitung und laden Verwandte ein, die sie seit Jahren nicht gesehen haben. Ist genug Geld vorhanden, fahren die Eheleute in einer Kutsche durch die Stadt und winken fremden Passanten zu, und es ist nur folgerichtig, wenn Menschen im Rahmen einer Fernsehshow heiraten. Privat ist es, im Moose zu liegen und Dinge zu tun, munkeln etwa. Eine Hochzeit jedoch ist zuallererst ein Vorgang des bürgerlichen Rechts, eine amtliche Bekanntmachung, d. h. die Beendigung der Privatheit eines Zustandes.

Über wirklich Privates, seelische Krisen etwa, Beziehungsprobleme und Krankheiten habe ich mich nie öffentlich geäußert, und ich lese so etwas auch nicht gern bei anderen, es sei denn bei berühmten, verstorbenen Autoren. Ergänzend muß hier angemerkt werden, daß negative Vorfälle im allgemeinen als privater und diskretionsbedürftiger eingestuft werden als freudige. Ich führe auch, insbesondere auf Reisen, ein privates Tagebuch, darin stehen natürlich andere Sachen als hier. Es dient dem Gedächtnistraining, der Selbstdisziplin, der geistigen Sammlung, dem inneren Zwiegespräch, in schwierigen Zeiten wohl auch der Selbsttherapie. Weniger ist ein Tagebuch dazu geeignet, aufregende Lebensabschnitte, Höhepunkte usw. festzuhalten, denn in Zeiten, in denen man viel erlebt, ist man zu beschäftigt oder zu müde zum Tagebuchschreiben. Von 1977 bis 1994 habe ich kein Tagebuch geführt, nicht weil ich 17 Jahre lang ununterbrochen an Lebenshöhepunkten entlangsegelte, sondern weil ich zu faul war, obendrein der irrigen Auffassung, ich würde später kein Interesse an diesen Aufzeichnungen haben. Das bedauere ich heute, denn ich wüßte gerne mal en detail, was ich eigentlich in den achtziger Jahren getrieben und gemeint habe. Ganz so schlimm, wie es der Falco-Ausspruch nahelegt, wer sich an die achtziger Jahre erinnern könne, der habe sie nicht miterlebt, steht es um mich allerdings nicht.

Es gibt beim Tagebuchschreiben ein Problem, welches mit der Schwierigkeit verwandt ist, einen Begriff im Lexikon nachzuschlagen. Hierbei läuft man bekanntlich Gefahr, sich beim Blättern bei einem anderen Begriff festzulesen und darüber zu vergessen, was man ursprünglich nachzusehen beabsichtigte. Auch wer sich sein Tagebuch vornimmt, erliegt oft zeitraubenderweise der Versuchung, erst einmal alles durchzulesen, was er in letzter Zeit hineingeschrieben hat. Man kann versuchen, dieses Problem zu umgehen, indem man um die bereits beschriebenen Seiten ein Gummiband spannt.

Anders als frühere Generationen, die vom Gang der Geschichte die unglaublichsten Schicksalsklötze in die Biographien gewuchtet bekamen, müssen sich die Menschen von heute ihre Lebenshöhepunkte im Reisebüro buchen oder bei Tequila-Orgien in Swinger-Clubs an sich reißen. Mancher hält das für zu langweilig, um es aufzuschreiben. Das Massenphänomen der jugendlichen Dauerangekotztheit, die sich bis ins hohe Alter fortschreibt, kann ich nicht nachempfinden. Ich sinniere oder bilde mir ein, selbstausgedachte Musik zu hören, das ist nicht langweilig. Ich langweile mich nie, es sei denn, ich muß an einem unangenehmen Ort auf etwas warten, oder ich kann einem unsympathischen Gespräch nicht entrinnen.

Langeweile sei Triebspannung bei verdrängtem Triebziel, *sagte* einmal der Psychoanalytiker Otto Fenichel. Was mich an diesem Satz stört, ist das *sagte.* So etwas sagt man doch nicht einfach. Ich bin sicher, der Wissenschaftler hat das nicht gesagt, sondern *geschrieben.* Erst hat er es gedacht, dann geschrieben, und später einmal, in einem Vortrag oder so, hat er es vielleicht noch mal gesagt. Bei anderen Leuten gibt es auch andere Reihenfolgen. Serge Gainsbourg sang einmal «I'd like to drown in breasts and shit». Ich stelle mir vor, daß er dies zuerst gesagt hat, entweder in berauschter Runde oder aber während einer Damenbegegnung bei nicht verdrängtem Triebziel. Als nächstes sagte er: «Ich schreib mir besser mal auf, was ich gerade Tolles gesagt habe, dann kann ich es später mal singen.»

Mir ist es unangenehm, jemandem etwas zu erzählen, was ich schon einmal geschrieben habe, selbst wenn ich mir sicher sein kann, daß die Person, mit der ich spreche, das Geschriebene nicht kennt. Etwas aufzuschreiben, was ich zuvor gesagt habe, ist normal und okay.

26.9.1999
Mit Ex-Gattin, deren Mann und deren Baby frühstücke ich in einem Straßencafé, welches an der Strecke des Berlin-Ma-

rathon liegt. Leute stehen auf dem Trottoir und feuern die Läufer an. «Deutschland rennt, Deutschland rennt», rufen sie. Ich wundere mich darüber überhaupt nicht. Nach einer Weile merke ich, daß ich mich verhört habe.

Die Gaffer rufen nicht «Deutschland rennt», sondern «Durch-hal-ten, Durch-hal-ten». Nun wundere ich mich darüber, daß ich mich nicht gewundert habe, als ich noch «Deutschland rennt» verstand.

Der Kurfürstendamm ist bedeckt von kleinen gelben Plastikschwämmen, Marathonschwämmen, aber gleich kommen Herren in orangenfarbigen Overalls, auf denen «We kehr for you» steht, und sammeln sie ein.

Ein bißchen weniger «Humor» und Leichtigkeit und ein bißchen mehr Ernst und Sinn für Wesentliches würden dem anstehenden neuen Jahrhundert gut zu Gesichte stehen.

Okay, Mutter, ich nehme die Mittagsmaschine

Besonders schwer zu spielen: Klavierkonzerte von Rachmaninow. Besonders schwer zu spülen: Schneebesen mit eingetrockneten Vanillesoße-Resten. Besonders schwer zu sagen: Ob dies ein guter Anfang für einen Aufsatz ist, in dem es unter anderem um Obdachlosenzeitungen geht. Leuten, die in Gegenden wohnen, wo sich unter den Fenstern die Ferkelchen suhlen, wird man erklären müssen, was das ist, eine Obdachlosenzeitung.

Also, eine Obdachlosenzeitung ist, wenn da so Obdachlose sind, und die machen irgendwie eine Zeitung, die sie für zwei Mark in der U-Bahn verkaufen. Eine Mark ist für den Verkäufer, und die andere geht an den Hersteller des Blatts. Letztes Jahr gab's das in England und Frankreich, und seit einiger Zeit gibt's das auch hier. Da ich dem Gedanken der Eigeninitiative nahestehe, kaufe ich die Druckerzeugnisse immer. Wie lange ich sie mir weiterhin kaufen werde, weiß ich nicht, denn wenn da immer nur drinsteht, daß es nicht schön ist, obdachlos zu sein, dann welkt auch des Gutwilligen Interesse dahin. In der Ausgabe Nr. 5 der ‹platte› war allerdings ein Interview mit der brandenburgischen Starministerin Regine Hildebrandt, die in ihrem Bundesland so beliebt ist wie Elvis Presley, gutes Wetter, Harald Juhnke und Nutella zusammen. Chic, dachte ich, das lese ich, die Obdachlosen werden sicher so bohrend fragen, daß die Ministerin knallharte Konzepte vom Stapel läßt. Doch was wurde Frau Hildebrandt gefragt? Folgendes: «Gehen Sie gerne ins Kino?», «Schauen Sie gerne Liebesfilme an?»,

«Haben Sie einen Lieblingsschauspieler?» etc. Man erfährt, daß der Bruder der Ministerin früher Waldhornist im Opernorchester Meiningen war und daß er just dort, also in Meiningen, auch seine Frau kennengelernt hat. Regine Hildebrandt geht gern ins Museum, findet ‹Schindlers Liste› gut, hört gern Elton John, und Sexfilmchen mag sie gar nicht. Wer hätte das gedacht? Die meisten werden ja bis dato davon ausgegangen sein, daß Regine Hildebrandt von früh bis spät Sexfilmchen guckt. Immerhin, auf die Frage «Wie ist Ihre Meinung zur Obdachlosigkeit?», antwortet sie: «Ich kann Obdachlosigkeit in keinster Weise akzeptieren.» Ich frage mich, warum mich der Inhalt dieses Interviews so baß erstaunt. Dachte ich, daß das Interesse an «normalen Dingen» schlagartig erstirbt, wenn man obdachlos wird? Vielleicht dachte ich das. Aber die Normalität bleibt wohl auch in Extremsituationen immer erhalten. Auch in der Nazizeit war zwölfmal Spargelzeit.

Möglich ist, daß man bald auch Obdachlosenfernsehen sieht und Obdachlosenradio hört. Da es viele Leute gibt, die den Satz «In Amerika gibt es das schon» gut finden, lasse ich hier etwas Platz, auf den diese Menschen mit Kuli «In Amerika gibt es das schon» schreiben können.

Man kann natürlich auch etwas anderes in die Lücke schreiben, z. B. «Wolf-Dietrich-Schnurre-Fanclub ist ein schlechter Name für eine Death-Metal-Gruppe» oder «Wenn man eine junge Dame zu einem Candle-Light-Dinner in ein Romantic-Hotel einlädt, wird man wahrscheinlich etwas anderes als Eisbein bestellen». Tja, dieser Text ist jetzt interaktiv.

Schön ist das nicht, aber man kann den Zeitläuften nicht ewiglich trotzen. Doch ich sprach vom Obdachlosenradio. Ich würde wohlwollend lauschen. Ich würde jedem Sender lauschen, der anders ist als die 24, die ich im Kabel habe. Ich möchte einen Radiosender, der den ganzen Tag neue und interessante Musik spielt. Die Moderatoren sollen jedes Stück ordentlich an- und absagen. Nur dies sei ihre Verantwortung.

Sie möchten sich bitte nicht dazu auserlesen sehen, meine Laune zu verbessern. Ich bin ein erwachsener Mensch und in der Lage, meine Laune selber zu gestalten. Die Nachrichten sollen stündlich und ausführlich sein; das Wetter soll nicht zur Sprache kommen. Wer wissen will, wie das Wetter ist, soll aus dem Fenster gucken. Wer wissen will, wie das Wetter morgen sein wird, der möge morgen aus dem Fenster gucken. Ob am Sachsendamm ein Stau ist, möchte ich auch nicht erfahren, denn ich höre daheim Radio. In den Autofahrersendern wird ja auch nicht vermeldet, ob sich bei mir das Geschirr oder die Schmutzwäsche staut.

Das Wichtigste am Radio meiner Träume ist aber, daß die Hörer nur zum Zuhören da sind. Verschont werden möchte ich von nervösen Volkskörpern, die, wenn sie mal zum Moderator «durchgekommen» sind, so erschrocken sind, daß sie das, was sie eigentlich sagen wollten, vergessen und statt dessen, um ihre Nervosität zu vertuschen, ins Dreiste abdriften und Dinge reden, für die sie sich den Rest ihres irdischen Gastspiels schämen müssten. Und niemals dürfen Stimmen vom Tonband ertönen, die sagen: «Ich bin die Yvonne aus Hohenschönhausen und höre diesen Sender sehr gern.» Diese vielleicht Hörer-Sender-Bindung genannte Rundfunkfäulnis greift seit längerem im Berliner Äther um sich. In einem guten Sender muß jede Stunde ein Jingle kommen, in dem es heißt: «Dieser Sender hat eine alte Hexe eingestellt, die jeden, der hier anruft, dahingehend verhext, daß ihm die Geschlechtsteile abfaulen.»

Ich bin nicht grundsätzlich gegen Yvonne aus Hohenschönhausen eingestellt. Ich wünsche ihr keineswegs alle Wurzelkanalbehandlungen und Bariumeinläufe der Welt an den Hals, denn mein Charakter ist bei aller Bereitschaft zur Selbstkritik zu gut, um jemandem, den ich gar nicht kenne, so etwas bedenkenlos zu wünschen, und der Charakter ist ja das Wichtigste. Haarfarbe, Größe, Sternzeichen und ob Raucher oder nicht, all das ist doch nebensächlich, wenn der Charakter in Ordnung ist. Auch den Kindern von Yvonne wünsche ich nicht, daß sie auf dem Weg in die Kita von einem Meteoriten erschlagen werden. Aber was kratzt mich, welchen Sender sie gern hört? Schlimm, wenn die Unsitten des Rundfunks Schule machen würden. Wenn man sich nach abgeleisteter Tagesmühe mit einer Tasse Fixbutte unter seine Stehlampe setzt und in der ausgezeichneten Novelle ‹Victoria› von Knut Hamsun folgendes lesen müßte: «Ach, die Liebe macht des Menschen Herz zu einem Pilzgarten, einem üppigen und unverschämten Garten, in dem geheimnisvolle und freche Pilze stehen. Hallo, hier ist der Tobias aus Hannover, und ich lese dieses Buch sehr gerne.» Möchte man so etwas?

Oder möchte jemand eine Packung Schoko-Crackies öffnen, und es kommt eine kleine Frau aus der Schachtel spaziert, die sagt: «Ich bin die Marisa aus Saarbrücken und esse diese Schoko-Crackies sehr gern»?

«Bitte sehr, greifen Sie zu», sagt man dann als Mensch von gutem Charakter, und schon futtert einem die Frau alles weg. Ich möchte das nicht!

Zwischen der wilden und brandneuen Musik würden im Radio meiner Träume alte Menschen interviewt werden. Nur ganz alte über 50, die von der Summe ihrer Erfahrungen berichten können. Jüngere haben noch nichts addiert und ausgewertet. Die lügen einem nur die Hucke voll. Wer den Tod jedoch in sicherer Nähe spürt, der braucht sich und anderen nichts mehr vorzumachen. In einer englischen Zeitung las ich ein Interview mit einer 90jährigen Schauspielerin. Die sagte, daß sie früher, als sie noch jünger war, in der Liebe so viel falsch gemacht habe und jetzt, wo sie wisse, wie die Liebe gehe, einfach zu alt dafür sei. Ob das nicht frustrierend sei, wollte der Reporter wissen. Nein, antwortete die Schauspielerin, es sei amüsant.

Ich freue mich schon sehr auf meinen 90. Geburtstag, denn ich bin wahnsinnig neugierig darauf, wie das ist, sich darüber zu amüsieren, daß man zu alt für die Liebe ist. Es müßte auch mehr alte Sänger geben, die in ernsten Chansons über das Alter singen. Peggy Lee sang mal darüber, wie das ist, wenn sie nach dem morgendlichen Einsetzen des Gebisses ganz allmählich das Gefühl bekommt, es seien ihre eigenen Zähne. Ich kann mir vorstellen, daß das ein schönes Gefühl ist. Zu selten dringen Lieder solchen Inhalts in mein mitteleuropäisches Ohr. Why? Warum müssen Sänger immer so tun, als hätten sie sich nicht verändert? Bauch einziehen und Oldies blöken – was ist das für ein Sängerherbst? Das sind Fragen an den Wind, doch nicht nur der Wind weiß die Antwort, sondern auch ich: Grund dafür ist der Kreativitätsvernichter Nummer eins, das Publikum. Applaus ist eine Wohltat, aber die Phrase, er sei das Brot des Künstlers, ist unzutreffend. Applaus ist das Valium des Künstlers. Das Publikum honoriert immer eher den Stillstand als den Wandel. Insgeheim verachten viele Künstler ihr Publikum zutiefst. Das ist verständlich und bedauerlich. Der Sänger soll das Publikum achten, sich aber nicht um dessen Meinung scheren. Das Publikum klatscht doch nicht, weil ein Lied besonders gut ist, sondern weil es ein Lied bereits kennt. Es beklatscht sein eigenes Gedächtnis, es beklatscht, daß die vielen Flaschen Voltax nicht umsonst getrunken wurden. Das Übelste ist der Brauch, zu Beginn eines Liedes zu klatschen, um damit zu prahlen, daß man es erkannt hat. In solchen Fällen sollten die Sänger den Vortrag unterbrechen und sagen: «Ja, wenn Sie das Lied schon kennen, dann brauche ich es ja nicht zu Ende zu singen. So kommen wir alle früher ins Bett.»

Die Sänger könnten überhaupt viel rebellischer sein. Sie sollten die erheblichen Anstrengungen nicht scheuen, die nötig sind, um sich frei und froh im Kopf zu fühlen. Sonst werden sie zynisch, betreten die Bühne und denken: «Was hat mein werter Name denn da wieder für Kroppzeug angelockt?» und nehmen gleichzeitig breit lächelnd Blumensträuße in Empfang. Sie sollten das Publikum lieber fest ansehen und sagen: «Ich singe heute nicht meinen Schmuse-Mitsing-Pogo-Evergreen ‹Fickt das faschistoide Schweinestaat-Bullensystem›, sondern ein weniger anbiederndes Lied namens ‹Ich bin intelligent und habe keine finanziellen Sorgen›.» Dies wäre der provokanteste und subversivste Songtitel, der sich denken läßt. Jedes Publikum würde vor Wut platzen bzw. dem Sänger Mund und Nase zuhalten, worauf er stürbe, denn Sänger sind wie Käse, Wein und Leder: Sie müssen atmen.

Ich würde das genannte Lied aber auch nicht singen. Irgendwie ist es uncool, ein Provo zu sein. Was genau das Wort cool bedeutet, weiß ich nicht, es gärt aber die Ahnung in mir, daß jemand cool ist, der sich vom Leben nicht groß beeindrucken läßt. Einmal las ich ein Interview mit einer Band; der Journalist konfrontierte die Musiker mit dem Vorwurf, daß sie wie alle anderen Bands klängen. Darauf sagte ein Bandmitglied: «Eine Band, die nicht klingt wie andere Bands auch, ist nicht cool.» Das heißt vielleicht, daß es cool ist, sich in puncto Originalität nicht interessiert zu zeigen. Es ist sicher auch nicht cool, sich mit einem mit Vanillesoßeresten verklebten Schneebesen säuberungsmäßig abzuplagen. Ein Cooler wirft den Schneebesen weg und kauft sich einen neuen, bzw.: Ein Cooler ist gar nicht erst im Besitz eines Schneebesens. Ich glaube nicht, daß das Selbermachen von Süßspeisen im Katechismus der Coolness erwähnt wird. Andererseits ist aber folgendes zu statuieren: Man wird nicht cool dadurch, daß man Dinge tut, die cool sind, sondern indem man Dinge tut, die uncool sind, dabei aber cool bleibt.

Das Bedürfnis der Leute, cool zu sein, ist riesig. Man merkt das im Flugzeug, wenn die Flugbegleiter die Sicherheitsvorkehrungen demonstrieren. Da gucken alle immer krampfhaft in die Zeitung oder aus dem Fenster, weil sie denken: «Oh my God, wenn ich da hingucke, dann denken die Leute ja, ich fliege zum ersten Mal – wie uncool!» Ich gucke mir die Sicherheitsgymnastik immer ganz genau an und stelle mir dabei gern vor, wie cool die Nichthingucker wohl in einem Notfall reagieren. Schade ist, daß es kein gutes Wort für Flugzeug gibt. Abgebrühte Busineßtypen sagen «Flieger» oder «Maschine». Wenn man «Flugzeug» sagt, wird man angeschaut wie ein kleines Kind.

«Entschuldigung, ist das hier das Flugzeug nach Amerika?»

«Nein, mein Kleiner, das ist die Maschine in die Staaten.»

Ganz coole Leute sprechen sogar von Mittagsmaschinen.

In einem TV-Film war Ruth Maria Kubitschek mal in der Bretagne, und ihr Mann bekam einen Haschmich. Da rief sie ihren Sohn in Deutschland an und rief: «Komm her, dein Vater bekommt einen Haschmich», worauf der Sohn sagte: «Okay, Mutter, ich nehme die Mittagsmaschine.»

EINIGE SONGTEXTE

Anderthalb Magnesium für jeden

Wenn Mitteldinger in Schattenreichen
Zwischenstufen runterschleichen
entsteht meist etwas Stumpfes, Falbes
bestenfalls was Anderthalbes

Ein ganzer Kopf der Kuh
und ein halber Kopf des Kalbes
Was Halbes und was Ganzes
ergibt was Anderthalbes

Anderthalb Karaffen Mandelwein
wollen in Träume verwandelt sein

Wie sagte noch mein Erzfeind Lou im sonnigen Manhattan
Ein Mann braucht eine Mutter und Magnesiumtabletten

Mit einem Mittelding
aus Zuckerzange und Revolver
berühr ich deine Haut
Du sagst, das Mittelding wär meine Hand …

Nachts wächst mir ein Mittelding
aus Priesterhand und Blumenkranz
auf meinem Hinterkopf
Du sagst, das Ding, das wär die Kindheit

Anderthalb Karaffen Mandelwein
wollen in Träume verwandelt sein

Hochzeitstag!
Getränke für die Gäste aus dem Keller holen!
Ein halber Kalbskopf auf der Treppe
Du stolperst über deine Schleppe

Ein ganzer Kopf der Braut
und ein halber Kopf des Kalbes
Was Halbes und was Ganzes
ergibt was Anderthalbes

Oben sitz ich mit unsern Gästen
in ahnendem Silentium
Statt Mandelwein vom Allerbesten
gibt's sprudelndes Magnesium

Flugstunden und Autostunden

Der Krieg liegt zwei Flugstunden
oder zwölf Autostunden
vor meiner Haustür
aber als Fußgänger
benötigt man erheblich länger
Da latscht man sich die Füße blutig
Danke für die Einladung
doch das ist mir zu weit

In zwei Flugstunden
schaff ich's gerade mal nach Spandau
doch was soll ich denn in Spandau?
Da bewerfen Kinder auf dem Schulhof

einander mit Atombomben oder mit noch Schlimmerem
Danke für die Einladung
doch das geht mir zu weit

In einer Autostunde
trag ich einen Bierkasten
zum nächsten Briefkasten
doch am Briefkasten
bemerk ich meinen Irrtum
Das ist ja gar kein Brief
Sondern ein Bierkasten

In der nächsten Autostunde
gehe ich nach Hause
und suche meinen Brief
Da bemerk ich meinen Irrtum
Ich hab gar keinen Brief geschrieben
sondern nur viel Bier getrunken

Dann schlafe ich zehn Autostunden
oder knapp zwei Flugstunden
träume zwischendurch vom Krieg
vielleicht zehn Flugminuten lang
aber als Fußgänger
benötigt man erheblich länger

Schleichwege zum Christentum

Überall gibt's Limo für 59 Pfennig
mit Geschmack, der ganz schön crazy ist
Mit vier Mark kommt man durch den Tag
vorausgesetzt man raucht nicht
und selbst dann eventuell, wer weiß

Wer weiß, wozu das nützlich ist
daß man nicht weiß, wozu man lebt
Dann kann man schön den Tag verschlafen
vorausgesetzt man träumt nicht schlecht
obwohl das unterhaltsam sein kann

Sei endlich mal humorlos
Lach nicht über die dicke Frau da
Lach nicht über den dünnen Mann
Hör auf zu lachen über den Papst
Hör auf zu lachen, hör auf zu lachen

Erzähl mir dann nicht hinterher
du kannst nicht ohne Liebe leben
Guck mal aus dem Fenster da
Guck mal die dicke Frau da an
Meinst du, die liebt irgendjemand?
Und die lebt schließlich auch, und ob
Sag nicht, die hätte schließlich Gott
Die hat gar nichts, noch nicht mal Gott
und sie ist selber schuld daran
und wir sind auch dran schuld, eventuell

Schmeiß deine Katzenpostkartensammlung
in den dafür bestimmten Behälter
Laß uns in eine Kirche gehen
Vielleicht sind wir hinterher irgendwie anders
anders als die dicke Frau da
anders als der dünne Mann da

Eine Bitte hab ich:
Trag keine originelle Uhr
und keinen schockierenden Gürtel
und keinen Plastikeierbecher aus der DDR
als Ohrring, eventuell
und hoffentlich mußt du nicht lachen
und hoffentlich sitzt neben uns
keine Frau, die sich bekleckert hat
(Gedanken zweier Königskinder
auf Schleichwegen zum Christentum?)

Schmeiß deine Katzenpostkartensammlung
in den dafür bestimmten Behälter
Jesus ist nicht peinlich
und noch nicht einmal der Papst
Laß uns in eine Kirche gehen
Vielleicht sind wir hinterher
nette und nützliche Menschen
anders als die dicke Frau da
anders als der dünne Mann da

Zimt auf Samt

Kauf dir Zimt
Kauf dir Samt
Vorzugsweise weißen Samt

Streu den Zimt
auf den Samt
den vorzugsweise weißen Samt

Dann wirst du froh sein wie ein Direktor
und all den Menschen, die sich quälen
wirst du folgendes erzählen:

Kauf dir Zimt
Kauf dir Samt
Vorzugsweise weißen Samt

Streu den Zimt
auf den Samt
den vorzugsweise weißen Samt

Denn jeder soll froh sein wie ein Direktor
und kein Mensch hat es je bereut
daß er Zimt auf Samt gestreut

Gefährdet

Erst die Angst vor dem Nachhausweg
dann die Angst auf dem Nachhausweg
vor der Lautstärke des Schlüssels
Dann die Angst vor seiner Stimme
wenn er ruft: «Ist da jemand?»
und die Angst vor einer Antwort
weil bislang nie jemand da war
obwohl der Duschvorhang ganz anders
hängt als noch am selben Morgen
Dann die Angst etwas zu träumen
das grafisch-mathematisch ist

Dann die Angst nach dem Erwachen
nur zu träumen, daß er nicht träumt
nur zu träumen, daß er wach ist
obwohl er beide Augen aufreißt
bis sie tränen, bis es weh tut
obwohl die Nachttischlampe brennt
vorsorglich, von vornherein
jede Nacht mit neuer Birne
achtzig Watt und Markenware
da glüht kein Wolframfaden durch
in noch so grauenhafter Nacht
Die Augen schmerzhaft aufgerissen
wagt er gerade noch zu tasten
ob er noch im Körper ist
oder auf dem Heimweg ist
ins Dunkle wo kein bunter Dolch

hinter seinen Augenlidern
herumfuhrwerkt und Muster schneidet
Er weiß nicht ob er jetzt verschwindet
oder noch bemerkbar bleibt

Dunkelheit ist unvorstellbar
außerhalb des Mutterleibs
Leben dauert viele Jahre
Jemand Großes will das so

An die Wand gelehnt

Wenn ich in ein Zimmer komme
lehne ich mich an die Wand
und wie ich dasteh und lehne
empfinge ich gern ein Lächeln
wenngleich ich es für möglich halte
daß mir dann der Kopf anschwillt

Doch wenn jemand zu mir lächelt
lächele ich nie zurück
weil ich Angst hab, daß das Lächeln
nicht mir, sondern der Wand gilt
der Wand, an der ich lehne
der Wand, an der ich steh

Dies ist deine Jugend

Etablier einen Zeitplan
und halt dich an ihn
Dies ist deine Jugend
Nutze jeden Termin

Laß dir nicht erzählen
das Wichtigste im Leben sei der Spaß
Vergnügen ist hohl und trägt keine Früchte
Spaß macht dich stumpf und frivol

Erhöhe dein Pensum
Kürz deine Pausen
Halt Ruhe im Raum
damit du die Klingel hörst
denn du erwartest strenge Prüfer

Wenn harte Trommelschläge
wie Flammen aus den Kellern schlagen
dann halte inne und erwäge
dem Diktat der Masse nein zu sagen

Laß die Masse blöde tanzen
Lern du moderne Denkmethoden
Laß den Durchschnitt blöde scherzen
Lern du antiker Meister Oden

Die die jetzt tanzen und lachen
sind in zehn Jahren Kehricht und Müll

Rotwangig wirst du an Gräbern vorbeiziehen
und sicher sein, richtig gehandelt zu haben
Drum handle jetzt richtig!
Ich seh gern, wie du aufrecht am Tisch sitzt
und um Konzentration bemüht bist
Ich seh auch, wie du müde vom Stuhl fällst
Steh wieder auf, steck die Nase ins Buch

Nachts darfst du liegen, für wenige Stunden
Vielleicht auch mal denken, wann hört das endlich auf?

Oh Mama, wann hört das endlich auf!
Das darfst du ruhig mal heimlich denken
Es ist dein Recht
Es sei zur Zeit dein einziges Recht

Und wenn du dann dein Ziel erreicht hast
werd ich der einzige sein, dem du dankst

Die schönste Art, halbtot zu sein (Gekitzelt werden)

Man ruft «Nicht» und «Nein» und «Laß das sein»
schreit mehr als beim Verkehren
Gestattet ist es Arm und Bein
sich fast brutal zu wehren

Unerträgliches Nebengebiet
Unerträgliches Nebengebiet des Glücks!

«O Gott, ich sterb gleich» denkt man heiter
so stark krampft es in Rumpf und Bauch
und ging's noch eine Stunde weiter
dann stürbe man vermutlich auch

Doch so lang hält man es nicht aus
und der, der kitzelt, sieht das ein
und man genießt als Kindheitsgruß
die schönste Art, halbtot zu sein

Unerträgliches Nebengebiet
Unerträgliches Nebengebiet des Glücks

Ein Sex, den man auch Kindern gönnt
Die Kirche nimmt es hin und schweigt
Doch wenn man alt ist, wie ist's dann?
Kitzelt einen dann noch einer?

Älterer Mensch berichte!
Berichte aber nicht wie's war
als Kunst die Welt schockierte
als Sex noch ungefährlich war
und Drogen noch nicht süchtig machten
und Politik wen interessierte

Berichte nur von heute:
Kitzeln dich noch Leute?

Unerträgliches Nebengebiet
Unerträgliches Nebengebiet des Glücks …

Könnten Bienen fliegen

Könnten Bienen fliegen
herrschte Pracht in jedem Garten
doch sie fahren Bahn und kriegen
Streit am Fahrscheinautomaten

Könnten Pferde galoppieren
gäb es Sport und Spiel und Fete
doch sie räkeln sich im Rollstuhl
und rauchen Selbstgedrehte

Könnten Herzen schlagen
schlügen sie vor lauter Liebe
doch sie rascheln nur nervös
wie jugendliche Diebe

Könnten Menschen sprechen
zerspräng die Welt in tausend Stücke
Sie sprechen nicht und manche springen
still von einer S-Bahn-Brücke

Könnten Bienen fliegen
flögen sie zur Himmelsmitten
Der Himmel ginge auf und Gott
würde um Verzeihung bitten

Quellenverzeichnis

Die Mitgeschleppten im Badezimmer 1996, aus ‹Ä›

Bartschattenneid 1999, aus ‹Der Krapfen auf dem Sims›

Ist es zynisch, im Wohnzimmer zu frühstücken? 1998, aus dem typographischen Heft ‹Ein gelbes Plastikthermometer in Form eines roten Plastikfisches› (in Zusammenarbeit mit dem Schweizerdegen Martin Z. Schröder)

Die Erfindung des Briefbeschwerers 1991, Extrakt eines Textes aus ‹Quitten für die Menschen zwischen Emden und Zittau›

Ich zog ein elektronisches Goldfischglas hinter mir her, in dem ein Wetter herrschte wie auf der Venus 1999, aus ‹Der Krapfen auf dem Sims›

Rille ralle ritze ratze (Harte Haare) 1991, aus ‹Quitten für die Menschen zwischen Emden und Zittau›

Nackenstützkeil 2002, zuvor unveröffentlicht

Pünktlichkeit plus 1999, aus ‹Der Krapfen auf dem Sims›

Es soll keiner dabei sein, den man nicht kennt 2001, aus ‹Wenn man einen weißen Anzug anhat›

Bomben gegen Bananen im Mund? Niemals! 1994/2003, überarbeitete und damit ein wenig verbesserte Version eines Textes aus ‹Die Kugeln in unseren Köpfen›

Der schlimme Schal oder: Der Unterschied zwischen Wäwäwäwäwä und Wäwäwäwäwäwäwä 1994/2000, überarbeitete und damit stark verbesserte Version des gleichnamigen Textes aus ‹Die Kugeln in unseren Köpfen›

Warum Dagmar Berghoff so stinkt 1993, aus ‹Die Kugeln in unseren Köpfen›

In der Duz-Falle 1995/2003, Fortschreibung von Passagen eines Textes namens «Darf man den Herbst duzen?» aus ‹Mind Boggling – Evening Post›

Mein Nachbar und der Zynismus 2000, aus ‹Der Krapfen auf dem Sims›

Tagebuchpassage 11.9. – 15.9.2001, aus ‹Wenn man einen weißen Anzug anhat›

Der Lachmythos und der Mann, der 32 Sachen gesagt hat 2001/2002, erweiterte Version eines Eintrags in ‹Wenn man einen weißen Anzug anhat›

Schulen nicht unbedingt ans Netz 2000, aus ‹Der Krapfen auf dem Sims›

Affige Pizzen 1997, aus ‹Mind Boggling – Evening Post›

Quitten für die Menschen zwischen Emden und Zittau 1992, aus ‹Quitten für die Menschen zwischen Emden und Zittau›

Zwickender Wirrwarr 1993/2003, Fortschreibung des Textes *Karlsruhe zwingt mich nach Koblenz* aus ‹Die Kugeln in unseren Köpfen›

Hier liegen ja lauter tote Soldaten 2002, zuvor nirgendwo erschienen

Ich lasse meine Ohren nicht von einem Kunstdirektor abfackeln 1999, aus ‹Der Krapfen auf dem Sims›

Mademoiselle 25 Watt 1997, aus ‹Mind Boggling – Evening Post›

Anette von Aretin, Hans Sachs, Guido Baumann sowie alternierend Marianne Koch und Anneliese Fleyenschmidt (Erinnerungssport) 1996, aus ‹Ä›, mit neuem Schluß

Ah, München! Stadt der vielen Türme! 2000, aus ‹Oh, Schlagsahne! Hier müssen Menschen sein!› von Katz & Max Goldt

Kennen Sie das Wort «Mevulve»? 1993, aus ‹Die Kugeln in unseren Köpfen›

Das Diskretionsteufelchen und der Motivationsfisch 1992/2002, mit neuem Ende versehener Text aus ‹Quitten für die Menschen zwischen Emden und Zittau›

Besser als Halme: Blutmagen, grob 1996, aus ‹Ä›

Mini-Talk am Nachmittag 1994, aus ‹Schließ einfach die Augen und stell dir vor, ich wäre Heinz Kluncker›

Schweres tragend 1992, erstmals erschienen als Vertonung auf der CD ‹Überall Fichtenkreuzschnäbel, nirgendwo Fichtenkreuzschnäbel›

Die Aschenbechergymnastik 1997, aus ‹Mind Boggling – Evening Post›

Das Gründungskonzert des Weltjugendnichtraucherorchesters 1987, aus ‹Die Radiotrinkerin›

Brillenputztücher 1997, aus ‹Mind Boggling – Evening Post›

Aus Herrn Eibuhms Badezimmerradio 1992/1999, aus dem Sammelband ‹Die Aschenbechergymnastik›

Babypflegestäbchen 1998, ebenfalls aus ‹Die Aschenbechergymnastik›

Wenigstens einer, der mitdenkt 2000, aus ‹Oh Schlagsahne! Hier müssen Menschen sein!› von Katz & Max Goldt

Zischelnde Mädchen im deutschsprachigen Teil Belgiens 1999, aus ‹Die Aschenbechergymnastik›

Ein Leben auf der Flucht vor der Koralle 1991/1993, aus ‹Schließ einfach die Augen und stell dir vor, ich wäre Heinz Kluncker›

Das Sandwich mit der Dietrich 1995, aus ‹Mind Boggling – Evening Post›

Die legendäre letzte Zigarette 1990, aus ‹Die Radiotrinkerin›

Der Sommerverächter 1989, aus ‹Die Radiotrinkerin›

Gemeine Gentechniker wollen Ute Lemper wegen der Hitze in eine Euterpflegecreme-Fabrik auf Helgoland verwandeln 1992/2003, etwas entwirrte und sonstwie veränderte Version des gleichnamigen Textes aus ‹Quitten für die Menschen zwischen Emden und Zittau›

Die rot-blaue Luftmatratze 1993, erstmals erschienen im Magazin der ‹Süddeutschen Zeitung›. Mehrere Autoren waren gebeten worden, eine Geschichte zu schreiben, in der irgendwo eine rot-blaue Luftmatratze vorkommt. Später in ‹Schließ einfach die Augen und stell dir vor, ich wäre Heinz Kluncker›

Ich will wissen, ob die Schwester von Claudia Schiffer schwitzte (In Unterhose geschrieben) 1994, aus ‹Die Kugeln in unseren Köpfen›

Tagebuchpassage 4.1. – 7.1.2002, aus ‹Wenn man einen weißen Anzug anhat›

Waffen für El Salvador 2000, aus ‹Der Krapfen auf dem Sims›

Dank Bügelhilfe fühlt man sich wie ein geisteskranker König 1993, aus ‹Die Kugeln in unseren Köpfen›

Milch und Ohrfeigen 1996, gekürzte Version eines Textes aus ‹Ä›

Also kochte Cook der Crew 1997, erste Hälfte eines Textes aus ‹Mind Boggling – Evening Post›

Intaktes Abdomen dank coolem Verhalten 1995, aus ‹Mind Boggling – Evening Post›

Du Eumel! 1999, aus ‹Ich Ratten› von Katz & Max Goldt

Veränderungen des Neigungswinkels von Hutablagen sind keine Hausmädchenarbeit 1996/2002, neue Version eines Textes aus ‹Ä›

Die Dolmetscherin und das Double 1988, aus ‹Die Radiotrinkerin›

Die Mittwochsmemmen oder: Warum tragen Ausländer immer weiße Socken? 1991, aus ‹Quitten für die Menschen zwischen Emden und Zittau›

Hyppytyyny huomiseksi (Ich bin begeistert und verbitte mir blöde Begründungen) 1991, aus ‹Quitten für die Menschen zwischen Emden und Zittau›

Ein Flugzeug voller Nashi-Birnen, ein Jesus voller Amseln 1993/2001, überarbeitete Version eines Textes aus ‹Die Kugeln in unseren Köpfen›

Dreieckssandwiches der Bahn 2001, zuvor nicht veröffentlicht

Auch Tote dürfen meine Füße filmen 1995, aus ‹Ä›

Elegante Konversation im Philharmonic Dining Room 1996, aus ‹Ä›

Österreich und die Schweiz 1994, aus ‹Schließ einfach die Augen und stell dir vor, ich wäre Heinz Kluncker›

Kölner und Düsseldorfer 2001, aus ‹Wenn man einen weißen Anzug anhat›

Kiesinger weiß kein Mensch was drüber 2001, aus ‹Wenn man einen weißen Anzug anhat›

Die grenzenlose Güte 2000, aus ‹Oh, Schlagsahne! Hier müssen Menschen sein!› von Katz & Max Goldt

Tagebuchpassage 15.11. – 16.11.2001, aus ‹Wenn man einen weißen Anzug anhat›

Las Vegas, «Kitsch» und «Satire» 1993/1998, Hybrid aus Passagen des Textes «Ich war auf keinem Bauernhof außerhalb der USA», enthalten in ‹Die Kugeln in unseren Köpfen›, und Teilen des Nachworts von ‹Mind Boggling – Evening Post›

Knallfluchttourismus ins Magnifik-Montanös-Privatknallfaule 1996, aus ‹Ä›

Der heile Krug 2000, überarbeitete Version eines Textes aus ‹Der Krapfen auf dem Sims›

Wie gut, daß ich ein Künstler bin! 1989, aus ‹Die Radiotrinkerin›

Bolde und Urge 2001, aus ‹Das Salz in der Las-Vegas-Eule› von Katz & Max Goldt

Junger Mann, der sich eine Schallplatte gekauft hat 1990, aus ‹Die Radiotrinkerin›

Ich beeindruckte durch ein seltenes KZ 1991, aus ‹Quitten für die Menschen zwischen Emden und Zittau›

Berliner Befremdlichkeiten 1991, aus ‹Quitten für die Menschen zwischen Emden und Zittau›

Eine Wolke, auf der man keinen Husten bekommt 1997, aus ‹Mind Boggling – Evening Post›

Der Sonderoscar für prima Synchronisation geht in diesem Jahr an den Film ‹Fünf stattliche Herren und ein Flockenquetschen-Selbstbau-Set› 1993, aus ‹Die Kugeln in unseren Köpfen›

Ben-Katchor-Comic 2002, bislang nur erschienen auf einer der «Berliner Seiten» der ‹Frankfurter Allgemeinen Zeitung›

Tagebuchpassage 20.9. – 26.9.1999, erst erschienen in einer Tagebuch-Ausgabe des «Jetzt»-Magazins, dann in ‹Der Krapfen auf dem Sims›

Okay, Mutter, ich nehme die Mittagsmaschine 1994, aus ‹Die Kugeln in unseren Köpfen›

Anderthalb Magnesium für jeden 1999, von Stephan Winkler vertont, Vertonung unveröffentlicht

Flugstunden und Autostunden 1993, Vertonung auf der CD ‹Die Menschen› von Foyer des Arts

Schleichwege zum Christentum 1987, Vertonung auf der Live-Doppel-LP/CD ‹Was ist super?› von Foyer des Arts

Zimt auf Samt 1989, Vertonung auf der CD ‹Die Menschen› von Foyer des Arts

Gefährdet 1991, Vertonung auf der CD ‹Überall Fichtenkreuzschnäbel, nirgendwo Fichtenkreuzschnäbel›

An die Wand gelehnt 1992, Vertonung auf der CD ‹Überall Fichtenkreuzschnäbel, nirgendwo Fichtenkreuzschnäbel›

Dies ist deine Jugend 1996, Vertonung auf der CD ‹Nachts in schwarzer Seilbahn nach Waldpotsdam› von Nuuk (Max Goldt und Stephan Winkler)

Die schönste Art, halbtot zu sein (Gekitzelt werden) 2000, von Stephan Winkler vertont, Vertonung unveröffentlicht

Könnten Bienen fliegen 1987, Vertonung auf der LP/CD ‹Ein Kuss in der Irrtumstaverne› von Foyer des Arts

19.90
10. - E